Polnische Geschichte
und deutsch-polnische Beziehungen

Darstellungen und Materialien
für den Geschichtsunterricht
mit CD-ROM

von
Matthias Kneip und Manfred Mack
Deutsches Polen-Institut Darmstadt

unter Mitarbeit von
Markus Krzoska und Peter Oliver Loew

Gefördert von der
Robert Bosch Stiftung

Verlagsredaktion: Karl-Heinz Holstein
Gesamtgestaltung und technische Umsetzung: Tomasz Kargol, sign.Berlin
(Umschlaggestaltung unter Verwendung der Zeichnung ›Unsere Geschichte‹
von Zygmunt Januszewski)

www.cornelsen.de

Die Internetadressen und -dateien, die in diesem Lehrwerk angegeben sind,
wurden vor Drucklegung geprüft. Der Verlag übernimmt keine Gewähr
für die Aktualität und den Inhalt dieser Adressen und Dateien oder solcher,
die mit ihnen verlinkt sind.

1. Auflage, 1. Druck 2007

© 2007 Cornelsen Verlag, Berlin

Das Werk und seine Teile sind urheberrechtlich geschützt.
Jede Nutzung in anderen als den gesetzlich zugelassenen Fällen bedarf
der vorherigen schriftlichen Einwilligung des Verlages.
Hinweis zu § 52a UrhG: Weder das Werk noch seine Teile dürfen ohne eine
solche Einwilligung eingescannt und in ein Netzwerk eingestellt werden.
Dies gilt auch für Intranets von Schulen und sonstigen Bildungseinrichtungen.
Die Kopiervorlagen dürfen für den eigenen Unterrichtsgebrauch
in der jeweils benötigten Anzahl vervielfältigt werden.

Druck: CS-Druck CornelsenStürtz, Berlin

ISBN 978-3-06-064215-1

 Inhalt gedruckt auf säurefreiem Papier aus nachhaltiger Forstwirtschaft.

INHALTSVERZEICHNIS

Vorwort 4
Einleitung 6

Unterrichtseinheiten

Drang nach Osten? Ostkolonisation? Landesausbau?
Die mittelalterliche deutsche Ostsiedlung 10

Der Deutsche Orden. Geschichte und Mythos 20

Die polnische Adelsrepublik.
Vom Goldenen Zeitalter zum Niedergang einer Großmacht (1569–1795) 34

›Noch ist Polen nicht verloren…‹
Polen im 19. Jahrhundert: Nation ohne Staat 44

Deutschland und Polen nach dem Versailler Vertrag 58

Polen im Zweiten Weltkrieg (1939–1945) 70

Flucht, Vertreibung und Zwangsumsiedlung
als Folgen des Zweiten Weltkriegs (1939–1947) 84

Solidarność – Solidarität. Gesellschaftlicher Widerstand im Kommunismus .. 98

Annäherung durch Anerkennung. Deutschland und Polen nach 1945 110

Deutsche und Polen nach 1989. Vom Nachbarschaftsvertrag zur Nachbarschaft . 120

Polen und Europa 132

Polen in Deutschland. Leben zwischen den Kulturen 142

Der Deutsche – Der Pole. Nichts als Stereotypen? 152

Anhang

Zeittafel 164
Glossar 169
Zur Aussprache des Polnischen 182
Bibliografie 183
Internetressourcen 186
Adressen 187
Bildquellenverzeichnis 189

*Die Lage Europas ist heute so, dass ein Volk unmöglich
den Weg des Fortschritts getrennt von anderen Völkern beschreiten kann,
ohne sich selbst und somit die gemeinsame Sache zu gefährden.*
Adam Mickiewicz, 15. März 1849

Vorwort

Als das Deutsche Polen-Institut im Jahr 2003 in Zusammenarbeit mit dem Cornelsen Verlag den Band zum Thema ›Polnische Literatur und deutsch-polnische Literaturbeziehungen‹ der Öffentlichkeit vorstellte, war nicht abzusehen, ob ein solches Projekt auf größeres Interesse stoßen würde. Auch war nicht zu erwarten, dass angesichts voller Lehrpläne die Bereitschaft sehr groß sein würde, neue Themen im Unterricht aufzugreifen. Aber die Resonanz war beachtlich und die Rückmeldungen klangen überaus positiv. Es wurde offenbar, dass das Interesse an Polen in Deutschland zugenommen hat und weiter zunimmt: nicht nur in der Schule, sondern auch in der Öffentlichkeit. Aus diesem Grund haben wir uns entschieden, dem ersten Band einen zweiten folgen zu lassen, diesmal für das Fach Geschichte.

Der Beitritt Polens zur Europäischen Union am 1. Mai 2004 hat das Land nachdrücklich ins Bewusstsein der deutschen Öffentlichkeit gerückt. Immer häufiger wird seitdem über politische Ereignisse in Polen berichtet, immer zahlreicher erscheinen Beiträge und Filme in den deutschen Medien. Dabei hat sich gezeigt, dass viele dieser Berichte oft nur dann verständlich werden, wenn der Leser oder Zuschauer über genügend historisches Hintergrundwissen verfügt.

Die vorliegenden Unterrichtsmaterialien verfolgen das Ziel, ausgewählte historische Ereignisse, die für Polen und für das deutsch-polnische Verhältnis in den letzten 1000 Jahren von Bedeutung waren, so zu präsentieren, dass sie Schülerinnen und Schülern attraktiv vermittelt werden können. Dabei wurden insbesondere jene Ereignisse und Epochen aufgegriffen, deren Kenntnisse auch bei der Einschätzung des aktuellen deutsch-polnischen Verhältnisses von Nutzen sein können. So ist die deutsch-polnische Debatte um ein Zentrum gegen Vertreibungen nur vor dem Hintergrund der deutschen Besatzungszeit in Polen während des Zweiten Weltkriegs verständlich. Die Bedeutung der katholischen Kirche im heutigen Polen wird sich nur dem erschließen, der die Rolle der Kirche während der langen Zeit der Fremdherrschaft in Polen im 19. und 20. Jahrhundert kennt und der um die Bedeutung der Religion für die Ausbildung des polnischen Nationalbewusstseins in dieser Zeit weiß.

Für den Schulunterricht bedeutet die Behandlung dieser Themen nur zum geringen Teil eine Ausweitung des Lehrstoffs. Vielmehr sind die meisten Themen bereits fester Bestandteil fast aller Lehrpläne in Deutschland, ohne freilich die polnischen Aspekte dieser Ereignisse zu berücksichtigen. So findet sich sowohl die deutsche Ostsiedlung als auch der Deutsche Orden in fast jedem deutschen Schulbuch wieder. Auch die Teilungen Polens, die europäischen Freiheitsbewegungen im 19. Jahrhundert oder die Folgen des Versailler Vertrags gehören zum Lehrplan, vom Zweiten Weltkrieg und der Ostpolitik Willy Brandts ganz zu schweigen. Doch der Fokus liegt zumeist auf der Frage, welche Auswirkungen diese Ereignisse für das eigene Land hatten, ohne dabei gewahr zu werden, dass sie in einem engen Begründungszusammenhang mit den Entwicklungen und Geschehnissen im Nachbarland stehen.

An diesem Punkt möchte der vorliegende Band ansetzen und Themen aufgreifen, die Bestandteil der Geschichte beider Länder sind. Er will den Horizont über die rein nationale Behandlung der Ereignisse erweitern zu einer Betrachtung hin, die einen Perspektivenwechsel ermöglicht.

Im Bewusstsein dessen, dass keines der Themen ohne spezifische Vorkenntnisse des Lehrers vermittelbar ist und zudem die Zeit im Lehrbetrieb meist zu knapp ist, um sich in neue Themenfelder einzuarbeiten, haben die Autoren versucht, die

Unterrichtseinheiten so anwenderfreundlich wie möglich zu gestalten. Alle grundlegenden Informationen werden in einem kurzen Einleitungstext zusammengefasst, dem Quellentexte und weitere Materialien folgen. Bilder und Karikaturen sollen das Thema veranschaulichen und zum Methodenwechsel anregen. Arbeitsanregungen, Vorschläge für Referate und Facharbeiten sowie Literaturhinweise schließen jedes Modul ab.

Die Unterrichtseinheiten sind in ihrer Anlage offen gehalten und können, je nach Zeitplan, im Ganzen oder aber in Auszügen genutzt werden. Die beigefügte CD, die alle Unterrichtseinheiten im PDF-Format enthält, soll die individuelle Bearbeitung der Themen erleichtern.

Da es nicht möglich war, alle in Frage kommenden polnischen und deutsch-polnischen Themen in diesem Heft zu berücksichtigen, musste letztlich auf eine subjektive, aber wesentliche historische Fragen thematisierende Auswahl zurückgegriffen werden. Durch die dem Heft beigefügte Literaturliste soll der Zugang zu weiteren Themenaspekten der deutsch-polnischen Geschichte erleichtert werden. Darüber hinaus geben Kontaktadressen und Hinweise auf Internetressourcen die Möglichkeit zur weiteren Vertiefung der Themen.

Die Darstellung Polens und der deutsch-polnischen Beziehungen in deutschen Schulbüchern ist in der Vergangenheit häufig kritisiert worden. Anfang der 1970er-Jahre erschien eine Analyse mit dem polemisch zugespitzten Titel ›Polen – ein Schauermärchen oder Gehirnwäsche für Generationen‹. Seit 1972 hat sich eine ›Gemeinsame deutsch-polnische Schulbuchkommission‹ auf bislang 31 Tagungen bemüht, die Voraussetzung für eine Verbesserung der Schulbücher in beiden Ländern zu schaffen. Aktuelle Schulbuchanalysen zeigen, dass die Arbeit dieser Kommission dazu beigetragen hat, dass die Schulbücher – übrigens in beiden Ländern – heute wesentlich objektiver über das jeweilige Nachbarland informieren als früher. Sie zeigen aber auch, dass es noch viele Defizite gibt. Mit der vorliegenden Publikation wird versucht, gestützt auf die verdienstvolle Arbeit der deutsch-polnischen Schulbuchkommission, Materialien für den Schulunterricht bereitzustellen, die geeignet sind, diese Defizite zu verringern.

Unser besonderer Dank gilt der Robert Bosch Stiftung, ohne deren großzügige Unterstützung die Realisierung dieses Buchs nicht möglich gewesen wäre. Bedanken wollen wir uns auch bei den deutschen und polnischen Fachkollegen Jochen Böhler, Hans-Jürgen Bömelburg, Sigrid Deinzer, Markus Krzoska, Robert Maier, Christoph Mick, Matthias Niendorf und Krzysztof Ruchniewicz, die Teile des Manuskripts kritisch begutachtet und uns vielfältige Hinweise und Anregungen gegeben haben. Gleiches gilt auch für die Kolleginnen und Kollegen am Deutschen Polen-Institut und für die Mitarbeiter des Cornelsen Verlags, die unser Projekt mit großem Engagement begleitet haben.

Dr. Matthias Kneip und Manfred Mack
Deutsches Polen-Institut Darmstadt

EINLEITUNG

Polen und die deutsch-polnischen Beziehungen – Ein Überblick

Die Geschichten Deutschlands und Polens sind aufs Engste miteinander verwoben. Die Beziehungen zwischen beiden Ländern waren aber nicht, wie oft dargestellt, vor allem von Kriegen und Konflikten geprägt. ›Grausame Germanen‹ mit Pickelhaube oder Hakenkreuz prägten ebenso wenig die gemeinsame Vergangenheit wie das Schlagwort ›polnische Wirtschaft‹. Diese Stereotype sind vor allem ein Ergebnis der in der zweiten Hälfte des 19. Jahrhunderts entstandenen Nationalismen. Und auch die Überzeugung von der vermeintlichen Erbfeindschaft von Deutschen und Polen stammt aus jener Zeit. Denn die Geschichte begann ganz anders.

Als im Jahre 966 der Polanenherzog Mieszko I. – der erste historisch belegte polnische Herrscher – getauft wurde, vollzog ein deutscher Bischof diese Zeremonie. Später heiratete Mieszko mit Oda die Tochter eines deutschen Fürstengeschlechts. Die engen Beziehungen zum Reich wurden im Jahre 1000 besonders deutlich, als Kaiser Otto III. nach Gnesen pilgerte, um gemeinsam mit dem polnischen Herzog Bolesław Chrobry am Grab des Märtyrers Adalbert von Prag zu beten.

Natürlich gab es auch Kriege, so zum Beispiel im 11. Jahrhundert um die Lausitzen, doch sehr viel folgenträchtiger war der friedliche mittelalterliche Landesausbau. Es handelte sich um die von den Territorialherren des östlichen Mitteleuropas bewusst betriebene Politik einer wirtschaftlichen und gesellschaftlichen Modernisierung des Landes. Die überwiegend, aber nicht ausschließlich aus den deutschen Ländern stammenden Bauern, Handwerker und Kaufleute sollten die gewaltigen unbesiedelten Flächen östlich der Elbe urbar machen. Auch entstand ein dichtes Netz neuer, nach deutschem Vorbild (›ius teutonicum‹) gegründeter Städte, die sich zu Zentren deutsch-polnischer Begegnung entwickelten (s. Unterrichtseinheit S. 10–19).

Im 19. Jahrhundert stellte sich heraus, dass historische Prozesse wie die Ostsiedlung bestens zur Konstruktion moderner Nationen geeignet waren: Auf deutscher Seite entstand der Mythos einer ›kolonisatorischen Großtat des deutschen Volkes‹, während man in Polen vom deutschen ›Drang nach Osten‹ zu sprechen begann. In beiden Fällen wurde vornationalen Staaten und Herrschern eine gezielt nationale und seit dem Hochmittelalter bis in die Gegenwart anhaltende Politik unterstellt.

Ähnlich verhielt es sich mit dem Deutschen Orden (s. Unterrichtseinheit S. 20–33). 1226 von einem polnischen Herzog zum Schutz gegen Angriffe der heidnischen Prußen ins Kulmer Land gerufen, entwickelten die ›Deutschritter‹ bald Ambitionen auf einen eigenen Staat und wurden nach

B1 Stadtansicht von Krakau (1493)

B2 Adler mit Porträts der polnischen Könige (1617)

ihrer Eroberung des Preußenlandes und der Expansion nach Westen zu einer Gefahr für das Königreich Polen. In der Schlacht bei Tannenberg im Jahr 1410 besiegte ein polnisch-litauisches Heer die Ordensarmee. Diese Niederlage, von der sich der Orden nie mehr recht erholen konnte, diente als ein Gründungsmythos der noch jungen polnisch-litauischen Personalunion und war für Polen in schweren Zeiten immer auch ein Hoffnungsanker.

Seine große Zeit erlebte Polen im 16. Jahrhundert (s. Unterrichtseinheit S. 34–43). Politisch äußerte sich dies in erfolgreichen Kriegen und der ›Lubliner Union‹, der Realunion Polens und Litauens. Das auf Leibeigenschaft und Dominanz des Adels beruhende Gutssystem erlaubte hohe Exportüberschüsse. Der kulturelle Reichtum und die Toleranz des ›goldenen Zeitalters‹ machte die Adelsrepublik in ganz Europa bekannt.

Die Kriege des 17. Jahrhunderts führten das Land in eine Krise. Die Ursachen hierfür lagen unter anderem in der Einführung der Wahlmonarchie. Diese weckte Expansionsgelüste der Nachbarmächte Schweden, Russland und Preußen und ermöglichte ihnen, sich in innere Angelegenheiten Polens einzumischen. Die polnischen Reformversuche des 18. Jahrhunderts führten zwar 1791 zur ersten schriftlichen Verfassung Europas, konnten aber den Untergang des Landes nicht mehr verhindern: Zwischen 1772 und 1795 teilten Russland, Preußen und Österreich das Land vollständig unter sich auf (s. Unterrichtseinheit S. 44–57).

Schwere Hypotheken lasteten auf der geteilten Nation: Politisch verfeindet mit den Teilungsmächten, gesellschaftlich zerrissen zwischen dem an seinem Einfluss festhaltenden Adel und der nicht selten am Rande des Existenzminimums lebenden Landbevölkerung, suchten die Polen das gesamte 19. Jahrhundert über nach den Grundlagen für einen eigenen Staat. Weder die napoleonischen Kriege mit dem kurzlebigen autonomen Herzogtum Warschau noch mehrere Aufstände und Aufstandsversuche brachten die Lösung. Für die durch Russifizierungs- und Germanisierungsbestrebungen gefährdete Nation bot der Ausgang des Ersten Weltkriegs die unverhoffte Lösung: Da er für alle drei Teilungsmächte mit einer Niederlage endete, konnte Polen mit Unterstützung der Westmächte als Staat wiederentstehen (s. Unterrichtseinheit S. 58–69).

Doch das neue Polen, die Zweite Republik, musste sich seine Position auf der politischen Bühne Europas erst noch erkämpfen. Kriege gegen die junge Sowjetunion und der Kampf um die umstrittene Grenze mit Deutschland belasteten den Staat und vertieften die Gräben zu den Nachbarn weiter. Für die deutsche Politik waren die im Versailler Vertrag bzw. nach Plebisziten an Polen abgetretenen preußischen Gebiete Anlass, hartnäckig eine Grenzrevision zu verfolgen, während die polnische Politik den prekären Zugang zum Meer ebenso wie die Lage der polnischen Minderheit in Deutschland zu Forderungen gegenüber Deutschland nutzte. Auch Hitlers Nichtangriffsvertrag mit Polen änderte an der grundsätzlichen Zielrichtung der deutschen Polenpolitik nichts. Als nach dem Münchener Abkommen Polen zum Ziel deutscher Expansionswünsche wurde, holte man alte Argumente und Stereotype wieder hervor.

Der Zweite Weltkrieg begann mit dem deutschen Überfall auf Polen (s. Unterrichtseinheit

S. 70–83). Nach der raschen militärischen Eroberung des ganzen Landes – im Osten rückte die Rote Armee ein – begannen die deutschen Besatzer sehr bald mit der Ausrottung von Juden und polnischer Intelligenz. Annexionen, der ›Sklavenstaat‹ Generalgouvernement, Konzentrations- und Vernichtungslager, Vertreibungen, Zwangsarbeit, brutale Willkürherrschaft und Vernichtung von Menschen und nationalen Symbolen prägten fünf Jahre deutscher Okkupation. Im Untergrund formierte sich militärischer und ziviler Widerstand der Polen, der im brutal niedergeschlagenen Warschauer Aufstand von 1944 seinen Höhepunkt fand.

Der Zweite Weltkrieg vernichtete nicht nur Städte und Menschen, sondern er zerstörte auch ganze Gesellschaften. Durch Flucht, Vertreibung und Zwangsumsiedlung mussten in Europa über 20 Millionen Menschen ihre Heimat verlassen (s. Unterrichtseinheit S. 84–97). Der vom nationalsozialistischen Deutschland begonnene Krieg war die Ursache dieser vielfältigen Migrationsprozesse: Die Vertreibung von Polen aus den ans Reich angegliederten Gebieten ins Generalgouvernement gehörten ebenso dazu wie die Ansiedlung von ›Volksdeutschen‹ in den annektierten Gebieten oder die Deportation von Polen aus dem 1939 sowjetisch besetzten Ostpolen. Mit der Ausweisung der meisten Polen aus jenen Gebieten, die bei Kriegsende an die UdSSR fielen, und der Vertreibung der meisten Deutschen aus den an Polen angegliederten deutschen Ostprovinzen lösten sich über Jahrhunderte gewachsene Gemeinschaften auf.

Die historischen Hypotheken wogen schwer. Eine Verständigung zwischen Deutschland und Polen schien unmöglich, zumal in Polen spätestens seit 1948 eine kommunistische Diktatur herrschte und Deutschland ein Jahr danach in Form zweier verschiedener Staaten wiederentstand. Dennoch – auf allen Seiten fanden sich Politiker und Intellektuelle, die an einer Verbesserung der Beziehungen interessiert waren. Der Briefwechsel der katholischen Bischöfe in der Mitte der 1960er-Jahre war ein Markstein in dieser Entwicklung, und die Ostpolitik Willy Brandts führte 1970 schließlich zur Anerkennung der Oder-Neiße-Grenze (s. Unter-

B3 Lech Wałęsa, Arbeiterführer und Staatspräsident (1990–1995)

richtseinheit S. 98–107). Die Wahl Karol Wojtyłas zum Papst und das Aufbegehren der Gewerkschaft Solidarność ließen in Deutschland weitere Sympathien für Polen entstehen, während gleichzeitig die Zahl der zwischenmenschlichen Kontakte stark anstieg.

Es ist fast paradox. Trotz aller Auseinandersetzungen haben die Deutschen mit keinem anderen Volk Europas auch nur annähernd so intensive Beziehungen wie mit den Polen: Migrationen, Eheschließungen, Arbeitsaufenthalte führten im Laufe von Jahrhunderten zu einem engmaschigen Netz von Verwandtschafts- und Freundschaftsbeziehungen. Und beide Nationen hatten großen Anteil am Kultur- und Alltagsleben der jeweils anderen. Allein die Vielzahl deutscher Nachnamen in Polen und polnischer Nachnamen in Deutschland zeugt von historischer Verflechtung. Nicht zuletzt wird dies an Namen von Fußballspielern deutlich, so beim FC Schalke 04 in der Zwischenkriegszeit oder der deutschen Nationalmannschaft des Jahres 2006 (s. Unterrichtseinheit S. 142–151).

Polens Geschichte ist eine Geschichte von Tragik und Triumph. Dies zeigt sich auch an der Gewerkschaftsbewegung Solidarność. Erwachsen aus einer Tradition sozialer und politischer Proteste (1956, 1968, 1970, 1976) entstand sie 1980 unter

B4 Helmut Kohl und Tadeusz Mazowiecki bei der Versöhnungsmesse in Kreisau (1989)

Führung des Danziger Werftelektrikers Lech Wałęsa. Viele Millionen Polen schlossen sich ihr in der Hoffnung an, mehr Freiheitsrechte im realsozialistischen System durchsetzen und der Mangelwirtschaft ein Ende machen zu können. Doch mit Billigung Moskaus verhängte die Staats- und Parteiführung im Dezember 1981 das Kriegsrecht, ließ führende Aktivisten der Opposition internieren und stürzte das Land in eine mehrere Jahre während Agonie (s. Unterrichtseinheit S. 108–119).

1989 schließlich war es dann soweit: Durch die schlechte Wirtschaftslage gezwungen und durch die Perestrojka in der Sowjetunion verunsichert, gab das kommunistische Regime bei den Verhandlungen am ›runden Tisch‹ sein Machtmonopol auf und ermöglichte die Etablierung der ersten nichtkommunistischen Regierung im damaligen Sowjetblock. Die Dritte Republik war geboren. Mit dem neuen, dem demokratischen Polen schloss das neue, das vereinigte Deutschland 1991 einen ›Vertrag über gute Nachbarschaft und freundschaftliche Zusammenarbeit‹ (s. Unterrichtseinheit S. 120–131). Die Regierungen beider Länder arbeiteten eng zusammen, und durch die Aufhebung der Visapflicht wurden Reisen ins Nachbarland noch einfacher.

Eigentlich hatte Polen stets zu Europa gehört. Die Aufnahme in die Europäische Union 2004 besiegelte Polens ›Rückkehr nach Europa‹ und eröffnete dem Land die Möglichkeit, die Zukunft Europas in stärkerem Maße mit zu gestalten (s. Unterrichtseinheit S. 132–141).

Alte Stereotype sind schwer zu überwinden, und zwar auf beiden Seiten (s. Unterrichtseinheit S. 152–163). Häufig basieren Vorurteile auf Unwissen. Die Beziehungen zwischen den beiden Nachbarn haben sich in den letzten Jahren intensiv und vielfältig entwickelt und sind eine gute Grundlage dafür, dass mit dem steigenden Wissen um Kultur, Geschichte und Ängste des jeweils Anderen der Nachhall einstiger Auseinandersetzungen und konstruierter Feindbilder bald der Vergangenheit angehört.

Peter Oliver Loew

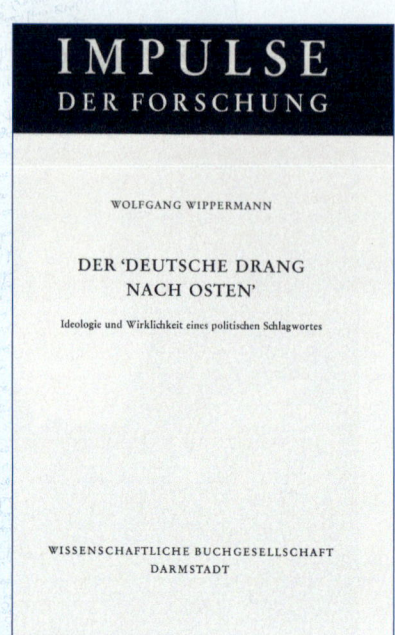

Drang nach Osten? Ostkolonisation? Landesausbau?
Die mittelalterliche deutsche Ostsiedlung

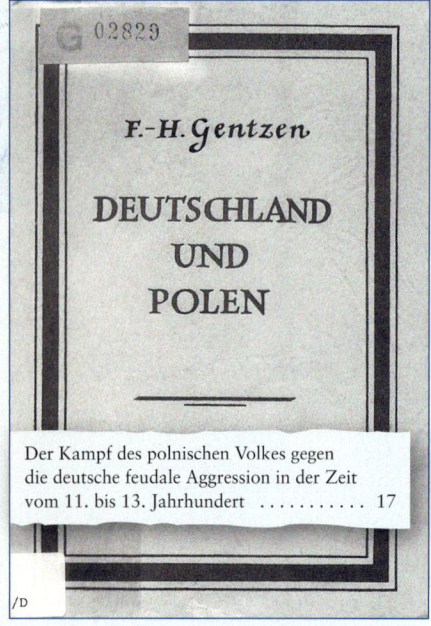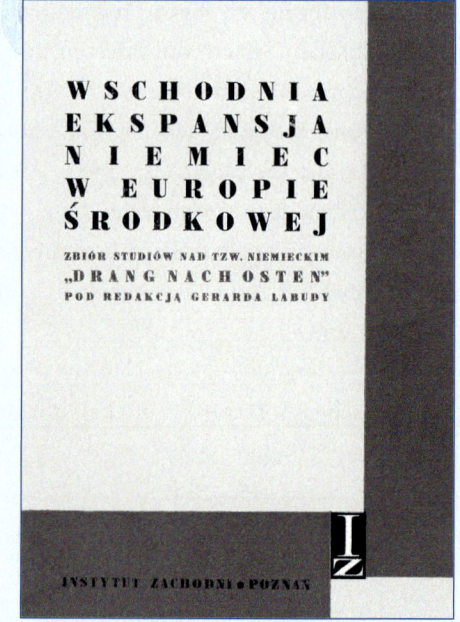

B1 Buchtitel zur deutschen Ostsiedlung

DIE DEUTSCHE OST-EXPANSION IN MITTELEUROPA
Sammlung von Studien über den sog. ›Drang nach Osten‹, Redaktion: Gerard Labuda
Poznań: Instytut Zachodni

Welche Assoziationen über den Charakter der Ostsiedlung ergeben sich aus den Buchtiteln?

Einführung

›Es gibt kaum eine historische Frage, die so viele Kontroversen und Polemiken hervorgebracht, so viel heftige und gegensätzliche Propaganda, so viele nationalistische und ideologische Leidenschaften entfacht hat wie die deutsche Kolonisation im Osten, die meistens mit dem inzwischen als pejorativ empfundenen Begriff »Der Drang nach Osten« bezeichnet wird.‹ Mit diesen Worten leitet der französische Historiker Charles Higounet seine Arbeit über ›Die deutsche Ostsiedlung‹ im Mittelalter ein. Gerade auch zwischen deutschen und polnischen Historikern wurde dieses Thema immer wieder kontrovers dargestellt. Der Streit beginnt schon bei der Bezeichnung des historischen Vorgangs: ›kolonisatorische Großtat des deutschen Volkes im Mittelalter‹, ›feudale deutsche Ostexpansion‹, ›Ostkolonisation‹, ›Landesausbau‹.

Der Ursprung der Kontroversen liegt im 19. Jahrhundert. Oftmals dienten die historischen Darstellungen in erster Linie als Argument in der aktuellen politischen Auseinandersetzung. In den Quellen finden sich jedenfalls keine Hinweise auf ›nationale‹ Gegensätze, höchstens von religiösen Spannungen ist die Rede (Kampf gegen die Heiden oder die schlechten Christen). Erst seit den 1970er-Jahren haben deutsche wie auch polnische Historiker dazu beigetragen, den Vorgang der Ostsiedlung und des Landesausbaus jenseits national(istisch)er Instrumentalisierung zu erforschen und zu beschreiben.

Heute besteht in der deutschen wie auch der polnischen Forschung Einigkeit darüber, dass man es mit einem europäischen Prozess der Herausbildung und Weiterverbreitung von modernen Techniken der Urbarmachung, Rodung und Bebauung von Ackerland (u.a. Eisenpflug, Dreifelderwirtschaft) sowie der Ausbreitung von modernen Rechtsformen zu tun hat. Dabei lässt sich eine Verbreitungsrichtung zunächst von Süd nach Nord und dann von West nach Ost feststellen. Eine Voraussetzung der Ostsiedlung war das erhebliche Bevölkerungswachstum im Süden und Westen Europas (als Folge der geschilderten Neuerungen).

Insgesamt haben sich vom 12. bis 14. Jahrhundert etwa 400 000 Menschen Richtung Osten auf den Weg gemacht. Sie folgten dem Ruf polnischer (und anderer) Fürsten, die über so genannte ›Lokatoren‹ gezielt Siedler anwarben (M 1).

Um die Ansiedlung in Polen attraktiv zu machen, versprachen die polnischen Herrscher den Neusiedlern (in den Quellen werden sie ›hospites‹ = Gäste genannt) eine Reihe von Privilegien, u.a. Steuerfreiheit für eine Anzahl von Jahren, Befreiung von Abgaben und Dienstleistungen, Erbrechte an Boden (M 2). Auf diese Weise profitierten beide Seiten, die einen von günstigeren Lebensbedingungen, die anderen vom wirtschaftlichen und zivilisatorischen Aufschwung ihrer Ländereien.

Festzuhalten bleibt: Nicht die Nationalität der Siedler war entscheidend, sondern die von ihnen mitgebrachten technischen und rechtlichen Neuerungen. Dennoch gab es durchaus Konflikte zwischen der ansässigen Bevölkerung und den Neusiedlern. Allerdings waren dies keine ›nationalen‹ Konflikte, sondern eher Auseinandersetzungen um die rechtliche Besserstellung der Neuankömmlinge. Dies führte mit der Zeit dazu, dass auch den polnischen Untertanen die gleichen Rechte zugestanden wurden. Auch gelegentliche Angriffe von polnischen Klerikern gegen die deutschen Neuankömmlinge sind kein Beleg für ›nationale‹ Antagonismen, sondern eher Belege für Streitigkeiten um kirchliche Abgaben und Einflüsse.

Auch wenn die Siedlungsprozesse selbst keine ›nationale‹ Motivation hatten, führten sie dennoch zur Herausbildung neuer Sprachgebiete und Sprachgrenzen und zur Herausbildung sog. Neustämme wie etwa dem der Schlesier. Das ›ius teutonicum‹ (das deutsche Recht) verbreitete sich in den folgenden Jahrhunderten – unabhängig von der nationalen Trägerschaft – von Polen aus weiter nach Osten.

Materialien

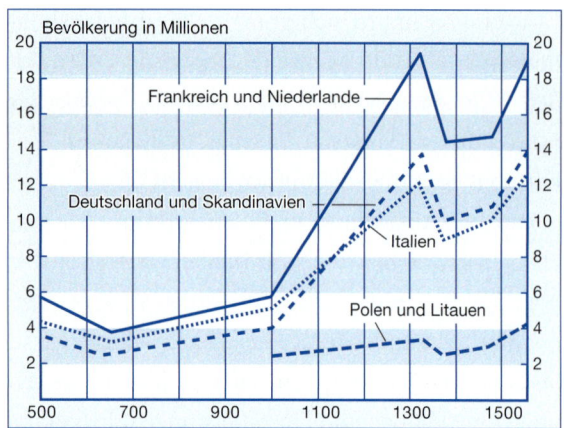

B2 Bevölkerungsentwicklung in Europa im Mittelalter

M1 Der polnische Geschichtsschreiber Martin Kromer über die Ansiedlung Deutscher in der Zeit Kasimirs des Großen (1333–1370)

Als [Kasimir der Große] Polen und Rotreußen teils wegen der vorangegangenen Kriege und Einfälle der Barbaren, teils wegen verheerender Seuchen fast verödet und entvölkert sah, verteilte er
5 Ackerland an Deutsche, die man herbeirief oder die auch von selbst kamen. Von diesen Ansiedlern sind bis zum heutigen Tag nicht geringe Reste in den unterhalb des Gebirges liegenden und an Ungarn grenzenden Gegenden wie auch in Rotreußen
10 vorhanden. Leute, die eine recht raue Sprache sprechen, nicht unähnlich derjenigen, die man in Schlesien, Mähren, Böhmen und Preußen allgemein gebraucht. Von dort stammen auch die Namen her, die sie den von ihnen begründeten und
15 bewohnten Dörfern und Städten gaben, wie Lemberg, Landshut, Pilzno, Gorlice, Freistadt, Hicinum, das die Deutschen Ticinum nennen, Rosenberg und andere dieser Art. Durch Mühe und Arbeit begann Polen bevölkerter zu werden und
20 von gehobener Kultur in den Dörfern und Städten. Sie sind nämlich wirtschaftlicher und umsichtiger in Erwerb und Sicherung ihrer Angelegenheiten, und sie wohnen reinlicher. Kasimir war auch gegen sie und die übrigen Stadt- und Land-
25 bewohner recht freigiebig und nachsichtig. Er duldete nicht, dass sie durch zu harte Arbeit und Abgaben oder durch irgendein Unrecht seiner Amtsträger, der Großen und Adligen, bedrückt wurden, und er strafte alle, die dergleichen wagten.
30 Deshalb wurde er allgemein der Bauern- und Bürgerkönig genannt. Auch ließ er nicht nur die Deutschen ihr sächsisches oder Magdeburger Recht gebrauchen, sondern gestattete dies auch den Polen mit Ausnahme des Adels. [...]

Aus: Urkunden und erzählende Quellen zur deutschen Ostsiedlung im Mittelalter. Gesammelt und hrsg. von Herbert Helbig und Lorenz Weinrich. Zweiter Teil. Schlesien, Polen, Böhmen-Mähren, Österreich, Ungarn-Siebenbürgen. Darmstadt: Wissenschaftliche Buchgesellschaft 1970, S. 349–351

M2 Schenkung von König Kasimir von Polen an Johann Gladisch aus dem Jahr 1359

Sandetz, 27. Oktober 1359. ›Im Namen des Herrn. Amen. Was die gepriesene Hoheit der Könige zu tun gebietet, das muss auch bei den Nachfahren stets rechtsgültig und rechtskräftig bleiben. Wir,
5 Kasimir, von Gottes Gnaden König von Polen, auch Herr und Erbe der Länder Krakau, Sandomir, Sieradz, Łęczyca (gesprochen: *wentschütza*), Kujawien, Pomerellen und Rotreußen, verkünden daher durch das Vorliegende, zur Kenntnis aller
10 Gegenwärtigen und Zukünftigen:

Eingedenk der getreuen Dienste des edlen Ritters Paul Gladisch, die er Unserem Vater seligen Angedenkens, dem ehrwürdigen Herrn Wladislaw, von Gottes Gnaden weiland erlauchtem Kö-
15 nig von Polen, und Unserer königlichen Hoheit zeit seines Lebens getreulich erwiesen hat, geben Wir seinem Sohne Johann, [...] einen Teil Unseres Waldes an beiden Ufern der Großen und Kleinen Zydnia, damit er sich Dörfer nach deutschem und
20 Magdeburger Recht errichte, die er und seine ehelichen Nachkommen für immer erblich besitzen sollen. Und weil lange Zeit trotz vieler aufgewandter Mühe wegen des Hinsterbens der Menschen wie auch wegen der Verwüstungen durch
25 Heuschrecken dort kein Ertrag erzielt werden konnte, haben Wir ihm – in Anbetracht seiner treuen Dienste also, die er Uns recht häufig geleistet hat, ja zur Belohnung für seine Dienste – Unser Dorf namens Łosie (gesprochen: *woschje*) mit
30 allem Recht und allen Einkünften [...] dem genannten Johann als Hilfe für ihn und seine Nachkommen zu erblichem Besitz für immer und ewig

gegeben. Außerdem haben Wir ihm wegen unserer besonderen Huld Unseren ganzen Urwald oder Wald an beiden Ufern des Flusses namens Ropa flussaufwärts [...] überlassen [...], und zwar in der Weise, dass er dort ringsherum Dörfer ansiedeln, Städte gründen und Gehöfte errichten kann nach deutschem und Magdeburger Recht [...] Damit aber der zuvor genannte Johann Gladisch diesen weiter oben aufgeführten Wald [...] leichter und besser fällen oder roden und damit der dort Leute ansiedeln kann, geben Wir allen Ankömmlingen, den jetzigen wie den zukünftigen Siedlern, von dem Tage an, an dem sie dort einen festen Wohnsitz nehmen, eine Frist von zwanzig Jahren und gewähren ihnen volle und gänzliche Freiheit, wobei Wir sie ausnehmen von all Unseren Abgaben, Steuern, Umlagen, Forderungen, Dienstleistungen, Arbeiten, Hand- und Spanndiensten, mit welchem Namen sie auch immer bezeichnet werden. Wir wollen auch, dass keiner der Richter, Unterrichter, Palatine, Kastellane oder deren Stellvertreter [...] es sich herausnimmt, über irgendeinen der Einwohner dieser Dörfer oder einen Bürger dieser Städte zu richten. [...] Außerdem wollen Wir, dass dieser Johann Gladisch oder seine Nachfolger nach dem Erlöschen der Freiheit bereit sind, Uns zur Verteidigung Unseres Landes mit Lanze und guter Armbrust zu dienen. [...]

Aus: Urkunden und erzählende Quellen zur deutschen Ostsiedlung im Mittelalter. Gesammelt und hrsg. von Herbert Helbig und Lorenz Weinrich. Zweiter Teil. Schlesien, Polen, Böhmen-Mähren, Österreich, Ungarn-Siebenbürgen. Darmstadt: Wissenschaftliche Buchgesellschaft 1970, S. 335–339

M3 Deutsches Recht auf Bischofsland im Herzogtum Kalisch (1212)

Herzog Wladislaw Odonicz (gesprochen: *odonitsch*) von Kalisch beurkundet die an Bischof Christian von Preußen vollzogene Schenkung des Dorfes Cekow (nördlich v. Kalisch) zur Ansetzung

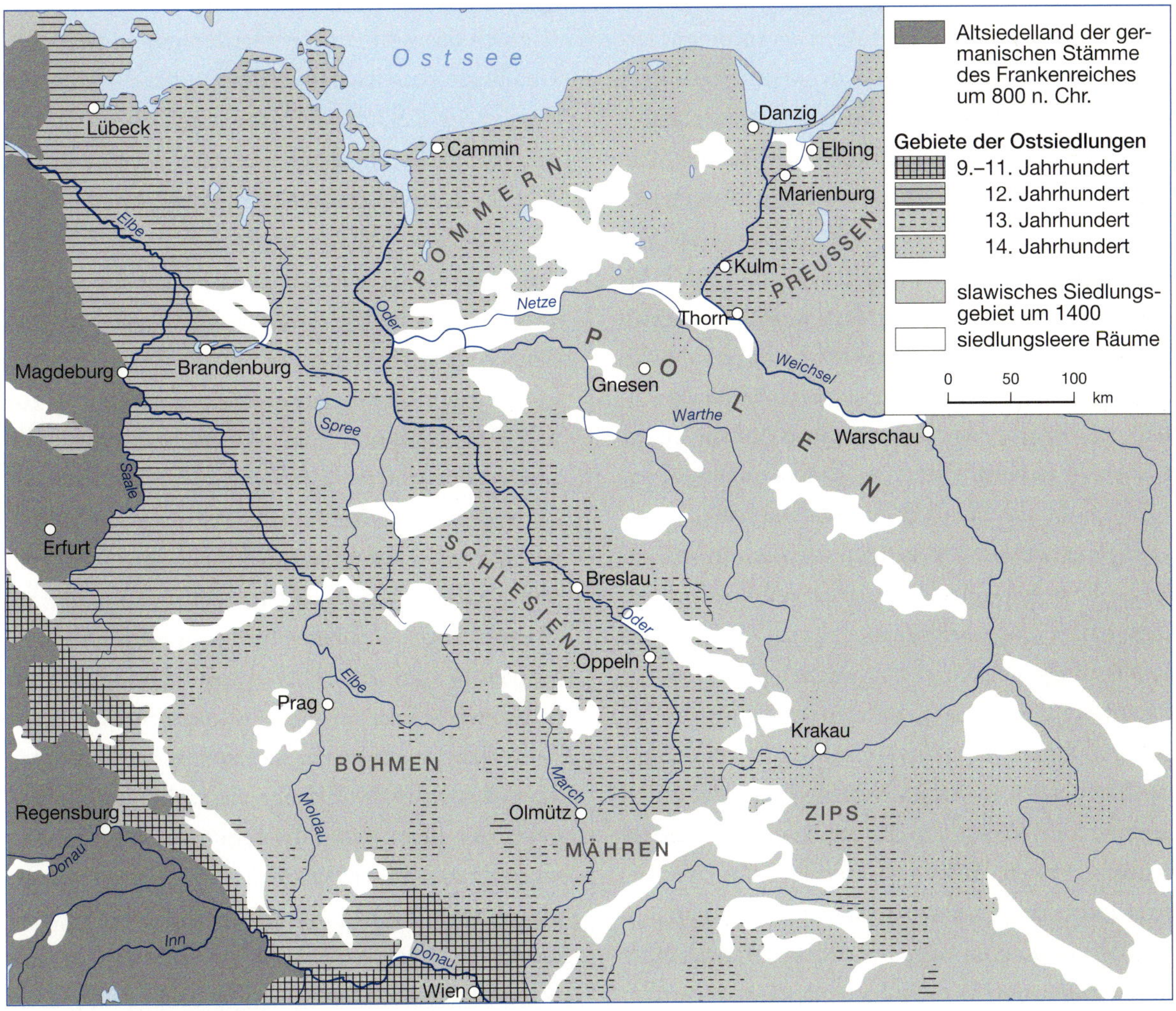

B3 Karte zur deutschen Ostsiedlung.

B4 Rodung und Dorfgründung: Die Siedler roden und zimmern, der Grundherr übergibt dem Lokator den Leihbrief. Illustration aus dem Sachsenspiegel (13. Jahrhundert)

von Deutschen oder anderen Gästen, denen Marktrecht, Zollfreiheit und Befreiung von polnischer Gerichtsbarkeit zugestanden wird, was auch für andere Gastsiedler des Bischofs gelten soll. Ich, Wladislaw, Herzog von Kalisch, mache allen gegenwärtigen und zukünftigen getreuen Christgläubigen bekannt, dass ich dem hochwürdigen Vater Christian, dem Abt und Bischof von Preußen, und seinen Nachfolgern in meinem Herzogtum das Dorf namens Cekow in freigebiger Schenkung gegeben habe. Außerdem wünsche ich, es möchte euch allen insgesamt vertraut sein, dass ich dem Bischof und seinen Nachfolgern folgende Freiheit geschenkt habe: Er darf in genanntem Ort Deutsche oder andere Gäste ansiedeln, die dort einen völlig freien Markt haben sollen und beim Kommen und Gehen, Verkaufen und Kaufen in Unserem Herzogtum keinerlei Zoll bezahlen sollen; weder brauchen sie irgendwie auf die Burgrechte zu achten noch die Steuereinnehmer des Herzogs in ihrem Marktort aufzunehmen. Zum Burggericht brauchen sie nicht zu kommen, noch sollen Kastellan oder Burgrichter bei ihnen zu Gericht sitzen und etwa irgendein ihnen überlassenes Recht ihnen gegenüber wahrnehmen. (Auch zur Heerfahrt des Herzogs brauchen sie nicht zu erscheinen, noch Spuren zu suchen.) Wenn aber zwischen den Leuten des Herzogs und den Leuten des zuvor genannten Bischofs ein besonders schwerer Streit ausbricht, der nicht leicht verschwiegen werden kann, so sollen sie mit dem Siegel des Bischofs, in Gegenwart und unter Vermittlung des Bischofs vor den Herzog geladen werden, in der Weise jedoch, dass, wenn Leute des Bischofs schuldig befunden werden, die Zahlung der ganzen Schuld dem Bischof zufällt. (Diese Freiheit aber habe ich nicht nur diesem Dorf, sondern auch allen Dörfern und Leuten geschenkt, die der Bischof in Zukunft in meinem Herzogtum rechtens erwerben kann.)

Zeugen dieser meiner Schenkung sind Folgende: Kastellan Iwan, Kastellan von Ruda Immislaw, Kastellan von Schrimm Peter, Palatin Stephan, Schenk Johannes, und andere meiner Edlen, nämlich Milozlaw, Dirsec, Woizech, Racibor, Isislaw. Zum Zeugnis all dessen bestätigen Wir diese Unsere Schenkung mit Unserem Siegel und bitten, sie möge durch die Bischöfe Polens bestätigt werden. (Im Jahre der Geburt des Herrn 1212)

Aus: Urkunden und erzählende Quellen zur deutschen Ostsiedlung im Mittelalter. Gesammelt und hrsg. von Herbert Helbig und Lorenz Weinrich. Zweiter Teil. Schlesien, Polen, Böhmen-Mähren, Österreich, Ungarn-Siebenbürgen. Darmstadt: Wissenschaftliche Buchgesellschaft 1970, S. 229

M4 Der Historiker Christian Lübke erklärt, wie sich das Bild von der Ostsiedlung in der Geschichtswissenschaft verändert hat

›Das ganze Gebiet der Slawen, welches an der Eider beginnt […] und sich zwischen der Ostsee und Elbe […] ausdehnt und das einst durch räuberische Anfälle unsicher und öde war, […] ist jetzt durch Gottes Gnade in ein Siedlungsland der Sachsen verwandelt worden, in dem Städte und Dörfer erbaut werden und die Zahl der Kirchen und Diener Christi zunimmt‹ – dieses Fazit zog der Pfarrer Helmold aus dem holsteinischen Bosau in der zweiten Hälfte des 12. Jahrhunderts am Ende seiner Slawenchronik, die er als unmittelbarer Zeuge der Kämpfe an der deutsch-slawischen Grenze im Norden Deutschlands niederschrieb. Einst von den Slawen besetztes Ödland verwandle sich durch die wohltuende Wirkung nicht nur sächsischer, sondern deutscher Siedler in Kulturland – auf genau diesen Nenner kann man auch den Ertrag von mehr als einhundert Jahren deutscher historischer Forschung bis in die Zeit nach dem Zweiten Weltkrieg bringen, soweit es die vermeintlichen Anfänge der seit dem Mittelalter ›deutsch‹ gewordenen Landschaften betrifft. Es waren dabei zunächst Protagonisten des Preußentums, wie der Königsberger Archivdirektor Johannes Voigt und sein Breslauer Pendant Gustav Adolf Harald Stenzel, die glaubten darstellen zu müssen, ›welches Heil und welche großen Erfolge für freiere Entwickelung und menschliche Bildung daraus hervorgingen, dass die Deutschen sich der Küste des Baltikums bemächtigten‹ (Voigt, Geschichte Preußens 1827), sodass ›endlich die Macht einer doch schon überlegenen Bildung und größerer Gesittung, welche immer unaufhaltsamer vordrang, ihre Herrschaft hier, ihren Einfluss dort geltend machte‹ (Stenzel, Geschichte des preußischen Staates, 1830). War hier schon gelegentlich explizit die Meinung hervorgetreten, dass die Slawen (und ebenso die alten Balten) zu ähnlichen kulturellen Leistungen wie die Deutschen gar nicht befähigt seien, so entwickelte sich die Überzeugung von der Existenz eines Kulturgefälles zwischen Deutschen und Slawen zum Allgemeingut, nachdem sich im Jahr 1848 in der Frankfurter Paulskirchenversammlung die nationalen Interessen der Deutschen mit denen der (slawischen) Polen als unvereinbar erwiesen hatten. [...] Der in dieser Argumentation geborgene anti-polnische (und damit allgemein anti-slawische) Akzent gewann in der Epoche zwischen der Reichsgründung von 1871 und der Machtergreifung der Nationalsozialisten nicht nur in der deutschen Öffentlichkeit immer wieder neue Aktualität, sondern er bestimmte auch die Richtung wissenschaftlicher Fragestellungen, die sich schließlich seit den Zwanzigerjahren in der ›Ostforschung‹ bündelten, deren Repräsentanten zu einem beträchtlichen Teil in einer unheilvollen Allianz mit der Nazi-Ideologie standen. Die Ergebnisse der mittelalterlichen Kolonisation wurden dabei ganz überwiegend als Ausdruck deutschen Volkstums stilisiert (am wirksamsten in Karl Hampes Schrift ›Der Zug nach dem Osten. Die kolonisatorische Großtat des deutschen Volkes im Mittelalter‹, die zwischen 1921 und 1939 fünf Auflagen erfuhr), und ihre Reichweite nach Osten diente der Bekräftigung deutscher Ansprüche auf den ›Volks- und Kulturboden‹ (so beispielsweise bei dem Historiker Rudolf Kötzschke). Nach dem Zweiten Weltkrieg lebte die ›Ostforschung‹ in der Bundesrepublik in einem modifizierten Konzept fort, in dem – ganz in Entsprechung zu der aktuellen politischen

B5 Rodung und Dorfgründung: Bauern berufen sich vor dem Lokator auf ihr Dorfrecht. Illustration aus dem Sachsenspiegel (13. Jahrhundert)

Lage – die Rolle der Deutschen in der mittelalterlichen Kolonisation in ›eine Ausweitung des abendländischen Lebensbereiches‹ eingebunden war. [...] Während diese ›klerikalimperialistische Abendland-Ideologie‹ in der DDR sofort auf scharfe Kritik stieß, verging im Westen Deutschlands ein weiteres Jahrzehnt, bis sich auf Anstoß des Historikers Walter Schlesinger neue Begriffe einbürgerten, die dem Verhältnis zwischen Deutschen und Slawen angemessener schienen. Anstelle von ›Ostkolonisation‹ bevorzugte man nun ›Ostsiedlung‹ und schließlich den quellennahen Terminus ›Landesausbau‹, und man verstand das so bezeichnete Phänomen als Bestandteil eines gesamteuropäischen kulturellen Prozesses; vor allem aber signalisierten die deutschen ›Neustämme‹, die – im Unterschied zu den ›Altstämmen‹ der Sachsen, Franken, Alemannen und Baiern – aus den deutschen Zuwanderern und den slawischen Bewohnern erwachsen seien, eine Neubewertung der mittelalterlichen Verhältnisse, die Schlesinger als ›Wohn- und Wirtschaftsgemeinschaft von Deutschen und Slawen‹ charakterisierte.

Aus: Christian Lübke: Germania Slavica. In: Deutsche und Polen. Geschichte – Kultur – Politik. Hrsg. von Andreas Lawaty und Hubert Orłowski. München: Beck 2003, S. 26–33

M5 **Der deutsche Historiker Hartmut Boockmann beschreibt den aktuellen Forschungsstand zur Ostsiedlung**

Unser heutiges Wissen von der Ostsiedlung unterscheidet sich vom Erkenntnisstand noch der ersten Jahrzehnte unseres Jahrhunderts vor allem in dreierlei Hinsicht:

1. Ostsiedlung ist, so sehen wir heute deutlicher als noch vor wenigen Jahrzehnten, kein isoliertes Vordringen der Deutschen in ein barbarisches, von der Natur seiner Bewohner her zu eigener Kultur nicht fähiges Land, Ostsiedlung ist keine Sache bloß der Deutschen und ihrer östlichen Nachbarn. Ostsiedlung ist vielmehr nur Teil eines umfassenderen Ausbauprozesses, der sich in allen europäischen Ländern vom 12. bis zum 14. Jahrhundert vollzogen hat. [...]

2. Diese Wandlungen finden in allen europäischen Ländern statt, auch in Osteuropa. Infolgedessen geht die Ostsiedlung nicht einfach so vor sich, dass die einen sich und ihre höhere Zivilisation in ein Land bringen, das daran bisher keinen Anteil hatte. Der allgemeine Ausbauprozess des Hochmittelalters verläuft zwar mit Phasenverschiebungen [...], im Allgemeinen haben sich die westlichen eher entwickelt als die östlichen und die südlichen eher als die nördlichen. Aber das ist doch etwas wesentlich anderes als jene alte Vorstellung von den Kulturträgern auf der einen Seite und den kulturlosen Slawen bzw. Osteuropäern auf der anderen. [...] Die mittelalterliche Ostsiedlung war keine Kolonisation im Sinne der Neuzeit, denn in den jetzt in Osteuropa neu gegründeten oder veränderten Siedlungen wurden nicht nur die Zuwanderer sesshaft, sondern auch Einheimische. Wenn zum Beispiel Dörfer nach neuem Recht gegründet wurden, Dörfer also mit Abgaben- und Wirtschaftsstrukturen, wie sie von den Zuwanderern nach Osteuropa mitgebracht wurden, dann heißt das nicht notwendigerweise, dass alle Bewohner dieser Dörfer Deutsche waren. Es können auch Einheimische gewesen sein, ebenso wie auch in den nach westlichem Vorbild neu gegründeten oder veränderten Städten sich einheimische Bürger ansiedeln konnten, ungeachtet des Stadtrechts, nach dem diese Städte nun lebten und das hier in Osteuropa den Namen Deutsches Recht erhielt. Und es kommen die vielen Assimilierungsvorgänge im Einzelnen hinzu. In vielen Fällen ist es nicht erst nachträglich, sondern war es schon in der Ostsiedlungszeit selber unklar, ob einer Deutscher war oder Pole [...]

3. Lange Zeit wurde das Bild der Ostsiedlung von der Vorstellung genährt, dass im hohen Mittelalter das deutsche Volk gewissermaßen aus den Nähten geplatzt sei, dass sich Tausende und Abertausende auf den Weg gemacht hätten, um sich jenen Lebensraum zu verschaffen, den ihnen die Heimat nicht mehr bieten konnte. Volk ohne Raum: das war um neunzehnhundert, im Zeitalter imperialistischer Außenpolitik, eine aktuelle Vorstellung. Es ist nicht verwunderlich, dass man damals einen solchen Zustand auch für das hohe Mittelalter annahm und in ihm auch die Ursache der Ostsiedlung bzw. der Ostkolonisation, wie man damals sagte, sah.

So kann es jedoch schon deshalb nicht gewesen sein, weil die Ostsiedlung und die Erschließung bisher unbesiedelter Gebiete in den Heimatregionen der Ostsiedler gleichzeitig vonstatten gingen. Die Besiedlung etwa der Mittelgebirge fand gleichzeitig mit der Ostsiedlung statt. Und gleichzeitig mit der Gründung vieler neuer Städte im späteren Ostdeutschland wurden auch in den Heimatgebieten der Ostsiedler Städte gegründet. Auch diese neu gegründeten Städte in Süd-, West- und Mitteldeutschland waren auf Zuzug vom Lande angewiesen. [...]

Die mittelalterliche Ostsiedlung, eine Wanderung von ursprünglich gar nicht vielen Menschen, ein Prozess, an dem nicht nur Siedler und nicht nur Deutsche beteiligt waren, sowie schließlich ein Vorgang, der hineingehört in eine allgemeineuropäische Beschleunigung der kulturellen Entwicklung im hohen Mittelalter, ist ein Gegenstand, der eher [...] zu sorgfältigem Abwägen wirtschaftlicher, rechtsgeschichtlicher und politischer Ursachen als zur Zurückverlegung neuzeitlicher nationalpolitischer Auseinandersetzungen im Mittelalter einlädt.

Aus: Hartmut Boockmann: Der Deutsche Orden. Zwölf Kapitel aus seiner Geschichte. München: Beck ³1989, S. 115 ff.

M6 Die Ostkolonisation. Aus einem deutschen Schulbuch von 1966

Unter Lothar von Sachsen beginnt die über 200 Jahre dauernde deutsche Ostsiedlung, die das politische, wirtschaftliche und soziale Leben Osteuropas verändert. Sie wird zu Recht als ›die Großtat des deutschen Volkes während des Mittelalters‹

bezeichnet. Die Kolonisationsepoche setzt zwar mit einer Reihe von Kriegszügen ein, aber die eigentliche Volksbewegung im 13. Jh. vollzieht sich friedlich und durch die Förderung slawischer Fürsten. [...] Die Ostsiedlung vermehrte die deutsche Bodenfläche um zwei Drittel und erweiterte den christlich-abendländischen Kulturkreis.

Aus: Das historische Grundwissen. Von Studienprofessor Karl Kunze u. Studienrat Dr. Karl Wolff. Stuttgart: Klett 1966, Kap. 31

M7 Die deutsche Kolonisation. Aus einem polnischen Schulbuch von 1975

In die von den deutschen Feudalherren im Osten eroberten Gebiete strömte aus der Tiefe des deutschen Raumes Bevölkerung aller Stände ein. Die deutschen Kolonisten besetzten die besten Böden, die sie der ansässigen Bevölkerung wegnahmen. Auch in den Städten drängte die eingeströmte deutsche Bevölkerung die örtliche Bevölkerung in eine untergeordnete Rolle.

Aus: Jerzy Dowiat: Geschichte für die 1. Klasse des allgemeinbildenden Lyzeums. Warschau: Staatlicher Schulbuchverlag. 1975. Übers.: Armin Dross. Hier zitiert nach: Armin Dross: Die Darstellung der polnisch-deutschen Beziehungen und der Bundesrepublik Deutschland in polnischen Schulbüchern. In: Internationales Jahrbuch für Geschichts- und Geographieunterricht IJbfGG 17 (1976), S. 193

M8 Empfehlungen der deutsch-polnischen Schulbuchkommission zur Darstellung der Ostsiedlung

Die mittelalterliche deutsche Siedlung im östlichen Mitteleuropa

Die deutsche Kolonisation im östlichen Mitteleuropa sollte als demografischer, wirtschaftlicher und sozialer Prozess behandelt werden. Das Fortschreiten der sozialen und wirtschaftlichen Veränderungen in Oberitalien, der Provence und den Rheinlanden um die Wende vom 1. zum 2. Jahrtausend machte aus ihnen Ausstrahlungszentren neuer Arten der Produktion und des Handels sowie neuer Rechtsformen für Stadt und Land. Alle europäischen Völker, darunter die slawischen und germanischen, schufen selbstständig die Grundlagen, die ihnen die Übernahme neuer Kulturformen ermöglichten. Überall waren diese ein Faktor der Beschleunigung des wirtschaftlichen Wachstums und des Erblühens der mittelalterlichen Kultur. Die nach diesen Formen von den Herrschern und dem Grundadel auf westslawischem Gebiet gewährten Rechte und Freiheiten lockten neue Siedler aus dem Bereich des alten karolingischen Imperiums an. Diese Siedler spielten bei der wirtschaftlich-sozialen Umwandlung der westslawischen Länder vom 12. bis zum 14. Jahrhundert eine positive Rolle. Die Zahl der Siedler und der Umfang ihres Anteils an diesen Veränderungen lässt sich nicht vollständig klären. Das Übergewicht der Deutschen unter den Zuwanderern führte zur Entstehung des Terminus ›deutsches Recht‹ für die Umschreibung ihrer Freiheiten und Pflichten. Seit dem zweiten Viertel des 13. Jahrhunderts wurde dieses Recht auch einheimischen Siedlern gewährt. Infolgedessen war die Verbreitung des deutschen Rechtes unverhältnismäßig viel größer als der Anteil der Deutschen an den wirtschaftlichen und gesellschaftlichen Veränderungen Polens im 13. und 14. Jahrhundert.

Die endgültige Bildung der deutschen Neustämme östlich der Elbe kam erst einige Jahrhunderte nach der mittelalterlichen deutschen Siedlung zum Abschluss.

Aus: Empfehlungen für Schulbücher der Geschichte und Geographie in der Bundesrepublik Deutschland und in der Volksrepublik Polen. Braunschweig: Georg-Eckert-Institut 1977, S. 15

Arbeitsanregungen

1 Klären Sie, ob Verwandte (z. B. Großeltern) von Ihnen aus Gebieten stammen, die heute zu Polen gehören. Versuchen Sie zu erfahren, wie deren Vorfahren einst dorthin gekommen sind.

2 Welche Eigenschaften nennt Kromer (M1) in Bezug auf die deutschen Einwanderer? Auf welche Weise profitierte Polen demzufolge von der Zuwanderung? Wie bewertet Kromer den Zuzug der Siedler aus dem Westen?

3 Welche Gründe führt König Kasimir von Polen (M2) für die Übertragung des Landes an Johann Gladisch an? Stellen Sie die kurz- und langfristigen Vorteile einer solchen Landübertragung sowohl für den König als auch für die Siedler dar.

4 Stellen Sie die Freiheiten zusammen, die der Herzog von Kalisch dem Bischof Christian von Preußen gewährt (M3). Klären Sie die Ihnen unbekannten Begriffe.

5 Lesen Sie die Empfehlung der deutsch-polnischen Schulbuchkommission (M8) zur Darstellung der Ostsiedlung in Schulbüchern. Überprüfen Sie die Darstellung in Ihrem Geschichtsbuch. Inwieweit sind die Anregungen umgesetzt worden?

6 Vergleichen Sie die beiden Schulbuchtexte (M6, M7) miteinander. Welche geschichtlichen Vorgänge werden angesprochen?

7 Zum Text des deutschen Historikers Lübke (M4): Wie erklären Sie sich die im 19. Jahrhundert aufkommende Überzeugung eines ›kulturbringenden Deutschlands‹ in Osteuropa? In welchen Bereichen sah man im 19. Jahrhundert ein ›Kulturgefälle‹ zwischen Deutschen und Slawen? Was könnten Gründe dafür sein, dass sich in den 1970er-Jahren neue Begriffe wie ›Ostsiedlung‹ und ›Landesausbau‹ einbürgerten?

8 Zum Text des deutschen Historikers Boockmann (M5): Skizzieren Sie kurz den dreifachen Wandel im Bild der Ostsiedlung seit Beginn des letzten Jahrhunderts. War die deutsche Ostsiedlung ein Einzelfall der damaligen Zeit oder fanden zeitgleich weitere Siedlungsbewegungen statt? Wenn ja, welche? Welche Bedeutung hatte für die Menschen der damaligen Zeit die Zugehörigkeit zu einer bestimmten Nationalität?

9 Die Ansiedlung von Deutschen in Polen brachte auch die deutsche Sprache ins Land. Viele deutsche Wörter, insbesondere aus den Bereichen der Verwaltung, der Technik und des Handwerks, wurden so als Lehnworte in die polnische Sprache übernommen und sind dort teilweise bis heute gebräuchlich. Ordnen Sie den folgenden polnischen Wörtern die deutschen Entsprechungen zu und versuchen Sie, diese verschiedenen Sachgruppen zuzuordnen. Welche Erklärungen für deren Übernahme in die polnische Sprache im Mittelalter können Sie sich vorstellen? (sz = sch, rz = j wie in Journal):
blacha, burmistrz, cegła, fuga, majsterstyk, muterka, malarz, nit, rygiel, rynek, ratusz, rycerz, szpachelka, szrubsztak, szyld.
Deutsche Entsprechungen (in anderer Reihenfolge):
Rathaus, Ziegel, Niete, Fuge, Mutter, Meisterstück, Schild, Riegel, Ring/Markt, Bürgermeister, Ritter, Spachtel, Blech, Schraubstock, Maler.
Einige Wörter, die in der umgekehrten Richtung aus dem Polnischen ins Deutsche ›gewandert‹ sind:
Graupe, Grenze, Gurke, Jauche, Knute, Peitsche, Pflug, Quark.
Polnische Entsprechungen: grupa, granica, ogórek, jucha, knut, bicz, pług, twaróg.

Vorschläge für Referate und Facharbeiten

1 Vergleich von Darstellungen der Ostsiedlung in Nachschlagewerken/Schulbüchern aus verschiedenen Epochen.
2 Die Ostsiedlung im Mittelalter und die Zuwanderung nach Deutschland in der Gegenwart. Vergleichen Sie die Motive und die Bedingungen damals und heute.

Literaturhinweise

Ein Strom von Siedlern. Die Ostkolonisation der Deutschen. In: Geschichte mit Pfiff. 5/86, S. 15 ff.

Helbig, Herbert; Weinrich, Lorenz (Hrsg.): Urkunden und erzählende Quellen zur deutschen Ostsiedlung im Mittelalter. Zweiter Teil. Schlesien, Polen, Böhmen-Mähren, Österreich, Ungarn-Siebenbürgen. Darmstadt: Wissenschaftliche Buchgesellschaft 1970.

Higounet, Charles: Die deutsche Ostsiedlung im Mittelalter. Berlin: Siedler 1986.

Kuhn, Walter: Vergleichende Untersuchungen zur mittelalterlichen Ostsiedlung (= Ostmitteleuropa in Vergangenheit und Gegenwart. Bd. 16). Köln: Böhlau 1973.

Lübke, Christian: Germania Slavica. In: Deutsche und Polen. Geschichte – Kultur – Politik. Hrsg. von Andreas Lawaty und Hubert Orłowski. München: Beck 2003, S. 26–33.

Reimann, Heike: Die deutsche Ostsiedlung des Mittelalters – Mythos und Wirklichkeit. In: Mare Balticum. 1997. Ostseeakademie Lübeck-Travemünde, S. 86–91.
Guter Überblick über die Quellenlage und die Forschungsgeschichte.

Schlesinger, Walter: Zur Problematik der Erforschung der deutschen Ostsiedlung. In: Walter Schlesinger: Die Deutsche Ostsiedlung des Mittelalters als Problem der europäischen Geschichte (= Vorträge und Forschungen, Bd. XVIII, Reichenau-Vorträge 1970–1972). Sigmaringen: Thorbecke 1975, S. 11–30.

Siedlung – Bewegung – Kolonisation? Unterschiedliche Bewertungen. In: Putzger. Atlas und Chronik zur Weltgeschichte. Berlin: Cornelsen, S. 91.

Tandezke, Wolfgang; Hansel, Paul: Die mittelalterliche Ostsiedlung. In: Die Deutschen und ihre östlichen Nachbarn. Bd. II. Deutsche und Polen (= Akademiebericht Nr. 141, Akademie für Lehrerfortbildung Dillingen/Haus des Deutschen Ostens München). Dillingen: Akademie für Lehrerfortbildung 1989, S. 286–306.

Wippermann, Wolfgang: Der ›Deutsche Drang nach Osten‹. Ideologie und Wirklichkeit eines politischen Schlagwortes. Darmstadt: Wissenschaftliche Buchgesellschaft 1981.

Zernack, Klaus: ›Ostkolonisation‹ in universalgeschichtlicher Perspektive. In: Gangolf Hübinger; Jürgen Osterhammel; Erich Pelzer (Hrsg.): Universalgeschichte und Nationalgeschichten. Ernst Schulin zum 65. Geburtstag. Freiburg: Rombach 1994.

Zientara, Benedykt: Heinrich der Bärtige und seine Zeit: Politik und Gesellschaft im mittelalterlichen Schlesien. Übers. von Peter Oliver Loew (= Schriften des Bundesinstituts für Kultur und Geschichte der Deutschen im östlichen Europa. Bd. 17). München: Oldenbourg 2002.

B1 Jan Matejko: Die Schlacht bei Grunwald (1875)

Der Deutsche Orden
Geschichte und Mythos

B2 Werbepostkarte des Deutschen Ostmarkenvereins (um 1900): ›Kein Fußbreit deutscher Erde soll verloren gehen, und ebenso soll kein Titel Deutschen Rechts geopfert werden, das ist unsere Politik.‹ Fürst Bismarck

B3 Plakat eines polnischen Schützenverbandes zur antideutschen Woche (1930): Fort mit Dir Preuße! Wir wiederholen Grunwald!!

Informieren Sie sich über die historischen Hintergründe der Schlacht bei Tannenberg (polnisch: Grunwald) von 1410. In welchem Zusammenhang stehen die beiden Plakate zu dieser Schlacht?

Einführung

DER DEUTSCHE ORDEN IN POLEN

Im Jahr 1226 rief der polnische Herzog Konrad I. von Masowien die Ritter des Deutschen Ordens zu Hilfe, um ihn bei der Abwehr der Angriffe heidnischer Prußen (Pruzzen) aus dem Osten zu unterstützen. Der Orden war 1198 als Spitalgemeinschaft in Jerusalem gegründet worden. Die Ritter des Ordens, die adliger Herkunft sein mussten, waren zu Ehelosigkeit, Verzicht auf Privatvermögen und zu absolutem Gehorsam gegenüber ihren Vorgesetzten verpflichtet. Sie leisteten einen Schwur, die Heiden stets zu bekämpfen.

Nach dem Verlust Jerusalems suchte der Orden ein neues Betätigungsfeld, sodass die Einladung Konrad von Masowiens sehr willkommen war. Als Gegenleistung für dessen Hilfe übertrug der Herzog dem Deutschen Orden das Kulmer Land sowie alle künftigen vom Orden eroberten Gebiete in Preußen (›Kruschwitzer Vertrag‹, 1230), was sich der Orden von Kaiser Friedrich II. und Papst Gregor IX. auch verbriefen ließ. Ursprünglich mit dem Kampf gegen die heidnischen Prußen beschäftigt, wuchs der Deutsche Orden in Polen allmählich zu einer eigenständigen Militärmacht heran. Nachdem die Prußen besiegt waren, wurde er zunehmend zu einer Gefahr für die Fürsten in den nördlichen Gebieten Polens. Die vertragswidrige Besetzung Pommerellens mit Danzig durch den Orden im Jahr 1308 war nur eine von vielen nun folgenden Auseinandersetzungen zwischen der polnischen Krone und dem expansiven Ordensstaat. Im Jahr 1309 verlegte der Deutsche Orden seinen Sitz von Venedig in die zu diesem Zweck errichtete Marienburg an der Nogat (B4). Der Konflikt zwischen Polen und dem Deutschen Orden gipfelte im Jahr 1410 in der Schlacht von Tannenberg (polnisch: Schlacht von Grunwald). Das Heer des Deutschen Ordens, in dem neben deutschen Ordensrittern auch Ritter anderer westlicher Nationen sowie viele Polen kämpften, stand einer polnisch-litauischen Armee unter dem polnischen König Władysław II. Jagiełło (gesprochen: *wadüswaw jagiello*) und dem litauischen Großfürsten Vytautas (Witold) gegenüber. Die Schlacht endete mit einer verheerenden Niederlage für den Orden. Danach verringerte sich der Einfluss des Deutschen Ordens. Nach dem 2. Thorner Frieden (1466) im Anschluss an den ›Dreizehnjährigen Krieg‹ gegen die mit Polen verbündeten Städte und Stände des Ordensstaates (Preußischer Bund) musste sich der Orden endgültig der polnischen Krone beugen. Der Orden verlor Pommerellen und die Westhälfte Preußens mit der Marienburg, Danzig, Elbing und Thorn. Fast 60 Jahre später, im Jahr 1525, leistete der letzte Hochmeister des Deutschen Ordens, Albrecht von Hohenzollern, auf Anraten Luthers dem polnischen König den Lehnseid als weltlicher Fürst und wandelte im Zuge der Reformation den Ordensstaat in ein erbliches weltliches Herzogtum um, das 1618 an Brandenburg fiel.

DIE MYTHOLOGISIERUNG DES DEUTSCHEN ORDENS IN DEUTSCHLAND UND IN POLEN

Obwohl die Schlacht bei Tannenberg zu den größten des Mittelalters zählte, geriet sie in der Folgezeit schnell in Vergessenheit. Erst im 19. Jahrhundert im Gefolge der preußisch-polnischen bzw. deutsch-polnischen Auseinandersetzungen wurden die Konflikte zwischen dem Deutschen Orden und Polen zum Sinnbild eines dauerhaften deutsch-polnischen Gegensatzes stilisiert.

B4 Die Marienburg an der Nogat (2002)

B5 Polnisches Grunwald-Denkmal (1966)

In Preußen spielte die Erinnerung an den Deutschen Orden bis zum 18. Jahrhundert keine nennenswerte Rolle, erst mit Beginn des 19. Jahrhunderts änderte sich die Einschätzung: Man sah sich jetzt in der Kontinuität des – dem römisch-deutschen Kaiserreich nicht zugehörigen – Ordensstaats. Der Ordensstaat galt insbesondere deshalb als vorbildlich, weil er im Gegensatz zu den Fürstenstaaten von einst nicht auf Herrschaftsfamilien begründet war, sondern seine Existenz auf Prinzipien stützte. Dies entsprach in gewissem Sinne auch der preußischen Staatsidee, wenn auch deren Prinzipien andere waren. In diesen Zusammenhang gehört auch die Stiftung des ›Eisernen Kreuzes‹ im Jahr 1813, das in seiner Gestalt nahezu identisch war mit jenem schwarzen Kreuz, das die Ordensritter auf ihren Mänteln trugen (B 15, B 16). Nach der Gründung des Deutschen Reiches 1871 nahmen die nationalen Spannungen zwischen Deutschen und Polen zu. Im Jahre 1886 sagte ein Abgeordneter im preußischen Landtag im Zusammenhang mit den Kosten für die Renovierung der Marienburg: ›Diese Ordensburg war im Mittelalter der Hort des Deutschtums im Osten. Ihre Wiederherstellung und Erhaltung wird auch in Zukunft das Deutschtum, deutsches Nationalbewusstsein und deutsche Gesittung gegenüber einem etwaigen Ansturm anderer Nationalitäten in unserer Ostmark stärken.‹ Das Protokoll vermerkte: ›Bravo! Beifall von rechts.‹ Auch der Kulturkampf Bismarcks und die Aktivitäten des Deutschen Ostmarkenvereins mussten von polnischer Seite als antipolnische Provokation aufgefasst werden.

Nach dem Sieg der von Paul von Hindenburg kommandierten Truppen gegen die 2. russische Armee im August 1914 finden wir einen weiteren Rückgriff auf die Ordensgeschichte und den Beginn der Kultivierung eines Tannenberg-Mythos. Obwohl der kleine Ort Tannenberg in dieser großräumigen Geländeschlacht keine Rolle spielte, nannte man sie in Erinnerung an die Niederlage des Deutschen Ordens 1410 ›Schlacht von Tannenberg‹ und stilisierte sie zur Revanche für 1410 und zum großen Sieg über das Slawentum. Vor diesem Hintergrund nutzte auch das NS-Regime das 1927 bei Hohenstein (heute: Olsztynek, Polen) entstandene, an die Schlacht von 1914 erinnernde Tannenberg-Denkmal (B 14) für seine Propaganda und die Verherrlichung des Kriegs. Nach umfassenden Umbaumaßnahmen und unter gewaltigem propagandistischem Aufwand fand in diesem Denkmal am 7. August 1934 die Beisetzung des Reichspräsidenten von Hindenburg statt, anlässlich derer Hitler die Anlage zum ›Reichsehrenmal Tannenberg‹ (B 6) umbenennen ließ. Gegen Ende des Zweiten Weltkriegs wurde das monumentale Denkmal vor dem Anrücken der Roten Armee auf Befehl Hitlers gesprengt.

In der polnischen Geschichtsschreibung wurde der Deutsche Orden häufig mit einem dem deutschen Volk angeblich innewohnenden kriegerischen ›Drang nach Osten‹ gleichgesetzt. Im 19. Jahrhundert, in der Auseinandersetzung mit der preußisch/deutschen Teilungsmacht, kreierte man die Schlacht bei Grunwald/Tannenberg zum Symbol für den glorreichen Sieg über das Deutschtum und die Stärke der eigenen Nation. 1910, zum 500. Jahrestag der Schlacht, wurde die Errichtung eines Denkmals in Krakau zum Höhepunkt des Grunwald-Mythos (B 12). In der Zwischenkriegszeit war dieser Mythos ein zentraler Bestandteil der deutschfeindlichen Propaganda (B 3). Auch in der polnischen Literatur, am bekanntesten in dem Roman *Die Kreuzritter* von Henryk Sienkiewicz, erschienen die Kreuzritter als brutale, rücksichtslose und hinterhältige Feinde

Polens (M 1). Dabei lohnt ein Vergleich mit jenen deutschen Romanen, in welchen die Kreuzritter noch als Helden und tapfere Krieger stilisiert wurden, wie u. a. später bei Ernst Wichert in seinem Roman über *Heinrich von Plauen* oder bei Wilhelm Kotzde-Kottenrodt in seinem Roman *Die Burg im Osten* (M 2).

B6 Reichsehrenmal Tannenberg. Postkarte (1939)

Im populären Geschichtsbild Polens herrschte bis in die 1980er-Jahre ein eindimensional-negatives Bild der Kreuzritter vor. Positive Elemente aus der Geschichte des Deutschen Ordens wurden unterschlagen. Das Staatswesen des Ordens war für damalige Verhältnisse vorbildlich organisiert und beschleunigte, nicht zuletzt durch den Zustrom von Rittern und Bauern, den kulturellen Austausch mit dem Westen Europas. Dies galt sowohl für die Innovationsschübe im Bereich der Architektur, wo die Backsteingotik zur prägenden Signatur der nordosteuropäischen Kulturlandschaft wurde, als auch für den Kulturtransfer in anderen Bereichen, wie z. B. im Rechtswesen, im Klosterleben und nicht zuletzt im Bereich des Handels und Landesausbaus. Erst seit Mitte der 1980er-Jahre wird in Polen das Bild des Deutschen Ordens differenzierter eingeschätzt. Auf dem Schlachtfeld von Grunwald/Tannenberg, wo seit dem 19. Jahrhundert abwechselnd Deutsche und Polen ihren Geschichtsmythen huldigten, treffen sich seit einigen Jahren am 2. Juliwochenende über 2000 Hobbyritter aus ganz Europa, um vor bis zu 80 000 Zuschauern friedlich die mittelalterliche Schlacht nachzuspielen (B 8). Damit scheint der im 19. Jahrhundert begonnene Prozess der sich gegenseitig hochschaukelnden Instrumentalisierung des Themas Grunwald/Tannenberg vorerst an sein Ende gekommen zu sein.

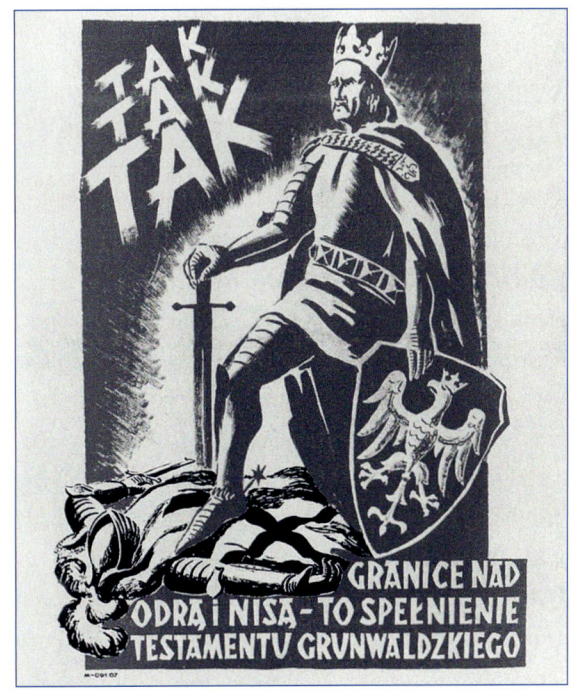

B7 ›Ja, ja, ja. Die Grenze an der Oder und Neiße – das ist die Erfüllung des Grunwald-Vermächtnisses‹: Polnisches Plakat 1946. Aufruf zu einer Volksabstimmung über die Oder-Neiße-Grenze

B8 Die Schlacht bei Grunwald/Tannenberg als Touristenattraktion im Jahre 2004

Materialien

B9 Buchumschlag (1978)

M1 Henryk Sienkiewicz: Die Kreuzritter

Henryk Sienkiewicz (1846–1916; gesprochen: henrük schjenkjewitsch), polnischer Schriftsteller und Literaturnobelpreisträger, befasst sich in seinem 1897–1900 geschriebenen historischen Roman ›Die Kreuzritter‹ (›Krzyżacy‹; gesprochen: kschüschatsü) mit der Zeit der Kämpfe von Polen und Litauen gegen den Deutschen Orden. Das Buch und noch mehr seine Verfilmung aus den 1960er-Jahren prägen bis heute das Bild vom Deutschen Orden in Polen.

Zum Verständnis des folgenden Abschnitts: Die Hauptfigur, Zbyszko (gesprochen: zbüschko), ein junger, tapferer, polnischer Ritter, ist auf der Reise zu seiner Geliebten Danusia bei einem Dominikanerpater zu Gast und lässt sich von ihm erzählen, was die Kreuzritter in der Stadt Sieradz angerichtet haben.

›Die Kreuzritter überfielen nachts die Stadt und setzten sie gleich in Brand. Wir konnten von den Mauern aus sehen, wie sie auf dem Marktplatz Männern, Frauen und Kindern mit dem Schwert
5 die Köpfe abschlugen oder wie sie Säuglinge ins Feuer warfen. Ich sah auch, wie Priester getötet wurden, denn in ihrer Wut schonten sie niemanden. Da fügte es sich, dass der Prior Mikołaj, der aus Elbing stammte, den Komtur Hermann kannte, der die Kreuzritter anführte. Er trat also 10 mit den ältesten Brüdern des Ordens vor jenen grausamen Ritter hin, kniete nieder und beschwor ihn in deutscher Sprache, sich doch des Christenblutes zu erbarmen. Doch jener antwortete ihm: »Ich verstehe nichts« – und ließ weiter morden. 15 Man tötete auch die Ordensbrüder; den Prior Mikołaj banden sie einem Pferd an den Schweif und ließen ihn so zu Tode schleifen. [...] Gegen Morgen des folgenden Tages gab es keinen lebenden Menschen in der Stadt – außer mir, denn ich 20 hatte mich auf dem Glockenbalken versteckt. Gott hat die Kreuzritter dafür bereits in der Schlacht bei Plowce gestraft, aber sie lassen nicht ab, nach der Vernichtung unseres christlichen Königreiches zu trachten, und werden davon nicht eher ablas- 25 sen, als bis Gottes Arm sie zerschmettert.‹

›Bei Plowce sind fast alle Männer meines Geschlechts gefallen‹, versetzte Zbyszko, ›aber ich trauere nicht um sie, da Gott König Łokietek (gesprochen: uokietek) einen so großen Sieg ge- 30 schenkt hat und zwanzigtausend Deutsche ums Leben brachte.‹

›Du wirst noch einen größeren Krieg und größere Siege erleben‹, sagte der Prior. ›Amen!‹ antwortete Zbyszko. 35

Aus: Henryk Sienkiewicz: Die Kreuzritter. Übersetzt v. Viktoria Mika (bearbeitet). Berlin: Union 1965

M2 Wilhelm Kotzde-Kottenrodt: Die Burg im Osten

Das Buch von Wilhelm Kotzde-Kottenrodt (1878– 1948) ist einer der zahlreichen seit dem 19. Jahrhundert in Deutschland erschienenen Romane, in denen die Geschichte des Deutschen Ordens thematisiert wurde. In ihnen wurden die Ritter als Vorposten des Deutschtums in Osteuropa heroisiert und als Vorbilder für die aktuelle Auseinandersetzung mit den Völkern Osteuropas dargestellt. Die Bücher waren äußerst populär. Das 1925 erschienene Werk von Kotzde-Kottenrodt wurde bis 1943 insgesamt 13-mal neu aufgelegt.

Die Burg im Osten – Dieser Roman rückt uns das in der Geschichte aller Völker einzig dastehende Staatswesen des Deutschen Ritterordens nahe. Wirkungsvoll hebt sich die christlich-germanische Weltanschauung und Kulturleistung von dem düsteren Hintergrunde des slawischen Chaos ab, das in immer neuen Anstürmen die Grundmauern deutscher Gesittung unterspült. [...] Der Roman schärft das Auge für die Probleme des Ostens auch der heutigen Zeit, und er wird ein Rufer und Wecker des Geistes sein, der heute mehr denn je in unserem Volke nötig ist und auch schon verheißungsvoll hervorbricht: Ein Wecker des Deutschordensgeistes.

[...]

Furchtbar wurden den deutschen Rittern die Tataren. Diese glitten von ihren geschwinden Rösslein, sprangen behände vor, unterliefen die anreitenden Ritter und schlugen ihren Rossen die Beine fort, sodass die schwer gepanzerten Reiter in wuchtigem Sturz ins Blachfeld sanken. Mancher deutsche Mann verröchelte dort unter dem Dolch eines schlitzäugigen Asiaten. Doch wo ein Deutscher stritt, stritt er mit Ehren. Alle List und schnelle Künste halfen den Heiden Saladins nichts. Sie sanken vor den Strichen der Deutschen wie die Halme des Korns unter der Sense. [...] Nun ich diese Dichtung von dem hochgemuten Ringen und dem heldischen Sterben der Brüder vom deutschen Hause Sankt Marien und dem wundersamen Schaffen des Meisters Klaus Fellenstein vollendete, und indem ich sie dem deutschen Volke übergebe, gedenke ich meines märkischen Landsmannes Konrad Steinbrecht, der die verfallene Marienburg uns wiedergab, huldige ich jenen Männern, welche den deutschen Osten vor der Vernichtung durch asiatische Horden mit dem Schwert bewahrten, Paul von Hindenburg und Erich Ludendorff, danke ich den vielhunderttausend Toten aus unserm Blut, die des weiten Ostens Erde deckt, grüße ich jenen Kommenden, der verlorenen deutschen Volks- und Kulturboden zurückgewinnen und uns das Tor nach dem Osten aufschlagen wird – ein Land gehört jenem, der ihm die höchste Kultur gibt. Sonnenwende 1925.

[...] sie [die deutschen Ritter] alle fielen im Heldenkampf, ihren Namen unauslöschlich in das

B10 Buchumschlag der Ausgabe von 1925

Gedächtnis ihres Volkes grabend, denn sie gaben ihr Leben, auf dass ihr Volk bestehen bliebe wider einen Feind, den ein ewiger Hass erfüllt. Sie alle verteidigten nicht Hof und Herd, nicht Weib und Kind, sie begehrten mit dem Siege nicht einen Gewinn für sich, sie verloren mit dem Tode nicht ihr Gut, sie starben für einen hohen Gedanken, auf ihres Volkes Macht im Osten.

[...]

So werden wir immer die Sieger sein, ob ihr euch noch oft im Übermute bläht; denn wir sind die Liebe, und ihr seid der Hass. Wir wollen bauen, wo ihr nur raffen wollt. Dieses Haus bleibt deutsch in alle Zeit und hohen Sinnes ein Zeichen; deutsch bleibt das Land, um das so viel edle Kraft gerungen hat. Euer Spott wird stets zu schanden werden.

Aus: Wilhelm Kotzde-Kottenrodt: Die Burg im Osten. Das Schicksal einer Ritterschaft. Stuttgart: Steinkopf 1925, Umschlagtext, Vorwort, S. 623, 630, Romanschluss

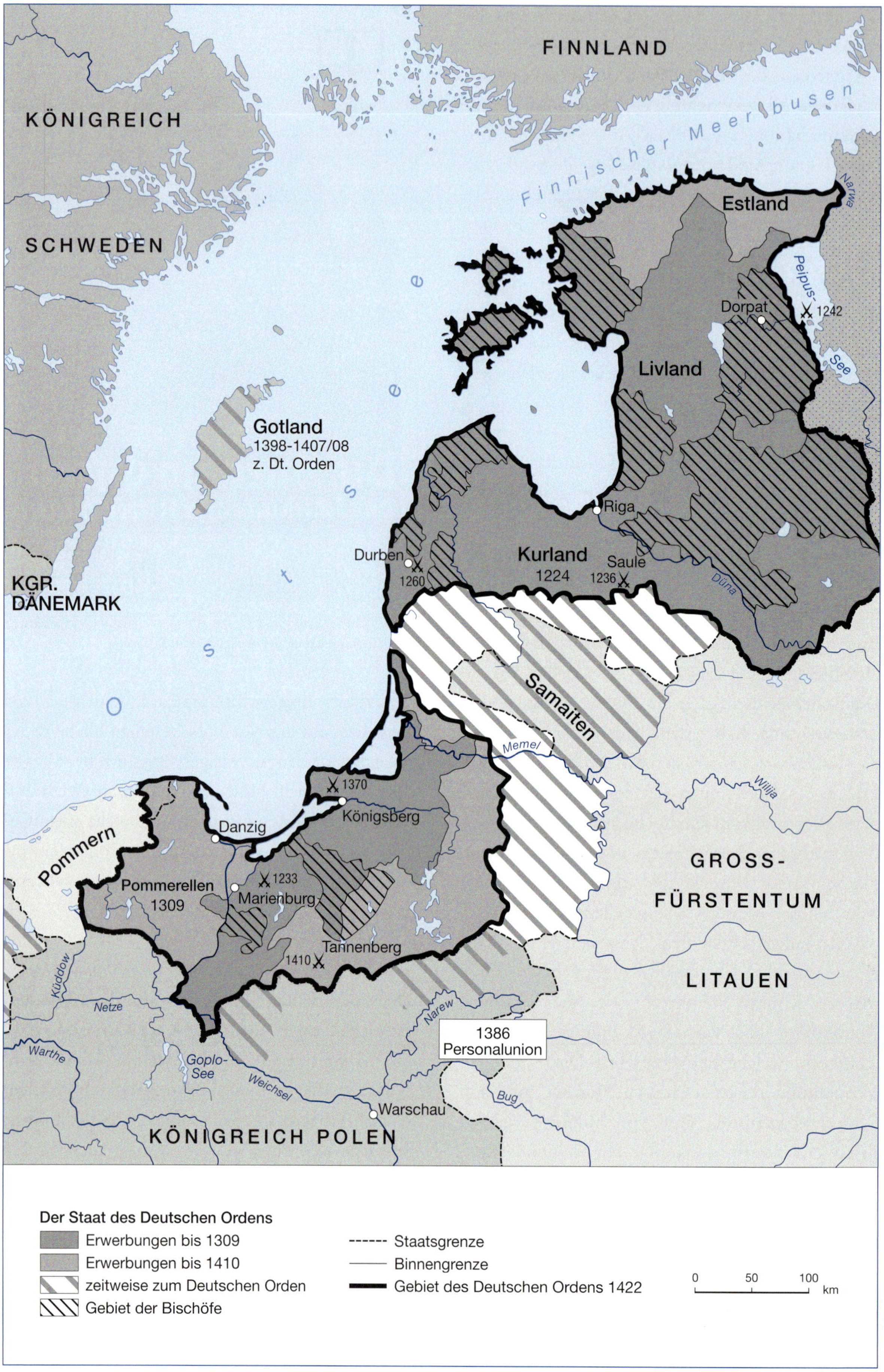

DER DEUTSCHE ORDEN. GESCHICHTE UND MYTHOS

Der Staat des Deutschen Ordens
- Erwerbungen bis 1309
- Erwerbungen bis 1410
- zeitweise zum Deutschen Orden
- Gebiet der Bischöfe
- ------ Staatsgrenze
- —— Binnengrenze
- **—** Gebiet des Deutschen Ordens 1422

B11 Der Deutsche Orden im 14. und 15. Jahrhundert

M3 Deutsche Ritter erobern das Ostland – Aus einem deutschen Lehrbuch von 1944

Getreu dem wehrhaften deutschen Geist waren die Ritter ihren Kaisern auf den Zügen gegen die Türken gefolgt. Unter dem Einfluss der Kirche kam es bei den Kreuzzügen zur Bildung von *Ritterorden* nach mönchischem Vorbild. Diese Ritterschaften sollten sich ganz dem kirchlichen Dienst widmen. Aber der **Deutsche Ritterorden** strebte schon bald danach, seine Kräfte zum Wohle des Reiches einzusetzen. Der Kaiser wies ihm eine große Aufgabe zu: Rückgewinnung des deutschen Bodens östlich der Weichsel. Dort war das Land von der Bernsteinküste der Ostsee bis zu den Urwäldern des südlichen Ostpreußens im Besitz der Preußen. Diese baltische Völkerschaft hatte keine slawische, wohl aber oftmals nordische Blutzufuhr erfahren.

Harte und lange Kämpfe standen den *Deutschrittern* bevor, als sie 1230 in Preußen einritten. Von dem polnischen Herzog *Konrad von Masovien* gegen die *Preußen* zu Hilfe gerufen, rückten sie unter ihrem Landmeister *Hermann Balk* gegen die Weichsel vor. Sie gründeten die Stadt *Thorn* und gewannen in zehnjährigem erfolgreichem Kampfe das Weichselland bis zum Haff und Meere. Ihren Gewinn schützten sie durch die **Ordensburgen** *Kulm*, *Graudenz*, *Marienwerder* und *Elbing* vor feindlichen Gegenangriffen. Durch das Bündnis mit dem *Schwertbrüderorden* im *Baltenland* trugen sie ihre Macht weiter bis an den Finnischen Meerbusen vor. *Mitau*, *Riga*, *Reval* und *Dorpat* wurden berühmte Städte des Ordens für den Handel mit den Nachbarländern. In Ostpreußen wurden *Bauern* aus *Meißen*, *Schlesien*, *Westfalen*, *Rheinland* und *Holland* angesiedelt, um das Land einzudeutschen. Sie entwickelten sich in der Vermischung mit den rassisch verwandten Preußen zu dem neuen Preußenstamm. Ostpreußen wurde durch ihr Wirken zu einem reichen Bauernland. Fünfzig Jahre lang hatte der Orden um den Besitz des Landes gerungen. Immer wieder waren Burgen und Dörfer in Flammen aufgegangen, und immer wieder mussten die aufständischen Preußen mit scharfem Schwerte bezwungen werden. Aber dann hatten die Deutschherren das Land endgültig und fest in ihrer Hand. Ost- und Westpreußen, Kurland, Livland und Estland zählten zu ihrem stattlichen Besitz. […]

Eine großartige Siedlungstätigkeit hatte der Orden der Deutschritter entfaltet. Neben den trutzig stolzen *Ordensburgen* war im ganzen Lande ein Kranz von blühenden deutschen *Dörfern* entstanden, in denen der Ackerbau reiche Erträge lieferte. Dazwischen breiteten sich *Städte* aus, deren Handelsreichtum nicht hinter dem des Mutterlandes zurückstand. Unter straffer Aufsicht und sicherem Schutz des Ordens gingen alle Siedler zum Wohle des Landes ihrem Tagewerk nach. Einzelne Ansiedlungen entwickelten sich zu *Glanz- und Brennpunkten der Ordensherrschaft*, so *Danzig* und *Königsberg*. Der Orden rüstete selbst Schiffe aus, auf denen er den Kornhandel mit fremden Häfen betrieb. Das Hoheitsgebiet der Deutschritter galt in ganz Europa als mustergültige, reiche und mächtige Staatsgründung.

Aus: Wilhelm Vonolfen, Erich Piel, Peter Seifert: Der Weg zum Reich. Aus Heimat, Reich und Welt. Lehr- und Lernbücher für Volksschulen. Berlin: Deutscher Schulbuchverlag 1944, S. 62 f. – Hervorhebungen im Original

M4 Frithjof Benjamin Schenk: Tannenberg/Grunwald

In dem Band ›Deutsche Erinnerungsorte‹ beschreibt der Historiker Frithjof Benjamin Schenk die Entstehung des Tannenberg/Grunwaldmythos in Deutschland und in Polen. Er zeigt, wie diese Mythen für die Feindschaft zwischen Deutschen und Polen instrumentalisiert wurden.

Neubewertung des ›Deutschen Ordens im 19. Jahrhundert in Preußen/Deutschland‹

[…] erst die Historiker Gustav Freytag und insbesondere Heinrich von Treitschke mit seinem 1862 erschienenen Essay *Das deutsche Ordensland Preußen* trugen maßgeblich zu einer ideologischen Umbewertung des Geschichtsbildes des Deutschen Ordens bei. […]

Treitschke stellte seine Schriften bewusst in den Dienst des deutsch-nationalen Gedankens. Dabei vertrat er – anders als noch die Historiker der Aufklärungszeit – die These, dass der preußische Staat durchaus in der historischen Tradition des Deutschen Ordens stehe. Vor allem sah er eine nationale Kontinuitätslinie zwischen dem katholischen Ordensstaat und dem protestantischen

B12　Einweihung des Grunwald-Denkmals am 15. Juli 1910 in Krakau

B14　Einweihung der Ehrentafeln des Tannenberg-Denkmals am 25. August 1929: Wimpel mit dem Ordenswappen flattern von den Türmen und zieren das Rednerpult.

Preußen. Der Ritterverband wurde zum Symbol für die erfolgreiche Präsenz des Deutschtums im Osten Europas, sein Staat zur ›deutschen Herrschaft‹ stilisiert.

Am historischen Beispiel Tannenberg exemplifiziert Treitschke den Nationalcharakter der Deutschen, dem er jenen der Slawen – der ›Völker des

B13　Reste des 1939 von den Deutschen zerstörten Krakauer Grunwald-Denkmals in der heutigen Grunwald-Gedenkstätte

Ostens‹ – holzschnittartig gegenübergestellt. Im Deutschen Orden, so Treitschke, seien Züge des deutschen Wesens verkörpert gewesen, wie ›aggressive Kraft und herrisch gemüthlose Treue‹, ›deutscher Fleiß‹ und die ›Härte unseres eigenen Volksgeistes‹. Nur dank der Deutschen haben sich die ›massiven Gaben deutscher Gesittung, das Schwert, der schwere Pflug, der Steinbau […] über die leichtlebigen Völker des Ostens [verbreitet]‹. Treitschke sah im Ordensstaat einen ›festen Hafendamm, verwegen hinausgebaut vom deutschen Ufer in die wilde See der östlichen Völker‹. Die Niederlage bei Tannenberg erscheint in dieser Lesart als schicksalhafte Niederlage des ›kultivierten Abendlandes‹ gegen die vorwärtsstürmende, chaotische, barbarische östliche Welt. Verloren habe der Orden den Kampf im Übrigen nicht wegen der zahlenmäßig überlegenen Gegner, sondern wegen Uneinigkeit und Verrat in den eigenen Reihen. Eine Aussage, die sich als mahnendes Symbol für die nationale Einigungsbewegung des 19. Jahrhunderts ausnützen ließ. […] Ulrich von Jungingen war der erste Tote, an dem sich der nationale Gefallenenkult, der sich mit dem Topos Tannenberg immer fester verbinden sollte, festmachte. Ihm zu Ehren wurde bei Tannenberg 1901 das erste Denkmal, das sich auf die Schlacht von 1410 bezog, errichtet. Auf einem zweieinhalb Meter hohen Granit-Findling, der bewusst gegen Südwesten und somit gegen Polen ausgerichtet war, stand die Inschrift zu lesen: ›Im Kampf für deutsches Wesen, deutsches Recht starb hier der Hochmeister Ulrich von Jungingen am 15. Juli 1410 den Heldentod.‹

[…]

B15 Das Kreuz des Ordens in einer Darstellung des 19. Jahrhunderts

B16 Das Eiserne Kreuz von 1813, neu gestiftet im Ersten Weltkrieg

B17 Das Ordenszeichen im Nationalsozialismus

Die Rolle des Grunwaldmythos im polnischen Befreiungskampf im 19. Jahrhundert

Mit dem Verlust der Eigenstaatlichkeit im 18. Jahrhundert intensivierte sich die Erinnerung an die Schlacht von Grunwald in Polen schlagartig. Die Sternstunden der mittelalterlichen Geschichte wurden in der Zeit der Teilungen zu Gedächtnisorten, mit denen sich die Hoffnung auf die Wiedererlangung der nationalstaatlichen Eigenständigkeit kultivieren ließ. Besonders die verschärfte Nationalitätenpolitik und die Germanisierungsbestrebungen im preußischen Teilungsgebiet Ende des 19. Jahrhunderts führten zu einer Belebung der Grunwald-Erinnerung. Grunwald wurde zu dem Symbol für den nationalen polnischen Befreiungskampf. [...] Geistige Wegbereiter der neuen polnischen Nationalbewegung waren vor allem Literaten und Historiker. Grunwald wurde in ihren Schriften zum Symbol des antideutschen Unabhängigkeits- und Abwehrkampfes.

Gedenken an die Schlacht bei Tannenberg in der Weimarer Republik

In der Weimarer Republik wurde die inszenierte Erinnerung an den Sieg bei Tannenberg den rechtsgerichteten republikfeindlichen Kräften überlassen. [...] 1927 wurde bei Hohenstein in der Nähe des Kampfplatzes von 1914 von rechtsgerichteten und militaristischen Kreisen der Weimarer Republik das deutsche Tannenberg-Nationaldenkmal zum Gedenken an die erfolgreiche Schlacht eingeweiht. Ohne finanzielle Unterstützung der preußischen Staatsregierung entstand eine gewaltige Totenburg als Zentrum des Gefallenen- und Führerkultes. [...]

Die Rolle des Grunwaldmythos in Polen während des Zweiten Weltkriegs und in der Nachkriegszeit

Polens Widerstand gegen die deutschen Aggressoren, die aus polnischer Sicht eindeutig in der Kontinuitätslinie der Ordensritter, Ostmarkenpolitiker des Kaiserreichs und der Volkstumsagitatoren der Weimarer Republik standen, erstarkte dagegen ganz unter dem Zeichen von Grunwald. Die Pflege der Grunwald-Erinnerung in der offiziellen polnischen Propaganda war – nach einer Phase lebhafter Agitation gegen Deutschland in den zwanziger Jahren – angesichts des deutsch-polnischen Vertrages von 1934 zunächst abgeflaut. Nach der deutschen Invasion 1939 wurde der Ruf nach einem ›zweiten Grunwald‹ jedoch sofort wieder laut. Bekräftigt wurde die Rezeption der Wehrmachtsoldaten als moderne Repräsentanten des deutschen ›Drangs nach Osten‹ durch die Symbole auf ihren Waffen. Das Eiserne Kreuz, ursprünglich ein Militärorden, den Karl Friedrich Schinkel 1813 in Anlehnung an das Kreuz des Deutschen Ordens (schwarzes Kreuz auf weißem Grund) entworfen hatte, ›zierte‹ Panzer der Wehrmacht und Maschinen der Luftwaffe und erinnerte nur allzu deutlich an die Geschichte des Mittelalters. Auch die Schleifung des Jagiełło-Denkmals in Krakau durch die Deutschen 1939 verstand man in Polen als Racheakt der Nachfahren des Deutschen Ordens.

B18 Polnisches Plakat (1945)

schen Ordens in der Bundesrepublik und die Ernennung Adenauers zum Ehrenritter. Die Fotos, die den Kanzler im Ordensmantel zeigten, wirkten in Polen alarmierend. [...] Bei Grunwald wurde 1960 ein monumentales Denkmal eingeweiht, eine Erinnerungsstätte sowohl für das ›erste Grunwald‹ von 1410 als auch für das ›zweite Grunwald‹ von 1945.

Aus: Frithjof Benjamin Schenk: Tannenberg/Grunwald. In: Deutsche Erinnerungsorte. Bd. 1. Hrsg. v. Etienne François und Hagen Schulze. Beck: München 2001, S. 438–454

Der Sieg 1945 wurde daher als ›zweites Grunwald‹ gefeiert.

Im Jahr der deutschen Niederlage fand die erste polnische Siegesfeier auf dem Schlachtfeld von 1410 statt. [...]

In der Nachkriegszeit war Grunwald mit seiner Symbolik fester Bestandteil der offiziellen Erinnerungspolitik in Polen. Schulen, Brücken und Straßen wurden nach Grunwald benannt. Die Pflege der Grunwald-Tradition war ein Spiegel der deutsch-polnischen Beziehungen. Die Nichtanerkennung der polnischen Westgrenze (Oder-Neiße-Grenze) durch die Bundesrepublik stimulierte die Erinnerung an Grunwald durch die Propaganda der Volksrepublik.

Trotz einiger Tendenzen zur Verwissenschaftlichung und Kritik aus der marxistischen Geschichtswissenschaft konnte sich die Kontinuitätsthese des fortwährenden deutschen ›Drangs nach Osten‹ in der polnischen Nachkriegshistoriografie halten. Die Bundesrepublik wurde als latenter Gegner und als revanchistischer Erbe des Deutschen Ordens bezeichnet. Auftrieb bekamen solche Bilder durch die Wiederzulassung des Deut-

M5 Der deutsche Historiker Christoph Mick über die polnischen Feierlichkeiten in Krakau 1910 zum 500. Jahrestag von Grunwald

Die Schlacht wurde durch die Feier in die Gegenwart geholt. [...] Die Schlacht wurde in Verbindung gebracht mit den Bemühungen der Polen, sich gegen Germanisierung und Depolonisierung zu wehren. [...] Der Grunwaldmythos war von da an vielseitig einsetzbar:

1. Er überbrückte die Jahrhunderte, gab der Nation Kontinuität und nahm die gegenwärtigen Generationen in die Pflicht, sich des Erbes würdig zu erweisen. [...]

2. Er diente zur ›Stärkung der Herzen‹ (Sienkiewicz) und war ein Versprechen auf künftige Siege. Schon einmal hatte man über die Deutschen gesiegt, warum sollte man sich nicht in der jetzigen Auseinandersetzung behaupten? In einem Gedicht wurde explizit ein ›neues Grunwald‹ beschworen. In schweren Zeiten müsse sich die polnische Jugend an die verborgenen Kräfte der Nation erinnern, als sie vor 500 Jahren die stärkste Macht im damaligen Europa besiegte.

3. Er beschwor die innere Einheit als Voraussetzung des Sieges und aller künftigen Erfolge. [...]

4. Er transportierte sowohl panslawistische als auch ›jagiellonische‹ Ideen. [...] Nur vereint mit Litauern und Slawen insgesamt könne den ›Germanen‹ widerstanden werden. [...]

6. Er legte das deutsche Feindbild fest und stellte eine Verbindung zwischen den Ambitionen des Deutschen Ritterordens und der aktuellen deutschen Polenpolitik her. Seit 500 Jahren hätten die Nachfahren der Kreuzritter die Absicht, die Polen

zu germanisieren. […] Hinter der aktuellen deutschen Politik wurde die Absicht vermutet, die Polen zu germanisieren und damit als Nation zu vernichten.

Aus: Christoph Mick: ›Den Vorvätern zum Ruhm – den Brüdern zur Ermutigung‹. Variationen zum Thema Grunwald/Tannenberg. In: zeitenblicke 3 (2004), Nr. 1. Internet: http://zeitenblicke.historicum.net/2004/01/mick/index.html [9.6.2004]

M6 **Der polnische Publizist Adam Krzemiński (gesprochen: *kscheminski*) über den Deutschen Orden im polnischen Bewusstsein**

[Der Orden steht] einerseits für Grausamkeit, Arroganz, Unterdrückung, Heuchelei, aber auch für eine zivilisatorische Überlegenheit. Die Marienburg und die Burgen des Deutschen Ordens waren für die polnischen Bauern und Adligen damals wie die Wolkenkratzer aus der heutigen Perspektive. Das war für die damalige Zeit eine Wucht der Moderne, der man etwas Ebenbürtiges entgegenstellen wollte. Das hat Kazimierz (gesprochen: *kaschimjesch*) der Große versucht und zum Teil auch im 14. Jh. gemacht. Aber letztendlich wurde dieser Streit auf dem Schlachtfeld ausgetragen und nicht in einem wirtschaftlich-technologischen Wettbewerb. Es sei denn, man nimmt den 13-jährigen Krieg im 15. Jahrhundert. Ein Beispiel dafür, dass das polnische Staatswesen damals attraktiver war als der deutsche Ordensstaat, der sehr autoritär organisiert war. Die polnische Krone war offener, liberaler und gab dem Bürgertum, den preußischen Ständen größere Entfaltungsmöglichkeiten. Deswegen haben sie auch auf Polen gesetzt gegen die eigene Obrigkeit. Im 19. Jh. hat man – die polnische Literatur entstand vor allem im russisch besetzten Teil, im russischen Teilungsgebiet, dort konnte man nicht direkt die russische Bevormundung und Hegemonie anprangern – die Zeit aus dem Mittelalter, der Kriege zwischen dem Orden und Polen bzw. Litauen aufgegriffen. Das haben Adam Mickiewicz (gesprochen: *mitzkjewitsch*) und auch Henryk Sienkiewicz, also die Dichterfürsten unserer polnischen Nation, die unser Geschichtsbewusstsein, unsere Geschichtsmentalität im 19. Jh. entscheidend geprägt haben, getan.

Aber mit der historischen Wahrheit hat das wenig zu tun gehabt, denn in der polnischen Armee – oder polnisch-litauischen Armee – hat es damals genauso viele deutschstämmige Ritter gegeben wie es Polen auf der Gegenseite gab. Das Mittelalter hat gar nicht national oder ethnisch gedacht. Man war vielmehr dem jeweiligen Landesfürsten verpflichtet. Die Konfession spielte eine Rolle bzw. die feudale Abhängigkeit, nicht so sehr nationale Zugehörigkeit. Wir haben das alle beide, Deutsche und Polen, im 19. Jh. zu sehr nationalisiert. Denn da gab es einen deutsch-polnischen Streit. Die Deutschen sahen das aus der Perspektive einer angehenden Großmacht, vielleicht Weltmacht. Die Polen wiederum als diejenigen, die ihre Souveränität wieder erlangen wollten nach den Teilungen. Sie haben sich selbst literarisch aufgebaut an den historischen Mythen, genauso wie das in Deutschland der Fall war. Treitschke oder unsere Historiker: Wir werden uns noch lange mit ihnen herum plagen müssen, weil diese Klischees, diese Denkweisen immer noch sehr tief verankert sind.

Jens Stubenrauch, Lew Hohmann: Interview mit Adam Krzemiński. In: Deutsche & Polen. Eine Chronik. Begleit-DVD zur ORB-Fernsehserie

B19 ›Aus dem Dunkel des Mittelalters. Kreuzzug gegen Polen‹. Polnisches Plakat (1982): In der Mitte Konrad Adenauer, dt. Bundeskanzler 1949–1963, vorne Ronald Reagan, US-Präsident 1980–1988. Das Plakat wurde veröffentlicht, nachdem US-Präsident Reagan als Reaktion auf das Kriegsrecht Wirtschaftssanktionen gegen Polen verhängt hatte.

Arbeitsanregungen

1 Erarbeiten Sie anhand der Auszüge aus dem Roman ›Die Kreuzritter‹ von Henryk Sienkiewicz (M1) und dem Roman ›Die Burg im Osten‹ von Wilhelm Kotzde-Kottenrodt (M2), welches Bild der Ritter jeweils vermittelt wird.

2 Stellen Sie anhand des Einleitungstextes und des Textes von Frithjof Benjamin Schenk (M4) dar, wie man vom 15. Jahrhundert bis heute in Polen und Preußen/Deutschland mit dem Thema Deutscher Orden und Schlacht von Tannenberg/Grunwald umging. Welche Ziele und Intentionen waren jeweils damit verbunden?

3 Welche Argumente gegen eine Interpretation der Schlacht von Tannenberg als nationale Auseinandersetzung führt der polnische Publizist Adam Krzemiński an (M6)? Wie erklärt er das Verhalten der preußischen Stände im 13-jährigen Krieg?

4 In den Freiheitskriegen gegen Napoleon wurde 1813 in Preußen das ›Eiserne Kreuz‹ als Orden für alle tapferen Soldaten, unabhängig vom Dienstgrad, gestiftet (B16). Das Eiserne Kreuz war in seiner Gestalt nahezu identisch mit dem schwarzen Kreuz, das die Ritterbrüder des Deutschen Ordens auf ihren Mänteln trugen. Suchen Sie nach Gründen, warum im Preußen der damaligen Zeit der mittelalterliche Staat des ›Deutschen Ordens‹ als Vorbild betrachtet wurde. (M4)

5 Suchen Sie nach Gründen für die Renaissance von Grunwald in Polen seit den 1870er-Jahren (M4, M5).

6 Beschreiben Sie das Motiv der Postkarte des Deutschen Ostmarkenvereins (B2) und ordnen Sie das Motiv und das Zitat Bismarcks in die politische Situation Deutschlands um die Jahrhundertwende ein.

7 Im Ersten Weltkrieg fand im August 1914 eine große Schlacht in Ostpreußen statt, die unter der Führung von Generalfeldmarschall von Hindenburg mit einem Sieg des deutschen Heeres endete. Später ging Hindenburg als ›Held von Tannenberg‹ in die Geschichte ein. Was wurde damit bezweckt?

8 Untersuchen Sie, wie in dem nationalsozialistischen Schulbuch (M3) Eroberung und Siedlungstätigkeit des Deutschen Ordens gesehen werden. Beachten Sie dabei, welche Begriffe besonders auffallen sollen (Fett- und Kursivdruck). Verdeutlichen Sie den Einfluss der NS-Ideologie auf die Darstellung.

9 Welchen Zusammenhang vermittelt das Plakat von Tadeusz Trepkowski aus dem Jahr 1945 (B18) zwischen der Schlacht von Grunwald 1410 und der Schlacht um Berlin 1945? Lesen Sie dazu auch die Aussagen von Frithjof Benjamin Schenk (M4).

10 Interpretieren Sie das abgebildete Plakat aus der Zeit des Kriegszustands in Polen 1982 (B19). Wen erkennen Sie darauf? Welche historische Kontinuität wird hier suggeriert?

11 In den Empfehlungen der gemeinsamen deutsch-polnischen Schulbuchkommission von 1976 konnten sich die Autoren nicht auf eine einheitliche Beurteilung der Geschichte des Deutschen Ordens einigen. Sie schrieben deshalb: ›In den polnischen Schulbüchern wird vor allem die säkular-staatliche und militärisch-expansive Rolle des Ordens hervorgehoben, in den westdeutschen seine zivilisatorische und missionarische Aufgabe betont.‹ Stellen Sie stichwortartig Argumente für die deutsche und die polnische Sichtweise zusammen.

12 Besuchen Sie die offizielle Homepage der Stadt Malbork/Marienburg (www.malbork.pl) und beschreiben Sie, welche Rolle die Geschichte des Deutschen Ordens für die Stadt heute spielt.

Vorschläge für Referate und Facharbeiten

1 Der Deutsche Orden im Spiegel nationalistischer Instrumentalisierung in der deutschen und / oder polnischen Geschichte.

2 Stellen Sie der Darstellung der Kreuzritter in Henryk Sienkiewiczs Roman ›Die Kreuzritter‹ das Bild der Kreuzritter in einem oder mehreren deutschen Romanen Ihrer Wahl gegenüber (Wichert, Kotzde-Kottenrodt o. a.) und ordnen Sie diese Darstellungen in den historischen Kontext ihrer Entstehungszeiten ein. Literaturhinweis: Wolfgang Wippermann: Gen Ostland wollen wir reiten! Ordensstaat und Ostsiedlung in der historischen Belletristik Deutschlands. In: Germania Slavica II, Berlin 1981, S. 187–230. Weitere deutsche Romane unter: http://histrom.literature.at/docs/about.htm

3 Bildinterpretation von Matejkos ›Schlacht bei Grunwald‹.

Zu den bekanntesten polnischen Historiengemälden zählt ›Die Schlacht bei Grunwald‹ des polnischen Historienmalers Jan Matejko (1838–1893). In seinen Bildern versuchte er seine Landsleute durch die Heraufbeschwörung einer glorreichen Vergangenheit im aktuellen Kampf gegen die Teilungsmächte zu mobilisieren und zu ermutigen.

Betrachten Sie das 1878 entstandene Gemälde und versuchen Sie, die Darstellung in ihrem historischen Kontext zu interpretieren. Referieren Sie die Wirkungsgeschichte des Bildes. Dazu können Sie als Hilfsmittel benutzen: Christoph Mick: Den Vorvätern zum Ruhm – den Brüdern zur Ermutigung. Variationen zum Thema Grunwald / Tannenberg. In: zeitenblicke 3 (2004), Nr. 1.
Internet: http://zeitenblicke.historicum.net/2004/01/mick/index.html (9.6.2004)

Literaturhinweise

BOOCKMANN, HARTMUT: Der Deutsche Orden. Zwölf Kapitel aus seiner Geschichte. München: Beck 1994.
Standardwerk zum Thema mit ausgewogenem, auch die polnische Forschung berücksichtigendem Urteil. Hier: insbesondere Kapitel 12: ›Der Deutsche Orden in der Geschichtsschreibung und im historischen Bewusstsein des 19. und 20. Jahrhunderts‹.

BÜRGER – BAUERN – ORDENSRITTER: Der Deutsche Orden und sein Wirken bei der Ostsiedlung (bis 1525). In: Ein Jahrtausend Partnerschaft und Konflikt. Bd. 1. Bausteine zur Geschichte der Deutschen und ihrer Nachbarn in den ehemals deutschen Siedlungsgebieten im östlichen Europa. Donauwörth: Auer 2000, S. 11– 46.

HALLER, FRANK; TROEBST, STEFAN; EKDAHL, SVEN: Kulturgeschichte Ostmitteleuropas – Tannenberg – Grunwald – Zalgiris: Eine mittelalterliche Schlacht im Spiegel deutscher, polnischer und litauischer Denkmäler. In: Zeitschrift für Geschichtswissenschaft 50 (2002) Nr. 2, S. 103–118.

KOTTE, EUGEN: Grunwald-Mythos und die ›Tannenberg‹-Replik. Mythifizierende Geschichtsbilder als Unterrichtsgegenstand. In: Geschichte lernen. Heft 102, November 2004, S. 29–35.
Knapper Problemaufriss mit zahlreichen Text- und Bilddokumenten und Arbeitsanweisungen.

LEMBERG, HANS: Der ›Drang nach Osten‹ – Mythos und Realität. In: Deutsche und Polen. Geschichte – Kultur – Politik. Hrsg. von Andreas Lawaty und Hubert Orłowski. München: Beck 2003, S. 33–38.

MICK, CHRISTOPH: Den Vorvätern zum Ruhm – den Brüdern zur Ermutigung. Variationen zum Thema Grunwald / Tannenberg. In: zeitenblicke 3 (2004). Nr. 1. Internet: http://zeitenblicke.historicum.net/2004/01/mick/index.html (9.6.2004)
Umfassende Darstellung der Instrumentalisierung des Grunwald / Tannenberg-Themas in Deutschland und Polen mit zahlreichen Illustrationen.

PISKORSKI, JAN M.: Das Kreuzritterreptil wird niemand zähmen. Adam Mickiewicz über den Deutschen Orden und die Deutschen. In: GWU 1/1997, S. 23– 40.
Zum Deutschen Orden in der polnischen Historiografie und Belletristik im 19. und 20. Jahrhundert.

SCHENK, FRITHJOF BENJAMIN: Tannenberg / Grunwald. In: Deutsche Erinnerungsorte. Band I. Hrsg. v. Etienne François und Hagen Schulze. München: Beck 2001, S. 438– 454.

TAZBIR, JANUSZ: Die ›Kreuzritter‹ – kurze Geschichte und lange Legende. In: Deutsche und Polen. 100 Schlüsselbegriffe. Hrsg. von Ewa Kobylińska, Andreas Lawaty und Rüdiger Stephan. München: Piper 1992, S. 28–34.

TRABA, ROBERT: Versuche einer staatlichen Monopolisierung der Erinnerung: Tannenberg 1927 (1935) – Grunwald 1960. In: Internationale Gesellschaft für Geschichtsdidaktik (Hrsg.): Jahrbuch 2004, S. 23–42.

Die polnische Adelsrepublik
Vom Goldenen Zeitalter zum Niedergang einer Großmacht (1569–1795)

B1a 10. Jahrhundert: Polen unter Bolesław Chrobry, **b** 16. Jahrhundert: Kgr. Polen-Litauen, **c** 18. Jahrhundert: Kgr. Polen-Litauen vor der ersten Teilung, **d** 1795: Polen verschwindet von der Landkarte.

Informieren Sie sich über die territorialen Veränderungen im Verlaufe der polnischen Geschichte und fassen Sie die wichtigsten Änderungen zusammen.

Einführung

Als Polen sich im Jahre 1569 mit Litauen zu einem gemeinsamen Staatswesen vereinte, entstand eine der größten Mächte und einer der größten Territorialstaaten Europas (B 1b). Gut zwei Jahrhunderte später, nach Kriegen, Wirtschaftskrisen und dem Aufstieg eifersüchtiger Nachbarn, war das Land jedoch zerrüttet, wurde trotz hektischer Reformanstrengungen und heftiger Gegenwehr unter Preußen, Österreich und Russland aufgeteilt (B 1d) und verschwand von der Landkarte. Die Ursachen dafür waren vielfältig.

Mit der Lubliner Union 1569 gingen unter Zygmunt II. August, dem letzten polnischen König aus dem Haus der Jagiellonen, Polen und das Großfürstentum Litauen, die seit dem Ende des 14. Jahrhunderts in einer Personalunion verbunden waren, eine Realunion ein. Der neue Großstaat erhielt einen gemeinsamen Reichstag (Sejm), und auch die Außenpolitik und das Münzwesen wurden zusammengeführt. Die ›Republik der beiden Nationen‹, wie sie fortan genannt wurde, reichte von Danzig bis kurz vor die Krim, von Estland bis in die heutige Slowakei. In Wirklichkeit bewohnten jedoch viele Nationalitäten das Reich, die zudem verschiedenen Religionen angehörten (M 1).

In dieser polnisch-litauischen ›Rzeczpospolita‹ (poln. für Republik, gesprochen: *schetschpospolita*) spielte der Adel, der am Ende des 18. Jahrhunderts zwischen 6 % und 10 % der Bevölkerung ausmachte und eine eigene Kultur (›Sarmatismus‹) entwickelte, eine dominierende Rolle. Nach dem Tod Zygmunts II. August im Jahr 1572 bildete sich eine Wahlmonarchie heraus. Da die Könige vom Adel gewählt wurden, konnte dieser die Königsmacht zugunsten eigener Vorrechte immer stärker aushöhlen. Einen großen Einfluss auf die Politik gewannen dabei die ›Magnaten‹, Besitzer riesiger Ländereien, die nicht nur eigene Städte gründeten, sondern sich mit der Zeit auch Privatarmeen zulegten, um ihre Interessen durchsetzen zu können. Seit 1652 galt zudem das Recht des ›liberum veto‹ (von lat. ›liber‹ = frei und ›veto‹ = ich verbiete), was besagte, dass eine Gegenstimme ausreiche, um Beschlüsse des Reichstags zu blockieren. Die Wirkkraft des Vetos ging so weit, dass dadurch alle vorhergehenden Beschlüsse der jeweiligen Sitzungsperiode aufgehoben waren.

Die Wahl des Königs von Polen wurde zu einem Ereignis von europäischem Rang. Meist standen sich mehrere Kandidaten gegenüber und versuchten, eine Mehrheit des Adels auf ihre Seite zu bringen. Zunächst kam ein Franzose auf den Thron (Henri Valois), dann ein Ungar (Stefan Báthory) und 1587 der erste von drei Königen aus dem schwedischen Herrscherhaus der Wasa, Zygmunt III. Die schwedische Herrschaft führte recht bald zu dynastischen Konflikten mit Schweden und mehreren Kriegen, deren verheerendster (›Zweiter Nordischer Krieg‹, 1655–1660) weite Teile Polens verwüstete. In Polen nennt man diesen Krieg deshalb ›die Sintflut‹. Nachdem mit Jan III. Sobieski 1674 wieder ein Pole König geworden war – er kam 1683 dem von den Türken belagerten Wien zu Hilfe –, bestieg 1697 der sächsische Kurfürst als August II. den Thron. Es folgten neue Kriege gegen Schweden (›Großer Nordischer Krieg‹, 1700–1721), welche die ohnehin schon geschwächte Zentralmacht des Landes derart strapazierten, dass der König auf fremde, vor allem russische Hilfe angewiesen war. Aufgrund der militärischen Schwäche Polens wurde außerdem das aufstrebende Brandenburg-Preußen

B2 Jan Matejko: Die Lubliner Union (1869)

DIE POLNISCHE ADELSREPUBLIK

B3 Stanisław II. August Poniatowski (1732–1798)

B4 Der polnische Freiheitskämpfer und Nationalheld Tadeusz Kościuszko führt den Aufstand von 1794 an.

zu einer zunehmenden Gefahr. Das erneut stark kriegszerstörte Polen wurde zum Spielball der Politik der Großmächte und war innenpolitisch zerrissen zwischen den Einzelinteressen von Magnaten, übrigem Adel und Hof. Erschwerend kam hinzu, dass die wirtschaftliche Grundlage des Landes, der auf Großgrundbesitz und Leibeigenschaft gestützte Getreideexport nach Mittel- und Westeuropa, durch Kriege und sinkende Konkurrenzfähigkeit an Bedeutung verlor.

Die Schwäche des Staats (M2), die Stärke der Magnaten und die destruktive Einflussnahme der Nachbarn wurden unter dem zweiten Sachsenkönig August III. (1733–1763) so bedrohlich, dass sich in weiten Kreisen die Überzeugung von der unabdinglichen Reform der Adelsrepublik durchsetzte. Unterstützt von Stanisław II. August Poniatowski (1764–1795), dem mit russischer Hilfe auf den Thron gebrachten letzten polnischen König, wurden zahlreiche Reformprojekte in Angriff genommen. Im Vordergrund stand dabei die Modernisierung von Armee, Wirtschaft, politischem System und Bildungswesen. Doch gingen diese Reformen zahlreichen Gruppen in Polen wie auch den Nachbarmächten bald zu weit. Sie schürten innenpolitische Konflikte und erzwangen 1768 eine teilweise Rücknahme der Beschlüsse. Gegen die offene russische Interessenpolitik erhob sich bald Widerstand, der einen Bürgerkrieg zur Folge hatte und die Lage in Polen aufs äußerste destabilisierte. Auf Anregung des preußischen Königs Friedrich II. wurde Polen im Jahr 1772 ein erstes Mal zwischen Russland, Österreich und Preußen geteilt und das Land musste 203 000 km² mit 4,5 Millionen Einwohnern abtreten.

Die Erste Teilung Polens schockierte die polnische Öffentlichkeit, weckte neue Reformkräfte und einte die verschiedenen Interessengruppen. Polen erhielt nun rasch beispielhafte Verwaltungs- und Bildungseinrichtungen. Weitere Reformen folgten. Der ›Vierjährige Sejm‹ (1788–1792) verabschiedete am 3. Mai 1791 die erste geschriebene Verfassung Europas (M3), die u. a. die Abschaffung der freien Königswahl und des ›Liberum veto‹ vorsah. Ein Teil des auf seine Vorrechte bedachten Adels widersetzte sich den Reformen. Mithilfe der russischen Zarin Katharina II. gelang es, die Reformpartei 1792 faktisch zur Zurücknahme der Mai-Verfassung zu zwingen. Russland ließ sich für seine Intervention – ebenso wie das wohlwollend neutrale Preußen – in der Zweiten Teilung Polens 1793 mit großen polnischen Gebieten honorieren (insgesamt verlor Polen ein Gebiet von 286 000 km² mit 3,5 Millionen Einwohnern). Ein von Tadeusz Kościuszko (gesprochen: *tadeusch koschtschjuschko*) geführter allgemeiner Volksaufstand gegen die erneute Teilung brach im Oktober 1794 zusammen. Das restliche Polen mit 240 000 km² und 3,5 Millionen Einwohnern verschwand nach der Dritten Teilung 1795 von der politischen Landkarte Europas. Der Verlust des eigenen Staates war für die polnischen Eliten ein Trauma, das die Nation das gesamte 19. Jahrhundert über prägen sollte.

Materialien

M1 Der Historiker Wolfgang Wippermann über die religiöse und nationale Toleranz der polnisch-litauischen Adelsrepublik

Noch im 17. und beginnenden 18. Jahrhundert war Polen als Hort der nationalen und religiösen Toleranz gepriesen worden. Derartige positive Urteile stammten vor allem von deutschen Untertanen [...]. Seit 1466 gehörte halb, seit 1525 ganz Preußen zu Polen. Seine Bewohner sprachen jedoch weiterhin deutsch. Die polnischen Könige störte dies nicht, im Gegenteil, hatten sie doch mit Siedlern aus Deutschland ausgesprochen gute Erfahrungen gemacht. Deutsche und flämische Bauern und Bürger trugen ebenso wie Juden, die Mitte des 14. Jahrhunderts aus Deutschland vertrieben und in Polen mit offenen Armen empfangen wurden, zum wirtschaftlichen Aufbau Polens bei.

Einige von ihnen übernahmen die polnische Sprache und wurden polonisiert, andere dagegen behielten ihre deutsche Sprache und Kultur bei. So war es im polnischen Schlesien, wo bald fast ausschließlich deutsch gesprochen wurde, ohne dass dies von den Zeitgenossen als nationales Glück oder Unglück angesehen wurde. Die Vorgänge des Mittelalters dürfen allerdings nicht mit Kriterien des 19. und 20. Jahrhunderts beurteilt werden.

Die Ansiedlung von Deutschen (und Juden) in Polen stellte vielmehr einen ebenso wichtigen wie positiven Wendepunkt in der Geschichte der deutsch-polnischen Beziehungen dar. Seit diesem Zeitpunkt lebten Deutsche und Polen friedlich [...] zusammen. Die polnische Zentralgewalt störte es noch nicht einmal, dass viele dieser Deutschen Protestanten waren. Während in Deutschland blutige Religionskriege tobten, herrschte in Polen religiöse Toleranz. Katholiken und Protestanten lebten hier ebenso friedlich zusammen wie Orthodoxe und Juden. Während sich in [...] Ländern wie Frankreich der moderne Nationalstaat herausbildete, blieb Polen ein Vielvölkerstaat, bewohnt von Polen, Litauern, Ukrainern, Weißrussen, Juden, Deutschen und anderen Minderheiten.

Aus: Wolfgang Wippermann: *Geschichte der deutsch-polnischen Beziehungen. Darstellung und Dokumente.* Berlin: Pädagogisches Zentrum 1992, S.15–16

M2 König Friedrich II. von Preußen über die Schwäche der polnischen Adelsrepublik (1752)

Die Republik hält an der alten feudalen Regierungsform fest, die alle anderen Mächte Europas schon abgeschafft haben. Ihre Nachbarn sind daran interessiert, die republikanische Monarchie im Zustand der Schwäche zu erhalten, unterstützen die Freiheit und Unabhängigkeit der Großen gegen den Ehrgeiz der Könige. Die Republik wird nur beunruhigt bei Gelegenheit der Königswahl. In zwei mächtige Parteien gespalten ist sie für niemanden gefährlich, und ihre Nachbarn sind beinahe gesichert gegen alles, was sie unternehmen würden, weil nichts leichter ist, als ihre Reichstage zu sprengen.

Aus: Felix Escher, Jürgen Vietig (Hrsg.): *Deutsche und Polen. Eine Chronik. Begleitbuch zur vierteiligen ARD-Fernsehreihe Deutsche und Polen.* Berlin: Nicolai 2002, S.71

M3 Aus der Präambel der polnischen Verfassung vom 3. Mai 1791

Im Namen Gottes des Allmächtigen! Stanislaus August, von Gottes Gnaden und kraft des Willens der Nation König von Polen, Großherzog von Litauen [...] gemeinschaftlich mit den konföderierten Ständen, die in gedoppelter Zahl versammelt sind, die polnische Nation zu repräsentieren.

Da Wir überzeugt sind, dass unser aller gemeinschaftliches Schicksal einzig und allein von der Gründung und Vervollkommnung der Nationalverfassung abhängt, und durch eine lange Erfahrung die verjährten Fehler unserer Regierungsverfassung kennen gelernt haben; da wir die Lage, worin sich Europa befindet, und den zu Ende eilenden Augenblick, der uns wieder zu uns selbst gebracht hat, zu benutzen wünschen; da wir frei von den schändenden Befehlen auswärtiger Übermacht, die äußere Unabhängigkeit und innere Freiheit der Nation, deren Schicksal unsern Händen anvertraut ist, höher schätzen als unser Leben und unsere persönliche Glückseligkeit; da wir uns zu gleicher Zeit auch die Segnungen und die Dankbarkeit unserer Zeitgenossen und der künftigen Geschlechter zu verdienen wünschen; so beschließen wir, ungeachtet der Hindernisse, welche bei

DIE POLNISCHE ADELSREPUBLIK

B5 Der polnische König schwört auf die Verfassung vom 3. Mai 1791. Zeitgenössische Abbildung

B6 Karikatur auf die Niederschlagung des Aufstandes von 1794: General Suworow bringt Zarin Katharina II. die Köpfe der polnischen Aufständischen.

uns selbst Leidenschaft entgegenstellen könnte, der allgemeinen Wohlfahrt wegen, zur Gründung der Freiheit, zur Erhaltung unseres Vaterlandes und seiner Grenzen, mit der festesten Entschlossenheit unsers Geistes gegenwärtige Verfassung, und erklären sie durchaus für heilig und unverletzbar, bis die Nation in der gesetzlich vorgeschriebenen Zeit, durch ihre ausdrückliche Willenserklärung, die Abänderung dieses oder jenes Artikels für notwendig erachten wird. Eben dieser Verfassung sollen auch alle ferneren Beschlüsse des jetzigen Reichstages in jeder Rücksicht angemessen sein.

Aus: http://www.verfassungen.de/pl/verf91.htm (April 2007)

M4 Schwäche der Republik – Stärke des Absolutismus

Nur aus der besonderen Verfassung des polnischen Staates lässt sich dieser einmalige Gewaltakt (die Teilungen) verständlich machen. Polen war eine ›Republik‹ mit einem gewählten König; das Wahlrecht hatte der von allen Adelsfamilien besetzte Reichstag (Sejm). Durch Druck und Bestechung wichtiger Familien und Adelsparteien mischten sich die europäischen Staaten mehr und mehr in diese Vorgänge ein. So finden wir im 17. Jahrhundert schwedische, im 18. Jahrhundert sächsische Fürsten auf dem polnischen Thron. Auch die Wahl Stanisław Augusts II. aus dem Hause Poniatowski (1764–1795), mit dem […] wieder ein Pole den Thron bestieg, war nur durch den Einfluss der Zarin Katharina II. […] möglich geworden. Neben dem Wahlrecht hatte der Reichstag das volle Gesetzgebungs- und Steuerbewilligungsrecht. Offensivkriege waren dem König untersagt; nicht einmal Verteidigungskriege durfte er ohne einen Reichstagsbeschluss führen. Die Beschlussfähigkeit war vor allem durch die Einrichtung des Liberum Veto behindert. Dieses bedeutete, dass im Reichstag die Stimme eines einzigen Adelsvertreters genügte, um Beschlüsse etwa in Steuer- oder Militärfragen hinfällig zu machen. Die Folge war, dass selbst bedeutende Herrscher auf dem polnischen Thron keine kontinuierliche Politik betreiben konnten, sondern immer wieder zu Kompromissen mit den sich gegenseitig befehdenden Adelsgruppen […] genötigt waren. So kam auch kein gemeinsamer Widerstand gegen die Teilungsverträge zustande.

Reformversuche

Die Katastrophe von 1772 löste im polnischen Adel einen Schock aus, der zu weitreichenden Konsequenzen führte. Immerhin war Polen auch jetzt noch territorial so groß wie Frankreich, entsprach seine Einwohnerzahl der der Weltmacht England. Durch Reformen in der Steuergesetzgebung und im Heerwesen sollte die Leistungskraft des Staates gesteigert werden; im Geiste der Aufklärung wurde das noch ganz mittelalterliche Bildungssystem modernisiert. Den Schlusspunkt dieser polnischen Erneuerung sollte – schon im Schatten der Französischen Revolution – eine neue politische Verfassung bilden, die die Prinzipien der Gewaltenteilung und der Volkssouveränität zu verwirklichen suchte. Das Königtum sollte künftig erblich sein. Die Verwirklichung dieser Verfassung hätte aus Polen einen modernen Staat gemacht, aber eben dies wurde durch eine erneute Intervention Russlands verhindert. Im Einvernehmen mit Preußen, das sich seine Hilfe mit westpolnischen Gebieten honorieren ließ, annektierte Katharina II. ein weiteres Mal Territorien im Osten Polens (2. Teilung Polens 1793); Polen verlor dabei etwa die Hälfte des 1772 verbliebenen Bestandes. Ein Aufstand patriotischer Polen unter General Tadeusz Kościuszko wurde von den drei benachbarten Großmächten gemeinsam niedergeschlagen; 1795 teilten sie einvernehmlich den Rest Polens unter sich auf. Den Widerstandswillen der Polen vermochten die Großmächte aber auch im ganzen folgenden Jahrhundert nicht zu brechen. Immer wieder brachen Aufstände mit dem Ziel eines unabhängigen Polen aus, polnische Revolutionäre waren an vielen Unruhen in Europa beteiligt.

Aus: Historia. Geschichtsbuch für Gymnasien. Bd. 3: Vom Zeitalter der bürgerlichen Revolutionen bis zum Ersten Weltkrieg. Paderborn: Schöningh 1993, S. 25

B7 ›Den Polen drücken wir mal eins aufs Auge: Wir setzen sie einfach mitten zwischen Deutschland und Russland.‹ Karikatur von Andrzej Mleczko (gesprochen: *andschej mletschko*)

M5 Dąbrowski-Mazurka: Die polnische Nationalhymne

Im Jahr 1797 verfasste General Józef Wybicki (gesprochen: jusef wybitzki), der mit polnischen Truppen unter Napoleon in Italien und Spanien diente, ein Lied, um die abrückende polnische Armee zu verabschieden. Die polnische Legion unter Führung von General Dąbrowski (gesprochen: dombrowski) hatte sich den napoleonischen Kämpfen angeschlossen, in der Hoffnung, später ihr eigenes Land dafür zurückzuerhalten. Das Lied Wybickis bringt diese Hoffnung zum Ausdruck, die letzten Endes aber vergeblich war. Polen erhielt im Jahr 1807 lediglich das Herzogtum Warschau, das aber nach dem Wiener Kongress 1815 wieder aufgelöst wurde.

Die ›Dąbrowski-Mazurka‹, deren Melodie auf einer traditionellen Mazurka basiert, wurde während des 19. Jahrhunderts häufig zu offiziellen Anlässen in Polen gesungen. Seit 1926 ist sie polnische Nationalhymne.

Noch ist Polen nicht verloren,
Sind doch wir am Leben;
Was sich fremde Macht erworben,
Wird nicht aufgegeben!
Marsch, marsch, Dąbrowski,
Von Italien nach Polen.
Führe deine Leute
Heim zum Volk noch heute.

Setzen über Weichsel, Warthe,
Werden wieder Polen,
Vorbild ist uns Bonaparte,
Wenn den Sieg wir holen.
Marsch, marsch …

Wie Czarniecki einst vom Meere
Sich nach Posen wandte,
Als zerstört vom Schwedenheere
Unsre Heimat brannte:
Marsch, marsch ...

Und der Vater spricht zur Seinen,
Tränenfeucht die Augen:
›Hör nur! Unsre, will mir's scheinen,
Schlagen schon die Pauken.‹
Marsch, marsch ...

Übersetzer: Hans-Peter Hoelscher-Obermaier. In: Matthias Kneip, Manfred Mack: Polnische Literatur und deutsch-polnische Literaturbeziehungen. Berlin: Cornelsen 2003, S. 128

M6 Der deutsche Historiker Michael G. Müller über Preußen und die Teilung Polens

Die Teilung wertete schlagartig vor allem jene kleinste Teilungsmacht Preußen auf, deren Staatsraison derart unmittelbar an Expansion auf Kosten der Nachbarstaaten gebunden war. Damit ist denn auch angedeutet, was die herausragende Rolle Preußens in dem oft beschriebenen Vorgang der ersten Teilung Polens selbst ausmacht. Gewiss, der Teilungsakt war die Folge einer internationalen Krise, die Preußen weder ausgelöst noch in ihrem Ablauf bestimmt hat; desgleichen trifft zu, dass die Bereitschaft aller drei Beteiligten, Polen als eine Art Verfügungsmasse für die Bewältigung ihrer Konflikte zu behandeln, offenbar groß war. Doch allein für Preußen stellte die Herbeiführung der Teilung im Krisenverlauf einen Zweck an sich dar; erst der massive Einsatz der preußischen Diplomatie hat die Krise in dieser Richtung kanalisiert; für keine andere Teilungsmacht schließlich gilt, was Leopold von Ranke über Preußen gesagt hat, dass nämlich der Annexionsgewinn von 1772 sich als ›eine Bedingung seines künftigen politischen Bestehens‹ erweisen sollte: Sachsen, Preußens Nachbar im Reich, musste als Konkurrent verdrängt und vor allem Polen musste geteilt werden, damit Preußen als unabhängige Großmacht existenzfähig wurde.

So weit nun, von 1772 aus betrachtet, der Weg zur zweiten und dritten Teilung Polens und zur Auflösung des Reiches noch gewesen sein mag – in der Rückschau erkennen wir doch klar, dass die Entwicklung seitdem in eigener Dynamik darauf zutrieb. Allzu groß war das preußische Interesse an weiteren Annexionen und allzu stark die von 1772 ausgehende Rivalität zwischen den drei Teilungsmächten, als dass die amputierte polnische Republik sich in diesem Staatensystem hätte behaupten können. Allzu tief war im Reich die Kluft zwischen den beiden konkurrierenden Großmächten und den kleineren Reichsständen geworden, als dass das Machtvakuum hier noch durch ein ›drittes Deutschland‹, also anders denn unter der Ägide einer Großmacht hätte gefüllt werden können. In den Kriegen der Revolutionszeit kamen die lange gewachsenen Spannungen zur Austragung: in Polen mit der gewaltsamen und spektakulären Zerschlagung der um ihren Bestand kämpfenden reformierten Republik 1793 und 1795, in Deutschland mit der eher unspektakulären Auflösung des von den deutschen Großmächten gewissermaßen selbst preisgegebenen Reichs 1806.

Aus: Michael G. Müller: Das Ende zweier Republiken. Die Teilungen Polens und die Auflösung des alten Reiches. In: Deutsche und Polen. Geschichte – Kultur – Politik. Hrsg. von Andreas Lawaty und Hubert Orłowski. München: Beck 2003, S. 51

M7 Aus dem Vertrag zwischen Russland und Preußen von 1772

Der preußisch-russische Vertrag wurde am 25. Juli 1772 in Petersburg unterzeichnet.
Im Namen der Heiligen Dreifaltigkeit. Der Geist des Umsturzes, die Unruhen und der Bürgerkrieg, von denen das Königreich Polen seit vielen Jahren erschüttert wird, [...] lassen zu Recht die völlige Auflösung des Staates befürchten. Ebenso ist zu befürchten, dass die hierdurch berührten Interessen aller Nachbarn Polens gestört werden, dass die gute Eintracht zwischen ihnen verschlechtert und ein allgemeiner Krieg entfacht wird [...].

Und gleichzeitig haben die benachbarten Mächte der Republik ebenso alte wie legitime Ansprüche und Rechte auf polnische Gebiete, die sie niemals haben verwirklichen können. Es besteht die Gefahr, dass sie diese Ansprüche unwiederbringlich verlieren, wenn sie nicht Maßnahmen ergreifen, sie abzusichern und ihre Anerkennung selbst durchzusetzen; und das zugleich mit der Wiederherstellung von Ruhe und Ordnung im Innern der Republik.

Aus: F. W. Ghillany: Diplomatisches Handbuch. Sammlung der wichtigsten europäischen Friedensschlüsse. Teil 1. Nördlingen: Beck 1855, S. 201

M8 **Geheimartikel des Teilungsvertrags vom 15./26. Januar 1797 zwischen Russland, Österreich und Preußen**

Da die beiden kaiserlichen Höfe ebenso wie Seine Majestät der König von Preußen es für notwendig erachten, alles zu zerstören, was die Erinnerung an die Existenz des Königreichs Polen zurückrufen könnte, nachdem dieses politische Gebilde endgültig beseitigt worden ist, kommen die Hohen Vertragsschließenden Parteien überein und verpflichten sich, niemals in Ihre Titel die Benennung oder die Zusatzbezeichnung ›Königreich Polen‹ aufzunehmen, eine Bezeichnung, die von jetzt an und für immer unterdrückt bleiben muss.

Aus: Frédéric de Martens: Recueil des Traités et Conventions conclus par la Russie avec les Puissances étrangères. Bd. 2. St. Petersbourg 1875, S. 303 f. Übers. v. Hans Henning Hahn. In: Geschichtsbuch Oberstufe. Bd. 1. Berlin: Cornelsen 1995, S. 381

M9 **Aus den Stellungnahmen Russlands, Preußens und Österreichs zur Teilung Polens von 1772**

a) Zarin Katharina II.

In ihrem gemeinsamen Vorgehen gegen Polen haben sich die drei Höfe weniger von Eroberungslust leiten lassen als von großen und praktischen Gesichtspunkten. Sie wollten Ordnung und Ruhe, wie der Wohlstand und die Sicherheit ihrer eigenen Grenzen sie erforderten, in ein Land bringen, das oft genug Wirren, ja der Anarchie ausgesetzt war. Die so herbeigezwungene Teilung hat zu einer wohl abgewogenen Vergrößerung der drei Mächte geführt, der wahrhaft nobelsten und imposantesten Tat, die Europa mit einem solchen Unternehmen überhaupt geschenkt werden konnte.

Aus einem Brief an Joseph II. von 1774. Gekürzt und ins Deutsche übersetzt nach dem französischen Originalbrief bei A. Ritter von Arneth (Hrsg.): Joseph II. und Katharina von Russland. Ihr Briefwechsel. Wien: Wilhelm Braumüller 1869, S. 3

B8 Die Lage des Königreichs Polen im Jahr 1773. Zeitgenössischer kolorierter Kupferstich von Johann E. Nilsson. Symbolische Darstellung der ersten Teilung Polens im Jahr 1772

b) König Friedrich II.

Es bedurfte des Zusammentreffens einzigartiger Umstände, um diese Teilung herbeizuführen und die Gemüter dafür zu gewinnen; sie musste erfolgen, um einem allgemeinen Kriege vorzubeugen. Man stand vor der Wahl, Russland im Laufe seiner gewaltigen Eroberungen aufzuhalten, oder, was klüger war, daraus auf geschickte Weise Nutzen zu ziehen. […] Um das Gleichgewicht zwischen den nordischen Mächten einigermaßen aufrechtzuerhalten, musste sich der König [von Preußen] an dieser Teilung notwendig beteiligen. […] Er [Friedrich II.] ergriff also die Gelegenheit, die sich darbot, beim Schopfe, und durch Verhandlungen und Ränke gelang es ihm, seine Monarchie durch die Einverleibung Westpreußens für ihre früheren Verluste zu entschädigen. Diese Erwerbung war eine der wichtigsten, die man machen konnte. […]

Aus: Gustav Berthold Volz (Hrsg.): Die Werke Friedrichs des Großen. Bd. V. Berlin: Hobbing 1913, S. 36

c) Kaiserin Maria Theresia, die die Verhandlungen über die polnischen Teilungen ihrem Sohn und Mitregenten Joseph II. überlassen hatte

Ich bekenne, dass es mich ein Opfer kostet, mich über eine Sache zu entscheiden, von deren Gerechtigkeit ich keineswegs versichert bin, selbst wenn sie nutzbringend wäre. [...] Ich begreife nicht die
5 Politik, welche erlaubt, dass, wenn zwei sich ihrer Überlegenheit bedienen, um einen Unschuldigen zu unterdrücken, der Dritte [...] die gleiche Ungerechtigkeit nachahmen und begehen kann und soll; mir scheint dies vielmehr unhaltbar zu sein.
10 [...] Man beweise mir doch das Gegenteil; ich bin bereit, mich zu unterwerfen: Sehnsüchtig wünsche ich mich zu täuschen. [...] Alles, was uns zufallen könnte, wird an Größe und an Zweckmäßigkeit niemals auch nur die Hälfte des Anteils der ande-
15 ren erreichen; man muss sich also nicht mehr dabei aufhalten und sich nicht ködern lassen durch eine ungleiche Teilung. [...] Ich wage mich noch weiter vor, indem ich sage, es ist nicht eine Handlung der Großmut, sondern nur eine Wirkung
20 echter Grundsätze, niemand Unrecht zu tun. [...]

Unsere Monarchie kann verzichten auf eine Vergrößerung dieser Art. [...] Trachten wir doch lieber danach, die Begehren der anderen zu vermindern, statt daran zu denken, mit ihnen auf so
25 ungleiche Bedingungen hin zu teilen. Suchen wir eher für schwach als für unredlich zu gelten.

Aus: Eberhard Büssem, Michael Neher (Hrsg.): Arbeitsbuch Geschichte. Neuzeit. 1. Quellen. München: utb 1977, S. 333 ff.

M 10 Bewertung der ersten Teilung Polens in der englischen Zeitschrift ›Annual Register‹ (1772)

Die Zeitschrift wurde von dem konservativen Staatsphilosophen und Politiker Edmund Burke herausgegeben.

Die gegenwärtige gewaltsame Zerstückelung und Teilung Polens ohne den Vorwand eines Krieges oder auch nur den Schein von Recht muss als der erste große Bruch in dem modernen politischen System Europas angesehen werden. [...] Polen war 5
die natürliche Barriere sowohl Deutschlands als auch der nordischen Kronen (Dänemark, Schweden) gegen das natürliche Machtstreben Russlands. [...] Ein großer Publizist früherer Tage behauptete, wenn die Türken jemals Deutschland 10
erobern würden, müsste es durch Polen sein; jetzt kann mit noch größerem Recht behauptet werden, dass der Weg, auf dem die Russen Deutschland betreten werden, durch Polen führt.

Aus: David Bayne Horn: British public opinion and the frist partition of Poland. Edinburgh: Oliver and Boyd 1945, S. 35 ff.

M 11 Adam Mickiewicz und das polnische Nationalbewusstsein (1832)

Die Teilungen Polens führten zur Herausbildung eines besonders starken Nationalbewusstseins der polnischen Bevölkerung, das vor allem durch die Literatur und den gemeinsamen Glauben zum Ausdruck gebracht wurde. So erhob Polens bedeutendster Dichter Adam Mickiewicz (1798–1855, gesprochen: mitzkjewitsch) sein Land zum ›gekreuzigten Messias der Welt‹, als er schrieb:

›Denn das polnische Volk ist nicht gestorben; sein Körper liegt im Grabe, und seine Seele wanderte aus der Erde, d. h. dem öffentlichen Leben der Völker, in die Hölle, d. h. dem Alltagsleben der Völker, die Sklaverei leiden im eigenen Lande und 5
außerhalb, um ihre Leiden zu sehen. Aber am dritten Tage kehrt die Seele wieder zurück in ihren Körper, und das Volk wird auferstehen und alle Völker Europas von der Sklaverei befreien. [...] Und so wie mit der Auferstehung Christi auf der 10
ganzen Erde die Blutopfer aufhörten, so werden mit der Auferstehung des polnischen Volkes in der Christenheit die Kriege aufhören.‹

Übersetzer: Manfred Mack. Aus: Die Bücher des polnischen Volkes. In: Adam Mickiewicz: Dichtung und Prosa. Ein Lesebuch von Karl Dedecius. Frankfurt am Main: Suhrkamp 1994, S. 316

Arbeitsanregungen

1 Welche religiösen und nationalen Minderheiten werden im Einleitungstext und in M1 erwähnt? Welche historischen Ereignisse trugen dazu bei, dass in Polen Angehörige verschiedener Nationen und Religionen in einem Staat zusammen lebten?

2 Ende des 18. Jahrhunderts verschwand Polen durch die drei Teilungen politisch von der europäischen Landkarte. Stellen Sie anhand von M4 die Gründe für den Niedergang der einstigen Großmacht Polen zusammen.

3 Lesen Sie die Präambel der polnischen Verfassung von 1791 (M3). Welche Rückschlüsse lässt sie auf die Situation Polens Ende des 18. Jahrhunderts zu?

4 Welche Gründe führen die Nachbarmächte für die Teilung Polens im Vertrag von 1772 an (M9)? Wie beurteilen Sie diese Begründungen? Schreiben Sie die unterschiedlichen Argumente zusammen.

5 Lesen Sie die Beurteilung der Teilung Polens in der britischen Presse (M10). Mit welchen Argumenten wird die Kritik an der Teilung geäußert?

6 Zeigen Sie an ausgewählten Beispielen, ausgehend von der Karikatur von Andrzej Mleczko (B7), in welchen historischen Situationen zwischen 1772 und der Gegenwart sich die Lage zwischen Deutschland und Russland für Polen verhängnisvoll auswirkte.

7 Was bewog die Teilungsmächte zum Abschluss des Geheimartikels des Teilungsvertrages vom 15./26. Januar 1797 (M8)?

8 Stellen Sie mithilfe von M6 Argumente zusammen, warum die Teilungen Polens insbesondere für Preußen von großer Bedeutung waren.

9 Adam Mickiewicz beschreibt Polen als ›gekreuzigten Messias der Welt‹ (M11). Diskutieren Sie diese Metapher. Inwieweit lässt sie sich auch für die Zeit nach Mickiewicz im Hinblick auf das weitere Schicksal Polens bis zum Ende des 20. Jahrhunderts aufrechterhalten?

Vorschläge für Referate und Facharbeiten

1 Von der Großmacht zum Opfer anderer Großmächte. Gründe für Polens Niedergang im 18. Jahrhundert.

2 Die Teilung Polens als Beispiel europäischer Großmachtpolitik Ende des 18. Jahrhunderts.

3 Polen zwischen Deutschland und Russland. Ein Land zwischen den Fronten, aufgezeigt an ausgewählten Beispielen.

Literaturhinweise

BARUDIO, GÜNTER: Die ›Königliche Republik‹ und der Absolutismus. In: Deutsche und Polen. Geschichte – Kultur – Politik. Hrsg. v. Andreas Lawaty und Hubert Orłowski. München: Beck 2003, S. 43–47.

JAWORSKI, RUDOLF (HRSG.): Nationale und internationale Aspekte der polnischen Verfassung vom 3. Mai 1791. Beiträge zum 3. deutsch-polnischen Historikerkolloquium im Rahmen des Kooperationsvertrages zwischen der Adam-Mickiewicz-Universität Poznań und der Christian-Albrechts-Universität zu Kiel (Kieler Werkstücke. Reihe F: Beiträge zur osteuropäischen Geschichte 2). Frankfurt am Main: Lang 1993.

MÜLLER, HANS-JOACHIM: Adelsrepublik mit Liberum Veto. Die politische Organisation Polen-Litauens vor den drei Teilungen (1569–1772). In: Geschichte lernen. Nr. 102/2004: Polen, S. 40–44.

MÜLLER, MICHAEL G.: Das Ende zweier Republiken: Die Teilungen Polens und die Auflösung des alten Reiches. In: Deutsche und Polen. Geschichte – Kultur – Politik. Hrsg. von Andreas Lawaty und Hubert Orłowski. München: Beck 2003, S. 47–53.

›NOCH IST POLEN NICHT VERLOREN‹. Das Trauma der Teilungen. In: Escher, Felix; Vietig, Jürgen: Deutsche und Polen. Eine Chronik. Begleitbuch zur vierteiligen ARD-Fernsehreihe ›Deutsche und Polen‹. Berlin: Nicolai 2002, S. 71–115.

TAZBIR, JANUSZ: Geschichte der polnischen Toleranz. Warszawa: Interpress 1977.

VOM GROSSREICH ZUM SPIELBALL. Polen vom 14. bis 18. Jahrhundert. In: Geschichte mit Pfiff 5/1986, S. 11–14.

›Noch ist Polen nicht verloren…‹
Polen im 19. Jahrhundert: Nation ohne Staat

B1 Titelseite des Buches von Roman Soltyk, ›Polen und seine Helden‹ (1834)

Klären Sie die Hinweise auf die polnische Geschichte in dieser Illustration von 1834.

Einführung

Mit der dritten Teilung 1795 verschwand Polen als Staat von der politischen Landkarte Europas, zerstückelt zwischen Preußen, Österreich und Russland. Erst die neuen politischen Verhältnisse am Ende des Ersten Weltkriegs ermöglichten die Wiederentstehung des Landes als 2. Republik. Selbst ohne Staat hatte die Nation ihre Ideen und Ideale weit mehr als ein Jahrhundert erhalten können – auch wenn das neue Polen dem 1795 untergegangenen polnisch-litauischen Reich nur noch entfernt ähnelte.

Bis heute gilt die Zeit der Teilungen für Polen als Trauma: Aufgrund von innenpolitischen Auseinandersetzungen sowie durch die Expansionsgelüste der Nachbarmächte verloren sie ihre politische Eigenständigkeit und mussten sich den Interessen der Teilungsstaaten unterwerfen. Diese behandelten die polnischen Gebiete unterschiedlich. Am tolerantesten waren die Österreicher in Galizien, wo die Polen in der zweiten Hälfte des 19. Jahrhunderts weitgehende politische und kulturelle Rechte besaßen. Russland und Preußen dagegen waren bestrebt, die Teilungsgebiete und ihre überwiegend polnische Bevölkerung an ihre eigenen Staaten anzugleichen, also letztlich zu russifizieren bzw. zu germanisieren.

Zentral für die polnische Selbstbehauptung waren die sorgsam gepflegte Erinnerung an die nationale Geschichte und die Literatur der Romantik, verkörpert durch den Nationaldichter Adam Mickiewicz (gesprochen: *mitzkjewitsch*). Die katholische Konfession wurde zu einem Grundbestandteil der polnischen Identität, gerade in der Auseinandersetzung mit dem orthodoxen Russland und dem überwiegend protestantischen Preußen. Im Novemberaufstand 1830/31 gegen die russische Herrschaft versuchten die Polen, die Selbstständigkeit zurückzugewinnen. Nach anfänglichen militärischen Erfolgen wurde Warschau jedoch von russischen Truppen – mit Unterstützung Preußens – besetzt und der Aufstand niedergeschlagen. Tausende von Freiheitskämpfern bezahlten den aussichtslosen Kampf mit dem Leben, viele weitere Tausend gingen ins Exil. Diese ›Große Emigration‹, ein starker intellektueller Aderlass, führte über Deutschland nach Frankreich, wo Paris für Jahrzehnte zur heimlichen Hauptstadt Polens wurde.

Der Aufstand fand besonders in Deutschland ein gewaltiges Echo. Man sah im Kampf der Polen gegen die russischen ›Despoten‹ – ähnlich wie im Aufstand der Griechen gegen die Türken – einen Ansporn zur Überwindung von Restauration und Kleinstaaterei sowie zur Vereinigung Deutschlands. Während insbesondere die preußische Regierung die russische Politik unterstützte, wurden die polnischen Emigranten in den deutschen Staaten von der Bevölkerung mit großer Begeisterung empfangen. Von Dresden bis Freiburg entstanden Hunderte von Polenvereinen, die Geld- und Kleidersammlungen organisierten; ungezählte Artikel, Broschüren und andere Veröffentlichungen feierten die ›geschlagenen Helden‹. Auf dem ›Nationalfest der Deutschen‹, dem Hambacher Fest von 1832, wehte neben der deutschen Trikolore die polnische Fahne, und mehrfach wurde die polnische Nationalhymne ›Noch ist Polen nicht verloren‹ gesungen. Johannes Fitz rief dort in seiner Rede: ›Ohne Polens Freiheit keine deutsche Freiheit! Ohne Polens Freiheit kein dauernder Friede, kein Heil für alle anderen europäischen Völker! – Drum fordert auf zum Kampfe für Polens Wiederherstellung, es ist der Kampf des guten gegen das böse Prinzip! – Es ist der Kampf für die edle Sache der ganzen Menschheit!‹

B2 Deutsche und polnische Fahne auf dem Hambacher Fest 1832: ›Hoch leben die Polen, der Deutschen Verbündete! [...] Hoch lebe jedes Volk, das seine Ketten bricht und mit uns den Bund der Freiheit schwört!‹ (Der Journalist Siebenpfeiffer in seiner Rede auf dem Hambacher Fest)

B3 Einzug polnischer Flüchtlinge in Leipzig (1831). Die deutschen Republikaner bereiten den Polen auf ihrer Durchreise nach Frankreich einen begeisterten Empfang.

Der nach Paris emigrierte Adam Mickiewicz bedankte sich in der Widmung für die deutsche Ausgabe seiner ›Bücher des polnischen Volkes‹ (1833): ›[…] dem deutschen Volke als Zeichen seiner aufrichtigsten Achtung und Dankbarkeit für die brüderliche Aufnahme, die ihm und seinen unglücklichen Landsleuten bei demselben auf ihrer Pilgerschaft geworden‹. Ein ähnliches politisches Ziel – die Herstellung eines einheitlichen Nationalstaates – hatte beide Völker zu Brüdern in der Sache gemacht.

Die oft pathetisch deklarierte Brüderschaft war freilich nur von kurzer Dauer, denn schnell wurden aus den gemeinsamen Zielen konkurrierende. Während das Volk noch in den ersten Revolutionstagen im März 1848 in Berlin begeistert polnische politische Gefangene befreite, stellte sich die Frage im Frankfurter Paulskirchenparlament schon anders: Wie groß sollte ein demokratisches Deutschland sein? Sollte es im Osten nur die historisch preußischen Gebiete umfassen oder alle Gegenden, in denen Deutsche lebten – und sei es nur als Minderheit? Dem wachsenden deutschen Nationalgefühl waren die polnischen Unabhängigkeitsbestrebungen bald schon ein Dorn im Auge, sodass der Abgeordnete Wilhelm Jordan in der berühmten Polendebatte der Nationalversammlung 1848 die deutsche Polenbegeisterung scharf an den Pranger stellte. Für eine anschließende Solidaritätsresolution zugunsten der aufständischen Polen stimmten nur noch 32 radikaldemokratische Abgeordnete.

Der polnische Aufstand von 1863/64 gegen die russische Besatzung war noch aussichtsloser als jener von 1830/31 und hatte drakonische Strafen zur Folge – es gab über 250 Hinrichtungen und mehr als 10 000 Polen wurden nach Sibirien verbannt.

Mit Waffengewalt war die Unabhängigkeit nicht mehr zu erringen. Deshalb konzentrierten sich die polnischen Eliten auf pragmatisches Handeln. Es galt, die polnischen Teilungsgebiete wirtschaftlich und gesellschaftlich zu entwickeln, um so die Grundlagen für einen modernen Staat zu schaffen (›organische Arbeit‹). Leicht hatten es die Polen dabei nicht. So versuchte die preußische Regierung in Berlin, das ›Deutschtum‹ in den Ostprovinzen zu stützen und die Polen zu schwächen. Das schrittweise eingeführte Verbot der polnischen Sprache in Schulen und Behörden, die einseitige Bevorzugung von Deutschen und die Enteignung polnischer Grundbesitzer gingen einher mit einer zunehmend antipolnischen Rhetorik nationaler Kreise. Die Stimmung lud sich im ›Nationalitätenkampf‹ auf beiden Seiten auf und sollte das Klima nicht nur in der Zwischenkriegszeit, sondern auch noch lange danach vergiften.

Die Wiederherstellung Polens 1918 war schließlich Folge der Niederlage aller drei Teilungsmächte im Ersten Weltkrieg.

Materialien

M1 Kunst und Nationalbewusstsein

Die Einheit der polnischen Kultur konnten die Teilungsgrenzen nicht brechen. Im Gegenteil – die Kultur wurde neben der Geschichte für ein Jahrhundert zum Träger der Nationalidee. Das romantische Künstlerideal prägt die Rezeption der großen Dichter, Maler und Komponisten, die bis weit ins 20. Jahrhundert gewissermaßen als Träger der nationalen Identität angesehen wurden: Adam Mickiewicz (Pan Tadeusz, 1834) gilt als Nationaldichter und Künder des Messianismus, des Glaubens an das leidende Polen als ›auserwähltes Volk‹. Fryderyk (Frédéric) Chopin ist der ›Nationalkomponist‹, Stanisław Moniuszko (gesprochen: *monjuschko*) schrieb ›National‹-Opern, Jan Matejko schuf nationale Historiengemälde, Ignacy Jan Paderewski brillierte als ›National‹-Pianist. Daneben bemühten sich zahlreiche Künstler um die Einbindung Polens in die europäischen kulturellen Strömungen – die Dichter Eliza Orzeszkowa (gesprochen: *oscheschkowa*) und Bolesław Prus (Realismus), die beiden Literaturnobelpreisträger Henryk Sienkiewicz (gesprochen: *schjenkjewitsch*) und Władysław Reymont (gesprochen: *wadüswaw rejmont*), der Symbolist Stanisław Wyspiański (gesprochen: *wüspiajnski*). Viele polnische Künstler der Zeit kamen aus den von Russland einverleibten polnischen Ostgebieten – der aus Litauen stammende Mickiewicz selbst hatte nie auf dem heutigen Staatsgebiet Polens gelebt.

Aus: Dieter Bingen, Peter Oliver Loew: Polen. Kurze Geschichte einer langen Geschichte. Darmstadt: Justus von Liebig Verlag 2004, S. 30

B4 Titelseite zur Edition eines Polenliedes

M2 Adam Mickiewicz: An die Mutter Polin (1830)

Ein nach dem verlorenen Aufstand von 1830/31 geschriebenes patriotisches Gedicht von Adam Mickiewicz (1798–1855), in dem er polnischen Müttern und deren Söhnen ihre spezifische Rolle im Kampf um die Wiedererlangung der staatlichen Unabhängigkeit zuweist.

B5 Adam Mickiewicz. Porträtzeichnung von Schmeller

O Mutter Polin, wenn in der Pupille
Des Sohnes, den du hegst, ein Genius strahlt,
Wenn sich auf seiner Knabenstirn der Wille
Der frühen Polen, Stolz und Adel, malt,
[…]
O Mutter Polin, warne deinen Knaben!
Eil zu der Schmerzensmutter Gnadenort
Und sieh das Schwert, tief in ihr Herz gegraben:
So wird vom Feind auch deine Brust durchbohrt!

Und wenn die ganze Welt erblüht im Frieden
Und einigt Herrscher, Völker und Ideen,
Ein ruhmlos Kampf bleibt deinem Sohn beschieden
Und ein Martyrium … ohne Auferstehn.
[…]
Das Kreuz, daran die Welt genas von Sünde,
War Spielzeug einst dem Kind von Nazareth.
O Mutter Polin, gib du deinem Kinde
Ein ähnlich zukunftsreiches Spielgerät.

Leg deinen Sohn beizeiten an die Kette,
Vor einen Karren spann ihn mit dem Seil,
Damit er vor dem Galgen nicht erröte
Und nicht erbleiche vor des Henkers Beil.
[…]
Das dürre Galgenholz bleibt den Gebeinen
Des so Besiegten Denkmal heimatlos,
Sein Nachruhm: Eines Weibes kurzes Weinen
Und lange Nachtgespräche um sein Los.

Übers. Helene Lahr, Karl Dedecius. In: Dichtung und Prosa. Ein Lesebuch von Karl Dedecius. Frankfurt/M.: Suhrkamp 1994, S. 256f.

M3 Aus dem Tagebuch von Józef Alfons Potrykowski vom 21. Januar 1832

Potrykowski war Teilnehmer der polnischen Aufstände in Litauen 1830/31 und später Aktivist in der Pariser Emigration.

Drei Meilen nach Eilenburg überschritten wir die preußische Grenze, d.h. die Grenze, die der Wiener Kongress zwischen Sachsen und Preußen gezogen hat und damit Sachsen Gebiete weggenommen und sie Preußen gegeben hat. Kaum hatten wir die neue Grenze Sachsens überschritten, als wir eine große Anzahl sächsischer Jugend, Arbeiter, vor allem aber Studenten und Schüler vorfanden, die uns entgegenkamen. Rufe: ›Es leben die Polen. Es lebe Polen!‹ hallten zum ersten Mal um unsere Ohren, und diese Rufe waren so zahlreich, so beständig, dass wir unsere eigene Unterhaltung nicht mehr vernehmen konnten. In dem Maße, wie wir uns der Stadt näherten, vergrößerte sich die Volksmenge und wurde schließlich so zahlreich, dass wir mit unseren Fuhrwerken keinen Schritt mehr weiterfahren konnten, die Hochrufe wurden aber zu einem einzigen unablässigen Ruf. Hier wurden plötzlich aus allen Fuhrwerken die Pferde ausgespannt, und die Jugend, zum größten Teil die akademische Jugend, bei ihnen aber auch sehr hübsch gekleidete Damen, Fräuleins, dazu Handwerker und Bürger unterschiedlichen Standes und Alters zogen unsere Wagen, wobei sie niemandem von uns erlaubten auszusteigen. Man kann ohne die kleinste Übertreibung sagen, dass die ganze Stadt uns entgegenkam, uns hochleben ließ und uns Kusshände zuwarf. So wurden wir zu einem Platz gebracht. [...]

Auf diesem Platz wurden wir eine Zeitlang umarmt und geküsst mit solcher Freude, mit so viel Begeisterung, wie es keinem Mächtigen der Welt, keinem Herrscher, Papst oder Kaiser je entgegengebracht wurde. Unsere Kolonne bestand zu dieser Zeit aus 280 Personen. Wir wurden in Gruppen zu je 20 aufgeteilt und zu den ersten und besten Hotels, d.h. Gasthäusern geführt, und dort wurden die Wirte angewiesen, es uns an durchaus nichts fehlen zu lassen und uns so gut zu essen zu geben und zu versorgen wie nur irgend möglich. [...] In dieser Stadt verweilten wir in Lustbarkeiten und Festlichkeiten fast fünf Tage. [...] Jeden

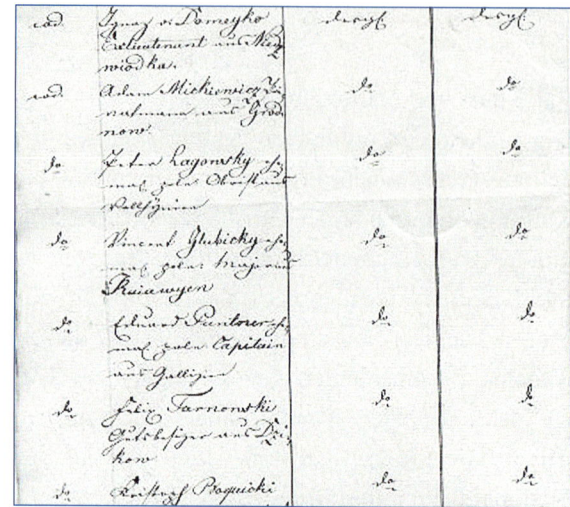

B6 6. Juli 1832 – Crailsheim. Der Ausschnitt aus dem Bericht des Oberamts Crailsheim an die Regierung des Jagstkreises über die seit dem 29. Juni 1832 durchgereisten Polen dokumentiert die Durchreise des polnischen Nationaldichters Adam Mickiewicz.

Abend wurden wir in Kasinos geladen, wo wir in den Salons überall allegorische Transparente, die auf Polen hinwiesen, sahen. Am besten gefiel mir ein Transparent, das eine Deutsche darstellte, die Polen die Ketten herunterriss und zerbrach, mit der Aufschrift ›Noch ist Polen nicht verloren, und es wird nicht verloren sein, solange Deutschland lebt.‹

Übers. von Hans Henning Hahn. In: *Geschichtsbuch Oberstufe. Bd. 1: Von der Antike bis zum Ende des 19. Jahrhunderts*. Berlin: Cornelsen 1995, S. 382

M4 Verbot des Aufenthalts für polnische Offiziere im Rheinkreis (20.7.1832)

1. Regierungsverfügung, Abschrift.
2. Verfügung des Landkommissariats Neustadt, behändigte Ausfertigung

ad N[umeru]m 3349. P[rotocolli] Speyer, den 20t[en] July 1832. N[umer]o 256 P[rotocollum] Pr[aesidii] N[umer]o 486

Das Praesidium

der königl[ich] bay[eri]sch[en] Regierung des Rheinkreißes!

Die Fremden-Polizey betr[effend]

Nachträglich zu dem Umschreiben vom Gestrigen erhalten sämmtliche Land-Commissariate in Gemäßheit eines Auftrages der k[öni]gl[ichen] außerordentlichen Hof-Commission folgende Weisungen:

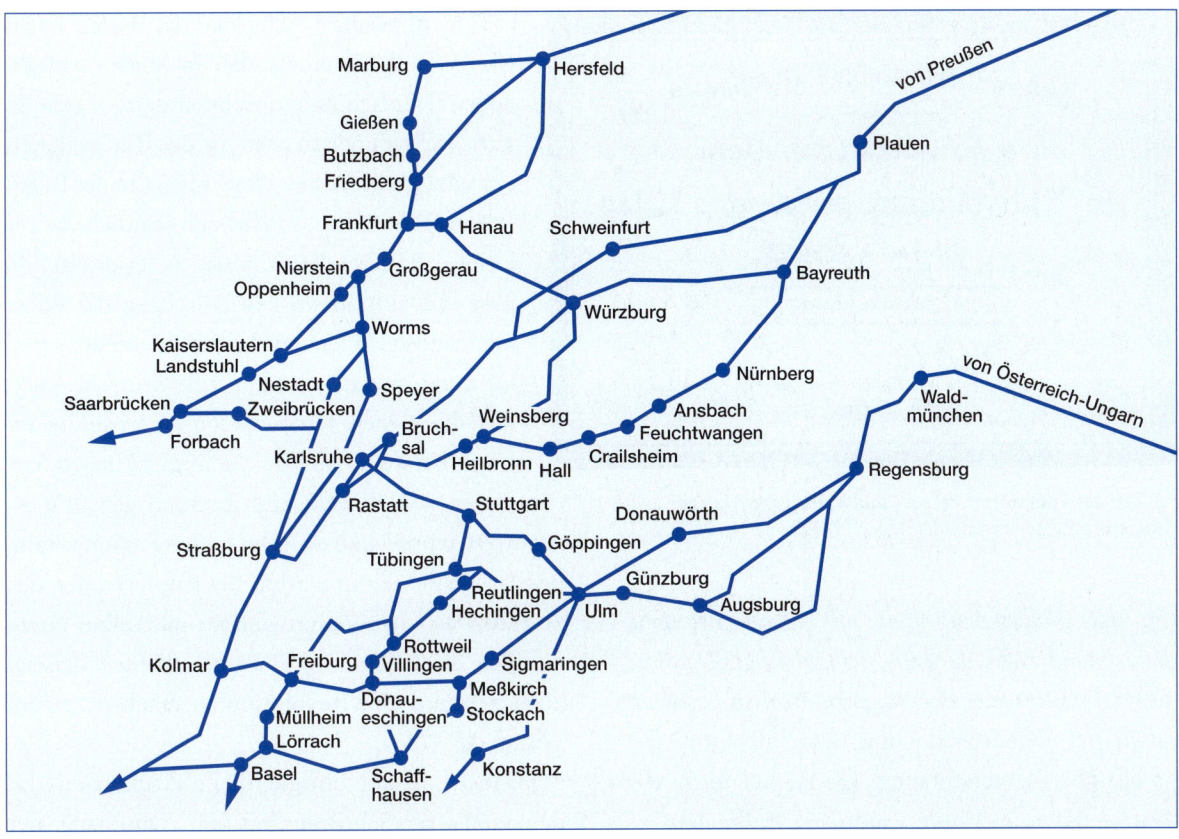

B7 Hauptdurchzugswege der polnischen Flüchtlinge im süddeutschen Raum (1831/32)

1) Keinem der polnischen Officiere, welchen Rang gehabt zu haben er auch angiebt, kann der Aufenthalt in diesem Kreise gestattet werden, daher
2) solche, wenn sie auch mit Pässen versehen sind, von den Grenzpolizeybehörden, der Gensd'armerie und Zollschutzwache zurückzuweisen sind. – Sollte:
3) sich dennoch einer in den Kreis einschleichen; so ist er durch die Gensd'armerie über die Gränze zurückführen zu lassen, und ihm zu bedeuten, dass er –
4) im Wiederbetrettungsfalle zu Haft werde genommen werden.

Hiernach sind die Polizeibehörden geeignet zu instruiren und die Land-Commissariate haben über den genauen Vollzug zu wachen.

v[on] Stengel und Bertheau.

In Abschrift an das Bürgermeisteramt Dürckheim zur Wissenschaft und genauen Darnachachtung.

Neustadt d[e]n 25t[e]n July 1832
Das kön[i]gl[iche] Land-Commissariat.
Pölniz

Aus: Landesarchiv Speyer, Best. U 257 Nr. 1697

M5 Heinrich Heine: Preußens wahres Gesicht. Vorrede zu ›Französische Zustände‹

Die kursiven Textpassagen fehlten wegen der preußischen Zensur in der Erstausgabe.

Es ist wahr, noch vor kurzem haben viele Freunde des Vaterlandes die Vergrößerung Preußens gewünscht, und in seinen Königen die Oberherren eines vereinigten Deutschlands zu sehen gehofft, und man hat die Vaterlandsliebe zu ködern gewusst, und es gab einen preußischen Liberalismus und die Freunde der Freiheit blickten schon vertrauensvoll nach den Linden von Berlin. Was mich betrifft, ich habe mich nie zu solchem Vertrauen verstehen wollen. Ich betrachtete vielmehr mit Besorgnis diesen preußischen Adler, *und während andere rühmten, wie kühn er in die Sonne schaue, war ich desto aufmerksamer auf seine Krallen. Ich traute nicht diesem Preußen, diesem langen frömmelnden Kamaschenheld mit dem weiten Magen, und mit dem großen Maule, und mit dem Korporalstock, den er erst in Weihwasser taucht, ehe er damit zuschlägt. Mir missfiel dieses philosophisch christliche Soldatentum, dieses Gemengsel von Weißbier, Lüge und Sand. Widerwär-*

B8 Los des Frankfurter Frauen- und Mädchenvereins zur Unterstützung der verbannten Polen (1832)

tig, tief widerwärtig war mir dieses Preußen, dieses steife, heuchlerische, scheinheilige Preußen, dieser Tartüff unter den Staaten. Endlich, als Warschau fiel [Niederschlagung des Aufstandes mit preußischer Unterstützung 1831], fiel auch der weiche fromme Mantel, worin sich Preußen so schön zu drapieren gewusst, und selbst der Blödsichtigste erblickte die eiserne Rüstung des Despotismus, die darunter verborgen war. Diese heilsame Enttäuschung verdankt Deutschland dem Unglück der Polen.

Die Polen! Das Blut zittert mir in den Adern, wenn ich das Wort niederschreibe, wenn ich daran denke, wie Preußen gegen diese edelsten Kinder des Unglücks gehandelt hat, wie feige, wie gemein, wie meuchlerisch. Der Geschichtsschreiber wird vor innerem Abscheu keine Worte finden können [...], jene unehrlichen Heldentaten wird vielmehr der Scharfrichter beschreiben müssen [...] ich höre das rote Eisen schon zischen auf Preußens magerem Rücken. [...]

Geschrieben, zu Paris, den 18. Oktober 1832.

Aus: Heinrich Heine: Französische Zustände. Vorrede. In: Sämtliche Werke in vier Bänden. Hrsg. von Otto F. Lachmann. Bd. 4. Leipzig: Reclam o. J., S. 10 f.

M6 Heinrich Heine: Ludwig Börne. Eine Denkschrift (1840)

Was in jener Periode sich besonders geltend machte und die Gärung bis zur kochenden Sud steigerte, waren die polnischen und rheinbayrischen Vorgänge. [...]

Das ungeheure Schicksal so vieler edlen Märtyrer der Freiheit, die, in langen Trauerzügen Deutschland durchwandernd, sich in Paris versammelten, war in der Tat geeignet, ein edel gefühlvolles Herz bis in seine Tiefen zu bewegen. Aber was brauch ich dich, teurer Leser, an diese Betrübnisse zu erinnern, du hast in Deutschland den Durchzug der Polen mit eignen tränenden Augen angesehen, und du weißt, wie das ruhige, stille deutsche Volk, das die eignen Landesnöten so geduldig erträgt, bei dem Anblick der unglücklichen Sarmaten von Mitleid und Zorn so gewaltig erschüttert wurde und so sehr außer Fassung kam, dass wir nahe daran waren, für jene Fremden das zu tun, was wir nimmermehr für uns selber täten, nämlich die heiligsten Untertanspflichten beiseite zu setzen und eine Revolution zu machen ... zum Besten der Polen.

Ja, mehr als alle obrigkeitliche Plackereien und demagogische Schriften hat der Durchzug der Polen den deutschen Michel revolutioniert, und es war ein großer Fehler der respektiven deutschen Regierungen, dass sie jenen Durchzug in der bekannten Weise gestatteten. Der größere Fehler freilich bestand darin, dass sie die Polen nicht längere Zeit in Deutschland verweilen ließen; denn diese Ritter der Freiheit hätten bei verlängertem Aufenthalt jene bedenkliche, höchst bedrohliche Sympathie, die sie den Deutschen einflößten, selber wieder zerstört. Aber sie zogen rasch durchs Land, hatten keine Zeit, durch Dichtung und Wahrheit einer den anderen zu diskreditieren, und sie hinterließen die staatsgefährlichste Aufregung.

Ja, wir Deutschen waren nahe daran, eine Revolution zu machen, und zwar nicht aus Zorn und Not, wie andere Völker, sondern aus Mitleid, aus Sentimentalität, aus Rührung für unsre armen Gastfreunde, die Polen. Tatsüchtig schlugen unsre Herzen, wenn diese uns am Kamin erzählten, wie viel sie ausgestanden von den Russen, wie viel Elend, wie viel Knutenschläge ... bei den Schlägen horchten wir noch sympathetischer, denn eine geheime Ahnung sagte uns, die russischen Schläge, welche jene Polen bereits empfangen, seien dieselben, die wir in der Zukunft noch zu bekommen haben. Die deutschen Mütter schlugen angstvoll

die Hände über den Kopf, als sie hörten, dass der Kaiser Nikolas, der Menschenfresser, alle Morgen drei kleine Polenkinder verspeise, ganz roh, mit
55 Essig und Öl. Aber am tiefsten erschüttert waren unsre Jungfrauen, wenn sie im Mondschein an der Heldenbrust der polnischen Märtyrer lagen und mit ihnen jammerten und weinten über den Fall von Warschau und den Sieg der russischen Bar-
60 baren. [...]

Aus: Heinrich Heine: Ludwig Börne. Eine Denkschrift. In: Werke und Briefe in 10 Bänden, Bd. 6. Berlin u. Weimar: Aufbau 1980, S. 63

M7 **Aus den Instruktionen des Exilpolitikers Fürst Adam Jerzy Czartoryski für einen Agenten, der 1834 nach Polen reiste**

Polen kann nur wiederaufleben durch einen starken, im ganzen Land allgemeinen und zu einem günstigen Zeitpunkt unternommenen Aufstand. Was heißt zu einem günstigen Zeitpunkt? Wenn
5 Umstände eintreten werden, die einen günstigen Erfolg unserer Anstrengungen versprechen. Welche Umstände sind das? Ein großer Krieg gegen Moskau selbst oder gegen die Heilige Allianz und eine Revolution, sei es in Moskau, sei es in Öster-
10 reich, Preußen oder Deutschland. In Frankreich und England sind ein Wechsel des Geistes der Regierungen, ein richtigeres und energischeres Auftreten für uns notwendig, aber keine Revolutionen. Neue Revolutionen in Frankreich oder
15 England können für uns aller Wahrscheinlichkeit nach nicht nützlich sein, denn sie werden nur eine schwächliche Erschütterung, Entzweiung, Bürgerkrieg bedeuten.

Zitat nach: Hans Henning Hahn: Außenpolitik in der Emigration. Die Exildiplomatie A. J. Czartoryskis 1830–40. München: Oldenbourg 1978, S. 158 f.

M8 **Stellungnahmen zur Polenfrage**
a) Ernst Moritz Arndt in einer Schrift zu ›Polenlärm und Polenbegeisterung‹ aus dem Jahr 1848

Die Narren. Diese faseln in einer falschen und wohlfeilen Begeisterung und wollen die begangenen Unrechte des letzten Jahrhunderts auf Kosten der Deutschen wiedergutmachen, ohne
5 irgendeine Gegenrechnung und einen Gedanken, dass auch die Polen ihre großen, früheren und späteren Unrechte gehabt haben, und zwar das Hauptunrecht und die polnische Ursünde in ihrer Unordnung, Vaterlandsvergessenheit, ja Vaterlandsverräterei, wodurch sie in ihren gegenwär-
10 tigen Zustand hinabgesunken sind.

Aus: Reiner Pommerin, Manuela Uhlmann (Hrsg.): Quellen zu den deutsch-polnischen Beziehungen 1815–1991. Darmstadt: Wissenschaftliche Buchgesellschaft 2001, S. 57

b) Der Abgeordnete Jordan in der Paulskirche (1848)

Polen bloß deswegen herstellen zu wollen, weil sein Untergang uns mit gerechter Trauer erfüllt, das nenne ich eine schwachsinnige Sentimentalität. [...] Ich sage, die Politik, die uns zuruft: Gebt
5 Polen frei, es koste, was es wolle, ist eine kurzsichtige, eine selbstvergessene Politik, eine Politik der Schwäche, eine Politik der Furcht, eine Politik der Feigheit. Es ist hohe Zeit für uns, endlich einmal zu erwachen [...] zu einem gesunden Volksegoismus.

Aus: Geschichtsbuch Oberstufe. Lehrerhandreichung. Berlin: Cornelsen, S. 103

c) Friedrich Engels in der ›Neuen Rheinischen Zeitung‹ Nr. 96 vom 7. September 1848

Die ganze Debatte hinterlässt einen wehmütigen Eindruck. So viel lange Reden und so wenig Inhalt, so wenig Bekanntschaft mit dem Gegenstande, so wenig Talent! [...] Die Beschlüsse sind bekannt. Man hat 3/4 von Posen erobert; man hat
5 sie erobert weder durch Gewalt noch durch ›deutschen Fleiß‹, noch durch den ›Pflug‹, sondern durch Kannegießerei, erlogene Statistik und furchtsame Beschlüsse. ›Ihr habt die Polen verschluckt, verdauen werdet Ihr sie bei Gott nicht!‹
10

Aus: Karl Marx, Friedrich Engels: Werke. Bd. 5. Berlin: Dietz, S. 319

M9 **Der demokratische Exilpolitiker Ludwik Mierosławski, vorgesehen als Anführer eines Aufstandes 1846 im Großherzogtum Polen, 1845 in einer Rede in Paris**

Die Revolution ist das Aufberufen aller erstarrten nationalen Kräfte zur Realisierung des uns verpflichtenden staatlichen Ideals. Und da unser Ideal ein geografisch unteilbares, sozial gleichberechtigtes und politisch allmächtiges Polen ist, so wird
5 nach unsern Begriffen Polen im Revolutionszu-

stand bleiben, bis es zu den äußersten Landesgrenzen von der Fremdherrschaft, bis in die letzten sozialen Tiefen von Privilegien und in seinem ganzen Mechanismus von Kraftlosigkeit befreit wird.

Aus: Wilhelm Feldman: Geschichte der politischen Ideen in Polen seit dessen Teilungen (1795–1914). München, Berlin: Oldenbourg 1917, S. 182 f.

M 10 Der Pole Zygmunt Miłkowski in einer in Paris erscheinenden Exilzeitschrift (1858)

Weder Regierungen noch Völker, weder reguläre Kriege noch fremde Revolutionen werden den politischen Wiederaufbau Polens bewirken: in Friedenszeiten will niemand an uns denken, während des Krieges oder einer Revolution kann man es nicht tun, oder man hat keine Zeit dazu. Frankreich wird immer zu weit sein, England zu egoistisch, die Türkei zu schwach, die Völker viel zu sehr von inneren Angelegenheiten in Anspruch genommen, und die deutsche (sic) und moskowitische Regierung sind trotz aller Reform unseren Interessen zu sehr entgegengesetzt, als daß wir in unserer Sklavenlage eine unmittelbare Hilfe erhoffen dürften. Dafür können aber alle diese Elemente, unsere Feinde mitbegriffen, uns sogar unwillkürlich die Gelegenheit bieten, durch eigene Energie und Opfermut die uns im europäischen Staatenbund entrissene Stellung zu erkämpfen.

Aus: Wilhelm Feldman: Geschichte der politischen Ideen in Polen seit dessen Teilungen (1795–1914). München, Berlin: Oldenbourg 1917, S. 192.

M 11 Aus dem Artikel ›Und was hier tun?‹ der ›Gazeta Polska‹, einer Zeitung im preußischen Teilungsgebiet (1848)

O, wir alle, die wir rufen: ›Und was hier tun?‹ – schauen wir uns um, und wenn wir nicht alles sehen, was uns fehlt, wenn wir nicht verstehen, dass nur durch stetige, emsige Arbeit, durch ständiges und unermüdliches Verbessern der in einem Augenblick zerstörten langjährigen Arbeit wir die moralischen und materiellen Reserven sammeln können, die einst das Vaterland fordern wird. […]

Lernen wir also und erkennen wir, bis wir gelernt haben und wissen werden: Dass es nicht reicht, dass jeder seine Bereitschaft zeigt, im Rat zu sitzen und in den Krieg zu gehen […], dass jede Nation zu ihrer Existenz, und besonders eine, die wieder von den Toten auferstehen will, moralische und materielle Kräfte benötigt, und zwar reale, grundlegende. […] Und die einen werden sich den politischen Wissenschaften widmen, der schwierigen Kunst des Regierens, andere werden die Verwaltung öffentlicher Gelder erlernen, andere werden sich der Erziehung der Jugend widmen; diese werden sich vorbereiten darauf, musterhafte Kapläne zu werden, jene werden sich mit dem gründlichen Studium verschiedener Wissenschaften und Fähigkeiten befassen, von denen jede der Gesellschaft nützlich sein wird. Denn das Vaterland wird einst rufen: ›Gebt mir Ratsleute, gebt mir Finanziers, gebt mir Pädagogen, gebt mir christliche Hirten, gebt mir Gesetzgeber und Richter, gebt mir Spezialisten und Ärzte und Mathematiker und Physiker und Bauleute und Mechaniker und Verwalter.‹

[…] Und die einen werden das Land bereichern, indem sie die Landwirtschaft fördern und vervollkommnen, andere werden den Kapitalumsatz in ihre geschickten Hände nehmen, wieder andere werden sich der Industrie des Landes widmen, oder in die unterschiedlichen Branchen des Handels gehen, oder sich in der Landwirtschaft oder im Handwerk beschäftigen. […] Und diejenigen, die in den Dörfern leben, werden Tag und Nacht mit Tat und Wort arbeiten, um noch ungebildete, unaufgeklärte Brüder zu bilden, sie aufzurichten und dahin zu führen, dass sie sich selbst und die Gemeinschaft eines einzigen Vaterlandes erkennen […]. Und zu dieser Arbeit benötigt man nicht schlaue und gebildete Köpfe, sondern vor allem ein christliches und polnisches Herz. […] Und alle, wo das nur möglich sein wird, werden sich um dieses oder jenes […] Ziel vereinigen, werden sich klug und stark organisieren: und jede Vereinigung, jede kleinere Organisation, wird einem Leitgedanken ergeben sein, dem polnischen Gedanken.

Übers. von Hans Henning Hahn. In: Geschichtsbuch Oberstufe. Bd. 1: Von der Antike bis zum Ende des 19. Jh. Berlin: Cornelsen 1995, S. 383 f.

M12 Aus dem Manifest des Nationalen Zentralkomitees anlässlich des ›Januaraufstandes‹ im russischen Teilungsgebiet vom 22. Januar 1863

Polen will und kann sich nicht widerstandslos dieser schändlichen Gewalt unterwerfen; es muss energischen Widerstand leisten, will es nicht vor der Nachwelt schmachvoll dastehen. Die Schar
5 der tapferen, opferwilligen Jugend […] hat geschworen, das verfluchte Joch abzuwerfen oder unterzugehen. Ihr nach, polnische Nation, ihr nach! Nach der schrecklichen Schmach der Unfreiheit, nach unerhörten Qualen der Unterdrü-
10 ckung ruft das Nationale Zentralkomitee, jetzt deine einzige legale Nationalregierung, dich auf zur schon letzten Schlacht, auf das Feld des Ruhms und des Sieges. […] Ja, du wirst deine Freiheit, deine Unabhängigkeit mit so großer Tapferkeit, so
15 heiligem Opfermut erringen, wie noch kein Volk es in der Geschichte vermochte. Dem wiedererstehenden Vaterland gibst du ohne Bedauern, Schwachheit oder Zögern dein Blut, dein Leben und deine gesamte Habe, die es benötigt. Dafür
20 gibt dir das Nationale Zentralkomitee die Zusage, dass die Energien deiner Tapferkeit nicht vertan werden, dass dein Opfer nicht umsonst sein wird. […] Sofort am ersten Tag seines öffentlichen Auftretens, als ersten Akt des heiligen Kampfes erklärt
25 das Nationale Zentralkomitee alle Söhne Polens ohne Unterschied des Glaubens und des Stammes, der Herkunft und des Standes zu freien und gleichen Bürgern des Landes. Der Boden, den das ackerbauende Volk bisher als Zinsbauer oder
30 Fronbauer bearbeitete, wird von diesem Augenblick an sein bedingungsloses Eigentum mit dem Recht ewiger Erblichkeit sein. […] Also zu den Waffen, Nation Polens, Litauens und Rutheniens*, zu den Waffen! Denn die Stunde der gemein-
35 samen Befreiung hat schon geschlagen, das alte Schwert ist gezogen, das heilige Banner mit Adler, Reiter und Erzengel flattert. Und jetzt wenden wir uns an dich, moskowitische Nation: unsere traditionelle Losung ist die Freiheit und Brüderlichkeit
40 der Völker; deshalb verzeihen wir dir sogar den Mord an unserem Vaterland. […] Wir verzeihen dir, denn auch du bist erbärmlich und gequält, traurig und gemartert, die Leichen deiner Kinder baumeln an den Galgen der Zaren, deine Seher
45 frieren im Eis Sibiriens. Aber wenn du in dieser Entscheidungsstunde nicht Gewissensbisse empfindest für die Vergangenheit und heilige Sehnsucht für die Zukunft, wenn du Unterstützung gewährst im Ringen mit uns dem Tyrannen, der uns
50 tötet und dich mit Füßen tritt – wehe dir! Denn vor dem Angesicht Gottes und der ganzen Welt verfluchen wir dich für die Schmach ewiger Untertänigkeit und die Qual ewiger Unfreiheit und fordern dich heraus zu einem schrecklichen Vernich-
55 tungskampf – zur letzten Schlacht der europäischen Zivilisation mit der wilden Barbarei Asiens.

Übers. von Hans Henning Hahn. In: Geschichtsbuch Oberstufe. Bd. 1: Von der Antike bis zum Ende des 19. Jh. Berlin: Cornelsen 1995, S. 384

* Der Aufruf sieht Polen, Litauer und Ruthenen als eine Nation an, wie in der polnischen Adelsrepublik vor den Teilungen, aber jetzt bezogen auf alle Volksgruppen.

M13 Der Historiker Wolfgang Wippermann zur Polenpolitik des deutschen Kaiserreiches

Am 15. Januar 1886 bezeichnete der sozialdemokratische Abgeordnete Wilhelm Liebknecht im Reichstag die bevorstehende Ausweisung von 35 000 Polen (und Juden) aus Preußen als einen
5 ›Akt der Barbarei, der im Namen der Kultur begangen wird‹. Dies war eine polemische, aber durchaus zutreffende Charakterisierung nicht nur der Massenausweisung von 1886/87, sondern der gesamten Polenpolitik des deutschen Kaiserrei-
10 ches. Schon vor der Gründung des Kaiserreiches hatte sich die preußische Polenpolitik verhärtet. Bereits unmittelbar nach der Niederschlagung der Revolution wurden alle polnischen Sonderrechte im bisherigen Großherzogtum Posen, das fortan
15 als ›Provinz Posen‹ bezeichnet wurde, beseitigt. 1852 wurde Deutsch zur alleinigen Verhandlungssprache bei Gerichten. Als 1863 im russischen Teil Polens ein Aufstand ausbrach, schloss Bismarck am 8.2.1863 die sog. ›Alvenslebensche Konventi-
20 on‹ ab, in der sich Preußen verpflichtete, den russischen Truppen bei der Niederschlagung des polnischen Aufstandes zu helfen. […]

Auch nach der Reichsgründung hat Bismarck aus seiner antipolnischen Einstellung kein Hehl gemacht. Doch die von Bismarck und seinen
25 Nachfolgern betriebene Polenpolitik hatte nicht

nur das Ziel, die nationalpolnischen Bestrebungen zu unterdrücken und die polnischen Staatsbürger des Deutschen Reiches, die allenfalls Preußen, aber keine Deutschen sein wollten, so weit und so schnell wie möglich zu germanisieren. Ähnlich wie die Katholiken, die Sozialdemokraten und die übrigen nationalen Minderheiten wie Dänen und Franzosen wurden auch die Polen zu ›Reichsfeinden‹ erklärt. Diese Politik diente der ›negativen Integration‹ der Mehrheitsbevölkerung. Sie müsse, so wurde suggeriert, bedingungslos der Reichsregierung folgen, weil das Reich von diesen ›Reichsfeinden‹ bedroht sei. Mit dem Hinweis auf die angebliche Gefahr, die von diesen ›Reichsfeinden‹ drohte, wurde gleichzeitig von unübersehbaren politischen und sozialen Missständen abgelenkt. Tatsächlich hat der Kampf gegen die ›Reichsfeinde im Allgemeinen, die polnische Minderheit im Besonderen‹ die Rechts- und Verfassungsstruktur des deutschen Kaiserreiches unterhöhlt und den Widerstand gerade der deutschen Staatsbürger polnischer Nationalität entfacht und radikalisiert. Dies gilt vor allem für die folgenden antipolnischen Maßnahmen und Sondergesetze: Nachdem bereits 1871 die 1841 eingerichtete katholische Abteilung im preußischen Kultusministerium abgeschafft wurde, kam es in den folgenden Jahren im Zuge des Kulturkampfes zu verschiedenen Verhaftungen von polnischen Geistlichen. Unter ihnen befanden sich zwei katholische Bischöfe. In der Folgezeit konzentrierte sich die preußisch-deutsche Regierung auf eine Zurückdrängung der polnischen Sprache. 1873 wurde Deutsch zur alleinigen Unterrichtssprache in der Provinz Posen. Nur der Religionsunterricht durfte vorerst noch in der Muttersprache der Kinder erteilt werden. 1876 wurde angeordnet, dass bei al-

B9 Postkarte mit dem Wagen des Drzymała (1908). Der ›Wagen des Drzymała‹ wurde zu einem zentralen Symbol für den Widerstand der polnischen Bevölkerung gegen die antipolnische Politik im preußischen Teilungsgebiet. Der Bauer Michał Drzymała (1857–1937, gesprochen: *dschümala*) schafft es mit seiner Aktion, die preußischen Germanisierungsanstrengungen der Lächerlichkeit preiszugeben und den Status eines Volkshelden zu erwerben. Er kauft im Herbst 1904 von einem Deutschen eine 15 Morgen große Ackerparzelle in der Nähe von Pogradowitz im Kreis Wollstein. Da er laut Ansiedlungsgesetz als Pole auf seinem Land weder ein Haus bauen, noch in der Scheune, die er mit seiner Familie bewohnt, eine Feuerstätte errichten darf, kauft er sich einen ›Zirkuswagen‹, stellt ihn auf sein Grundstück und wohnt darin. Die preußischen Behörden sind rat- und machtlos. Da nach dem Gesetz die Wohnung mobil sein muss, verschiebt Drzymała seinen Wohnwagen jeden Tag um einige Zentimeter. In späteren Jahren wurden Nachbildungen des Wagens in ganz Polen gezeigt.

B10 Der Text lautet: ›Deine heiligen, ins Herz geschriebenen Rechte / bricht und zertritt der gemeine Gotteslästerer. / Also ziehen wir in den Kampf zu ihrer Verteidigung. / Dein Reich komme durch unser Blut.‹

len Behörden und politischen Körperschaften nur die deutsche Sprache zu verwenden sei. 1886 wurde das ›Gesetz betreffend die Beförderung deutscher Ansiedlungen in den Provinzen Westpreußen und Posen‹ erlassen. Der Staat verpflichtete sich darin, insgesamt 100 Millionen Mark zur Verfügung zu stellen, um polnischen Grundbesitz aufzukaufen und zu günstigen Konditionen an deutsche Bauern zu vergeben. […] Nachdem 1901 und 1906 auch der Gebrauch der polnischen Sprache im Religionsunterricht untersagt worden war, kam es zunächst in Wreschen, dann in der gesamten Provinz Posen zu ausgedehnten Schulstreiks, die von den deutschen Lehrern und Schulbeamten mit beispielloser Härte unterdrückt wurden.

Aus: Wolfgang Wippermann: Geschichte der deutsch-polnischen Beziehungen. Darstellung und Dokumente. Berlin: Pädagogisches Zentrum 1992, S. 26 f.

M14 Henryk Sienkiewicz: Offener Brief zum Urteil über den Schulstreik in Wreschen (Września)

Im Mai 1901 widersetzten sich die Kinder in Wreschen (Września) der Einführung der deutschen Sprache im Religionsunterricht und beim gemeinsamen Beten. Die daraufhin verordnete Prügelstrafe führte zu einem Protest der Eltern. Diese wurden dafür von den preußischen Behörden in Gnesen (Gniezno) vor Gericht gestellt, das sie zu Gefängnisstrafen verurteilte. Die Ereignisse von Wreschen fanden aufgrund der öffentlichen Verurteilung des bekannten Schriftstellers und Literaturnobelpreisträgers Henryk Sienkiewicz in ganz Europa ein großes Echo. Sienkiewicz rief in der Presse des russischen und des österreichischen Teilungsgebietes auch zu finanzieller Unterstützung für die verurteilten Familien auf.

Krakau, 22. November 1901

Ein unerhörtes Urteil ist ergangen! Keinem der schulischen Henkersknechte ist ein Haar gekrümmt worden, es gab keine Überfälle oder Gewalttaten, aber trotzdem sind die Eltern dieser kleinen, von der preußischen Schule geknechteten Kinder von preußischen Gerichten zu langen Haftstrafen verurteilt worden, weil sie unter dem Einfluss von Verzweiflung und Mitleid zu laut Worte der Empörung gegen eine derartige Schule und derartige Lehrer geäußert haben.

Überall dort, wo sich eine entartete Kultur nicht in einen Zustand von Rohheit verwandelt hat, selbst bei jenen Deutschen, die in der Geschichte eine andere Rolle als jene preußischer Handlanger spielen möchten, ruft dieses Urteil jedoch Abscheu und Verachtung hervor, erfüllt aber zugleich die Herzen mit Sorge um die Zukunft und mit Verwunderung. […]

Was also sollen wir, auf denen Verbrechen und Rohheit direkt lasten, derweil tun? Ganz allgemein – ausharren! Vor allem aber jenen ausharren helfen, die direkte Opfer von Schurkerei und Gewalt geworden sind. Nach der Peinigung der Kinder sind die Eltern zu Gefängnis verurteilt worden, die für das tägliche Brot ihrer Kinder gearbeitet haben. Eine der Beschuldigten, eine arme Mutter von sieben kleinen Kindern, ist zu zweieinhalb Jahren verurteilt worden. Ging es vielleicht auch darum, dass diese heldenhaften Kinder vor Hunger sterben? In einer Gesellschaft, die unter dem Einfluss des Ostmarkenvereins steht, ist das – fürwahr – möglich.

Übers.: Peter O. Loew. Original aus der Zeitschrift ›Czas‹ (Krakau) vom 22. November 1901

Arbeitsanregungen

1 Lesen Sie den Einführungstext und stellen Sie die Zusammenhänge zwischen den Ereignissen in Frankreich und Polen (1830/31) sowie dem Hambacher Fest kurz dar.

2 Lesen Sie den Textauszug aus dem Tagebuch von Józef Potrykowski (M 3) auf seiner Reise durch Sachsen. Wie lassen sich die deutschen Sympathiebekundungen, u. a. auf dem Hambacher Fest, für die ins Exil gehenden polnischen Aufständischen erklären?

3 Welche Vorwürfe erhebt Heine in seiner Schrift ›Französische Zustände‹ (M 5) gegenüber der preußischen Polenpolitik?

4 Vergleichen Sie die beiden Texte von Heinrich Heine (M 5, M 6). Entwickeln Sie hierfür passende Vergleichskategorien in Bezug auf Schreibabsicht und Adressaten.

5 Überprüfen Sie die Instruktionen des Exilpolitikers Fürst Czartoryski (M 7) für einen Agenten, der nach Polen reiste, angesichts der politischen Situation der genannten Großmächte. Inwiefern haben sich diese Empfehlungen im weiteren Verlauf der polnischen Geschichte bestätigt?

6 Vergleichen Sie B 7 mit den Tagebuchaufzeichnungen in M 3. Welcher Gegensatz wird im Standpunkt der Verfasser deutlich, welcher ergibt sich aus dem Vergleich und wie lässt er sich mit der politischen Situation in Deutschland 1831/32 erklären?

7 Der Großherzog von Sachsen-Weimar äußerte in einem Schreiben vom 14. 2. 1832 die Auffassung, dass ›wir es für bedenklich erachten mussten, einen so genannten Polenverein ausdrücklich zu autorisieren und für noch bedenklicher, aller weiteren Teilnahme und Unterstützung direkt oder indirekt entgegentreten zu wollen‹. Versuchen Sie, diesen typischen Konflikt vieler Regierungen der Kleinstaaten vor dem Hintergrund der politischen Situation dieser Zeit zu erklären. Welche Folgen hätte jeweils ein Verbot oder eine Autorisierung der Polenvereine seitens der Regierungen haben können?

8 Erarbeiten Sie aus den Texten von Czartoryski (M 7), Mierosławski (M 9), Miłkowski (M 10) die politischen Ziele der polnischen Politiker im Exil. Welche Methoden für die Umsetzung schlagen sie vor? Wo gibt es Übereinstimmungen, wo Differenzen?

9 Diskutieren Sie die in den Quellen vertretenen Positionen zum Zusammenhang von polnischer Frage und europäischer Großmachtpolitik.

10 Vergleichen Sie die kritischen Aussagen von Jordan (M 8b) und Arndt (M 8a) zur Polenbegeisterung. Fassen Sie die Unterschiede in der Argumentation zusammen. Welche politischen Motive und Ziele könnten zu diesen Äußerungen geführt haben?

11 Stellen Sie die in Materialien M 10 und M 11 vertretenen politischen Konzeptionen gegenüber. Inwieweit schließen sie sich aus, inwieweit ergänzen sie sich? Welche Gefahren für den ›Widerstandswillen‹ der Bevölkerung sehen Sie jeweils in den Alternativen?

12 Das Konzept der ›organischen Arbeit‹ entstand als Reaktion auf die gescheiterten Aufstände von 1830/31 und 1846. Nach Meinung von Ignacy Łyskowski war es ihr Ziel, ›die polnische Gesellschaft von ihrem kränklichen Idealismus zu heilen, wodurch sie bisher Rettung nur in aufgeregtem Eifer und in zerstörerischen Theorien suchte, oder in Abstraktionen und Wundern, oder schließlich in der Abstinenz, im Indifferentismus, im Quietismus oder Gott weiß wo, nur nicht in Arbeit und gesellschaftlicher Zivilisation‹. Diskutieren Sie die Berechtigung dieser innerpolnischen Kritik. Wie beurteilen Sie die Vorgehensweisen (›Aufstand‹ vs. ›organische Arbeit‹) der Polen gegen die Fremdherrschaft im 19. Jahrhundert?

13 Stellen Sie die einzelnen Maßnahmen der Bismarck'schen Polenpolitik aus dem Text von Wippermann (M 13) zusammen.

14 Suchen Sie den Ort Wreschen (Września) auf einer Karte und recherchieren Sie den polnischen Schulstreik von 1901 im Internet. Welche weiteren Angaben über den Vorfall finden Sie dort?

15 *Informieren Sie sich über das Werk und die Biografie des polnischen Schriftstellers Henryk Sienkiewicz. Mit welchen sprachlichen Mitteln versucht er dem Leser sein Anliegen zu verdeutlichen (M 14)?*

16 *Lesen Sie die Erläuterungen zu der Postkarte mit dem Wagen des Drzymała (B 9). Wie erklären Sie sich, dass er bis heute im polnischen Geschichtsbewusstsein als Symbol lebendig ist? Hintergrundinformationen finden Sie unter: http://www.dradio.de/dlr/sendungen/merkmal/257220/ (2.2.2006)*

Vorschläge für Referate und Facharbeiten

1 *Deutsche und Polen auf dem Hambacher Fest. Hintergründe der deutschen Polenbegeisterung 1830/31.*

2 *Die polnischen Aufstände im Spiegel von Polenliedern am Beispiel ausgewählter Autoren (z. B. Georg Herwegh, Ludwig Uhland, Moritz Veit u. a. – vgl. auch die entsprechende Unterrichtseinheit in ›Polnische Literatur und deutsch-polnische Literaturbeziehungen‹. Kneip, Matthias; Mack, Manfred. Berlin: Cornelsen 2003).*

3 *Die Polenbegeisterung im Frühmärz. Recherchen zur Regionalgeschichte (z. B. mithilfe von ›Dokumente zur Geschichte der deutsch-polnischen Freundschaft 1830–1832‹. Hrsg. u. eingeleitet von Helmut Bleiber u. Jan Kosim. Berlin: Akademie-Verlag 1982).*

4 *Das Nationalgefühl der Polen während der Zeit der Teilungen. Die Rolle von Literatur und Religion in Polen.*

Literaturhinweise

BLEIBER, HELMUT; KOSIM, JAN (HRSG.): Dokumente zur Geschichte der deutsch-polnischen Freundschaft 1830–1832. Berlin: Akademie-Verlag 1982.
Umfassende Quellenedition mit detailliertem Orts- und Personenregister.

BOOM, HANS; WOJCIECHOWSKI, MARIAN (HRSG.): Deutsche und Polen in der Revolution 1848–1849. Dokumente aus deutschen und polnischen Archiven (= Schriften des Bundesarchivs. Bd. 37). Boppard/Rhein: Boldt Verlag 1991.

ESCHER, FELIX; VIETIG, JÜRGEN (HRSG.): Deutsche und Polen. Eine Chronik. Begleitbuch zur vierteiligen ARD-Fernsehreihe Deutsche und Polen. Berlin: Nicolai 2002. Hier insbesondere das Kapitel ›Noch ist Polen nicht verloren.‹ Das Trauma der Teilungen. S. 71–115.
Zuverlässige, sehr verständlich geschriebene Darstellung, reich illustriert.

GRÖSSE, WOLF-RÜDIGER: ›Für unsere und eure Freiheit…‹ – der Novemberaufstand 1830/31. In: Deutschland und Europa. Polen in Europa. Hrsg. von der Landeszentrale für politische Bildung Baden-Württemberg. Reihe für Politik, Geschichte, Geographie, Deutsch, Kunst. H. 37. Dezember 1998. Internet: http://www.lpb.bwue.de/aktuell/due/37_98/due37a.htm
Knappe Darstellung, zahlreiche Quellen und Materialien.

KOENEN, GERD: ›Vormärz‹ und ›Völkerfrühling‹ – ein deutsch-polnischer Honigmond? In: Deutsche und Polen. 100 Schlüsselbegriffe. Hrsg. v. Ewa Kobylińska, Andreas Lawaty und Rüdiger Stephan. München: Piper 1992, S. 79–84.

LANGEWIESCHE, DIETER: Humanitäre Massenbewegung und politisches Bekenntnis. Polenbegeisterung in Südwestdeutschland 1830–1832. In: Blick zurück ohne Zorn. Polen und Deutsche in Geschichte und Gegenwart. Hrsg. von Dietrich Beyrau. Tübingen 1999, S. 11–37.

MICHALKA, WOLFGANG; RAUTENBERG, ERARDO C.; VANJA, KONRAD (HRSG.): Polenbegeisterung. Ein Beitrag im ›Deutsch-Polnischen Jahr 2005/2006‹ zur Wanderausstellung ›Frühling im Herbst. Vom polnischen November zum deutschen Mai. Das Europa der Nationen 1830–1832‹. Berlin: Kupfergraben 2005.
Reich illustrierter Ausstellungskatalog, u. a. mit Hinweisen für die Arbeit mit Schülern in der Ausstellung.

MÜLLER, MICHAEL G.; SCHÖNEMANN, BERND; WAWRYKOWA, MARIA: Die ›Polen-Debatte‹ in der Frankfurter Paulskirche. Darstellung, Lernziele, Materialien (= Studien zur Internationalen Schulbuchforschung. Bd. 82/BII). Frankfurt/Main: Diesterweg 1995.
Guter Überblick mit Quellenmaterialien.

NAMOWICZ, TADEUSZ: Romantik. In: Deutsche und Polen. Geschichte – Kultur – Politik. Hrsg. von Andreas Lawaty und Hubert Orłowski. München: Beck 2003, S. 304–312.
Zeigt vor allem die politische Rolle der polnischen Literatur.

INTERNETHINWEIS:
Ausstellung ›Frühling im Herbst/Wiosna jesienią/Le printemps en automne‹
Vom polnischen November zum deutschen Mai. Das Europa der Nationen 1830–1832.
http://www.verein-museum-europaeischer-kulturen.de/fih-beschreibung.htm

Deutschland und Polen nach dem Versailler Vertrag

B1 Deutsches Wahlplakat zur Volksabstimmung in Oberschlesien im März 1921 (Ausschnitt)

›Polens Existenz ist unerträglich, unvereinbar mit den Lebensbedingungen Deutschlands. Es muss verschwinden und wird verschwinden durch eigene Schwäche und durch Russland, mit deutscher Hilfe.‹
General von Seeckt (Chef der Reichswehr), 11. 9. 1922

1 Charakterisieren Sie die Darstellung von Deutschland und Polen auf diesem Wahlplakat. Suchen Sie Erklärungen für die Bildmotive und überlegen Sie, welche dieser Stereotypen heute noch vorhanden sind bzw. wie sie sich verändert haben.
2 Wie erklären Sie sich die Zweisprachigkeit des Wahlplakats?
3 Skizzieren Sie die historischen Hintergründe der Äußerung General von Seeckts.

Einführung

Die Wiederherstellung Polens nach dem Ersten Weltkrieg

Nach den drei Teilungen durch Russland, Preußen und Österreich in den Jahren 1772, 1793 und 1795 verschwand Polen für 123 Jahre von der Landkarte Europas und machte auf diese Weise die schmerzhafte Erfahrung des Verlustes staatlicher Selbstständigkeit. Erst durch die militärische Konfrontation der Teilungsmächte im Ersten Weltkrieg war die Wiederherstellung Polens wieder möglich geworden, zumal sowohl Deutschland und Österreich-Ungarn als auch Russland für die Nachkriegszeit ein – zunächst freilich dem jeweiligen nationalen Interesse untergeordnetes – autonomes bzw. unabhängiges Polen in Aussicht stellten. Die bolschewistische Revolution in Russland 1917 und die Niederlage des preußisch-deutschen und des Habsburgerreiches setzten dann die Wiedererrichtung eines unabhängigen Polen auf den Trümmern der drei Kaiserreiche auf die Tagesordnung der europäischen Politik. Der amerikanische Präsident Woodrow Wilson postulierte 1918 in Punkt 13 seiner 14-Punkte-Erklärung die Errichtung eines ›die von einer unbestreitbar polnischen Bevölkerung bewohnten Gebiete‹ umfassenden Polen mit freiem und gesichertem Zugang zum Meer als Kriegsziele der Alliierten.

Als Folge der Verhandlungen nach dem Ersten Weltkrieg konnte Józef Piłsudski (gesprochen: *iusef piusudski*, 1867–1935), der polnische Führer der gemäßigten Sozialisten, mit der Unterstützung der Westmächte die Unabhängigkeit Polens wiederherstellen. Am 11. November 1918 übernahm er als ›Vorläufiger Staatschef‹ die vollziehende Gewalt in dem bisher von deutschen Truppen besetzten Warschau. Auf diese Weise war Polen faktisch als unabhängiger Staat wiedererstanden, weshalb der 11. November noch heute neben dem 3. Mai, dem Tag der Verfassung von 1791, als polnischer Nationalfeiertag gefeiert wird. Doch weder die Staatsform noch die Grenzen des neu entstandenen Polens waren zu diesem Zeitpunkt festgelegt.

Im Versailler Vertrag erhielt Polen fast die ganze ehemalige Provinz Posen und weite Teile Westpreußens (Pommerellen) links der Weichsel zuge-

B2 Briefmarke zu Ehren Piłsudskis (1919)

Józef Piłsudski

Józef Klemens Piłsudski (geb. 1867 bei Wilna; gest. 1935 in Warschau) war der wichtigste Politiker im Polen der Zwischenkriegszeit. Als Mitbegründer der Polnischen Sozialistischen Partei (PPS) 1893 spielte er bei der Wiedererrichtung eines unabhängigen Polens, die für ihn oberste Priorität besaß, nach dem Ersten Weltkrieg eine entscheidende Rolle. Dafür ließ er seit 1908 bewaffnete Verbände ausbilden, die im Ersten Weltkrieg auf Seiten der Mittelmächte kämpften. Als Oberbefehlshaber genoss der charismatische Politiker uneingeschränkte Autorität. Unter seiner Führung besiegte die polnische Armee 1920 die Rote Armee. Zwischen 1918 und 1922 war Piłsudski polnischer Staatschef. Gestützt auf die Loyalität der Armee errichtete er 1926 durch einen Staatsstreich ein autoritäres Regime, das er ›moralische Diktatur‹ nannte. In der Folgezeit wandelte sich der gemäßigte Charakter seiner Regierung. Neben Verfassungsbrüchen kam es verstärkt zur Verfolgung politischer Gegner. 1932 bzw. 1934 schloss er Nichtangriffspakte mit der UdSSR und mit Deutschland. Bereits zu Lebzeiten war Piłsudski eine Legende, die bis heute die Wiedergeburt Polens nach den Jahren der Unfreiheit symbolisiert. Zur Zeit des Kommunismus wurde Piłsudski fast völlig aus der öffentlichen Erinnerung getilgt. Erst nach 1989 konnte wieder an seine Leistungen erinnert und offen über seinen Platz in der polnischen Geschichte diskutiert werden.

sprochen. In strittigen Gebieten um Allenstein, Marienwerder und in Oberschlesien sollten hingegen Volksabstimmungen entscheiden. Während es im südlichen Ostpreußen und in westpreußischen Plebiszitgebieten 1920 nur wenige Stimmen für Polen gab, weshalb die Gebiete größtenteils bei Deutschland verblieben, stimmten 1921 in den oberschlesischen Abstimmungsgebieten immerhin 40,4 Prozent für Polen. Die folgende Teilung Oberschlesiens durch den Völkerbund konnte auch von drei zwischen 1919 und 1921 in Oberschlesien von polnischen Nationalisten unter der Führung von Wojciech Korfanty initiierten Aufständen gegen die Deutschen nicht mehr verhindert werden. Dabei wurde sie von Deutschen und Polen gleichermaßen als ungerecht verurteilt. Polen erhielt den kohle- und industriereichen kleineren Ostteil mit Kattowitz und Königshütte, während das agrarisch geprägte Oppelner Land bei Deutschland verblieb. Zu den strittigen Ergebnissen des Versailler Vertrags gehörte die Einrichtung eines 30–90 km breiten ›polnischen Korridors‹ durch Westpreußen, um Polen einen ungehinderten Zugang zur Ostsee zu ermöglichen, sowie die Erklärung Danzigs zur ›Freien Stadt‹ unter der Aufsicht des Völkerbunds, was das deutsch-polnische Verhältnis ebenfalls in den folgenden Jahren belastete.

Angesichts der militärischen Schwäche Sowjetrusslands an der Westgrenze versuchte Józef Piłsudski, vollendete Tatsachen zu schaffen, und löste mit einer Offensive im April 1920 den Polnisch-Sowjetischen Krieg aus. Er lehnte die so genannte Curzon-Linie, die ungefähre Grenze der geschlossenen polnischen Siedlungsgebiete am Bug, als polnische Ostgrenze ab und versuchte, Polen in den Grenzen aus der Zeit vor den Teilungen als föderativen Staat wieder herzustellen. Nach einem dramatischen Kriegsverlauf, bei dem die polnischen Truppen zunächst Kiew eroberten, wenig später Warschau verteidigen mussten (›Wunder an der Weichsel‹, 1920), dann aber im Gegenschlag wieder östliche Gebiete eroberten, wurde im Frieden von Riga im März 1921 die Grenze rund 150 km östlich der Curzon-Linie festgelegt. Das überwiegend polnisch besiedelte Wilnaer Gebiet kam 1920 gegen den Willen Litauens in einer Militäraktion unter polnische Hoheit.

Polen war nun rund 388 000 km² groß und hatte über 27 Millionen Einwohner, von denen jedoch nur 19 Millionen Polnisch als ihre Muttersprache betrachteten. Die größten Minderheiten waren Ukrainer, Juden, Deutsche, Weißrussen und Litauer. Bis Ende der 1930er-Jahre stieg die Bevölkerungszahl auf 35 Millionen. Größte Stadt war die Millionenmetropole Warschau, gefolgt von Lodz, Lemberg, Posen, Krakau und Wilna.

Polen in der Zwischenkriegszeit

Die nach 1918 häufig wechselnden Regierungen Polens standen vor der Aufgabe, bislang unterschiedliche Verwaltungs-, Rechts-, Verkehrs- und Bildungssysteme aus den ehemaligen Teilungsgebieten zusammenzuführen, die wirtschaftlichen und sozialen Unausgewogenheiten zu beseitigen und die nationalen Minderheiten zu integrieren.

Die Verfassung von 1921 sah in Anlehnung an das französische Vorbild und eigene Traditionen ein nach dem Verhältniswahlrecht gewähltes Zweikammerparlament mit Sejm und Senat vor. Piłsudski kandidierte selbst nicht für das Präsidentenamt, da dem Staatspräsidenten nach der Verfassung wenige Rechte verblieben und die Wahlen im November 1922 keine eindeutigen Mehrheiten erbrachten.

Vor dem Hintergrund wachsender Korruption, politischer Instabilität, Streit um Ämter und Würden, vor allem aber angesichts einer seit 1925 bedrohlich werdenden Wirtschaftskrise mit steigender Arbeitslosigkeit und staatlicher Finanznot kam Piłsudski am 12. Mai 1926 durch einen Staatsstreich an die Macht. Er begann, gestützt auf seine außerordentlich große Autorität bei der Bevölkerung und auf die Loyalität der Streitkräfte, unter formaler Beibehaltung der Verfassung eine ›moralische Diktatur‹ zu errichten, die zu einer ›Gesundung‹ (sanacja) des politischen Lebens führen sollte. Im April 1935 wurde mithilfe eines ›Ermächtigungsgesetzes‹ vom März 1933 sogar eine auf Piłsudski zugeschnittene autoritäre Verfassung verabschiedet, doch nach seinem Tod am 12. Mai 1935 zerfiel das bisher vom persönlichen Prestige und Charisma Piłsudskis geprägte System zunehmend.

B3 Polen 1918–1923

Polen war infolge der umstrittenen Grenzziehung nach 1918 mit allen Nachbarn außer Rumänien und Lettland verfeindet. Durch das Bündnis mit Frankreich von 1921 war Polen wichtigstes Glied in dem zwischen der Sowjetunion und Deutschland gelegenen Staatengürtel, der von der Ostsee bis zum Schwarzen Meer reichte. Die Kräfte Polens waren jedoch mit der Aufgabe, die beiden Nachbarn zu neutralisieren, überfordert. Die Weimarer Republik verweigerte eine von Piłsudski gewünschte Normalisierung, da sie eine Grenzrevision und militärische Gleichberechtigung forderte. Die 1922 in Rapallo zwischen Deutschland und der Sowjetunion besiegelte politische Verständigung rief in Polen größte Beunruhigung hervor (›Rapallo-Komplex‹). Die Sowjetunion und das nationalsozialistische Deutschland nutzten die Nichtangriffsverträge mit Polen (1932 bzw. 1934) nur als Atempause auf dem Weg zur Revision der Versailler Friedensordnung. Als Polen 1938 Litauen zur Anerkennung der gemeinsamen Grenze zwang und sich durch die Annexion des Olsa-Gebiets an der Amputation der Tschechoslowakei nach dem Münchner Abkommen beteiligte, hatte es die Beziehungen zu zwei Nachbarn weiter vergiftet und seine moralische Position als östlicher Eckpfeiler des Westens zwischen den beiden totalitären Diktaturen Deutschland und Sowjetunion stark geschwächt.

Gleichzeitig drängte Adolf Hitler nach dem ›Anschluss‹ Österreichs und der Zerstückelung der Tschechoslowakei nunmehr auf eine Regelung der Danzig- und ›Korridor‹-Frage zugunsten Deutschlands. Er wollte Polen zu einem Vasallenstaat des Dritten Reichs degradieren. Die Zurückweisung seiner Avancen durch Polen und die britische Garantieerklärung für die ›nationale Integrität‹ Polens am 31. März 1939 nahm Hitler zum Anlass, im April einen Angriffskrieg vorbereiten zu lassen und den Nichtangriffspakt aufzukündigen. Ein am 23. August unterzeichneter deutsch-sowjetischer Nichtangriffsvertrag (›Hitler-Stalin-Pakt‹)

sah in einem geheimen Zusatzprotokoll die Aufteilung Polens zwischen dem Dritten Reich und der Sowjetunion vor. Mit dem Überfall auf Polen am 1. September 1939 löste Hitler den Zweiten Weltkrieg aus. Mit dem Einmarsch der sowjetischen Truppen in Ostpolen am 17. September 1939 wurde die ›vierte Teilung‹ Polens besiegelt.

Abstimmungskampf in Oberschlesien 1921

Trotz der Wiedererrichtung eines polnischen Staates nach 1918 waren die neuen Grenzen Polens strittig und umkämpft. In einigen Gebieten sollten Volksabstimmungen darüber entscheiden, zu welchem Land die Bevölkerung dieser Gebiete in Zukunft gehören wollte. Das Gebiet um Oberschlesien, wo seit vielen Jahrhunderten sowohl deutsche als auch polnische Schlesier lebten, wurde in der Zeit von 1920 bis 1921, also bis zur Abstimmung, unter französische Verwaltung gestellt.

Durch drei Aufstände wurde von polnischer Seite versucht, Oberschlesien für Polen zu gewinnen. Bei der Schlacht am Annaberg (Mai 1921) besiegte ein aus Freikorps gebildeter ›Selbstschutz Oberschlesien‹ die polnischen Aufständischen. Kurz vor der Abstimmung im März 1921 erschienen sowohl von deutscher als auch polnischer Seite Abstimmungsplakate, deren Gestaltung die in der Bevölkerung vorhandenen Stereotypen vom eigenen und fremden Volk instrumentalisierte. Da an der Abstimmung auch jene Oberschlesier teilnehmen durften, die im Zuge der Ostflucht aus Oberschlesien in westliche Gebiete des Deutschen Reiches gezogen waren, richtete sich die Aufmerksamkeit der Parteien auch auf diese Stimmberechtigten. Von polnischer Seite versuchten polnische Aufständische um Wojciech Korfanty (gesprochen: *wojtschech korfantü*) auf deren Stimmabgabe mit Flugblättern Einfluss zu nehmen (M4).

B4 Deutsches Wahlplakat zur Volksabstimmung in Schlesien 1921

B5 Polnisches Wahlplakat zur Volksabstimmung in Schlesien 1921

Materialien

M1 Der deutsche Historiker Andreas Lawaty über die deutsch-polnischen Spannungen nach dem Ende des Ersten Weltkriegs

Eine scheinbar unlösbare Spannung beherrscht das Bild der deutsch-polnischen Beziehungen in der Zwischenkriegszeit. Diese Spannung materialisierte sich in verschiedenen Bereichen, war jedoch am sichtbarsten dort, wo es um die deutsch-polnische Grenze ging: Das konsequente Festhalten an dem Anspruch auf die Revision dieser Grenze deutscherseits entsprach der ebenso konsequenten Weigerung der polnischen Seite, jene zum Gegenstand von Verhandlungen zu machen. Doch hat nicht eine viel schwerer wiegende Grenzverschiebung nach dem Zweiten Weltkrieg, zwar infolge einer viel schwereren Niederlage Deutschlands und erst nach Jahrzehnten sowie in einer völlig anderen europa- und weltpolitischen Lage, eine politische, völkerrechtliche und, wie es scheint, weitgehend auch gesellschaftliche Akzeptanz gefunden? Was wäre, [...] wenn es den Sieg des Nationalsozialismus in Deutschland nicht gegeben hätte? Hätte die Zeit die Wunden vielleicht doch geheilt, hätte die Einsicht in die eigenen Interessen die beiden Staaten zu einem dauerhaften (nicht nur, nach Hitlers Art, taktischen) Kompromiss und zur Zusammenarbeit finden lassen?

Diese spekulative Frage soll nur helfen, einen weniger schicksalhaften Akzent auf die Analyse der Hypotheken zu setzen, die die Annäherung beider Nachbarvölker erschwert haben. Es waren historisch gewachsene, durch den Verlauf des Krieges und die Umstände des Neubeginns nach 1918 sogar verstärkte Grundeinstellungen: des Misstrauens, der Angst, der Verachtung bis hin zur Feindseligkeit. Es waren aber auch politische Entscheidungen und selbstverschuldete Phantasielosigkeit, die einen Entfremdungsprozess zwischen beiden Nationen und damit auch ihre Anfälligkeit für Stereotypen und Demagogie förderten. Die konfliktfreudige Politik und Publizistik trägt dabei eine große Verantwortung, denn – zahlreiche autobiografische Zeugnisse belegen es – das Potenzial friedlichen Zusammenlebens in den national gemischten Gebieten war keineswegs geringzuschätzen. Dass der historische Neubeginn der beiden Völker nicht zu einem wirklichen Neubeginn ihrer Beziehungen wurde, ist allerdings nicht nur aus dem Zuschnitt dieser Beziehungen zu erklären, sondern hat auch viel mit der internationalen Einbettung der nationalen Politik sowie mit den politischen, sozialen, kulturellen und ›nationalpsychologischen‹ Entwicklungen des jeweiligen Landes zu tun.

Aus: Andreas Lawaty: 1918. Das Ende des Ersten Weltkrieges, Deutschlands Zusammenbruch und die erste Wiederherstellung des polnischen Staates. In: Nordost-Archiv. Zeitschrift für Regionalgeschichte. NF Bd. II/1993. Heft 1: Wendepunkte der deutsch-polnischen Beziehungen im 20. Jahrhundert: 1918–1939–1945–1990, S. 19–34

M2 Der polnische Historiker Jerzy Holzer über die unterschiedliche Stellung Polens und Deutschlands nach 1918

Polen war zwar als unabhängiger Staat wiedererstanden. Ihm fehlten aber unzweideutig festgeschriebene Grenzen, es stritt sich außerdem nicht allein mit Deutschland, sondern so gut wie mit allen seinen übrigen Nachbarn. Polens Stellung in der europäischen Politik war schwach. Und selbst als es zum Völkerrechtssubjekt geworden war, blieb es doch meistenteils lediglich ein Objekt der internationalen ›Realpolitik‹. Umgekehrt lag der Fall bei Deutschland. Freilich hatte es seine Souveränität mit der Kapitulation in Frage gestellt, wurde auch im Innern von Revolution und Konterrevolution, von Verfallserscheinungen und schließlich extremistischen Bestrebungen gebeutelt und erschüttert, doch sein Potenzial blieb weithin ein gewaltiges. Demnach war es zwar eine zusammengebrochene Großmacht, hörte aber für ganz Europa – darunter auch die Siegermächte der Koalition – nicht auf, ein Grundpfeiler der internationalen Ordnung zu sein.

Aus: Jerzy Holzer: 1918. Das Ende des Ersten Weltkrieges, Deutschlands Zusammenbruch und die erste Wiederherstellung des polnischen Staates. In: Nordost-Archiv. Zeitschrift für Regionalgeschichte. NF Bd. II/1993. Heft 1: Wendepunkte der deutsch-polnischen Beziehungen im 20. Jahrhundert: 1918–1939–1945–1990, S. 7–18

B6 Plakat eines polnischen Schützenverbands zur antideutschen Woche, September 1930. Der Text lautet: ›Fort mit dir Preuße! Wir wiederholen Grunwald!!‹ (Tannenberg, 1410)

M3 Der deutsche Historiker Heinrich August Winkler über das Verhältnis von Deutschen und Polen in der Zwischenkriegszeit

Polen war für Deutschland zwischen 1918 und 1933 ein Staat, der nicht sein durfte. Wer das Existenzrecht Polens grundsätzlich bejahte, knüpfte an dieses ›Zugeständnis‹ oft genug Bedingungen, die die Unabhängigkeit Polens zur Fiktion machen mussten. Stresemann etwa bezeichnete es in der zitierten Direktive an den deutschen Botschafter in London als ›unser Ziel [...], eine endgültige und dauerhafte Sanierung Polens so lange hinauszuschieben, bis das Land für eine unseren Wünschen entsprechende Regelung der Grenzfrage reif und bis unsere politische Machtstellung genügend gekräftigt ist‹.

Auf der Ebene der populären Klischees blieb für Polen ›der‹ Deutsche in der Zwischenkriegszeit ein martialisches Wesen, das entweder eine preußische Pickelhaube oder den Mantel der Kreuzritter trug. Umgekehrt wurden die Polen in deutschen bildlichen Darstellungen häufig als heruntergekommenes Diebsgesindel gekennzeichnet und mit Schweinen und Läusen, Ratten und Wölfen verglichen. ›In den antipolnischen Feindbildern der Weimarer Republik mischt sich ohnmächtige Wut und tiefe Verachtung für den neuen Nachbarn im Osten‹, urteilt der deutsche Historiker Rudolf Jaworski. ›Der polnische »Saison- und Räuberstaat« wurde nicht einmal als ebenbürtiger Kontrahent anerkannt, geschweige denn als möglicher Partner. Dass sich ausgerechnet dieser Staat ehemals preußische Territorien einverleibt hatte und sich auch noch zu den Siegermächten zählen durfte, wurde als besondere Demütigung empfunden. Denn hier glaubte man ein in jeder Beziehung niedriger stehendes Volk über die große Kulturnation und ehemalige Weltmacht Deutschland ungestraft triumphieren zu sehen.‹

Die ›Aggressivität, die sich aus der Frustration einer geschlagenen Großmacht ergibt‹, hatte, um nochmals Jaworski zu zitieren, notwendigerweise eine andere Qualität als diejenige, ›die aus der euphorischen Hochstimmung eines Volkes entspringt, das nach über hundert Jahren endlich wieder seine Freiheit erlangt hat und in dem Bemühen, die Gunst der historischen Stunde optimal auszunützen, da und dort über seine eben wiedergewonnenen machtpolitischen Möglichkeiten hinausdrängt, um dann gleich wieder in eine Schutzstarre zu verfallen, weil es sich seiner Grenzen und inneren Einheit nicht sicher sein kann‹.

Die Arroganz gegenüber Polen, die sich in Deutschland lange vor 1918 eingebürgert hatte, war ein Teil jener kollektiven Gefühlslage, die den Nationalsozialismus erst möglich machte. Der Nationalsozialismus steigerte die kulturelle Verachtung Polens bis zur physischen Vernichtung der polnischen Intelligenz. Am Ende des von Hitler entfesselten Zweiten Weltkrieges stand der Verlust des deutschen Ostens. Es vergingen Jahrzehnte, bis die Deutschen in ihrer überwältigenden Mehrheit die Endgültigkeit dieses Verlustes akzeptierten.

Aus: Heinrich August Winkler: Im Schatten von Versailles. Das deutsch-polnische Verhältnis während der Weimarer Republik. In: Deutsche und Polen. Geschichte – Kultur – Politik. Hrsg. von Andreas Lawaty und Hubert Orłowski. München: Beck 2003, S. 60–68

M4 Wojciech Korfanty wirbt für den Anschluss Oberschlesiens an Polen

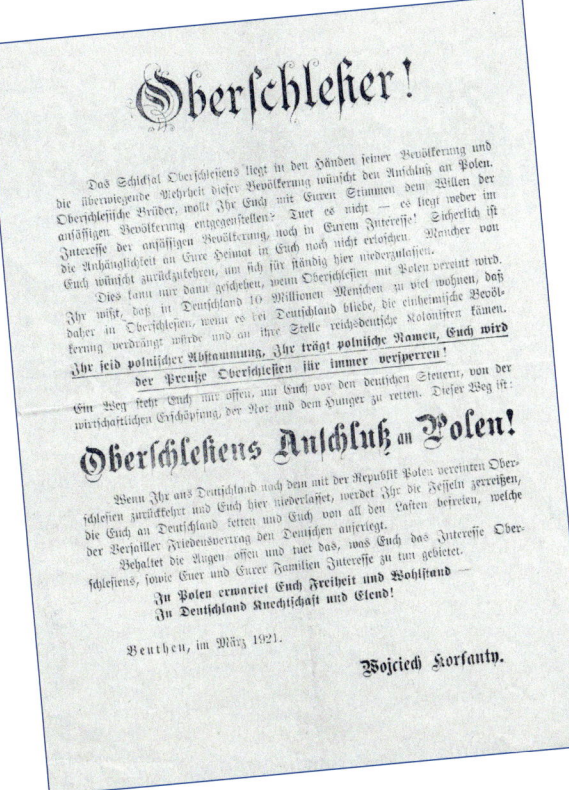

Oberschlesier!

Das Schicksal Oberschlesiens liegt in den Händen seiner Bevölkerung und die überwiegende Mehrheit dieser Bevölkerung wünscht sich den Anschluß an Polen. Oberschlesische Brüder, wollt Ihr Euch mit Euren Stimmen dem Willen der ansässigen Bevölkerung entgegenstellen? Tuet es nicht – es liegt weder im Interesse der ansässigen Bevölkerung, noch in Eurem Interesse! Sicherlich ist die Anhänglichkeit an Eure Heimat in Euch noch nicht erloschen. Mancher von Euch wünscht zurückzukehren, um sich ständig hier niederzulassen.

Dies kann nur dann geschehen, wenn Oberschlesien mit Polen vereint wird. Ihr wißt, daß in Deutschland 10 Millionen Menschen zu viel wohnen, daß daher in Oberschlesien, wenn es bei Deutschland bliebe, die einheimische Bevölkerung verdrängt würde und an ihre Stelle reichsdeutsche Kolonisten kämen.

**Ihr seid polnischer Abstammung,
Ihr trägt polnische Namen, Euch wird der Preuße Oberschlesien für immer versperren!**

Ein Weg steht Euch nur offen, um Euch vor den deutschen Steuern, von der wirtschaftlichen Erschöpfung, der Not und dem Hunger zu retten. Dieser Weg ist:

Oberschlesiens Anschluß an Polen!

Wenn Ihr aus Deutschland nach dem mit der Republik Polen vereinten Oberschlesien zurückkehrt und Euch hier niederlasset, werdet Ihr die Fesseln zerreißen, die Euch an Deutschland ketten und Euch von all den Lasten befreien, welche der Versailler Friedensvertrag den Deutschen auferlegt.

Behaltet die Augen offen und tuet das, was Euch das Interesse Oberschlesiens, sowie Euer und Eurer Familien Interesse zu tun gebietet.

**In Polen erwartet Euch Freiheit und Wohlstand –
In Deutschland Knechtschaft und Elend!**

Beuthen, im März 1921

Wojciech Korfanty

M5 Flugblatt des Ostmarkenvereins zu den polnischen Gebietsansprüchen (1919)

Brauchen und dürfen wir auf unsere Ostmarken verzichten?

Nein! Niemals! Unter keinen Umständen!

Warum nicht?

I. Wir besitzen ein historisches und moralisches Recht auf die Ostmarken, denn

1. sie sind vor der Einwanderung der Polen von **germanischen Stämmen** bewohnt gewesen;
2. nach der Besitzergreifung durch die Polen sind sie von den durch diese selbst ins Land gerufenen **deutschen Bauern** und **Bürgern seit 8 Jahrhunderten** in friedlicher Arbeit der deutschen Kultur erschlossen worden;
3. nach **ihrer Eingliederung in den preußischen Staat 1772 und 1793 verdanken sie** ihren gegenüber Galizien und Russisch-Polen unvergleichlichen **kulturellen Aufstieg der Fürsorge des preußischen Staates**. Alle **kulturellen, sozialen** und **wirtschaftlichen Errungenschaften** waren stets und sind noch heute **nur deutsch**. Eine polnische Kultur hat es dort nie gegeben.

II. Nach den Wilson'schen Thesen braucht kein Fußbreit unserer Ostmark an Polen abgetreten zu werden, denn

1. es gibt **keinen einzigen unzweifelhaft polnischen Kreis in der Ostmark**; wenn die Polen auch in manchen Kreisen, namentlich des Reg.-Bez. Posen die rein zahlenmäßige Überlegenheit besitzen, so **überwiegen die Deutschen im Grundbesitz, steuerlicher und wirtschaftlicher Leistung**;
2. Deutsche und Polen wohnen so durcheinandergemengt, daß es nicht möglich ist, eine reinliche Scheidung nach Nationalitäten durchzuführen; nach Wilson dürfen aber ›**Völker und Provinzen nicht von einer Staatsoberhoheit in eine andere, wie Steine in einem Spiel, herumgeschoben werden.**‹

III. Die Ostmarken sind als landwirtschaftliches Überschußgebiet für Deutschland unentbehrlich, denn

1. die **Hälfte unserer Brotration** stammt aus den Ostmarken;
2. die **Hälfte unserer Kartoffelration** verdanken wir der ostmärkischen Landwirtschaft. **Der dauernde Verlust der Ostmarken bedeutet daher für Deutschland die dauernde Hungersnot!**
3. Oberschlesien fördert **1/4 unserer gesamten Kohlen**;
4. Posen bildet die unbedingt notwendige **Verbindungsbrücke zwischen Schlesien und Ostpreußen**;
5. die Preisgabe der Ostmarken bedeutet die **Verlegung der strategischen Grenze an die Oder. Berlin, die Reichshauptstadt, würde somit unter polnischem Geschützfeuer liegen.**

Darum können und müssen die Ostmarken unbedingt beim Deutschen Reiche verbleiben!

<u>In dieser Forderung sind alle Deutschen ohne Unterschied der Partei einig.</u>

M6 Der Breslauer Geograf Wilhelm Volz zu den Volksabstimmungen von 1921 in Oberschlesien

Von höchstem Interesse ist es nun, die Abstimmung ins Einzelne zu verfolgen. Da ergibt sich, dass in den Gebieten sozialen Tiefstands die polnischen Stimmen zahlreich sind; an den großen Verkehrslinien wird deutsch gestimmt, wo es keine alten Verkehrsstraßen, keine Eisenbahn gibt dagegen polnisch, wo der Hüttenarbeiter, der in sozial besserer Lage ist, vorherrscht, gibt es deutsche Majoritäten; wo der Grubenarbeiter dagegen die Mehrheit hat, finden wir starke polnische Stimmenzahlen; wo besserer Boden zwischen Latifundien auf kleinsten Wirtschaften der Landmann sich plagen muss, um sein Leben zu fristen, sind polnische Majoritäten. Also je höher der soziale Stand der Bevölkerung, desto mehr deutsche Stimmen. [...] Damit aber wird die ganze oberschlesische Frage zur kulturellen, zur sozialen Frage! Es ist ein grober Irrtum, in ihr ein nationales Problem zu sehen.

Aus: Wilhelm Volz: Oberschlesien und die oberschlesische Frage, Breslau 1922, zitiert von Jörg Luer in: Die Oberschlesier im preußisch-deutschen Denken, in: Gesellschaft für interregionalen Kulturaustausch e.V. (Hrsg.): Wach auf, mein Herz, und denke. Zur Geschichte der Beziehungen zwischen Schlesien und Berlin-Brandenburg von 1740 bis heute. Berlin/Oppeln 1995, S. 85

M7 Der polnische Historiker Franciszek Hawranek über den Grenzverlauf nach der Teilung 1922

Das war eine vollkommen neue Grenze, die keine Tradition und keine Entsprechungen in der Geschichte hat. Größtenteils ohne Rückhalt durch geografische oder sogar nur landschaftliche Gegebenheiten machte sie letztlich unaufhörlich in den zwei Jahrzehnten zwischen den Kriegen ihren provisorischen, weil unvernünftigen Verlauf deutlich und bot beiden Seiten einen Anlass, Unzufriedenheit mit ihrem Verlauf zu verkünden. Auch die Beschlüsse der Genfer Konvention, die nur für 15 Jahre verbindlich waren, deckten zusätzlich gewissermaßen die Vorläufigkeit der Grenzziehung auf. In Hinblick auf den entscheidenden, wirtschaftlichen Faktor erwies es sich – leicht messbar und wissenschaftlich bearbeitet –, dass die Abtrennung des östlichen Teils von Oberschlesien für das Reich (und Preußen) ein ernster Verlust und eine Schwächung des Industriepotenzials war, auch wenn von einem empfindlichen Schlag für die deutsche Wirtschaft nicht die Rede sein kann [...]. Für die oberschlesische Wirtschaft als Ganzes führte die Aufteilung des Abstimmungsgebiets zu ernsten Schwierigkeiten, die letztlich nicht überwunden werden konnten [...]. Polen erhielt mit dem beschnittenen (aber ›besseren‹) Stück Oberschlesiens die Grundlagen für einen umfassenden Ausbau des Landes, denn das Gebiet war das wichtigste polnische Industriegebiet.

Franciszek Hawranek (Aufsatz ›Okres powstań śląskich i plebiscytu z perspektywy 60-lecia‹ aus dem Jahr 1981) zitiert von Wiesław Lesiuk in: Plebiszit und Aufstände in Oberschlesien, in: Gesellschaft für interregionalen Kulturaustausch e.V. (Hrsg.): Wach auf, mein Herz, und denke. Zur Geschichte der Beziehungen zwischen Schlesien und Berlin-Brandenburg von 1740 bis heute. Berlin/Oppeln 1995, S. 246

M8 Otto Ulitz zur Frage der nationalen Zuordnung

Otto Ulitz war Vorsitzender des Deutschen Volksbundes, einer 1921 gegründeten Dachorganisation von kulturellen, karitativen und wirtschaftlichen Organisationen in Ostoberschlesien.

Oberschlesien ist Grenzland. Im Grenzlande ist es nicht möglich, die Volkszugehörigkeit nach objektiven Gesichtspunkten oder nach der Staatszugehörigkeit zu beurteilen. Im Grenzlande trifft der Einzelne den Entscheid über seine Volkszugehörigkeit. Sein Entscheid aber stützt sich auf das eigene Erlebnis, das sich aus religiösen, seelischen, geistigen, geschichtlichen, sozialen, wirtschaftlichen, landschaftlichen Eindrücken formt. Selbst die Sprache, sonst Bindung und Ausdruck volklichen Bewusstseins, verliert im Grenzlande ihre Bedeutung.

Ein Mensch, der mühsam deutsch radebrecht, erklärt: ich bin Deutscher; ein anderer, der geläufig und rein deutsch spricht: Ich bin Pole. Eltern und Kinder, Geschwister bekennen sich zu verschiedener Nationalität, Abstammung, Sprache, Blutsverwandtschaft, nichts gibt im Grenzland die Möglichkeit objektiver Beurteilung. Nicht nur den Ausländer, sondern auch den Einheimischen stellt diese Erscheinung vor Rätsel.

Aus: Otto Ulitz: Aus der Geschichte Oberschlesiens (= Oberschlesische Schriftenreihe 4). Bonn: Landsmannschaft der Oberschlesier ²1962, S. 23

Arbeitsanregungen

1 Stellen Sie die Deutschland und Polen betreffenden Bestimmungen des Versailler Vertrages zusammen.

2 Inwiefern haben die Beschlüsse des Versailler Vertrags dazu beigetragen, dass das deutsch-polnische Verhältnis in der Zeit der Weimarer Republik von Anfang an belastet war? Stellen Sie Argumente für beide Seiten zusammen. Ziehen Sie dazu auch M1 heran.

3 Wie beurteilen Sie die Einschätzung der politischen Rolle von Deutschland und Polen nach dem Ersten Weltkrieg durch den Historiker Jerzy Holzer (M2)? Inwieweit spiegelt der weitere Verlauf der europäischen Geschichte nach dem Ersten Weltkrieg seine Einschätzung wider?

4 Lesen Sie den Textauszug des Historikers Heinrich August Winkler (M3) und zeigen Sie, inwieweit sich seine Aussagen in den Wahlplakaten während der Abstimmung in Oberschlesien widerspiegeln. Vergleichen Sie die damaligen Stereotypen mit Ihren heutigen Erfahrungen und Bildern gegenüber Polen.

5 Nach nur etwas über zwanzig Jahren nach der Wiedergewinnung der Unabhängigkeit 1918 wurde Polen erneut Opfer einer Teilung zwischen der Sowjetunion und dem Deutschen Reich. Worin sehen Sie die Gründe dafür, dass die Existenz des polnischen Staates nur von so kurzer Dauer war?

Zur Abstimmung in Oberschlesien

6 Mit welchen Argumenten wirbt das Flugblatt des Ostmarkenvereins für den Verbleib der Ostmarken bei Deutschland (M5)? Vergleichen Sie die Argumente mit dem Flugblatt von Wojciech Korfanty (M4), der für den Verbleib Oberschlesiens bei Polen warb. Welche Unterschiede stellen Sie fest hinsichtlich der Argumente und des Sprachduktus? Welches Blatt scheint Ihnen überzeugender? Bilden Sie zwei Gruppen für eine Wahlkampfdiskussion.

7 Otto Ulitz lehnt in seiner Stellungnahme (M8) objektive Kriterien für die Bestimmung der Zugehörigkeit zu einer Nationalität zu Gunsten von subjektiven Kriterien ab. Vergleichen Sie seine Argumentation mit der des Breslauer Geografen Wilhelm Volz (M6).

8 Stellen Sie subjektive und objektive Merkmale für nationale Zugehörigkeit zusammen und versuchen Sie, jeweils eine Hierarchie zu erstellen (M8). Versuchen Sie, für sich selber die wichtigsten Kriterien für Ihre Nationalitätszugehörigkeit festzulegen und den beiden Gruppen zuzuordnen.

9 Stellen Sie mithilfe der Wahlplakate die grundlegenden Argumente deutscher und polnischer Wahlpropaganda bei der Abstimmung in Oberschlesien zusammen.

10 Wie bewertet Franciszek Hawranek (M7) den Grenzverlauf nach der Teilung Oberschlesiens hinsichtlich der Folgen für Deutschland und Polen?

Vorschläge für Referate und Facharbeiten

1 *Polen nach dem Ersten Weltkrieg. Subjekt oder Objekt europäischer Machtpolitik?*
2 *Deutsch-polnische Stereotypen im Spiegel des Abstimmungskampfes in Oberschlesien 1921.*
3 *Die Regelungen bezüglich Polens im Versailler Vertrag und deren Umsetzung und Konsequenzen.*

Literaturhinweise

BROSZAT, MARTIN: 200 Jahre deutsche Polenpolitik. Frankfurt/Main: Suhrkamp 1972, S. 131–181.

HOLZER, JERZY: 1918. Das Ende des Ersten Weltkrieges, Deutschlands Zusammenbruch und die erste Wiederherstellung des polnischen Staates. In: Nordost-Archiv. Zeitschrift für Regionalgeschichte. Wendepunkte der deutsch-polnischen Beziehungen im 20. Jahrhundert: 1918–1939–1945–1990. Neue Folge. Bd. II/1993. H. 1. Lüneburg 1993, S. 7–18.

JAWORSKI, RUDOLF: Deutsch-polnische Feindbilder: 1919–1932. In: Internationale Schulbuchforschung 6 (1984) Nr. 2, S. 140–156.

JAWORSKI, RUDOLF; WOJCIECHOWSKI, MARIAN: Deutsche und Polen zwischen den Kriegen. Minderheitenstatus und ›Volkstumskampf‹ im Grenzgebiet; amtliche Berichterstattung aus beiden Ländern 1920–1939. Im Auftr. d. Instituts für Zeitgeschichte und der Generaldirektion d. Polnischen Staatsarchive. Bearb. von Matthias Niendorf u. Przemysław Hauser (= Texte und Materialien zur Zeitgeschichte. Bd. 9/1+2). München: Saur 1997.

KARSKI, SIGMUND: Der Abstimmungskampf in Oberschlesien 1920–1921. In: Oberschlesisches Jahrbuch 1996. Bd. 12. Berlin 1997, S. 137–162.

LAWATY, ANDREAS: 1918. Das Ende des Ersten Weltkrieges, Deutschlands Zusammenbruch und die erste Wiederherstellung des polnischen Staates. In: Nordost-Archiv. Zeitschrift für Regionalgeschichte. Wendepunkte der deutsch-polnischen Beziehungen im 20. Jahrhundert: 1918–1939–1945–1990. Neue Folge. Bd. II/1993. H. 1. Lüneburg 1993, S. 19–34.

MODUL DIE ›ZWEITE POLNISCHE REPUBLIK‹. BEARBEITERIN: Heidi Hein (= Dokumente und Materialien zur Ostmitteleuropäischen Geschichte): http://quellen.herder-institut.de/M01/
Ausführliche Textquellen, Materialien, Bilder, Karten, demografische Daten.

WINKLER, HEINRICH AUGUST: Im Schatten von Versailles. Das deutsch-polnische Verhältnis während der Weimarer Republik. In: Deutsche und Polen. Geschichte–Kultur–Politik. Hrsg. von Andreas Lawaty und Hubert Orłowski. Beck: München 2003, S. 60–68.

Polen im Zweiten Weltkrieg (1939–1945)

B1 Marktplatz in der Altstadt von Warschau 1944,   B2 Marktplatz in der Altstadt von Warschau 1997

Informieren Sie sich im Internet über die Zerstörung Warschaus im Zweiten Weltkrieg.

Einführung

Nach dem Überfall der deutschen Truppen auf Polen am 1. September 1939 und dem anschließenden Einmarsch der Roten Armee in Ostpolen am 17. September 1939 kapitulierten die letzten polnischen Verbände am 5. Oktober 1939. Infolge des deutsch-sowjetischen Abkommens (›Hitler-Stalin-Pakt‹) vom 23. August 1939 (›Geheimes Zusatzprotokoll‹) wurde der westliche Teil Polens unter deutsche, der östliche Teil unter sowjetische Besatzung gestellt (M 4, B 6). Der deutsche Teil umfasste ungefähr die Hälfte des polnischen Staatsgebiets und zwei Drittel der insgesamt 35 Millionen Einwohner zählenden Bevölkerung.

Der Westen des von deutschen Truppen besetzten polnischen Staatsgebiets wurde dem Reich angegliedert, während der mittlere Teil des Landes mit ca. 12 Millionen Einwohnern zum ›Generalgouvernement‹ erklärt wurde.

Die NS-Politik hatte sich im Rahmen ihrer ›Lebensraumpolitik‹ zum Ziel gesetzt, die eingegliederten Ostgebiete innerhalb eines Jahrzehnts in völlig deutsch besiedeltes Land zu verwandeln und damit ›ethnisch zu säubern‹ (M 1, M 7). Die ersten Todesopfer waren bereits im Herbst 1939 bis zu 20 000 Angehörige der polnischen Führungseliten. Hunderttausende von Polen wurden zwangsweise in das Generalgouvernement umgesiedelt und durch Volksdeutsche aus Ostmittel- und Südosteuropa ersetzt. Die im Reichsgebiet verbliebenen Polen waren völlig entrechtet.

Das Generalgouvernement hingegen sollte eine Art deutscher Kolonie sein, in der die Polen als ›Untermenschen‹ ohne politisches und kulturelles Eigenleben für die deutsche ›Herrenrasse‹ zu arbeiten hatten. Etwa 2,8 Millionen Polen wurden zur Zwangs- oder Sklavenarbeit ins Reich oder in die besetzten Gebiete deportiert. Ganz bewusst hatte Generalgouverneur Hans Frank (M 9) seinen Sitz auf der Krakauer Wawelburg genommen, in der einst die polnischen Könige gekrönt wurden, um so ein für die Polen besonderes Symbol ihres nationalen Stolzes zu entehren. Neben dem Besatzungsregime Hans Franks trugen auch die SS- und Sondereinheiten der Polizei dazu bei, durch Terror und willkürliche Massenverhaftungen die pol-

B 3 Von Kriegsbeginn an bombardierte die deutsche Luftwaffe polnische Ortschaften, auch wenn in ihnen keine Truppen stationiert waren. Terrorangriffe waren Teil des Angriffsplans. Den Tod tausender polnischer Männer, Frauen und Kinder nahm das Oberkommando der Wehrmacht billigend in Kauf.

nische und jüdische Bevölkerung in Furcht zu versetzen. Die Anzahl der Juden im Generalgouvernement erhöhte sich durch die Deportierten aus den eingegliederten Ostgebieten und aus dem ›Altreich‹ und später aus allen von den Deutschen besetzten Gebieten Europas. Im Warschauer Ghetto vegetierten unter furchtbaren Bedingungen zeitweise 400 000 Menschen, bevor sie zur Ermordung in die Konzentrations- und Vernichtungslager kamen. In Auschwitz-Birkenau, Majdanek, Treblinka und anderen Lagern wurden rund 4,5 Millionen Juden aus dem deutschen Machtbereich ermordet, außerdem Polen, sowjetische Kriegsgefangene, Sinti und Roma sowie weitere Minderheiten. Das Vorgehen der deutschen Behörden im besetzten Polen diente generell ›der Zerstörung, der Knechtung und dem Völkermord‹. Es war in keiner Weise ihr Ziel, die Unterstützung oder Loyalität der Besetzten zu gewinnen. Die Vollstrecker

B4 Polen 1939–1945

der nationalsozialistischen Politik hatten die Aufgabe, jegliche Reste polnischer Staatlichkeit zu liquidieren und die polnische Nation als Gemeinschaft zu vernichten. Dass es dazu nicht kam, kann einzig darauf zurückgeführt werden, dass Hitler den Krieg verlor.‹ (Czesław Madajczyk)

In Polen entwickelte sich trotz lebensgefährlicher Bedingungen ein gut funktionierender Untergrundstaat. Zu den Formen des Widerstands gehörten Untergrundzeitschriften, geheime Kulturveranstaltungen sowie ein geheimes Bildungswesen von der Grundschule bis zur Universität (M 8, M 10). Die Kriegserfahrungen und insbesondere die Erfahrungen der deutschen Okkupation, bei der bis zu 5 Millionen polnische Staatsbürger ihr Leben verloren, sollten nach 1945 für Jahrzehnte zu einem beherrschenden Thema in der politischen und kulturellen Öffentlichkeit werden.

Die brutale deutsche Besatzungspolitik führte dazu, dass sich immer weitere Bevölkerungskreise an Widerstandsaktionen beteiligten. Der bewaffnete Arm des polnischen Untergrundstaates, die ›Heimatarmee‹ (Armia Krajowa), wuchs bis Ende 1943 auf 350 000 Mitglieder an.

Die Heimatarmee sah ihre Aufgabe in Spionage, Sabotage und Attentaten, um die Besatzer zu schwächen. Im April 1943 schlug die deutsche Besatzungsmacht den Aufstand der Juden im Warschauer Ghetto (M 11), der den Abtransport der letzten 60 000 Juden in die Vernichtungslager aufhalten sollte, blutig nieder. Am 22. Juli 1944 bildete sich in Lublin aus moskautreuen Kräften ein ›Polnisches Komitee der Nationalen Befreiung‹, das mit dem Aufbau einer kommunistisch orientierten Verwaltung begann. Am 1. August 1944 löste die Heimatarmee einen Aufstand in Warschau aus. Während die sowjetische Armee tatenlos auf der anderen Seite der Weichsel wartete, schlugen die deutschen Besatzer den Aufstand bis zum 2. Oktober brutal nieder und legten Warschau auf persönlichen Befehl Hitlers und Himmlers in Schutt und Asche. Der Aufstand kostete über 200 000 Soldaten und Zivilisten das Leben und wurde zum Symbol für den polnischen Willen zum Widerstand (M 12, M 13).

Materialien

M1 Aus einer Ansprache Adolf Hitlers vor den Befehlshabern der Wehrmacht am 22. August 1939 (nach heimlich von Zuhörern angefertigten Mitschriften)

Es war mir klar, dass es früher oder später zu einer Auseinandersetzung mit Polen kommen musste. Ich fasste den Entschluss bereits im Frühjahr ... Das Verhältnis zu Polen ist untragbar geworden ... Spannungszustand auf die Dauer unerträglich. (Nr. 192)

Vernichtung Polens im Vordergrund. Ziel ist Beseitigung der lebendigen Kräfte, nicht die Erreichung einer bestimmten Linie. Auch wenn im Westen Krieg ausbricht, bleibt Vernichtung Polens im Vordergrund ... Herz verschließen gegen Mitleid. Brutales Vorgehen ... Der Stärkere hat das Recht. Größte Härte ... Jede sich neu bildende lebendige polnische Kraft ist sofort wieder zu vernichten ... Restlose Zertrümmerung Polens ist das militärische Ziel. Schnelligkeit ist die Hauptsache. Verfolgung bis zur völligen Vernichtung. (Nr. 193)

Entschluss zum Angriff auf Polen im Frühling ... Ich habe Befehl gegeben – und ich lasse jeden füsilieren, der auch nur ein Wort der Kritik äußert –, dass das Kriegsziel nicht im Erreichen von bestimmten Linien, sondern in der physischen Vernichtung des Gegners besteht. So habe ich, einstweilen nur im Osten, meine Totenkopfverbände bereitgestellt mit dem Befehl, unbarmherzig und mitleidslos Mann, Weib und Kind polnischer Abstammung und Sprache in den Tod zu schicken ... Polen wird entvölkert und mit Deutschen besiedelt ... Seien Sie hart, seien Sie schonungslos, handeln Sie schneller und brutaler als die andern. Die Bürger Westeuropas müssen vor Entsetzen erbeben. Das ist die humanste Kriegsführung. (Anmerkung zu Nr. 193)

Aus: Akten zur deutschen Auswärtigen Politik 1918–1945. Aus dem Archiv des Deutschen Auswärtigen Amtes, Serie D (1937–45), Band 7. Baden-Baden: Impr. Nationale, Frankfurt/Main: Keppler 1961

M2 Zehn Gebote für die Kriegsführung des deutschen Soldaten

Diese Gebote führte jeder Soldat der Wehrmacht in seinem Soldbuch mit sich. Hervorhebungen im Original

1. **Der deutsche Soldat kämpft ritterlich** für den Sieg seines Volkes. Grausamkeiten und nutzlose Zerstörungen sind seiner unwürdig.

[...]

3. **Es darf kein Gegner getötet werden, der sich ergibt,** auch nicht der Freischärler [= Partisan] und der Spion. Diese erhalten ihre gerechte Strafe durch die Gerichte.

4. **Kriegsgefangene** dürfen nicht misshandelt oder beleidigt werden. Waffen, Pläne und Aufzeichnungen sind abzunehmen. Von ihrer Habe darf sonst nichts weggenommen werden.

[...]

6. **Das Rote Kreuz ist unverletzlich.** Verwundete Gegner sind menschlich zu behandeln. Sanitätspersonal und Feldgeistliche dürfen in ihrer ärztlichen bzw. seelsorgerischen Tätigkeit nicht gehindert werden.

7. **Die Zivilbevölkerung ist unverletzlich.** Der Soldat darf nicht plündern oder mutwillig zerstören. Geschichtliche Denkmäler und Gebäude, die dem Gottesdienst, der Kunst, Wissenschaft oder der Wohltätigkeit dienen, sind besonders zu achten. Natural- und Dienstleistungen von der Bevölkerung dürfen nur auf Befehl von Vorgesetzten gegen Entschädigung beansprucht werden. [...]

Aus: ZEIT-Punkte 3/1995

M3 Soldateneide der Wehrmacht und der polnischen Untergrundarmee Armia Krajowa

a) Wehrmacht (seit 2. 8. 1934)

Ich schwöre bei Gott diesen heiligen Eid, dass ich dem Führer des Deutschen Reiches und Volkes, Adolf Hitler, dem Oberbefehlshaber der Wehrmacht, unbedingt Gehorsam leisten und als tapferer Soldat bereit sein will, jederzeit für diesen Eid mein Leben einzusetzen.

b) Armia Krajowa

Vor Gott dem Allmächtigen, vor der Jungfrau Maria, der Königin der polnischen Krone, lege ich

POLEN IM ZWEITEN WELTKRIEG

B5 **Hitler:** ›Der Abschaum der Menschheit, glaube ich?‹; **Stalin:** ›Der blutige Mörder der Arbeiterklasse, nehme ich an?‹ Karikatur ›Rendezvous‹ von David Low. ›Evening Standard‹, 20.9.1939. Zwischen Hitler und Stalin liegt der reglose Körper eines polnischen Soldaten.

meine Hand auf dieses heilige Kreuz, das Symbol von Martyrium und Erlösung, und ich schwöre, dass ich die Ehre Polens mit ganzer Kraft verteidigen werde, um Polen von der Sklaverei zu retten, dass ich mit Waffen in der Hand unter dem Einsatz meines Lebens kämpfen werde, dass ich meinen Vorgesetzten gegenüber absolut gehorsam sein werde und dass ich Geheimhaltung wahren werde – um welchen Preis auch immer.

Aus: Ursula A. J. Becher, Włodzimierz Borodziej, Robert Maier (Hrsg.): Deutschland und Polen im zwanzigsten Jahrhundert. Analysen, Quellen, didaktische Hinweise. Hannover: Hahnsche Buchhandlung 2001, S. 41

M4 Geheimes Zusatzprotokoll zum Hitler-Stalin-Pakt

Aus Anlass der Unterzeichnung des Nichtangriffsvertrages zwischen dem Deutschen Reich und der Union der Sozialistischen Sowjetrepubliken haben die unterzeichneten Bevollmächtigten der beiden Teile in streng vertraulicher Aussprache die Frage der Abgrenzung der beiderseitigen Interessensphären in Osteuropa erörtert. Diese Aussprache hat zu folgendem Ergebnis geführt:

1. Für den Fall einer territorial-politischen Umgestaltung in den zu den baltischen Staaten (Finnland, Estland, Lettland, Litauen) gehörenden Gebieten bildet die nördliche Grenze Litauens zugleich die Grenze der Interessensphären Deutschlands und der UdSSR. Hierbei wird das Interesse Litauens am Wilnaer Gebiet beiderseits anerkannt.

2. Für den Fall einer territorial-politischen Umgestaltung der zum polnischen Staate gehörenden Gebiete werden die Interessensphären Deutschlands und der UdSSR ungefähr durch die Linie der Flüsse Narew, Weichsel und San abgegrenzt. Die

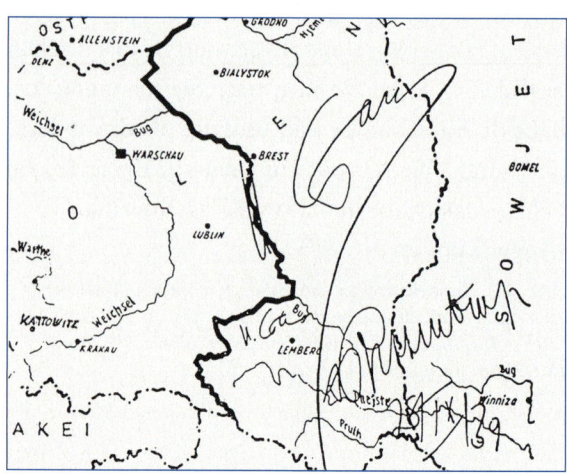

B6 Karte des aufgeteilten Polens, unterschrieben von Stalin und Reichsaußenminister von Ribbentrop (28.9.1939)

Frage, ob die beiderseitigen Interessen die Erhaltung eines unabhängigen polnischen Staates erwünscht erscheinen lassen und wie dieser Staat abzugrenzen wäre, kann endgültig erst im Laufe der weiteren politischen Entwicklung geklärt werden. In jedem Falle werden beide Regierungen diese Frage im Wege einer freundschaftlichen Verständigung lösen.

3. Hinsichtlich des Südostens Europas wird von sowjetischer Seite das Interesse an Bessarabien betont. Von deutscher Seite wird das völlige politische Desinteressement an diesem Gebiet erklärt.

4. Dieses Protokoll wird von beiden Seiten streng geheim behandelt werden. Moskau, den 23. August 1939. Für die Deutsche Reichsregierung: [Von Ribbentrop] In Vollmacht der Regierung der UdSSR: [W. Molotow]

Aus: Akten zur deutschen Auswärtigen Politik 1918–1945. Aus dem Archiv des Deutschen Auswärtigen Amtes, Serie D (1937–45), Band 7. Baden-Baden: Impr. Nationale, Frankfurt/Main: Keppler 1961, Dokument Nr. 228/229

M5 Aus der Rede des polnischen Außenministers Władysław Bartoszewski vor dem Deutschen Bundestag am 28. 4. 1995

Władysław Bartoszewski (gesprochen: wadüswaw bartoschewski), geb. am 19.2.1922, polnischer Historiker, Publizist und Politiker. Er war von 1940–41 Häftling im KZ Auschwitz, nahm am Warschauer Aufstand teil und engagierte sich in der Gewerkschaft Solidarność. 1986 wurde er mit dem Friedenspreis des Deutschen Buchhandels ausgezeichnet. 1995 und 2000 bis 2001 war er polnischer Außenminister.

Die Historiker können die Schuld einzelner Politiker messen und verspätete Varianten dafür suchen, welche 1939 den Frieden hätten retten können. Unabhängig davon, inwieweit die westlichen Demokratien damals versagten und – wie im Fall der Tschechoslowakei ein Jahr zuvor in München – dem Egoismus der Politik eines ›appeasement‹ erlagen, so war trotzdem der unmittelbare Anlass des Krieges die aggressive Naziideologie, deren Durchsetzung die Absprache zwischen Hitler und Stalin ermöglichte. Der Pakt Ribbentrop-Molotow vom 23. August 1939 zusammen mit dem Geheimprotokoll, das die Einflusszonen des Dritten Reiches und der UdSSR festlegte, entschied über das Schicksal des polnischen Staates und einiger anderer Staaten Mittel-Ost-Europas. Natürlich hätten die Polen sich 1939 passiv mit ihrem Schicksal abfinden, keinen Widerstand leisten und nicht kämpfen können, wodurch vielleicht ein Teil der Opfer geschont geblieben wäre. Jedoch hätten sie dadurch aufgehört, ein Subjekt in der europäischen Politik zu sein. Dieses entschiedene polnische ›Nein‹ gegenüber Hitler bewirkte den Eintritt Großbritanniens und Frankreichs in den Krieg und ermöglichte in der Folge die Entstehung der Anti-Hitler-Koalition. Den Polen fiel es zu, an allen Fronten Europas zu kämpfen, im Westen, im Süden und im Osten, auch in Nordafrika, zu Wasser und in der Luft, an verschiedenen Punkten der Welt.

Aus: Władysław Bartoszewski: Rede vor dem Deutschen Bundestag, 28.4.1995. Bundespressearchiv. Internet: http://www.bundestag.de/parlament/geschichte/gastredner/bartoszewski/rede_bartoszewski.html (Mai 2007)

M6 Generalmajor Hellmuth Stieff in einem Privatbrief aus Warschau über das Vorgehen der NS-Besatzungsmacht (21. November 1939)

Hellmuth Stieff gehörte zu den Verschwörern des 20. Juli 1944 und wurde hingerichtet.

Die Masse der Millionenbevölkerung der Stadt vegetierte irgendwo und irgendwie, man kann nicht sagen wovon. Es ist eine unsagbare Tragödie, die sich dort abspielt. […] Es ist eine Stadt und eine Bevölkerung, die dem Untergang geweiht ist. Es ist so grausam, dass man keinen Augenblick seines Lebens froh ist, wenn man in dieser Stadt weilt. […] Man bewegt sich dort nicht als Sieger, sondern als ›Schuldbewusster‹! Mir geht es nicht allein so, – die Herren, die dort leben müssen, empfinden dasselbe. Dazu kommt noch all das Unglaubliche, was dort am Rande passiert und wo wir mit verschränkten Armen zusehen müssen! Die blühendste Phantasie einer Gräuelpropaganda ist arm gegen die Dinge, die eine organisierte Mörder-, Räuber- und Plündererbande unter angeblich höchster Duldung dort verbricht. Da kann man nicht mehr von ›berechtigter Empörung über an Volksdeutschen begangene Verbrechen‹ sprechen. Diese Ausrottung ganzer Geschlechter mit Frauen und Kindern ist nur von einem Untermenschentum möglich, das den Namen Deutsch

B7 Eine Fabrik für deutsche Straßenschilder in Posen, Oktober 1939. Alle polnischen Namen werden systematisch ausgemerzt.

nicht mehr verdient. Ich schäme mich, ein Deutscher zu sein! Diese Minderheit, die durch Morden, Plündern und Sengen den deutschen Namen besudelt, wird das Unglück des ganzen deutschen Volkes werden, wenn wir ihnen nicht bald das Handwerk legen. Denn solche Dinge, wie sie mir von kompetentester Seite an Ort und Stelle geschildert und bewiesen wurden, müssen die rächende Nemesis [griech. Göttin der Strafe und Vergeltung] wachrufen. Oder dies Gesindel geht gegen uns Anständige eines Tages ebenso vor und terrorisiert mit seinen pathologischen Leidenschaften auch das eigene Volk [...].

Aus: Hellmuth Stieff: Briefe. Hrsg. von Horst Mühleisen. Berlin: Siedler 1991

M7 Die ideologische Grundlage der NS-Besatzungspolitik (Mai 1940)

Die folgenden Gedanken stammen aus einer Schrift von Heinrich Himmler, seit 1939 ›Reichskommissar für die Festigung des deutschen Volkstums‹.

Schon in ganz wenigen Jahren – ich stelle mir vor, in 4 bis 5 Jahren – muss beispielsweise der Begriff der Kaschuben unbekannt sein, da es dann ein

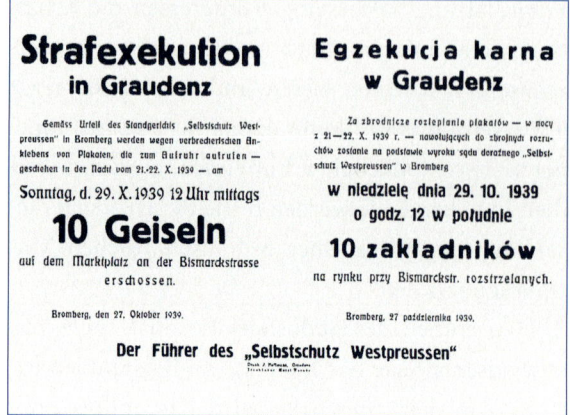

B8 Ankündigung einer Strafexekution in Graudenz 1939

kaschubisches Volk[1] nicht mehr gibt (das trifft besonders auch für Westpreußen zu). Den Begriff Juden hoffe ich, durch die Möglichkeit einer großen Auswanderung sämtlicher Juden nach Afrika oder sonst in eine Kolonie völlig auslöschen zu sehen. Es muss in einer etwas längeren Zeit auch möglich sein, in unserem Gebiet die Volksbegriffe der Ukrainer, Goralen[2] und Lemken[3] verschwinden zu lassen. Dasselbe, was für diese Splittervölker gesagt ist, gilt in dem entsprechend größeren Rahmen für die Polen.

Eine grundsätzliche Frage bei der Lösung aller dieser Probleme ist die Schulfrage und damit die Frage der Sichtung und Siebung der Jugend. Für die nichtdeutsche Bevölkerung des Ostens darf es keine höhere Schule geben als die vierklassige Volksschule. Das Ziel dieser Volksschule hat lediglich zu sein: einfaches Rechnen bis höchstens 500, Schreiben des Namens, eine Lehre, dass es ein göttliches Gebot ist, den Deutschen gehorsam zu sein und ehrlich, fleißig und brav zu sein. Lesen halte ich nicht für erforderlich. Außer dieser Schule darf es im Osten überhaupt keine Schule geben. Eltern, die ihren Kindern von vornherein eine bessere Schulbildung sowohl in der Volksschule als später auch an einer höheren Schule vermitteln wollen, müssen dazu einen Antrag bei den höheren SS- und Polizeiführern stellen. Der Antrag wird in erster Linie danach entschieden, ob das Kind rassisch tadellos und unseren Bedingungen entsprechend ist. Erkennen wir ein solches Kind als unser Blut an, so wird den Eltern eröffnet, dass das Kind auf eine Schule nach Deutschland kommt und für die Dauer in Deutschland bleibt [...].

Abgesehen von der Prüfung der Gesuche, die die Eltern um eine bessere Schulbildung stellen, erfolgt jährlich insgesamt bei allen 6–10-Jährigen eine Siebung aller Kinder des Generalgouvernements nach blutlich Wertvollen und Nichtwertvollen. […].

Die Bevölkerung des Generalgouvernements setzt sich dann zwangsläufig […] aus einer verbleibenden minderwertigen Bevölkerung, die noch durch abgeschobene Bevölkerung der Ostprovinzen sowie all der Teile des deutschen Reiches, die dieselbe rassische und menschliche Art haben (Teile z. B. der Sorben und Wenden), zusammen.

Diese Bevölkerung wird als führerloses Arbeitsvolk zur Verfügung stehen und Deutschland jährlich Wanderarbeiter und Arbeiter für besondere Arbeitsvorkommen (Straßen, Steinbrüche, Bauten) stellen; sie wird selbst dabei mehr zu essen und zu leben haben als unter der polnischen Herrschaft und bei eigener Kulturlosigkeit unter der strengen, konsequenten und gerechten Leitung des deutschen Volkes berufen sein, an dessen ewigen Kulturtaten und Bauwerken mitzuarbeiten und diese, was die Menge der groben Arbeit anlangt, vielleicht erst ermöglichen.

1 westslawischer Volksstamm, Rest der altslawischen Pomoranen in Pommern und dem ehemaligen Westpreußen
2 Bergbewohner im polnischen Teil der Beskiden
3 westukrainische Volksgruppe in den Unteren Beskiden; 1945 z. T. nach Ostpreußen umgesiedelt

Aus: Heinrich Himmler: Gedanken über die Behandlung Fremdvölkischer im Osten (Mai 1940). In: Ein Jahrtausend Partnerschaft und Konflikt. Bd. 2. Deutsche und Polen 1918–1945/46. Bausteine zur Geschichte der Deutschen und ihrer östlichen Nachbarn in den ehemals deutschen Siedlungsgebieten im östlichen Europa. München: Auer 2000, S. 131

M8 Über den geheimen Unterricht in Polen während der deutschen Besatzung

Der deutsche Historiker Christoph Kleßmann hat in einer Studie die Formen des kulturellen Widerstands der Polen gegen die deutsche Besatzungspolitik untersucht.

›Niemand von uns‹, so schreibt ein alter polnischer Lehrer über die ›Schule in der Konspiration‹, ›hat solche Erfolge in der pädagogischen Arbeit jemals in der legalen Schule erzielt. Die Ursachen dieses Phänomens zu ergründen, ist nicht leicht. Offenbar erlebte die geheim lernende Jugend dasselbe wie wir, die Lehrer. Sie fühlte, dass sie irgendetwas Außergewöhnliches, etwas Großes tat, sie fühlte sich als Held. […] Mein Traum ist es, eine solche Haltung, solchen Fleiß und Eifer, so viel Freundschaft und Vertrauen zwischen der Jugend und der Lehrerschaft in der heutigen Schule zu erreichen, wie sie im geheimen Unterricht bestanden.‹

In solchen Sätzen drückt sich der Erinnerungs- und Erfahrungsgehalt aus, der die meisten nach dem Krieg geschriebenen Abhandlungen über das illegale Schulwesen kennzeichnet. Die heroisch getönte Stimmung ist zweifelsohne nicht nur spätere Zutat, sondern trifft sowohl die subjektiv erlebte als auch einen Teil der objektiven historischen Wirklichkeit dieser Zeit. Eine Schulbildung, die unter der ständigen Drohung von Verhaftung und KZ erworben wird, lässt sich nur schwer mit normalen Maßstäben messen. […]

Angesichts der entnationalisierenden Bildungspolitik der deutschen Schulbehörden lag es nahe, dass den im legalen Unterricht verbotenen Fächern Geschichte, Geografie und Literatur eine besondere Bedeutung eingeräumt wurde. […]

Aus: Christoph Kleßmann: Die Selbstbehauptung einer Nation. NS-Kulturpolitik und polnische Widerstandsbewegung im Generalgouvernement 1939–1945. Düsseldorf: Bertelsmann Universitätsverlag 1971, S. 123 f.

M9 Der deutsche Generalgouverneur in Polen, Hans Frank, auf einer Pressebesprechung zur Besatzungspolitik am 14. April 1942

B9 Hans Frank

Wir sind uns alle klar darüber, dass wir dieser Millionenbevölkerung von Polen eine irgendwie über das Nachrichtenmäßige hinausgehende Presse geben müssen. Der Grund dafür liegt nicht bei den Polen, sondern in unserem eigensten Interesse. Denn wir müssen zum Mindesten so tun, wie wenn das Generalgouvernement eine Art Schutzbereich im großdeutschen Reich ist. Wir können den Kampf nicht etwa dadurch erledigen, dass wir für 16 Millionen

B10 links: Briefmarke zum Andenken an den Novemberaufstand von 1830/31 (1938), rechts: dieselbe Briefmarke mit Aufdruck der Besatzungsmacht (1940)

B11 Von der Exilregierung herausgegebene Briefmarke mit dem Motiv einer Untergrunddruckerei in Polen (1943)

Polen 16 Millionen Nackenschüsse vollführen und damit das polnische Problem lösen. Solange die
15 Polen leben, müssen sie für uns arbeiten und von uns in diesen Arbeitsprozess eingespannt werden. […] Zur polnischen Pressepolitik sei grundsätzlich gesagt: die Polen müssen den Eindruck haben, dass sie in der Presse nicht wie Schweine behan-
20 delt werden, sondern als Europäer und Menschen. […] Es ist klar, dass das Bedürfnis an Arbeitern im Reich und unsere Wehrlage geradezu ein Ringen um die polnische Arbeitskraft zur Folge haben. Wir sind ja von den Polen hierin abhängig. Wenn
25 die Polacken die Züge nicht fahren, wer fährt sie dann? Wenn die hunderttausend polnischen Eisenbahner nicht die Züge fahren, können wir den Aufmarsch einstellen. Die Verantwortung ist derart groß, dass man es schon in Kauf nehmen muss,
30 wenn ein paar süße Sprüche über Christentum, Katholizismus in die polnischen Blätter kommen. Die Meinung, dass man gleichzeitig weltpolitische Entscheidungen herbeiführen und weltanschauliche Kämpfe austragen kann, ist irrig. Wenn ich
35 den Krieg gewinnen will, muss ich ein eiskalter Techniker sein; dann muss die Maschine des Krieges funktionieren. Die Frage, was ich einmal weltanschaulich-völkisch tun werde, muss ich auf die Zeit nach dem Krieg verschieben.

Aus: Das Diensttagebuch des deutschen Generalgouverneurs in Polen 1939–1945, S. 488 f. © Oldenbourg Wissenschaftsverlag GmbH

M10 Über die Arbeit von Geheimdruckereien im Untergrund

Die Veröffentlichung der Zeitschriften erfolgt unter sehr schwierigen Bedingungen. Mit einem alten Vervielfältigungsgerät vom Skif arbeitet man die ganze Nacht durch. Meist gibt es kein elek-
trisches Licht. Die Arbeit bei dem Licht der Kar- 5
bidlampen ist eine große Qual. Gegen zwei Uhr nachts leidet die ganze Belegschaft der Druckerei […] unter solch starken Augenschmerzen, dass es fast unmöglich wird, die Arbeit weiter fortzusetzen. Man darf jedoch keine Zeit verlieren. Um sie- 10
ben Uhr früh muss die neue Ausgabe, egal wie viele Seiten sie umfasst, fertig zum Vertrieb sein. Die Leute arbeiten bis zur Erschöpfung. Es gibt in der Woche zwei bis drei solcher schlaflosen Nächte. Auch ist es nicht möglich, tagsüber auszuschla- 15
fen. Es muss doch nach außen der Anschein bewahrt werden, dass man mit der Druckerei nichts zu tun hat. […] Nach der schlaflosen Nacht ist auch der Tag voller Anspannung – ob alles angekommen ist, ob alles erledigt wurde, ob nichts 20
aufgeflogen ist.

Aus: Marek Edelman: Das Ghetto kämpft. Warschau 1941–43. Übersetzt von Ewa und Jerzy Czerwiakowski. Berlin: Harald-Kater-Verlag 1993, S. 39

M11 Manifest an die Polen

Das Manifest wurde während der ersten Tage des Aufstandes des Warschauer Ghettos im April 1943 von der Jüdischen Kampforganisation ŻOB veröffentlicht. Die ŻOB vereinte Anhänger sehr unterschiedlicher Richtungen.

Polen, Bürger, Soldaten der Freiheit! Durch das Donnern der deutschen Kanonen, die die Heime unserer Mütter, Frauen und Kinder vernichten; durch den Lärm ihrer Maschinengewehre, die wir im Kampf gegen die feigen deutschen Polizisten 5
und SS-Männer in unsere Gewalt gebracht haben; durch den Rauch des Ghettos, das in Brand gesteckt wurde, und das Blut seiner gnadenlos getöteten Verteidiger, entbieten wir, die Sklaven des Ghettos, Euch unsere herzlichsten Grüße. Wir 10

sind uns sehr wohl bewusst, dass Ihr atemlos, mit gebrochenen Herzen, mit Tränen des Mitgefühls, mit Entsetzen und Begeisterung den Kampf verfolgt habt, den wir in den letzten Tagen gegen die brutalen Besatzer geführt haben.

Jede Türschwelle des Ghettos hat sich in ein Bollwerk verwandelt und wird bis zum Ende eine Festung bleiben! Wahrscheinlich werden alle von uns im Kampf fallen, aber wir werden uns nie ergeben! Wir brennen, wie Ihr, vor Verlangen, den Feind für all seine Verbrechen zu bestrafen […]. Es ist ein Kampf um unsere Freiheit und auch um die Eure; um unsere menschliche Würde und nationale Ehre wie um die Eure! Wir werden die blutrünstigen Taten von Oświęcim, Treblinka, Bełzec und Majdanek vergelten!
Lang lebe die Bruderschaft des Blutes und der Waffen in einem kämpfenden Polen!
Lang lebe die Freiheit!
Tod den Henkern und den Mördern!
Wir müssen unseren gemeinsamen Kampf gegen die Besatzer bis zum Ende fortsetzen!
Jüdische Kampf Organisation (ŻOB)

Aus: Marek Edelman: Das Ghetto kämpft. Warschau 1941–43. Übersetzt von Ewa und Jerzy Czerwiakowski. Berlin: Harald-Kater-Verlag 1993, S. 92

M12 Aus einer Rede Heinrich Himmlers am 21. September 1944 zum Warschauer Aufstand

Meine Herren! […] Wir führen seit fünf Wochen den Kampf um Warschau. Ich habe als meinen Kommandeur dort den SS-Obergruppenführer von dem Bach eingesetzt. Der Kampf ist der härteste, den wir seit Kriegsbeginn durchgeführt haben. Er ist vergleichbar mit dem Häuserkampf in Stalingrad. […] Wie ich die Nachricht von dem Aufstand in Warschau hörte, ging ich sofort zum Führer. Ich darf Ihnen das als Beispiel sagen, wie man eine solche Nachricht in aller Ruhe auffassen muss. Ich sagte: ›Mein Führer, der Zeitpunkt ist unsympathisch. Geschichtlich gesehen ist es ein Segen, dass die Polen das machen. Über die fünf, sechs Wochen kommen wir hier weg. Dann aber ist Warschau, die Hauptstadt, der Kopf, die Intelligenz dieses ehemaligen 16–17-Millionenvolkes ausgelöscht, dieses Volkes, das uns seit 700 Jahren den Osten blockiert und uns seit der ersten Schlacht bei Tannenberg im Wege liegt. Dann wird das polnische Problem für unsere Kinder und für alle, die nach uns kommen, ja schon für uns kein großes Problem mehr sein.‹ Außerdem habe ich gleichzeitig den Befehl gegeben, dass Warschau restlos zerstört wird. Meine Herren! Sie können nun denken, ich sei ein furchtbarer Barbar. Wenn Sie so wollen: Ja, das bin ich, wenn es sein muss. Der Befehl lautete: Jeder Häuserblock ist niederzubrennen und zu sprengen, sodass sich in Warschau keine Etappe mehr festnisten kann. […] Ich war etwas abgeschweift von Warschau, der riesigen Etappenstadt, die nicht mehr sein wird.

Aus: Rede des Reichsführers SS vor den Wehrkreisbefehlshabern und Schulkommandeuren, 21.9.1944. o. O. o. J. Bestände des Berlin Document Center, Roll 38, Ordner 238 B

M13 Der Journalist Cord Aschenbrenner zum 60. Jahrestag des Warschauer Aufstands

[…] wie überhaupt der Aufstand der Heimatarmee außerhalb Polens […] zu den eher unbekannten Ereignissen des Zweiten Weltkriegs gehörte. Dabei ragt der Kampf der Polen um ihre Hauptstadt aus der an Tragödien reichen Geschichte des Krieges heraus: Ein Aufstand nach fast fünf Jahren grausamer Besatzungsherrschaft der Deutschen, inmitten der Großstadt Warschau, in der Hoffnung auf Hilfe durch die Westalliierten, die jedoch fast gänzlich ausblieb. Opfer der 63 Tage des Aufstands waren rund 16 000 Kämpfer – Männer, Frauen, Jugendliche – und wohl 180 000 Zivilisten, niedergemacht von SS und Wehrmacht und verraten von der Sowjetunion. Stalin hielt die Rote Armee fast bis zum Ende der Kämpfe in Sichtweite am östlichen Weichselufer zurück, um die aufständischen Polen, denen er keinen Anteil an der Befreiung ihres Landes zugestehen wollte, verbluten zu lassen. Warschau mit seiner Altstadt lag nach dem Aufstand in Trümmern, was stehengeblieben war, wurde von den Deutschen sorgfältig zerstört. An den überlebenden Kämpfern der bürgerlichen AK rächte sich nach dem Krieg das kommunistische Regime in Polen. […]

Aus: Cord Aschenbrenner: Das erste Opfer des Kalten Krieges. Der Kampf um Warschau 1944. In: Neue Zürcher Zeitung vom 29. September 2004

M14 Polnische Verluste im Zweiten Weltkrieg

Hans-Jürgen Bömelburg und Bogdan Musiał vom Deutschen Historischen Institut (DHI) in Warschau ziehen eine Bilanz:

Polen erlitt die höchsten demografischen Verluste pro tausend Bewohner unter den Ländern, die vom Zweiten Weltkrieg betroffen waren. Exakte Angaben über die Zahl der Opfer zu machen, ist allerdings nicht möglich. [...] Nach neuesten Schätzungen, die nicht mehr von politischen Vorgaben entstellt sind, belief sich die Zahl der Toten auf etwa 5,5 bis 6 Millionen von den 35,1 Millionen Menschen, die im Vorkriegspolen gelebt hatten. Der Großteil dieser Opfer ist der deutschen Besatzungspolitik anzulasten, der Rest der Sowjetunion und anderen Parteien. Die überwältigende Mehrheit von ihnen starb nicht als Kombattanten, sondern als Zivilisten. Etwa die Hälfte aller Opfer waren Juden, die im Rahmen der ›Endlösung‹ ermordet wurden.

Die Zahl der von den deutschen Besatzern ermordeten polnischen Juden wird heute auf 2,7 bis 3 Millionen geschätzt (etwa die Hälfte aller Holocaustopfer). Um 1,55 Millionen Polen (1,3 Millionen im GG [Generalgouvernement], 250 000 in den eingegliederten Gebieten) fielen dem deutschen Terror zum Opfer. Hinzu kommen mehrere hunderttausend Polen, die durch den sowjetischen Terror ums Leben kamen. Die Zahl von 0,5 Millionen solcher Opfer erscheint allerdings zu hoch. Etwa 100 000 Polen ermordeten ukrainische Nationalisten in den Jahren 1943–44 im Rahmen der ›ethnischen Säuberung‹ der heutigen Westukraine. Im Gegenzug ermordeten Polen etwa 15 000 bis 20 000 Ukrainer. Etwa 60 000 der vor 1939 in Polen lebenden Deutschen fielen als Soldaten an den Fronten oder als Angehörige der deutschen Polizei in den besetzten Ländern Europas. Zusätzlich kamen mehrere zehntausend Deutsche um: Im September 1939, viele starben während der Evakuierung 1944/45, Tausende wurden von den Rotarmisten und dem [sowjetischen Geheimdienst] NKWD während oder unmittelbar nach der ›Befreiung‹ erschossen. [...]

Demnach betrugen Polens Verluste pro tausend Einwohner 157 bis 171 Tote (entsprechend 15,7–17,1 %). Im Vergleich dazu hatte die UdSSR 124 Tote, Jugoslawien 108, Griechenland 35, Albanien 24, Holland 22, Tschechoslowakei 21, Luxemburg 16, Frankreich 13, Belgien 12 Tote je tausend Einwohner zu beklagen. Darüber hinaus waren 530 000 Polen dauerhaft körperlich behindert und 60 000 infolge der deutschen Repressionen und der Kriegsereignisse dauerhaft psychisch erkrankt. Etwa eine Million Polen waren wegen mangelhafter Ernährung und katastrophaler medizinischer Versorgung, schlechter Wohnverhältnisse und des Aufenthalts in verschiedenen Lagern schwer erkrankt. Viele von ihnen verstarben unmittelbar nach dem Krieg. Die Menschenverluste trafen alle Schichten der polnischen Gesellschaft, die relativ größten verzeichnete jedoch die Intelligenz. Manche Berufsgruppen verloren über 30 % ihrer Mitglieder. Von den insgesamt etwa 83 000 Personen mit akademischer Ausbildung kamen unter deutscher Besatzung etwa 33 % um.

Territoriale Verluste: Vorkriegspolen umfasste 388 000 km². Aufgrund von territorialen Verschiebungen, welche die Alliierten festlegten, wurde Polen um 200 km nach Westen verschoben und territorial verkleinert. Es umfasst heute 312 000 km². Materielle Verluste: Immense materielle Verluste waren als Folge von gezielter Ausbeutung, Ausplünderung, gezielter Zerstörung (Warschau) und Kriegshandlungen zu verzeichnen. Die folgenden Angaben beziehen sich auf das Territorium Polens in den Grenzen von 1945, d. h. mit den annektierten deutschen Ostgebieten (neue Gebiete) und ohne die in die Sowjetunion eingegliederten Ostgebiete Polens. Für das Vorkriegsterritorium liegen keine Zahlen vor.

Infolge von Kriegsereignissen und gezielter Zerstörung wurden vernichtet oder schwer beschädigt: 295 431 städtische Immobilien (147 607 in den alten und 147 824 in den neuen Gebieten) sowie 466 942 Bauernhöfe (343 149 bzw. 123 793). Von den größeren Städten wurden Warschau zu 84 % und Posen zu 45 % zerstört. Die Verluste in einzelnen Wirtschaftszweigen betrugen: Industrie und Handwerk 33 %, Verkehr und Nachrichtenwesen 56 %, Handel 65 %, Forstwirtschaft 28 %, Landwirtschaft und Gartenwesen 35 %. In der Landwirtschaft ging der Bestand an Pferden um 56 %, Rindern um 64 %, Schweinen um 83 % und

Schafen um 63 % zurück. Die Schienenlänge verringerte sich um 33 %, die Zahl der Lokomotiven ging um 81 %, Post- und Personenwaggons um 88 %, Güterwaggons um 84 % zurück.

Große Schäden waren im kulturellen Bereich zu verzeichnen. Die Hochschulen waren zu 60 % zerstört, die Gymnasien fast zu 40 %, Berufsschulen zu 28 %, Grundschulen fast zu 17 %, Museen zu über 14 % und Theater zu 34 %. Ferner wurden Archive und Bibliotheken geplündert oder vernichtet, so gingen mehrere hunderttausend wertvoller Schriftwerke, Millionen von Büchern, viele unschätzbare Kunstwerke und wissenschaftliche Sammlungen verloren.

Die Verluste durch den Krieg und die Besatzungspolitik lassen sich nicht nur nach demografischen und materiellen Kategorien definieren. Als direkte Folge des Krieges ist die Etablierung des kommunistischen Systems in Polen anzusehen, das von den sowjetischen ›Befreiern‹ eingerichtet wurde. […] Die destruktiven Folgen des Zweiten Weltkrieges zeigen sich auch in einer moralisch-ethischen Zerrüttung eines wesentlichen Teils der polnischen Gesellschaft. Auf der einen Seite engagierten sich idealistisch und patriotisch eingestellte Personen im Widerstand gegen deutsche wie sowjetische Besatzer, was hohe Verluste zur Folge hatte. Auf der anderen Seite führten Krieg und Besatzung zur Verrohung und Demoralisierung von relativ breiten Kreisen der Gesellschaft. Krieg, Verarmung und der Werteverfall trieben viele Menschen in die Kriminalität. Die deutsche, aber auch die sowjetische Besatzung bedeutete nicht nur einen normativen Bruch, einen Bruch der moralischen Konventionen, sondern eine gezielte Förderung niedriger Instinkte und negativer Werte. Solidarität mit den Verfolgten war verboten und wurde bestraft, Denunziantentum, Verrat und Servilität zur Pflicht erhoben und belohnt.

Oradour und Lidice sind im Westen im kollektiven Gedächtnis als Symbole für NS-Verbrechen an der Zivilbevölkerung fest verankert. Sie waren allerdings Ausnahmen und nicht die Norm der deutschen Besatzungspolitik in Frankreich bzw. in Tschechien. In Polen gibt es dagegen Hunderte solcher Orte und die dort durchgeführten ›Aktionen‹ bildeten den Alltag im deutsch besetzten Polen. Selbst die Hauptstadt des Landes wurde auf diese Weise zerstört und ihre Bewohner getötet oder vertrieben. Das Schicksal von Warschau ist im Westen wenig bekannt. Allein die Zahl der getöteten Einwohner Warschaus übersteigt die Zahl aller französischen Opfer während des Zweiten Weltkrieges um mehr als das Zweifache.

Aus: Deutsch-polnische Beziehungen 1939–1945–1949. Eine Einführung. Hrsg. v. Włodzimierz Borodziej und Klaus Ziemer (= Einzelveröffentlichungen des Deutschen Historischen Instituts Warschau. Bd. 5). Osnabrück: Fibre 2000, S. 102–105

M 15 Der polnische Literaturhistoriker Jan Józef Lipski über das deutsch-polnische Verhältnis in der Nachkriegszeit (Gleiwitz im September 1990)

Von prinzipieller Bedeutung ist jedoch die Zeit des Zweiten Weltkriegs. Ich denke, dass sowohl Polen als auch Deutsche gut darüber Bescheid wissen, was damals auf polnischem Boden geschehen ist und welches Schicksal die Juden zu erleiden hatten. […] Vom ersten Tag der deutschen Besatzung an quälte die Gestapo Menschen oder ermordete sie. Viele wurden in Konzentrationslager gesteckt, wo grausame Bedingungen herrschten, die […] vielerorts beschrieben sind. Massenweise wurden Menschen auf der Straße aufgeschnappt, zufällige Passanten, von denen manche in die Konzentrationslager kamen. […] Andere wurden als Geiseln erschossen, wieder andere zur Zwangsarbeit verschleppt. […] In vielen polnischen Dörfern kann man Friedhöfe finden, auf denen Menschen liegen, die bei einer der Pazifizierungsaktionen erschossen wurden, von Säuglingen bis hin zu deren Urgroßeltern. Dieser Alptraum musste Hass in ungeheuerem und unvergleichlichem Ausmaß erwecken. Diese neuen schrecklichen Erfahrungen kamen zu den alten, schon existierenden Stereotypen hinzu und schufen das Bild des Deutschen als des ewigen Verbrechers. Ich sage dies nicht, um schon wieder eine Aufrechnung von Unrecht anzustellen, sondern um zu verdeutlichen, wo die Quellen von Hass und Angst liegen.

Aus: Ein Jahrtausend Partnerschaft und Konflikt. Bd. 2. Deutsche und Polen 1918–1945/46. Bausteine zur Geschichte der Deutschen und ihrer östlichen Nachbarn in den ehemals deutschen Siedlungsgebieten im östlichen Europa. Donauwörth: Auer 2000, S. 127

Arbeitsanregungen

1 Vergleichen Sie die Ansprache Adolf Hitlers (mit der offiziellen Begründung für den Überfall auf Polen) (M1) mit den ›Zehn Geboten für die Kriegsführung des deutschen Soldaten‹ (M2) sowie mit den Aussagen von Generalmajor Hellmuth Stieff (M6).

2 Vergleichen Sie den Adressaten, die Begründung und die Zielsetzung der Eide in der deutschen Wehrmacht und der polnischen Heimatarmee (M3).

3 Fassen Sie die Festlegungen des Hitler-Stalin-Paktes (M4) zusammen und skizzieren Sie anhand der Rede von Bartoszewski (M5) die Rolle Polens im Zweiten Weltkrieg.

4 Fassen Sie die Ziele der nationalsozialistischen Besatzungspolitik anhand von Heinrich Himmlers Schrift ›Gedanken über die Behandlung Fremdvölkischer im Osten‹ (M7) stichwortartig zusammen.

5 Vergleichen Sie die Aussagen aus Heinrich Himmlers Schrift (M7) mit den Ausführungen des Generalgouverneurs Frank (M9). Welche taktischen Modifizierungen hinsichtlich der nationalsozialistischen Polenpolitik gehen daraus hervor?

6 Charakterisieren Sie die Bedeutung des Geheimunterrichts in Polen während des Zweiten Weltkriegs. Berücksichtigen Sie dabei auch die Aussagen von Himmler zum Schulunterricht unter der deutschen Okkupation (M7).

7 Welche Bedeutung kommt dem Aufstand im Warschauer Ghetto zu? (M11)

8 Informieren Sie sich über Zeitpunkt und Verlauf des Warschauer Aufstands während des Zweiten Weltkriegs (M12 und M13). Skizzieren Sie die politischen und die militärischen Ziele dieses Aufstands. Warum bezeichnet Heinrich Himmler in seiner Rede im September 1944 den Aufstand geschichtlich gesehen als ›Segen‹? Welche Rolle spielt dieser Aufstand für das polnische Geschichtsbewusstsein?

9 Tragen Sie die Angaben über Opferzahlen (M14) in eine Tabelle ein. Vergleichen Sie mithilfe Ihres Geschichtsbuchs die polnischen Verluste mit den Verlusten anderer von den Deutschen besetzter Länder. Welche indirekten Folgen des Krieges und der Besatzung werden von den Autoren angesprochen? Welche Belastungen ergaben sich daraus für die Entwicklung Polens in der Nachkriegszeit?

10 Lesen Sie die Aussagen von Jan Józef Lipski (M15) sowie die Angaben in M14. Welche Belastungen für das deutsch-polnische Verhältnis ergeben sich daraus? Wie sollten Deutsche und Polen mit den Belastungen aus der Zeit des Zweiten Weltkrieges heute umgehen? Stellen Sie Argumente aus polnischer und deutscher Sicht zusammen.

Vorschläge für Referate und Facharbeiten

1 Die deutsche Besatzung Polens im Zweiten Weltkrieg. Vorgehensweisen und Zielsetzungen. Vergleich mit der deutschen Besatzungspolitik in anderen Ländern.

2 Deutsche Besatzungspolitik in Polen im Spiegel des Films, z.B. Der Pianist (Polański), Schindlers Liste (Spielberg), Der Kanal (Wajda), Korczak (Wajda), Jakob der Lügner (Beyer, Kassowitz).

3 Der militärische und zivile polnische Widerstand im Zweiten Weltkrieg.

4 Recherchen im Stadtarchiv und in Stadtchroniken zur Zwangsarbeit während des Zweiten Weltkriegs und Befragung von Zeitzeugen zu diesem Thema. Internethinweis:
http://www.fonds-ez.de/zwangsarbeiter_und_andere_ns_opfer/datenbank_unterrichtsmaterialien/suche/
(Datenbank mit Unterrichtsmaterialien zum Thema Zwangsarbeiter mit der Möglichkeit, gezielt nach Städten und Regionen zu suchen)

Literaturhinweise

Berliner Geschichtswerkstatt (Hrsg.): Zwangsarbeit in Berlin 1940–1945: Erinnerungsberichte aus Polen, der Ukraine und Weißrußland. Erfurt: Sutton 2000.

Böhler, Jochen: Auftakt zum Vernichtungskrieg. Die Wehrmacht in Polen 1939. Frankfurt am Main: Fischer Taschenbuch 2006.

Borodziej, Włodzimierz: Die deutsch-polnischen Beziehungen – der Krieg und seine Konsequenzen. In: Grenzerfahrungen: Jugendliche erforschen deutsch-polnische Geschichte. Hrsg. v. Alicja Wancerz-Gluza. Eingeleitet von Władysław Bartoszewski und Richard von Weizsäcker. Hamburg: Edition Körber Stiftung 2003, S. 29–38.

Borodziej, Włodzimierz: Der Warschauer Aufstand. Frankfurt am Main: Fischer Taschenbuch 2004.

Borodziej, Włodzimierz; Ziemer, Klaus (Hrsg.): Deutsch-polnische Beziehungen 1939–1945–1949. Eine Einführung (= Einzelveröffentlichungen des Deutschen Historischen Instituts Warschau. Bd. 5). Osnabrück: Fibre Verlag 2000.

Browning, Christopher R.: Ganz normale Männer: das Reserve-Polizeibataillon 101 und die ›Endlösung‹ in Polen. Reinbek b. Hamburg: Rowohlt Taschenbuch 1999.

Chiari, Bernhard unter Mitarb. von Jerzy Kochanowski (Hrsg.): Die polnische Heimatarmee. Geschichte und Mythos der Armia Krajowa seit dem Zweiten Weltkrieg (= Beiträge zur Militärgeschichte. Bd. 57). München: Oldenbourg 2003.

Das Heimweh des Walerjan Wróbel. Ein Sondergerichtsverfahren 1941/42. Aufgezeichnet von C. U. Schminck-Gustavus. Berlin-Bonn: Dietz 1986.

Deutsches Historisches Institut Warschau (Hrsg.): ›Größte Härte …‹. Verbrechen der Wehrmacht in Polen September/Oktober 1939. Ausstellungskatalog. Red. Jochen Böhler. Osnabrück: Fibre 2005.
Der Katalog enthält das gesamte Bild und Textmaterial zu dieser Ausstellung.

Hosenfeld, Wilm: ›Ich versuche jeden zu retten‹. Das Leben eines deutschen Offiziers in Briefen und Tagebüchern. Im Auftrag des Militärischen Forschungsamtes hrsg. von Thomas Vogel. Stuttgart: Deutsche Verlags-Anstalt 2004.
Aufzeichnungen des deutschen Offiziers, der in Polańskis Film ›Der Pianist‹ den Titelhelden rettet.

Madajczyk, Czesław: Die nationalsozialistische Besatzungspolitik in Polen. In: Annäherungen. Deutsche und Polen. 1945–1995. Begleitbuch zur Ausstellung im Haus der Geschichte der Bundesrepublik Deutschland. Düsseldorf: Droste 1996, S. 24–39.

Mendel, Annekatrein: Zwangsarbeit im Kinderzimmer. ›Ostarbeiterinnen‹ in deutschen Familien von 1939 bis 1945. Gespräche mit Polinnen und Deutschen. Frankfurt am Main: dipa 1994.

Opfer der Diktatoren. Aufteilung in Völkermord. In: Geschichte mit Pfiff. 6/95, S. 21–23.

Schmidt-Rösler, Andrea: Polen im Zweiten Weltkrieg (1939–1944/45). In: Dies.: Polen vom Mittelalter bis zur Gegenwart (= Ost- und Südosteuropa: Geschichte der Länder und Völker). Regensburg: Pustet 1996, S. 180–202.

Staatsinstitut für Schulpädagogik und Bildungsforschung, München (Hrsg.): Ein Jahrtausend Partnerschaft und Konflikt. Bd. 2: Deutsche und Polen 1918–1945/46. Bausteine zur Geschichte der Deutschen und ihrer östlichen Nachbarn in den ehemals deutschen Siedlungsgebieten im östlichen Europa. Donauwörth: Auer 2000.

Szarota, Tomasz: Warschau unter dem Hakenkreuz. Leben und Alltag. Einleitung von Wolfgang Jacobmeyer. Paderborn: Schöningh 1985.

Volk, Stefan: Der Pianist. Film-Heft aus der Reihe ›Ins Kino zum Nachbarn Polen‹. Hrsg. v. d. Bundeszentrale für politische Bildung/Europäische Kommission/Europäisches Parlament. Bonn 2002.
Internet: http://www.film-kultur.de/filme/der_pianist.html

Internethinweis:
http://www.ww2.pl/
Seite des polnischen Außenministeriums mit Beiträgen zu u. a. folgenden Themen: Die Verteidigung Polens in 1939, Die Untergrundarmee im besetzten Polen, Die Polen in Kämpfen des 2. Weltkrieges, Die polnischen Streitkräfte im Westen, Die polnische Armee an der Ostfront, Die ›Enigma‹ und der Geheimdienst.

Flucht, Vertreibung und Zwangsumsiedlung
als Folgen des Zweiten Weltkriegs (1939–1947)

B1 Polnische Flüchtlinge 1939, **B2** Deutsche Flüchtlinge 1945, **B3** CD-Cover (2004), **B4** Buchumschlag (2004)

Flucht – Vertreibung – Zwangsumsiedlung: Welche unterschiedlichen Ereignisse fallen Ihnen dazu ein?

FLUCHT, VERTREIBUNG UND ZWANGSUMSIEDLUNG

Einführung

Flucht, Vertreibung und Zwangsumsiedlungen gehören zu den prägenden historischen Ereignissen des 20. Jahrhunderts. Historiker schätzen, dass allein in Europa über 50 Millionen Menschen ihre Heimat auf Dauer verlassen mussten. Bilder von Flüchtlingstrecks auf überfüllten Landstraßen mit abgemagerten Menschen, meist Frauen, Alte und Kinder mit ihren Habseligkeiten, haben sich in das kulturelle Gedächtnis Europas eingeprägt. Durch die ›ethnischen Säuberungen‹ während der kriegerischen Auseinandersetzungen in Südosteuropa im letzten Jahrzehnt des 20. Jahrhunderts ist auch das Thema Flucht und Vertreibung der Deutschen wieder stärker ins Bewusstsein der Öffentlichkeit getreten. Mehrere zur besten Sendezeit ausgestrahlte Fernsehfilme und -reihen, publikumswirksam aufgemachte Titelstories in auflagestarken Magazinen (u. a. Spiegel und GEO) und nicht zuletzt die seit einigen Jahren andauernden Diskussionen um die vom Bund der Vertriebenen geplante Einrichtung eines ›Zentrums gegen Vertreibungen‹ haben das Thema ins Zentrum der öffentlichen Geschichtsdebatte gebracht. Dabei wird immer wieder die Frage gestellt, ob die Deutschen nicht auch das Recht hätten, sich ihrer eigenen Opfer zu erinnern.

Die Diskussionen über Flucht und Vertreibung in Deutschland wurden in den Nachbarstaaten, besonders in Tschechien und in Polen, sehr aufmerksam registriert und von vielen Seiten auch kritisiert. Auch Personen, die sich seit Jahrzehnten engagiert für die deutsch-polnische Verständigung eingesetzt haben, wie die beiden ehemaligen Außenminister Władysław Bartoszewski (gespro-

B5 Die Westverschiebung Polens nach dem Zweiten Weltkrieg

chen: *wadüswaw bartoschewski*) und Bronisław (gesprochen: *broniswaw*) Geremek, äußerten Bedenken. Sie befürchten, dass sich mit dieser Diskussion eine Neubewertung der Geschichte des Zweiten Weltkriegs anbahne, in der unter Missachtung der historischen Zusammenhänge und Kausalitäten plötzlich Polen als Täter und Deutsche als Opfer erscheinen.

Als Gegenstand des Unterrichts hat die Vertreibung eine wechselvolle Geschichte. Dies wird besonders deutlich, wenn man die Proportionen zwischen der Darstellung des Zweiten Weltkriegs mit Holocaust und Vernichtungskriegen auf der einen und der Folgen des Zweiten Weltkriegs für Deutschland mit Vertreibung und Gebietsveränderungen auf der anderen Seite miteinander vergleicht. Während in den Fünfzigerjahren nur marginal auf den Krieg und die Folgen für die von Deutschland besetzten Länder und die Vernichtung der Juden eingegangen und die Leiden der Deutschen nach 1945 demgegenüber sehr deutlich herausgestellt wurden, wurden seit den 1960er-Jahren deutsche Täter und deutsche Opfer thematisiert. Allerdings geschah dies in einer politisierten Atmosphäre. Die Vertriebenenverbände hielten die Erinnerung an die Opfer wach und bekämpften die Entspannungspolitik, während sozialdemokratische und liberale Stimmen den Blick auf die deutsche Verantwortung und die ›deutsche Schuld‹ (Entfesselung des Krieges, Ingangsetzung der Gewaltspirale, Ermordung der Juden) sowie auf die Notwendigkeit der Versöhnung lenkten. In der Öffentlichkeit und auch im Schulunterricht trat das Thema ›Flucht und Vertreibung‹ seit den 1980er-Jahren gegenüber dem Thema ›deutsche Schuld‹ in den Hintergrund.

Nach der Annäherung zwischen der Bundesrepublik und ihren nun demokratischen ostmitteleuropäischen Nachbarstaaten in den 1990er-Jahren sowie infolge der neuen Aktualität ›ethnischer Säuberungen‹ in Europa kehrten die Zwangsmigrationen ins historische Bewusstsein zurück, und zwar in Deutschland wie in Polen. Auch die polnische Gesellschaft diskutierte in den 1990er-Jahren die eigene Schuld an den Vertreibungsvorgängen – ein Vorgang, der einer breiteren deutschen Öffentlichkeit verborgen blieb. Seit Anfang des 21. Jahrhunderts wird das Thema Zwangsumsiedlungen zwischen Deutschen und Polen intensiv diskutiert, wobei oft extreme Positionen in der Presse mehr Beachtung finden als ausgewogene Stimmen.

Deshalb scheint es sinnvoll, das Thema in neuer Weise im Schulbuch und im Unterricht zu verankern. Dabei sollten folgende Punkte berücksichtigt werden:

1. Flucht und Vertreibung sind kein originär deutsches Schicksal, sondern eine Erfahrung, die zahlreiche Völker im 20. Jahrhundert erlebt und erlitten haben.

2. Um das Thema Schülern anschaulich zu vermitteln, ist es legitim, dass individuelle Einzelschicksale behandelt werden. Allerdings ist es Aufgabe des Schulbuchs und der Lehrer, diese individuellen Erfahrungen historisch zu kontextualisieren, um vordergründigen Schuldzuweisungen vorzubeugen.

3. Historische Kontextualisierung bedeutet am deutsch-polnischen Beispiel, dass sowohl die konflikträchtige deutsch-polnische Geschichte seit den Teilungen Polens als auch insbesondere die Gesamtgeschichte des Zweiten Weltkriegs bei der Behandlung des Themas mitbedacht werden.

4. Das Gesamtthema Vertreibung sollte faktografisch und terminologisch differenziert werden: Evakuierung, Flucht, wilde Vertreibung, organisierte Zwangsumsiedlung, Umsiedlung – jeder dieser Vorgänge ist historisch zu verorten. Vorgeschichten, Motive, Verantwortlichkeiten müssen benannt werden.

5. Unabhängig von Umfang und Intensität der Berücksichtigung des Themas im Unterricht ist es sinnvoll, in jedem Fall die Vertreibung der Deutschen nicht isoliert zu behandeln. Als Einstieg scheinen uns die Erarbeitung einer Chronologie der Deutsche und Polen betreffenden Zwangsumsiedlungsvorgänge seit 1939 und deren geografische Zuordnung am geeignetsten.

Materialien

M1 Der Publizist Heinrich Jaenecke über Zwangsumsiedlungen von Deutschen und Polen 1939–1947

Mit dem Hitler-Stalin-Pakt (August 1939) erhielt die Nationalitätenpolitik eine neue, mörderische Dimension. Unverblümt erklärte Hitler nach der Teilung Polens am 6. Oktober 1939 im Reichstag:
5 ›Die wichtigste Aufgabe ist eine neue Ordnung der ethnografischen Verhältnisse, das heißt, eine Umsiedlung der Nationalitäten, sodass sich bessere Trennungslinien ergeben. […] Deutschland und die Union der Sowjetrepubliken sind übereingekommen, sich hierbei gegenseitig zu unterstützen.‹ […] Stalin hatte ein einfaches Ziel: die Ausrottung der nationalen Identitäten in den annektierten Gebieten. Unmittelbar nach dem Einmarsch der Roten Armee setzte die Jagd auf die potenziellen Träger des polnischen Nationalismus ein: die Beamten, die Intellektuellen, die Großgrundbesitzer, die Kirche, die Bourgeoisie. Allein aus dem sowjetischen Teil Polens wurden bis zu 1,5 Millionen Menschen ins Innere der Sowjetunion deportiert. Für Zehntausende bedeutete das den Tod. […] Die polnischen Soldaten, die sich 1939 der Roten Armee ergeben hatten, um nicht Hitlers Wehrmacht in die Hände zu fallen – insgesamt 181 000 Mann – wurden en bloc in Straflager deportiert. […] Das grausigste Schicksal traf die polnischen Offiziere, fast 10 000 Mann*. Stalin ließ sie samt und sonders erschießen, die Hälfte von ihnen in den Wäldern von Katyń. […]

Die Entpolonisierung der ›eingegliederten Ostgebiete‹ wurde über die so genannte Deutsche Volksliste vorangetrieben, durch die sich Polen in Volksdeutsche verwandeln konnten. Die polnische Restbevölkerung sollte planmäßig ins Generalgouvernement abgeschoben werden. Schon im Herbst 1939, wenige Wochen nach der Besetzung, wurden die ersten 90 000 umgesiedelt (›Pro Pole 1 Koffer‹ war die erlaubte Habe). Der frei werdende ›Lebensraum‹ wurde mit ›heim ins Reich‹ geholten Volksdeutschen gefüllt.

Beim großen Teilungspoker mit Stalin hatte Hitler die Umsiedlung der Volksdeutschen ausgehandelt, die in den sowjetisch besetzten Gebieten lebten: die Baltendeutschen aus Estland, Lettland, Litauen, die Wolhynien-Deutschen aus Ostpolen, die Bessarabien-Deutschen aus dem von Rumänien abgetretenen Moldau-Gebiet – insgesamt rund eine Million meist bäuerlicher Menschen, die zum Spielball der Machtpolitik geworden waren und ihre seit Jahrhunderten angestammte Heimat für immer aufgeben mussten.

Viele von ihnen wurden auf Anordnung des ›Reichskommissars für die Festigung des deutschen Volkstums‹, SS-Chef Heinrich Himmler, im Generalgouvernement ›angesiedelt‹: in Dörfern, aus denen man zuvor die Polen vertrieben hatte. Zu ihnen zählte die aus Bessarabien stammende Familie des heutigen Bundespräsidenten Horst Köhler. Er wurde 1943 in einem Flecken namens Skierbieszów im Kreis Zamość in Südostpolen geboren. […]

Das Pendel der Geschichte schlug zurück. Die Brutalität, mit der Polen zerschlagen und geknechtet worden war, kehrte sich jetzt mit gleicher Erbarmungslosigkeit gegen die Urheber. Auf der Konferenz von Jalta im Februar 1945 wurde die ›Westverschiebung‹ Polens beschlossen. Da Stalin sich weigerte, die 1939 annektierten polnischen Gebiete herauszugeben, sollte Polen im Westen bis an die Oder-Neiße-Linie ›vorrücken‹, wie Churchill sich ausdrückte. Dies bedeutete die Abtretung von Ostpreußen, Pommern und Schlesien mit mehr als neun Millionen deutschen Einwohnern – die größte territoriale und ethnische Verschiebung in der Geschichte Europas. […]

Stalin wartete nicht ab, bis die Absprachen von Jalta völkerrechtlich sanktioniert waren. Die Rote Armee schuf Fakten: eine Sturmflut, die Millionen Flüchtlinge vor sich hertrieb und tausend Jahre deutscher Geschichte unter sich begrub. […]

Auf der Potsdamer Konferenz wurden die Fakten notifiziert: Die Gebiete östlich der Oder-Neiße-Linie kamen unter polnische ›Verwaltung‹, ein Wort, an das sich die Bundesrepublik jahrzehntelang klammerte, weil es die Fata Morgana einer Revision durch einen regulären Friedensvertrag weckte.

Die Umsiedlung der deutschen Bevölkerung,

soweit sie noch nicht geflohen oder vertrieben war, wurde in Potsdam festgeschrieben. Wörtlich: ›Die drei Regierungen (UdSSR, Großbritannien, USA; Red.) erkennen an, dass die Überführung der deutschen Bevölkerungsteile, die in Polen, der Tschechoslowakei und Ungarn zurückgeblieben sind, durchgeführt werden muss.‹ Die Überführung habe in ›ordnungsgemäßer und humaner Weise‹ zu erfolgen. Von ›ordnungsgemäß‹ und ›human‹ konnte dann keine Rede sein. [...]

Ab 1946 nahmen die Ausweisungen zivilisiertere Formen an. Sie wurden zum Teil per Bahn, begleitet von Rotkreuz-Betreuern, durchgeführt. Gegen Ende 1947 war die ›Überführung‹ praktisch abgeschlossen. Es gab keine nennenswerte Zahl von Deutschen mehr in Ostpreußen, Pommern, Schlesien und dem Sudetenland. Zwölf Millionen Vertriebene wurden auf die vier Besatzungszonen Restdeutschlands verteilt. Hunderttausende hatten Flucht und Vertreibung nicht überlebt.

Aus: Heinrich Jaenecke: Der Wahn der reinen Nation. In: GEO Nr. 11, November 2004, S. 130–134

---

* Nach neueren Berechnungen betrug die Zahl der in Katyń und anderen Orten erschossenen Offiziere über 15 000.

M2 Zwangsaussiedlung von Polen 1939

Ein Zeitzeuge berichtet über die Deportation von Polen aus dem Posener Gebiet ins Generalgouvernement. In die Häuser der Polen wurden dann Deutsche, die aus dem Baltikum ausgesiedelt worden waren, einquartiert.

Das Dorf wurde umzingelt, und kurz vor Mitternacht wurden die Leute aus den Betten herausgejagt. Dann kam der Befehl, binnen einer halben oder Dreiviertelstunde mit einem Gepäck von 30 Kilogramm reisefertig zu sein. [...] Die Polen mussten in ihren eigenen Wagen in die Kreisstadt fahren und kamen dort hinter Stacheldraht. In der Kreisstadt warteten bereits Volksdeutsche, die man von woanders hergeholt hatte. Diese Volksdeutschen wurden dann auf dieselben Wagen geladen, in denen die polnischen Familien gekommen waren. [...]

Aus: K. Erik Franzen; Hans Lemberg: Die Vertriebenen. Hitlers letzte Opfer. Berlin, München: Propyläen 2001, S. 47

B6 Dieser polnische Befehl wurde bereits Anfang Juni 1945 an den Häusern der schlesischen Stadt Glatz plakatiert – also Wochen vor Beginn der Potsdamer Konferenz der Alliierten am 17. Juli 1945.

M3 Ausweisung von Deutschen aus Sorau/Niederlausitz 1945

Niemand von uns hatte mit einer Ausweisung gerechnet. Wohl wurde uns gesagt, dass wir nun polnisch verwaltet würden. Bis dann am Morgen des 23. Juni 1945 die gesamte Bevölkerung Soraus, gegen 29 000 Menschen, ausgewiesen wurde. [...]

Mir ließen sie wie allen genau zehn Minuten Zeit. Ich konnte nun bloß mein einjähriges Enkelkind die drei Treppen herunterschleppen, danach den Kinderwagen, den sie mir auch schon teilweise ausgeplündert hatten, dann für den Kleinen heimlich einige Lebensmittel aus den Verstecken holen, und als ich dann noch für mich aus meiner Wohnung meinen Mantel holen wollte, ließ mich der Pole nicht mehr herein mit dem Vermerk, die zehn Minuten wären herum. [...] Es war ein Elendszug, denn Züge gingen ja nicht, und so zogen, man kann wohl sagen, drei Monate lang die Ausgewiesenen Schlesiens und Ostbrandenburgs auf diesen Landstraßen entlang: Kinderwagen,

B7 Aus Ostpolen zwangsumgesiedelte Polen auf dem Weg nach Schlesien. Auf der Waggontür steht geschrieben: ›Wir begrüßen die Piastengebiete‹

Leiterwagen, Schiebkarren, Sportwagen, man sah die unmöglichsten Gefährte. Bettelarm zogen wir da lang, denn schon längst hatte uns der Russe Geld, Papiere und Sparkassenbücher und natürlich Schmuck, Uhren, Trauring usw. abgenommen.

Aus: Dokumentation der Vertreibung der Deutschen aus Ostmitteleuropa. Hrsg. vom Bundesministerium für Vertriebene, Flüchtlinge und Kriegsgeschädigte. Band I, 2. Bonn 1954, S. 688f.

M4 Aus den Beschlüssen der Potsdamer Konferenz vom 2. August 1945

IX. Polen […]
Die Häupter der drei Regierungen stimmen darin überein, dass bis zur endgültigen Festlegung der Westgrenze Polens die früher deutschen Gebiete östlich der Linie, die von der Ostsee unmittelbar westlich von Swinemünde und von dort die Oder entlang bis zur Einmündung der westlichen Neiße und die westliche Neiße entlang bis zur tschechoslowakischen Grenze verläuft, einschließlich des Teiles Ostpreußens, der nicht unter die Verwaltung der Union der Sozialistischen Sowjetrepubliken in Übereinstimmung mit den auf dieser Konferenz erzielten Vereinbarungen gestellt wird und einschließlich des Gebietes der früheren Freien Stadt Danzig, unter die Verwaltung des polnischen Staates kommen und in dieser Hinsicht nicht als Teil der sowjetischen Besatzungszone in Deutschland betrachtet werden sollen. […]
XIII […]
Die Konferenz erzielte folgendes Abkommen über die Ausweisung Deutscher aus Polen, der Tschechoslowakei und Ungarn:

Die drei Regierungen haben die Frage unter allen Gesichtspunkten beraten und erkennen an, dass die Überführung der deutschen Bevölkerung oder Bestandteile derselben, die in Polen, Tschechoslowakei und Ungarn zurückgeblieben sind, nach Deutschland durchgeführt werden muss. Sie stimmen darin überein, dass jede derartige Durchführung […] in ordnungsgemäßer und humaner Weise erfolgen soll. […]

Aus: Amtsblatt des Kontrollrats in Deutschland. Ergänzungsblatt Nr. 1. Mitteilung über die Dreimächtekonferenz von Berlin. I.–XIV. 2. August 1945, abgedruckt in: Michael Antoni: Das Potsdamer Abkommen – Trauma oder Chance? Geltung, Inhalt und staatsrechtliche Bedeutung für Deutschland. Berlin 1985, S. 340–347

M5 Flucht, Vertreibung, Verschleppung – eine Übersicht

Polen in seinen Vor- und Nachkriegsgrenzen wurde Schauplatz der größten Bevölkerungsverschiebungen in der jüngeren Geschichte Europas. Viele verschiedene Bevölkerungsgruppen mussten den Verlust der Heimat hinnehmen:
• Flucht von Polen, u.a. der Regierung, der Armeeführung, des katholischen Primas, über Rumänien nach Westeuropa 1939
• Flucht von Polen (vor allem Juden) in die sowjetische Zone 1939/40
• Flucht von Polen aus der sowjetischen Zone in das Generalgouvernement 1939/40
• Verschleppung von Polen (darunter viele Juden) und Ukrainern nach Sibirien, in das russische Polargebiet und nach Kasachstan; Erschießung von mindestens 20 000 Angehörigen der polnischen Elite, die als Offiziere in sowjetische Gefangenschaft geraten waren, durch den Geheimdienst NKWD (u. a. bei Katyń) 1939–41

- Deportation von Juden in Ghettos sowie Konzentrations- und Vernichtungslager, Massenerschießungen von Juden 1939–44
- Vertreibung von Polen aus den ans Reich angeschlossenen Gebieten ins Generalgouvernement 1939–1943: Reichsgau Wartheland 630 000, Reichsgau Danzig-Westpreußen 124 000
- Deportation von Polen in Konzentrationslager, Erschießung von Tausenden von Angehörigen der polnischen Elite durch die SS 1939–44
- Deportation von Polen zur Zwangsarbeit ins Reichsgebiet 1939–44 (ca. 2,8 Millionen)
- Ansiedlung von Deutschen aus dem Baltikum, Südosteuropa und der Sowjetunion im Reichsgau Wartheland und im Gebiet Zamość 1941–44
- Vertreibung von Polen aus dem Gebiet um Zamość 1942/43 (ca. 116 000)
- Flucht von Polen aus Wolhynien ins Generalgouvernement 1943/44
- Verschleppung von Polen und Ukrainern in die Sowjetunion 1944–47
- Verschleppung von Deutschen in die Sowjetunion 1945–48
- Flucht, Vertreibung und Zwangsaussiedlung der Deutschen aus den Gebieten östlich von Oder und Neiße 1945–48
- Deportation von Deutschen in polnische Arbeitslager 1945/46
- Rückkehr von polnischen Soldaten, Emigranten, Zwangsarbeitern aus Deutschland und Westeuropa nach Polen 1945/46
- Ausreisewelle von polnischen Juden nach Palästina und in die USA 1945–49
- Umsiedlung (›Repatriierung‹) von Polen aus Ostpolen 1945–49
- Deportation von antikommunistischen Polen und Ukrainern in polnische Arbeitslager 1945–54
- Zwangsumsiedlung von Ukrainern aus Südostpolen in die Sowjetunion oder in die Oder-Neiße-Gebiete 1946/47 (Aktion ›Weichsel‹)
- Spätaussiedler aus den Oder-Neiße-Gebieten in die Bundesrepublik und DDR (Familienzusammenführung) ab 1956
- Polnische Rückkehrer aus Sibirien und Kasachstan ab 1956

Aus: Thomas Urban: Der Verlust. Die Vertreibung der Deutschen und Polen im 20. Jahrhundert. München: Beck 2004 (bearbeitet)

M6 Das Aufeinandertreffen von ›Repatrianten‹ und ostdeutscher Bevölkerung aus polnischer Sicht

[…] Ein hochgewachsener älterer Deutscher öffnete mir. Ich konnte nicht Deutsch, hatte es aber einmal gelernt. Ich sprach ihn an, und zu meinem Erstaunen konnten wir uns vorzüglich einander verständlich machen. Gleich darauf kam eine Deutsche mittleren Alters hinzu, die Schwiegertochter des Hausherrn.

Gleich an der Schwelle erklärte ich ihnen, ich sei Pole und Repatriant* aus dem Osten. Am nächsten Tag werde meine Familie in ihr Haus einziehen. Für heute möchte ich nur um eine Übernachtungsmöglichkeit bitten. Ich wurde gastfreundlich, wenn auch kühl aufgenommen, was ja nicht weiter verwunderlich war. Da ich mich aber einigermaßen mit ihnen verständigen konnte, wich allmählich die Spannung, und sie sagten sogar, dass sie sich freuten, wenn gerade ich mit meiner Familie bei ihnen wohnen würde.

Ich erriet, dass ihr Gemeinwesen im Zusammenhang mit der Umsiedlung wohl nicht die beste Meinung von den Repatrianten hatte. Aus dem weiteren Gespräch ergab sich, dass sie sich mit dem Schicksal ihres Volkes, das den Krieg verloren hatte, abfanden, aber schließlich – so sagten sie – konnten nicht alle Deutschen für die Verbrechen Hitlers büßen. Mir wurde bewusst, dass uns in gewissem Grade ein gemeinsames unglückliches Schicksal verband. Uns, die wir von den Bandera-Leuten** zur Flucht aus der Heimat gezwungen worden waren, und sie, die nun die Folgen des Krieges trugen, den ein Teufel entfacht hatte.

Der ältere Deutsche hieß Paul Grosser, seine Schwiegertochter Emma; mit ihrem Mann, der bisher noch nicht aus dem Krieg heimgekehrt war, hatte sie zwei Söhne im Jugendalter – Werner und Michael.

Am nächsten Tag zog das ausgemergelte Pferd mit Mühe das mit Getreidesäcken beladene Fuhrwerk heran, hinterher schleppte sich die nicht weniger ausgemergelte Kuh. Beim Anblick dieser Karawane und beim Anblick meiner Mama und meiner Schwester in ihrer dörflichen Kleidung und mit den Tüchern, die Kopf und Stirn verhüllten, erlitten der ›Großvater‹ und Emma einen gelinden

FLUCHT, VERTREIBUNG UND ZWANGSUMSIEDLUNG

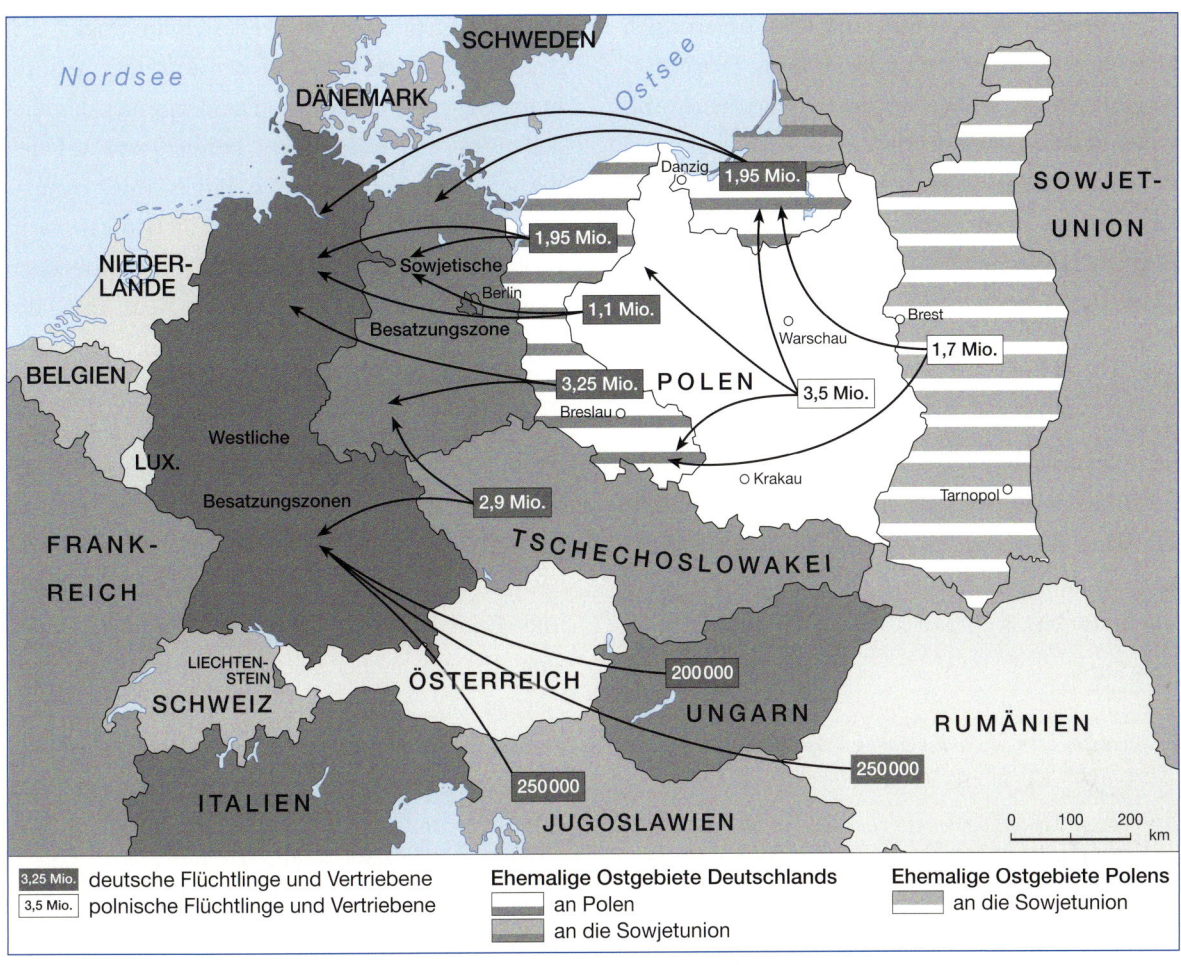

B8 Flucht und Vertreibung von Deutschen und Polen zwischen 1944 und 1948

Schock. Trotz der Sprachbarriere wurden unsere Beziehungen schon nach den ersten Tagen sehr freundschaftlich. Ich tauschte mit ›Großvater‹ eine Taschenuhr, die schlecht ging (das sagte ich ihm aber), gegen eine Wanduhr, und Mama bekam von Emma gegen Mehl Bettwäsche und allerlei Kleinigkeiten. Am Sonntag darauf gingen wir zum Gottesdienst. Er fand in der Schule statt, denn die Kirche war beschädigt. Der Tisch in der großen Aula war mit weißem Tuch bedeckt, darauf das Kreuz und brennende Kerzen. Es war recht eng, weil wohl alle Deutschen und alle Umsiedler gekommen waren. Ein deutscher Kaplan zelebrierte den Gottesdienst. Voller Freude nahm ich wahr, dass dieser katholisch und – genau wie bei uns im Osten – in lateinischer Sprache gefeiert wurde. Für eine Weile verlor ich die Orientierung und glaubte, zu Hause in Koropiec zu sein. [...]

Ich merkte, dass die Deutschen mehr uns beobachteten, als dass sie beteten. Der Kontrast zwischen den Kopftüchern unserer verheirateten Frauen und den Hüten der deutschen Frauen musste für sie sehr überraschend gewesen sein. Ich hatte auch den Eindruck, dass sie sich wunderten, dass wir dem Ritual gemäß korrekt niederknieten, aufstanden und uns bekreuzigten. [...]

Seit einigen Tagen übernachtete Emma bei uns. Sie war tief verschreckt und deprimiert. Nur ein Schatten ihrer selbst. Sie fürchtete sich, zu Hause zu schlafen, denn die Banditen trieben ihr Unwesen ohne Rücksicht auf die Tageszeit, und sie war überdies eine hübsche Frau.

Eines Nachts, als wir schon schliefen, klopfte es an der Tür. Längere Zeit reagierte niemand von uns. Das Klopfen wurde zum Hämmern mit Fäusten. Mama stand schließlich auf, entzündete die Lampe und öffnete die Tür. Der Ortsvorsteher trat ein – unser früherer Nachbar in Koropiec, Józef Felsztyński. In scharfem Ton befahl er Emma, aufzustehen und sich anzukleiden. Als Mama Widerspruch einlegte, befahl er ihr im selben Ton zu schweigen.

Die erschrockene, totenblasse Frau begann sich anzukleiden. Keiner von uns wusste, worum es ging. Plötzlich schlug sie der Ortsvorsteher mit voller Wucht ins Gesicht. Wir konnten ihr keinen Beistand leisten, als er sie brutal aus der Tür stieß. Uns bewarf er mit schmutzigen Schimpfworten, weil wir Deutschen Unterschlupf gewährten. [...]

Die Repatrianten, die aus dem Grenzland im Osten in die ›Wiedergewonnenen Gebiete‹ gekommen waren, bestellten zwar den Boden, sie pflügten und säten, aber sie taten es ohne Begeisterung. Die Sehnsucht nach der Heimat und den dort zurückgebliebenen Angehörigen setzte uns zu. Allgemein herrschte die Überzeugung, dass wir nur zeitweilig hier waren. [...]

Aus: Michał Sobków: Heimat. Völker am Scheideweg. In: Karta. Zeitzeugnisse aus Ostmitteleuropa, Nr. 1/2000. S. 90, 95 f.

* Repatriant: In der Volksrepublik Polen gebräuchliche verharmlosende Bezeichnung für Zwangsumsiedler aus Ostpolen
** Bandera-Leute: Ukrainische Nationalisten, die durch Überfälle und Morde die polnische Bevölkerung aus Ostpolen vertrieben

M7 Die Begegnung mit der Vergangenheit

Aus einer Reportage über polnische Ängste angesichts der Rückforderung von ehemaligem deutschem Eigentum nach dem EU-Beitritt Polens

Die Begegnung mit der Vergangenheit macht Klaus Glowna jedes Mal von neuem wütend. Jetzt steht er hier am Ende einer stillen Sackgasse im polnischen Grenzstädtchen Łęknica vor einem zweistöckigen Einfamilienhaus aus rotem Ziegelstein und kann sich kaum beherrschen. Das Städtchen gehörte einst zu Bad Muskau, bekannt durch seinen von Fürst Pückler angelegten Landschaftspark, und liegt heute auf der polnischen Seite. Glowna atmet schwer vor Erregung. Was er sieht, macht ihn zornig und traurig. Das Haus ist verkommen, der Vorgarten von Unkraut überwuchert. Wo einst im Sommer bunte Blumen blühten, macht sich heute ein trüber, ungepflegter Tümpel breit. Die heruntergekommenen Bauten auf der gegenüberliegenden Seite des Hauses ›waren mal unsere Remisen, wir hatten immer zwei Kutschen, darunter einen Landauer‹, erzählt der 71-Jährige. Er zeigt zum Fenster im Dachgiebel des Wohnhauses: ›Das Zimmer dort oben gehörte meiner älteren Schwester.‹ Die Bewohner des Ziegelhauses sind unterdessen aufmerksam auf den Besucher draußen geworden, hinter dem Verandafenster wackelt die Gardine. Will Glowna nicht hineingehen, auf einen Schwatz mit den jetzigen Bewohnern? Heftig wehrt er ab: ›Nein, nein, das sind richtig böse Leute! Die kommen mit dem Knüppel!‹ Was man vielleicht, ohne die Leute zu kennen, verstehen kann. Denn Glowna, der hier wohnte, bis er 13 war, damals, als Łęknica noch Lugknitz hieß und ein deutscher Ort war, möchte die Leute aus dem Haus jagen. Er will sein Elternhaus zurückhaben, samt den 16 Hektar Wiesen und Felder der dazugehörigen Landwirtschaft. Und für die nahe gelegenen alten Lugknitzer Dachstein & Schamottewerke, die sein Urgroßvater August Glowna im Jahr 1835 gründete, möchte er außerdem entschädigt werden. Ein hochmoderner Betrieb sei das gewesen mit zuletzt 38 Beschäftigten, von den Nazis in den Vierzigerjahren wegen hervorragender Leistungen dreimal mit der ›goldenen Fahne‹ ausgezeichnet. [...]

In den nächsten Tagen will Klaus Glowna einer Organisation namens Preußische Treuhand beitreten, die seine Interessen wahrnehmen und den einstigen Besitz für ihn einklagen soll. Die Gesellschaft wurde vor rund drei Jahren gegründet, als sich der EU-Beitritt Polens abzeichnete. Mithilfe der europäischen Rechtsprechung hoffen viele deutsche Alteigentümer, ihre einstigen Ländereien in Polen doch noch zurückzuerhalten. Unverhohlen gibt die Treuhand als Geschäftszweck die Rückgabe des ›konfiszierten Eigentums‹ in ›den Preußischen Provinzen jenseits von Oder und Neiße‹ an. [...]

Während in Deutschland die Aktivitäten der Treuhand bisher kaum zur Kenntnis genommen werden, sind sie in Polen landesweit diskutiertes Thema und haben zu einer spürbaren Verschlechterung des polnisch-deutschen Verhältnisses geführt. Nach einer Aufbruchphase in den Neunzigerjahren, als Polen und Deutsche einen Grenzvertrag und einen Freundschaftsvertrag schlossen und in kurzer Zeit über 400 polnisch-deutsche Städtepartnerschaften begründet wurden, fürchten sich viele Polen nun wieder vor dem Nachbarn im Westen. [...]

In Warschau hat das Stadtparlament den Oberbürgermeister Lech Kaczyński gar beauftragt, eine Kommission einzusetzen, um die von den Deutschen verursachten Kriegszerstörungen zu berechnen. Sie kam auf die Summe von 31,5 Milliarden Dollar. Die Forderung will Warschau der Bundesregierung präsentieren, sollten deutsche Vertriebene tatsächlich Rückgabeansprüche vor Gericht erstreiten wollen. Die Summe hält Kaczyński noch für zu niedrig. Immerhin sei Warschau zu 90 Prozent zerstört worden, und die Hälfte der Bevölkerung habe den Krieg nicht überlebt.

Aus: Roland Kirbach: ›Da müssen sie mit dem Panzer kommen!‹ Mit dem EU-Beitritt wächst in Polen die Angst vor den Deutschen. Eine Gesellschaft namens Preußische Treuhand, an deren Spitze Funktionäre der Vertriebenenverbände stehen, fordert ›deutsches‹ Eigentum zurück. In: Die Zeit 23/2004

M8 Philipp Ther: Evakuierung, Flucht und Vertreibung

Doch auch die Geschichtswissenschaft steht vor neuen Aufgaben. Die erste ist eine stärkere Differenzierung zwischen Flucht und Vertreibung. Letzterer Terminus ist in den vergangenen Jahren zu einem Sammelbegriff für alle Arten von Opferschicksalen gegen Ende des Zweiten Weltkrieges mutiert. Die Evakuierung durch die Nationalsozialisten wird darunter ebenso subsumiert wie die Flucht vor der Roten Armee, die Vertreibung zwischen Kriegsende und dem Potsdamer Abkommen und die vertraglich sanktionierte Zwangsaussiedlung nach dem August 1945. Diese Gleichsetzerei ist schon deshalb fragwürdig, weil sich hinter Flucht und Vertreibung verschiedene Schicksale verbergen. Die Nationalsozialisten befahlen die Evakuierung in vielen Gebieten zu spät, um die deutsche Zivilbevölkerung zum Durchhalten gegen die heranrückende Rote Armee zu zwingen. Doch wer rechtzeitig den Weg in den Westen fand, wie zahlreiche Parteibonzen und Angehörige der gesellschaftlichen Eliten, kam oft glimpflich davon. Hingegen flohen die Menschen vor der Roten Armee im Hochwinter, was die meisten Opfer kostete. Schlimm erging es auch den Opfern der so genannten ›wilden Vertreibung‹ im Frühjahr

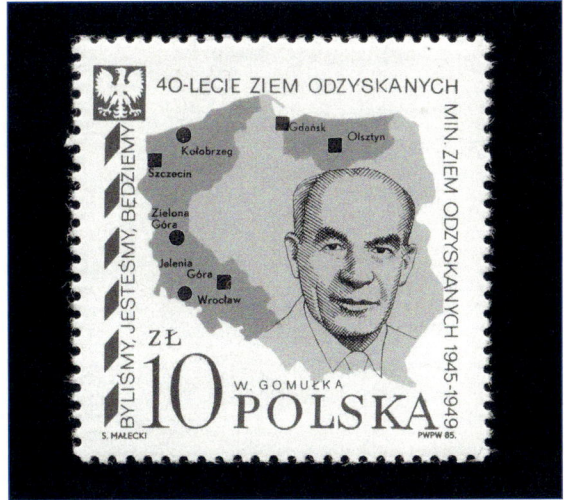

B9 Polnische Briefmarke von 1985. Der Text lautet: ›40-jähriges Jubiläum der wiedergewonnenen Gebiete / Wir waren hier, wir sind hier, wir werden hier sein / Ministerium der wiedergewonnenen Gebiete 1945–1949 / W. Gomułka‹

1945, denn an ihnen entlud sich der aufgestaute Hass gegen die ehemaligen Besatzer. Im Vergleich dazu war die vertraglich geregelte Vertreibung nach dem Potsdamer Abkommen stärker durchorganisiert, vor allem nach zusätzlichen Verträgen zwischen den Siegermächten und den beteiligten Staaten Ostmitteleuropas Anfang 1946.

Aus: Philipp Ther: Der Diskurs um die Vertreibung und die Falle der Erinnerung. In: Thomas Strobel, Robert Maier (Hrsg.): Zwangsmigrationen und die deutsch-polnischen Beziehungen als Forschungsproblem und Unterrichtsgegenstand (= Studien zur internationalen Schulbuchforschung. Bd. 121). Hannover: Hahn 2007

M9 Allensbach-Umfrage: Polen und Tschechen fürchten deutsche Gebietsansprüche

Fast 60 Jahre nach Flucht und Vertreibung der Deutschen aus den damaligen Siedlungsgebieten im Osten erweckt das Thema in den betroffenen Ländern immer noch große Aufmerksamkeit – und Furcht. Das zeigt das Ergebnis einer großangelegten Studie des Allensbacher Instituts unter Polen, Tschechen und Deutschen, die aus Anlass einer Anfang Dezember startenden Ausstellung im Bonner ›Haus der Geschichte‹ erscheint. So halten es 61 Prozent der Polen und 38 Prozent der Tschechen für wahrscheinlich, dass die Bundesregierung ehemalige deutsche Gebiete zurückfordern oder dafür Entschädigung verlangen werde.

Aus: Spiegel online vom 5. November 2005

B10 Eine solche Gedenktafel wäre vor 1989 undenkbar gewesen. In Głogów/Glogau wird seit Mai 2000 an deutsche und polnische Opfer 1939–1945 erinnert.

M10 Der Vorsitzende der polnischen Kulturgemeinschaft ›Borussia‹ aus Olsztyn (Allenstein) Robert Traba erklärt, warum er eine Zusammenarbeit mit dem Bund der Vertriebenen ablehnt

Einige Führer des Bundes der Vertriebenen suchen uns in eine ›Gedächtnisfalle‹ oder besser in ein ›Beschweigen‹ zu ziehen. […] Ich habe das Ostpreußenblatt [das Publikationsorgan der Landsmannschaft Ostpreußen, H.-J.B.] unter der Perspektive der Wahrnehmung des Zweiten Weltkriegs und der fünfjährigen Besatzung Polens analysiert. Nicht einmal fand ich einen Beitrag, der eine sorgfältige Analyse der deutschen Beteiligung am Zweiten Weltkrieg geboten hätte. Ich fand keinen Artikel, der die Deutschen als Täter während der Besetzung Polens und als Verantwortliche für das Leiden Tausender Polen dargestellt hätte. Eine solche Opferperspektive setzt erst mit dem Moment des Eindringens der Roten Armee nach Ostpreußen und der Aussiedlung der Deutschen ein. […] Eine solche, für das Leiden anderer verschlossene ›organisierte Erinnerung‹ halte ich für eine Falle. Sie schließt eine sachliche Verständigung aus, denn dazu bedarf es beiderseitiger Empathie. Die Empathie vieler Funktionäre der Vertriebenen […] reicht so weit, wie die Leiden der eigenen, deutschen Nation reichen.

Aus: Hans-Jürgen Bömelburg: Gestörte Kommunikation. Der polnische Monolog über Flucht und Vertreibung und seine deutsch-polnischen Ursachen. In: Mittelweg 36, 14. Jg. Heft 3/2005

M11 Die Geschichte einer ungewöhnlichen Freundschaft

Eine Reportage über eine junge Polin, die nach Kriegsende vertrieben wird und in das Haus einer deutschen Familie zieht, bis diese gehen muss.

Ich bin in Niederschlesien, um nach Erinnerungen zu fragen, die man weder in einem deutschen noch in einem polnischen Schulbuch findet. Wie haben die Polen die Vertreibung der Deutschen erlebt? Die Vorgeschichte kennen wir ja: Irgendwo weit weg, in Jalta, in Potsdam, wurden Beschlüsse gefasst, und daraufhin schubsten Soldatenstiefel ganze Völkerschaften wie Ameisenhaufen durch die Landschaft. Zwei der betroffenen Ameisen waren Karolina Kozak und Hildegard Graf. […]

›Für mich begann das alles im Sommer 1945, aus Angst vor den Morden. Wenn es diese Angst nicht gegeben hätte, wären wir in unserer Heimat geblieben.‹ Karolinas Heimat, das war ein Dorf in Ostgalizien, der heutigen Ukraine, wo ukrainische Partisanen – in der Hoffnung auf einen ›ethnisch reinen‹ eigenen Staat – die Polen zu Tausenden umbrachten. Fredzio, der Schulkamerad, war in seinem Haus ermordet worden, und mit Blut hatten die Partisanen an die Wand geschmiert: ›Ab in den Westen!‹ Da nahmen Karolina, damals 19, und ihre Großfamilie alles, was sie für wichtig hielten, und luden es in einen Eisenbahnwaggon. 16 Personen, drei Kühe, ein Pferd und eine trächtige Sau. […]

Frau Kozak erinnert sich an alles, als wäre es gestern gewesen.

Nach einer Woche kam der Zug in der Nähe von Breslau an. Dort sahen sie die ersten Deutschen, die damals auf der Straße Armbinden tragen mussten. Der Onkel wollte nicht in eine rein deutsche Gegend, und so beschloss die Familie, wieder in die andere Richtung zu fahren. ›Alles fuhr nach Westen, nur wir wollten nach Osten. Wir fuhren allein in unserem Waggon, hängten uns mal hier, mal da an einen Güterzug an. So kamen wir in vier Wochen von Niederschlesien nach Oberschlesien.‹ [...]

Jetzt waren also die Polen da. Doch die Deutschen waren auch noch da. Was tun? In Notzeiten wird alles ganz einfach. ›Wir haben im Erdgeschoss gewohnt, hier unten, und im Obergeschoss hat die Besitzerin Hildegard Graf mit ihren vier Kindern gewohnt.‹ Man wirtschaftete zusammen. Man gewöhnte sich aneinander. ›Aber zahlte Miete. Es war eine Art Interregnum‹, erzählt Frau Kozak. Gute Frage: Wer hätte eigentlich an wen Miete zahlen sollen? Müßig, sich darüber den Kopf zu zerbrechen. [...]

Doch diese Zeit sollte zu Ende gehen. Für die Deutschen kam im Juni 1946 der Ausweisungsbefehl. Wieslaw Kozak konnte bei der polnischen Behörde noch etwas Aufschub erwirken, damit Hildegard Graf noch ihre letzte Ware verkaufen konnte. Dann war es so weit. Hildegard verschenkte, was sie nicht tragen konnte. Karolina bekam die Mohnmühle. Dann war Abmarsch zum Bahnhof im Nachbarort Udanin (Gäbersdorf). Doch es gab keine Züge. Eine Woche lang kampierten die Deutschen am Bahnhof. Die Trennung fiel allen schwer. ›Mein Mann hat der Familie Graf täglich mit dem Fahrrad Milch und Essen gebracht, solange sie auf den Zug wartete.‹ Ein seltener Fall von Menschlichkeit? Keineswegs. [...]

Aus: Gerhard Gnauck: Wie war das damals, Frau Kozak? In: Die Welt vom 8. Juni 2005

M12 Die Bevölkerung unterschätzt die Zahl der Vertriebenen

›Am Ende des Zweiten Weltkriegs sind ja viele Deutsche aus den Ostgebieten, wie zum Beispiel aus Ostpreußen oder dem Sudetenland, geflohen oder wurden von dort vertrieben. Was schätzen Sie, wie viele Deutsche sind damals geflohen oder wurden vertrieben, wie viele Millionen etwa?‹ *(Angaben in Prozent)*

	Insg.	Befragte im Alter von				Vertriebene
		16–29	30–44	45–59	60+	
Starke Unterschätzung der Zahl der Flüchtlinge und Vertriebenen (bis unter 5 Millionen)	36	35	36	39	34	36
Unterschätzung der Zahl der Flüchtlinge und Vertriebenen (5 bis unter 10 Millionen)	21	17	17	24	24	24
Grob richtige Schätzung (10 bis unter 20 Millionen)	10	4	11	9	15	17
Deutliche Überschätzung (mehr als 20 Millionen)	2	2	2	3	1	1
Keine Angabe	31	42	34	25	26	22
		100	100	100	100	100
n =	1090	203	302	259	326	98

Aus: Thomas Petersen: Flucht und Vertreibung aus Sicht der deutschen, polnischen und tschechischen Bevölkerung. Bonn: Stiftung Haus der Geschichte der Bundesrepublik Deutschland 2005, S. 30

Arbeitsanregungen

1 Tragen Sie alle im Text von Jaenecke geschilderten Arten von Flucht, Vertreibung, Zwangsumsiedlung chronologisch in eine Tabelle ein.

2 Vergleichen Sie anhand von M 3 und M 4 die Umstände der Zwangsumsiedlungen und rekonstruieren Sie die jeweiligen historischen Hintergründe. Benennen Sie Gründe und Ziele für die Zwangsumsiedlungen.

3 Lesen Sie die Erinnerungen von Michał Sobków (M 6). Formulieren Sie – ausgehend von der Verhaftung Emmas – einen Hintergrundbericht, der den politischen Hintergrund dieses Aufeinandertreffens von Deutschen, die noch nicht vertrieben wurden, und Ostpolen, die bereits vertrieben wurden, beschreibt.

4 Lesen Sie die Reportage von Gerhard Gnauck (M 11). Was dürften die Gründe sein, dass ein solcher Text bisher weder in einem deutschen noch in einem polnischen Schulbuch zu finden war? Wie erklären Sie sich das Verhalten der polnischen Familie?

5 Auf der Waggontür eines Zuges mit Übersiedlern aus Ostpolen nach Schlesien steht geschrieben: ›Wir begrüßen die Piastengebiete‹ (B 7), auf der Briefmarke (B 9) ist von ›wiedergewonnenen Gebieten‹ die Rede. Klären Sie die Begriffe ›Piastengebiete‹ bzw. ›wiedergewonnene Gebiete‹ und interpretieren Sie diese im Hinblick auf die historische Lage Schlesiens zwischen Deutschland und Polen.

6 Versuchen Sie mithilfe von M 7 Antworten auf folgende Fragen zu finden: Warum haben sich viele Polen wenig um den Erhalt der deutschen Häuser gekümmert, die ihnen nach ihrer Vertreibung aus ihrer ostpolnischen Heimat nun zugeteilt wurden? Warum fürchtet Klaus Glowna die Besichtigung seines Hauses? Was fürchten die Besitzer? Wie beurteilen Sie das Anliegen der ›Preußischen Treuhand‹ und die Reaktion des damaligen Warschauer Stadtpräsidenten Kaczyński? Halten Sie die aufgemachten Rechnungen für vergleichbar?

7 Listen Sie Motive und Begründungen auf für die unterschiedlichen Zwangsumsiedlungen der Deutschen und der Polen nach 1939 (M 1, M 5).

8 Wie erklären Sie sich die Ergebnisse der Umfrage nach der Zahl der Vertriebenen? (M 12)

9 Fassen Sie die Gründe zusammen, die der Vorsitzende der polnischen Kulturgemeinschaft ›Borussia‹ nennt, warum er eine Zusammenarbeit mit dem Bund der Vertriebenen ablehnt (M 10). Finden Sie die Gründe überzeugend?

10 Skizzieren Sie, welche Aufgaben der deutsche Historiker Philipp Ther für die deutsche Geschichtswissenschaft bei der Behandlung der Vertreibung postuliert (M 8). Worin dürften die Gründe für seine Vorschläge liegen?

11 Befragen Sie im Familien- oder Bekanntenkreis Personen, die von Flucht und Vertreibung betroffen waren. Rekonstruieren Sie den Verlauf der Ereignisse. Versuchen Sie herauszufinden, ob sich die Urteile der Betroffenen im Lauf der Zeit gewandelt haben.

Vorschläge für Referate und Facharbeiten

1 Schauen Sie sich das folgende Internetforum zum Thema ›Dürfen Deutsche an die Vertreibung erinnern?‹ an. Referieren Sie die dort vertretenen Standpunkte und nehmen Sie kritisch dazu Stellung. http://www.seniorentreff.at/diskussion/archiv6/a1224.html

2 Deutsche und Polen als Vertriebene. Ein Vergleich anhand von Erlebnisberichten.
Vertreibung aus dem Osten. Deutsche und Polen erinnern sich. Hrsg. v. Hans-Jürgen Bömelburg, Renate Stößinger u. Robert Traba. Olsztyn: Borussia ²2006.
Dieser Schmerz bleibt: Lebenserinnerungen vertriebener Polen und Schlesier. Konzeption und Durch-

führung: Johannes Moser und Karsten Jahnke. Gesprochen von Dirk Döbrich. Dresden: Institut für Sächsische Geschichte und Volkskunde, 2004. CD.

Vertreibungen: Ostpolen – Neumarkt i. Schlesien – Schaumburg/Hameln-Pyrmont 1939–1949. Deutsche und polnische Vertriebenen-Schicksale = Wypędzenia. Hrsg. v. Grzegorz Borowski und Stefan Meyer. Bearb. Zbigniew Aleksy. Rinteln: Eulenburg, Museum Rinteln 2004

3 Darstellung von Flucht und Vertreibung in der Literatur. Beispiele: Christa Wolf: Kindheitsmuster, Ursula Höntsch: Wir Kinder der Umsiedler, Horst Bienek: Erde und Feuer, Siegfried Lenz: Heimatmuseum. Günter Grass: Im Krebsgang, Leonie Ossowski: Stern ohne Himmel, Stefan Chwin: Tod in Danzig.

4 Die Debatte um das Zentrum gegen Vertreibungen im Spiegel der Presse. Eine Auswahl zusammengestellt von Anja Augustin, Daniel Gerster und Jürgen Danyel.
http://www.zeitgeschichte-online.de/zol/_rainbow/documents/pdf/presse_vertreibung.pdf
Stellen Sie aus dieser Pressedokumentation deutsche Positionen für und gegen das Zentrum sowie polnische Positionen gegen das Zentrum zusammen. Präsentieren Sie die vorgetragenen Argumente in Form einer inszenierten Podiumsdiskussion.

Literaturhinweise

BACHMANN, KLAUS; KRANZ, JERZY (HRSG.): Verlorene Heimat. Die Vertreibungsdebatte in Polen. Bonn: Bouvier 1998.
Übersetzungen der wichtigsten Beiträge aus der polnischen Presse zum Thema ›Vertreibung der Deutschen‹.

BECHER, URSULA A. J.; BORODZIEJ, WŁODZIMIERZ; MAIER, ROBERT (HRSG.): Deutschland und Polen im zwanzigsten Jahrhundert. Analysen. Quellen. Didaktische Hinweise (= Studien zur internationalen Schulbuchforschung. Bd. 82/c). Hannover: Hahn 2001.
Enthält zahlreiche Quellen und didaktische Hinweise zur Behandlung des Themas.

BEER, MATHIAS: Umsiedlung, Flucht und Vertreibung der Deutschen als internationales Problem. Zur Geschichte eines europäischen Irrwegs; Darstellung und Perspektiven. Hrsg. v. Haus der Heimat, Stuttgart: Haus der Heimat 2002 (= Darstellungen und Perspektiven. Das Thema im Unterricht. Quellen und Materialien). Aktualisierte Ausgabe für Hessen: Stuttgart 2005.
Guter Überblick zum Thema mit zahlreichen didaktisch aufbereiteten Quellen und Materialien.

BORODZIEJ, WŁODZIMIERZ: Flucht – Vertreibung – Zwangsaussiedlung. In: Deutsche und Polen. Geschichte – Kultur – Politik. Hrsg. von Andreas Lawaty und Hubert Orłowski. München: Beck 2003, S. 88–95.
Kurzer Überblicksartikel, der den Umgang mit dem Thema aus deutscher und polnischer Sicht referiert.

BORODZIEJ, WŁODZIMIERZ; LEMBERG, HANS (HRSG.): ›Unsere Heimat ist uns ein fremdes Land geworden ...‹ Die Deutschen östlich von Oder und Neiße 1945–1950. Dokumente aus polnischen Archiven. Bd. 1–4 (= Quellen zur Geschichte und Landeskunde Ostmitteleuropas. Bd. 4). Marburg: Herder-Institut 2000 ff.
Diese vierbändige Quellenedition ist das Ergebnis der Zusammenarbeit deutscher und polnischer Historiker. Alle Bände sind mit vorzüglichen Einleitungen versehen, die sich als Einstieg in das Thema bestens eignen.

FLUCHT UND VERTREIBUNG. 60 JAHRE DANACH: Ein neuer Blick auf das Drama im Osten [Themenschwerpunkt]. In: GEO, Nr. 11/2004, S. 102–142.
Publizistische Darstellung mit eindrucksvollem Bildmaterial.

MIGRATION, ZWANGSMIGRATION UND VERTREIBUNG. Thematische Auswahlverzeichnisse von Unterrichtsmaterialien. Nr. 32. Braunschweig: Georg-Eckert-Institut für internationale Schulbuchforschung 2004.
Das Verzeichnis kann kostenlos beim Georg-Eckert-Institut angefordert werden. Man erhält es auch als download auf der Internetseite des Instituts http://www.gei.de/deutsch/publikationen/awl32.pdf.

PACZKOWSKI, ANDRZEJ: Potsdam 1945 – Absichten, Folgen, Interpretationen. In: Basil Kerski; Zdzisław Owczarek (Hrsg): Ist gemeinsame Erinnerung möglich? Polen und Deutschland 60 Jahre nach der Potsdamer Konferenz. Berlin: Polnisches Institut 2005, S. 9–28.

PISKORSKI, JAN M.: Vertreibung und deutsch-polnische Geschichte. Eine Streitschrift (= Veröffentlichungen der Deutsch-Polnischen Gesellschaft Bundesverband. Bd. 8). Osnabrück: Fibre 2005.

RÖSGEN, PETRA (HRSG.): Flucht, Vertreibung, Integration. Stiftung Haus der Geschichte der Bundesrepublik Deutschland. Bielefeld: Kerber 2005.
Begleitbuch zur Ausstellung im Haus der Geschichte der Bundesrepublik Deutschland, Bonn.

URBAN, THOMAS: Der Verlust. Die Vertreibung der Deutschen und Polen im 20. Jahrhundert. München: Beck 2004.
Publizistische Darstellung des Polenkorrespondenten der Süddeutschen Zeitung, der die Geschichte der Deutsche und Polen betreffenden Zwangsumsiedlungen seit dem 19. Jahrhundert behandelt und ausführlich auf den Streit um das Zentrum gegen Vertreibungen eingeht.

ZEITZEUGEN BERICHTEN. Flucht und Vertreibung. Dokumentation Deutschlandfunk 2004. CD.

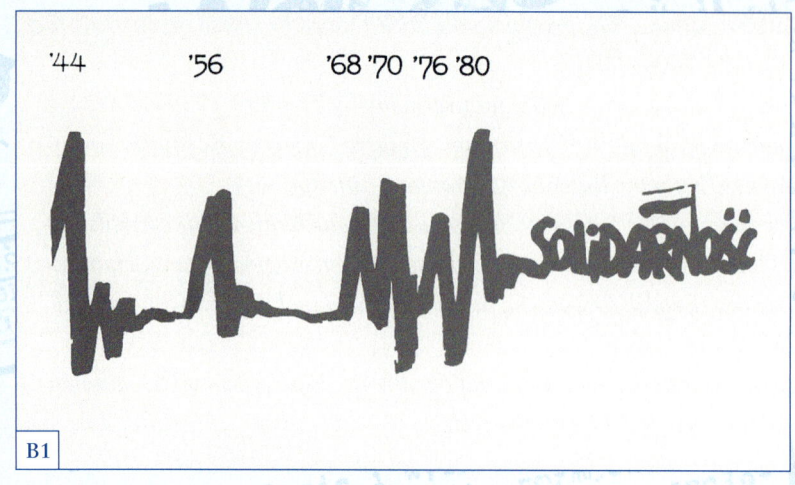

Solidarność – Solidarität
Gesellschaftlicher Widerstand im Kommunismus

B1 Plakat aus dem Jahr 1980, B2 Plakat zur Erinnerung an den Warschauer Aufstand im August 1944 und die Entstehung der Solidarność im August 1980, B3 Denkmal in Posen zur Erinnerung an den Arbeiteraufstand in Posen 1956 sowie an weitere Aufstände, B4 ›Es gibt kein gerechtes Europa ohne ein unabhängiges Polen‹ (Johannes Paul II.), Streik auf der Danziger Leninwerft Dezember 1981

Ordnen Sie den Jahreszahlen auf den Abbildungen (1944, 1956, 1968, 1970, 1976, 1980, 1981) die entsprechenden Ereignisse aus der polnischen Geschichte zu. Informieren Sie sich über die jeweiligen Hintergründe.

Einführung

Schon vor dem Ende des Zweiten Weltkriegs zeichnete sich ab, dass Polen nach der Befreiung des Landes von der deutschen Besatzung durch die sowjetische Armee erneut um seine Freiheit gebracht würde. Der Warschauer Aufstand im August 1944 (s. Solidarność-Schriftzug, B1) sollte deshalb auch dem Zweck dienen, nach dem erhofften Sieg gegen die deutschen Besatzer mit einer legitimen polnischen Regierung die sowjetischen Truppen empfangen zu können. Doch der Aufstand, bei dem über 200 000 Menschen ums Leben kamen, wurde von den deutschen Truppen unter den Augen der auf der anderen Seite der Weichsel tatenlos wartenden sowjetischen Verbände niedergeschlagen und die Hauptstadt danach von deutschen Einheiten dem Erdboden gleichgemacht. Die Bemühungen, sich dem sowjetischen Machtanspruch zu entziehen, scheiterten und Polen wurde Teil des sowjetischen Herrschaftsbereichs in Europa (›Ostblock‹). In Polen regierte nun eine von der Sowjetunion abhängige kommunistische Partei (PVAP). Der Stalinismus führte auch in Polen zu Verhaftungswellen und Schauprozessen gegen politische Gegner. Erst nach Stalins Tod 1953 kam es zu halbherzigen Lockerungen und nach einem Aufstand im Juni 1956 in Posen und der Übernahme der Macht durch den Antistalinisten Władysław Gomułka (gesprochen: *wadüswaw gomuhlka*) im Oktober desselben Jahres zu einer Liberalisierung unter dem Schlagwort ›Ein polnischer Weg zum Sozialismus‹.

Die besondere Freiheitsliebe der Polen und ihr ausgeprägtes Nationalbewusstsein hatten zur Folge, dass, nicht zuletzt auch aufgrund der im Volk empfundenen Einheit von katholischer Kirche und Nation, sich in Polen eine spezifische und weniger konsequente Form des Kommunismus herausbildete. Immer wieder kam es zu Aufständen der Arbeiter, die sich gegen die schlechten Arbeitsbedingungen auflehnten, den staatlichen Machthabern Widerstand entgegensetzten und allgemeine Freiheitsrechte einforderten (›Kein Brot ohne Freiheit‹). Im Juni 1956 hatte die Niederschlagung eines Streiks von Arbeitern in Posen nach offiziellen Angaben 75 Menschenleben gekostet. Die Studentenproteste von 1968 wurden von der Staatsmacht – mit antisemitischen Akzenten – rücksichtslos bekämpft. Im Dezember 1970 – eine Woche nach Unterzeichnung des ›Warschauer Vertrags‹ zwischen der Bundesrepublik Deutschland und der Volksrepublik Polen – kam es nach der Ankündigung von Preiserhöhungen für Lebensmittel zu spontanen Protesten und Demonstrationen, die von Polizei und Militär brutal niedergeschlagen wurden. Parteichef Władysław Gomułka und die Regierung mussten abtreten. Unter dem neuen Parteivorsitzenden Edward Gierek (gesprochen: *gjerek*) kam es zu Zugeständnissen an die Bevölkerung. Den Konsumbedürfnissen wurde stärkere Beachtung geschenkt, allerdings zu Lasten einer steigenden Auslandsverschuldung. 1976 kam es nach abermaligen Preiserhöhungen zu weiteren Arbeiterprotesten und in deren Folge zur Gründung eines ›Komitees zur Verteidigung der Arbeiter‹ (KOR), dessen Mitglieder aus dem intellektuellen Milieu die verfolgten Arbeiter juristisch und materiell unterstützten und durch die Herausgabe von Untergrundzeitschriften eine von staatlicher Zensur unabhängige Öffentlichkeit zur Verteidigung der Menschen- und Bürgerrechte etablieren konnten.

Eine nicht unerhebliche Rolle im gesellschaftlichen Widerstand spielte die katholische Kirche, der bis heute 95 % aller Polen angehören. Die Wahl des Krakauer Erzbischofs Karol Wojtyła (gesprochen: *wojtüwa*) im Jahr 1978 zum Papst und dessen triumphale Reise durch Polen ein Jahr spä-

B5 Begeisterung in Polen: Papst Johannes Paul II. reist im Juni 1979 durch seine Heimat.

B6 Der Streikführer Lech Wałęsa im August 1980 nach der Unterzeichnung des Danziger Abkommens.

ter (B5) wurde als Stärkung für die Opposition und als Schwächung der Macht der kommunistischen Partei empfunden.

Neuerliche Preiserhöhungen und die allgemeine Misswirtschaft von Partei und Regierung führten im August 1980 nach landesweiten Streiks und Protesten zur Gründung der Gewerkschaft Solidarność (gesprochen: *solidarnoschtsch*), der ersten unabhängigen Arbeitervertretung im kommunistischen Machtbereich (M2). Innerhalb weniger Monate schlossen sich mehr als zehn Millionen Menschen der Gewerkschaft mit dem charismatischen Arbeiterführer Lech Wałęsa (gesprochen: *wauensa*) an der Spitze an. Obwohl die Solidarność mit ihrer Taktik einer (mit Rücksicht auf die Interventionsdrohungen der Sowjetunion) ›selbst beschränkenden Revolution‹ weiterhin die Vorherrschaft der Partei anerkannte, wurde die Legitimation der Partei von Tag zu Tag mehr infrage gestellt. In dieser Situation entschloss sich Parteichef General Wojciech Jaruzelski (gesprochen: *wojtschech jaruselski*) am 13. Dezember 1981, das Land unter Kriegsrecht zu stellen und die Solidarność zu verbieten. Über 5000 Gewerkschafter und Oppositionelle wurden interniert. Über die Frage, ob dadurch eine sowjetische Intervention (wie 1968 in Prag) verhindert oder lediglich die Vorherrschaft der kommunistischen Partei wieder hergestellt werden sollte, wird bis heute in Polen erbittert gestritten. Dennoch setzte die Solidarność ihre Arbeit im Untergrund fort. Zum Symbol des Wiederstands wurde der Priester Jerzy Popiełuszko (gesprochen: *jeschi popjewuschko*), der 1984 von der polnischen Miliz ermordet wurde.

Selbst die Einführung des Kriegsrechts gegen die eigene Nation konnte den Niedergang des Kommunismus nur um einige Jahre verzögern, aber nicht aufhalten. Ende der 1980er-Jahre kam es nach landesweiten Streiks zu Verhandlungen zwischen der immer noch illegalen Solidarność und den regierenden Kommunisten am ›Runden Tisch‹. Die Solidarność wurde wieder zugelassen und es kam zu halbfreien Wahlen, die mit einem überwältigenden Sieg der Solidarność endeten. Dadurch wurde der Weg zu einem friedlichen Systemwechsel frei. Mit dem katholischen Intellektuellen Tadeusz Mazowiecki (gesprochen: *tadeusch masowjetzki*) stand erstmals ein Nichtkommunist an der Spitze einer Regierung im sowjetischen Herrschaftsbereich. Dies hatte auch Folgen für die Entwicklung außerhalb Polens. Innerhalb weniger Monate konnten die Menschen von Ost-Berlin über Prag, Budapest bis Sofia durch fast ausnahmslos friedliche Massenproteste die kommunistischen Machthaber zur Abdankung zwingen. Der langjährige Widerstand der polnischen Gesellschaft wirkte dabei als Vorbild und Ermutigung (M5).

B7 Polen unter dem Kriegsrecht im Dezember 1981

B8 Demonstrationen während der Zeit des Kriegsrechts

M1 Zeittafel

1944 Am 22. Juli kommt es zur Bildung des Komitees zur nationalen Befreiung – einer von Kommunisten dominierten Parallelregierung mit sowjetischer Unterstützung. Am 1. August beginnt der Warschauer Aufstand gegen die deutschen Besatzer; die sowjetische Armee schaut tatenlos zu. Nach der Kapitulation am 2. Oktober wird die Bevölkerung vertrieben und Warschau fast vollständig zerstört.

1948 Ausschaltung jeglicher Opposition, politische Unterdrückung und Etablierung einer kommunistischen Herrschaft mit stalinistischen Exzessen. Entmachtung der sog. Nationalkommunisten um Władysław Gomułka.

1953 Der Volksaufstand in der DDR am 17. Juni wird mithilfe sowjetischer Truppen blutig niedergeschlagen.

1956 20. Parteitag der KPdSU in der Sowjetunion. Abrechnung mit dem Stalinismus.

1956 Arbeiteraufstand in Posen im Juni. Władysław Gomułka wird zurückgerufen und Erster Sekretär der kommunistischen Partei (PVAP), ›Tauwetter‹, Propagierung eines ›polnischen Wegs zum Sozialismus‹. Größere Freiräume für Kultur, Literatur und katholische Kirche.

1956 Volksaufstand in Ungarn, der mithilfe sowjetischer Truppen blutig niedergeschlagen wird.

1968 Studentenproteste nach der Absetzung des polnischen Nationaldramas ›Totenfeier‹ von Adam Mickiewicz (gesprochen: *mitzkjewitsch*) unter sowjetischem Druck vom Spielplan des Warschauer Theaters. Innere Machtkämpfe in der kommunistischen Partei lösen eine antisemitische Kampagne aus, die zur forcierten Emigration eines Großteils der in Polen verbliebenen Juden führt.

1968 Der Versuch der tschechoslowakischen Kommunisten, einen ›Sozialismus mit menschlichem Antlitz‹ zu etablieren (›Prager Frühling‹) wird durch eine Invasion der Truppen der Warschauer-Pakt-Staaten mit Gewalt beendet.

1970 Wenige Tage nach der Unterzeichnung des sog. Warschauer Vertrags zwischen der Volksrepublik Polen und der Bundesrepublik Deutschland (7. Dezember) kommt es in den Küstenstädten (u.a. Danzig, Stettin) nach Ankündigung von Preiserhöhungen zu gewaltsamen Arbeiterdemonstrationen, die blutig niedergeschlagen werden. Edward Gierek löst Gomułka als Parteichef ab. Versuch, mit westlichen Krediten die Wirtschaft zu modernisieren.

1976 Unruhen aufgrund von angekündigten Preiserhöhungen weiten sich zu Streiks in Radom, Ursus bei Warschau und anderen Städten aus. Gründung eines ›Komitees zur Verteidigung der Arbeiter‹ (KOR).

1978 Der Erzbischof von Krakau, Karol Kardinal Wojtyła, wird zum Papst gewählt.

1980 Landesweite Streikbewegung, die Ende August zur Entstehung der ›Solidarność‹, der ersten unabhängigen Gewerkschaft in einem kommunistischen Land, führt. Parteichef Gierek tritt zurück.

1981 Verhängung des Kriegsrechts am 13. Dezember durch Partei- und Regierungschef Wojciech Jaruzelski. Die Gewerkschaft Solidarność wird verboten, Tausende von Gewerkschaftern und Oppositionellen werden verhaftet. Die Gewerkschaft setzt ihre Arbeit im Untergrund fort.

1985 Nach der Wahl von Michail Gorbatschow kommt es in der Sowjetunion zu Reformen (›Perestrojka‹, ›Glasnost‹).

1989 Nach dramatischer Zuspitzung der wirtschaftlich-sozialen Lage und Streiks im ganzen Land (1988) kommt es zu den Verhandlungen am ›Runden Tisch‹ (Februar bis April), als deren wichtigstes Ergebnis am 4. Juni die ersten ›halbfreien‹ Wahlen zu Sejm und Senat stattfinden. Am 19. Juli wird Wojciech Jaruzelski zum Staatspräsidenten und am 24. August Tadeusz Mazowiecki zum ersten nichtkommunistischen Regierungschef gewählt.

1989 Nach Massenprotesten kommt es auch in den übrigen Volksdemokratien zum Sturz der kommunistischen Regime.

1990 Der ehemalige Arbeiterführer und Friedensnobelpreisträger (1983) Lech Wałęsa wird zum Staatspräsidenten gewählt.

B9 Der ›Runde Tisch‹ im Frühjahr 1989 für die Gespräche zwischen Regierung und Opposition: Symbol des friedlichen Wandels in Polen

B10 ›High Noon‹: Wahlplakat der Solidarność zu den Wahlen vom 4. Juni 1989, B11 Tadeusz Mazowiecki, der erste nichtkommunistische Premierminister, grüßt nach seiner Wahl mit dem Siegeszeichen der Solidarność.

M2 Aus den Forderungen der Gewerkschaft Solidarność vom August 1980

1. Akzeptierung von der Partei und Arbeitgebern unabhängiger freier Gewerkschaften, die sich aus der von der Volksrepublik Polen ratifizierten Konvention Nummer 87 der Internationalen Arbeitsorganisation ergibt, die die Gewerkschaftsfreiheit betrifft

2. Garantie des Rechts auf Streik sowie der Sicherheit der Streikenden und der sie unterstützenden Personen

3. Einhaltung der von der Verfassung der Volksrepublik Polen garantierten Freiheit des Wortes, des Drucks und der Publikation. Somit dürfen auch die unabhängigen Zeitschriften nicht unterdrückt werden. Zugang der Vertreter aller Glaubensbekenntnisse zu den Massenmedien

4. a) Wiederherstellung der früheren Rechte für alle Menschen, die nach den Streiks von 1970 und 1976 entlassen, für alle Studenten, die wegen ihrer Überzeugung von den Hochschulen entfernt wurden, b) Freilassung aller politischen Gefangenen […], c) Aufhebung aller Verfolgungen wegen Überzeugungen

5. Veröffentlichung der Information über die Gründung des Überbetrieblichen Streikkomitees und seine Forderungen in den Massenmedien

6. Reale Schritte zu unternehmen, um unser Land aus der Krisensituation herauszubringen durch: a) öffentliche Bekanntgabe sämtlicher Informationen über die sozialökonomische Lage und b) Ermöglichung der Teilnahme an der Diskussion zum Reformprogramm für alle Gesellschaftskreise und -schichten

7. Lohnweiterzahlung an alle Streikteilnehmer für die Zeit des Streiks wie für den Urlaub aus dem Urlaubsfonds des Zentralrates der Gewerkschaften

8. Anhebung des Grundlohns für jeden Arbeiter um 200 Złoty pro Monat als Ausgleich für den bisherigen Preisanstieg

9. Garantie eines automatischen Lohnanstiegs parallel zu den Preissteigerungen und zum Absinken des Geldwertes

10. Sicherstellung einer vollen Versorgung des Binnenmarktes mit Nahrungsgütern und nur ausschließlich die Überschüsse exportieren

11. Beseitigung der kommerziellen Preise und des Verkaufs gegen Devisen im so genannten Inneren Export

12. Einführung von Auswahlkriterien für Leitungskader nach dem Qualifikationsprinzip und nicht nach ihrer Parteizugehörigkeit sowie Beseitigung der Privilegien für die Bürgermiliz, die Staatssicherheit und den Parteiapparat durch Angleichung der Familiengelder, Beseitigung von Sonderverkaufsstellen u. a.

13. Einführung von Lebensmittelkarten für Fleisch und Fleischprodukte (bis die Lage auf dem Markt gemeistert ist)

14. Herabsetzung des Rentenalters für Frauen auf 50 Jahre und für Männer auf 55 Jahre oder eine Arbeitsdauer in der VRP von 30 Jahren für Frauen und 35 Jahren für Männer ungeachtet des Alters

SOLIDARNOŚĆ – SOLIDARITÄT

B12 Denkmal für die während des Streiks im Dezember 1970 erschossenen Arbeiter (errichtet im Dezember 1980)

B13 Inschrift auf dem Danziger Denkmal (siehe M 3)

15. Die Alters- und sonstigen Renten, die nach alter Grundlage berechnet worden sind, sind dem Niveau der gegenwärtig gezahlten anzugleichen

16. Verbesserung der Arbeitsbedingungen des Gesundheitswesens, was eine volle medizinische Fürsorge für die arbeitenden Menschen gewährleisten wird

17. Sicherstellung einer entsprechenden Anzahl an Krippen- und Kindergartenplätzen für Kinder von berufstätigen Frauen

18. Einführung eines bezahlten Mutterschaftsurlaubs für die Zeitdauer von 3 Jahren für die Erziehung der Kinder

19. Verkürzung der Wartezeit auf Wohnungen

20. Anhebung der Tagegelder von 40 auf 100 Złoty und Trennungszuschläge

21. Einführung aller Samstage als arbeitsfrei. Den Arbeitern in durchgehend arbeitenden Betrieben oder im Vierschichtsystem sind die fehlenden freien Samstage durch längere Jahresurlaube oder andere bezahlte freie Tage auszugleichen.

Aus: Solidarność. Die polnische Gewerkschaft ›Solidarität‹ in Dokumenten, Diskussionen und Beiträgen 1980 bis 1982. Hrsg. v. Barbara Büscher, Ruth-Ursel Henning (= Politik und Zeitgeschichte). Köln: Bund-Verlag 1983, S. 36–43

M3 ›Der Dichter erinnert sich‹ – Inschrift auf dem Danziger Denkmal

Die Inschrift stammt aus einem Gedicht des polnischen Literaturnobelpreisträgers Czesław Miłosz (1911–2004) (gesprochen: tscheswaw miwosch).

Der du dem einfachen Menschen Unrecht getan
Und über sein Unrecht lauthals gelacht hast,
Sei dir nicht zu sicher. Der Dichter erinnert sich.
Du kannst ihn töten – es wird ein neuer geboren.
Reden und Taten werden festgehalten.

Aus: Czesław Miłosz: Wiersze wybrane. Warszawa: PIW 1981, S. 61. Übers. von Manfred Mack

M4 Politische Witze aus der Zeit der Solidarność

Im Städtchen erscheint beim KP-Büro seit Monaten der erste Bürger und er erklärt sich sogar bereit, aktiv für die Partei zu arbeiten. Der Funktionär holt ganz begeistert schnell die Karteikarte heraus, um die Personalien aufzunehmen. Zu seinem Entsetzen bekommt er auf die Frage nach dem Beruf die Antwort des Bürgers: Totengräber.

*

Überfüllte Kirche, Frühmesse. Beim abschließenden Segen des Priesters bleibt ein Gottesdienstbesucher demonstrativ stehen, statt niederzuknien. Der Gläubige neben ihm spricht beim Verlassen der Kirche den Mann darauf an. Ja, sagt dieser, ich bin Atheist. Warum gehen Sie denn dann in die Kirche? Antwort: Ich bin auch ein Antikommunist.

Aus: Amt für staatsbürgerliche Bildung in Schleswig-Holstein (Hrsg.): Begegnungen mit Polen 1981. Ergebnisse einer Studienreise des Amtes für staatsbürgerliche Bildung in Schleswig-Holstein (= Gegenwartsfragen, Heft 44), S. 21, 58

M5 Die Systemwechsel in Osteuropa als epochales Ereignis und die Bedeutung Polens als Vorreiter der ›friedlichen Revolution‹

Bis zum Jahr 1989 konnte in der Weltgeschichte fast die ›politische Regel‹ gelten, wonach ein vollkommener Wechsel eines politischen Systems nur durch eine gewaltsame Revolution, einen Staatsstreich oder als Folge eines Krieges stattfinden konnte. In den kommunistisch regierten Staaten Ost- und Mitteleuropas kam es im Jahr 1989 erstmals zu Ereignissen, die einen Wechsel von undemokratischen hin zu demokratischen Systemen auf friedlichem Wege eingeleitet haben. Die Bedeutung der Gewerkschaft ›Solidarność‹ als der im ganzen Block der ›Sozialistischen Staaten‹ zuerst legalisierten ›Opposition‹ im Jahr 1980 kann dabei als überragend bezeichnet werden. Allerdings darf auch die Rolle der seit 1986 in der Sowjetunion eingeleiteten ›Perestroika‹ nicht unterschätzt werden.

Die sozialistischen bzw. kommunistischen Systeme in Ost- und Mitteleuropa sind zuerst infolge der Revolution 1917 in Russland und nach 1945 in Polen, der Tschechoslowakei, Ungarn, Ostdeutschland, Jugoslawien und anderen ost- und mitteleuropäischen Staaten gleichsam als politische Folge des Zweiten Weltkrieges eingeführt worden. Die Erweiterung des Einflussbereiches der Sowjetunion auf die kleineren Staaten wurde als eine Art von ›Dank‹ der verbündeten Staaten, also Großbritanniens, Frankreichs und den USA, an die Sowjetunion verstanden, der militärisch eine bedeutende Rolle bei der Niederschlagung des nationalsozialistischen Deutschland zukam. Der nach 1945 entstandene politische ›status quo‹ wurde bis Mitte der Siebzigerjahre durch zahlreiche internationale Verträge besiegelt, wobei der Wille der betroffenen Völker in Ost- und Mitteleuropa allerdings wenig beachtet wurde. Schon in den Vierzigerjahren gab es einige ›Schwierigkeiten‹ bei der Akzeptanz des neuen Systems, vor allem in Polen und Jugoslawien. Die Proteste in der DDR im Jahr 1953 und der Versuch einer Reform des Systems hin zur Demokratie 1956 in Ungarn und 1968 in der Tschechoslowakei wurden unter Mithilfe des Militärs aus anderen Warschauer-Pakt-Staaten gewaltsam niedergeschlagen. Diese Ereignisse traumatisierten die Ungarn, die Tschechen und Slowaken und verängstigten andere Völker, die unter einer kommunistischen Herrschaft lebten, so sehr, dass sie Versuche nach einer Reform des Systems ›von unten‹ im Grunde unterließen.

Die Entwicklung der Protestbewegungen in Polen darf unterdessen als eine Ausnahme gelten. Die Stärke des katholischen Glaubens und seiner institutionalisierten Form, der katholischen Kirche in Polen, die eine Ausnahme unter den kommunistisch regierten Staaten darstellte, darf durchaus als ursächlich für die Widerstandsfähigkeit der Polen gegen die kommunistische, wie auch schon früher die nationalsozialistische Ideologie betrachtet werden. Teile der polnischen Gesellschaft hatten in den Jahren 1956 und 1968 auch protestiert, allerdings nicht nur aus Solidarität mit den Bewegungen in Ungarn und der Tschechoslowakei. Der Verlauf bzw. Ausgang dieser Proteste in Polen war jedoch im Vergleich zu den erwähnten Staaten gewaltloser und führte weniger zu einer Traumatisierung, sondern vielmehr zur Bildung einiger oppositioneller Organisationen, vor allem in den intellektuellen Kreisen des Landes. Diese Opposition kam nach ihren Höhen und Tiefen, also nach den Erfahrungen in Zeiten der politischen Tauwetter und der immer darauf folgenden Rückschritte, in der zweiten Hälfte der Siebzigerjahre zu der Überzeugung, dass nur eine Bündelung der oppositionellen Kräfte von Intellektuellen und Arbeitern unter Mitwirkung der ›legalen Oppositionskraft‹, der Kirche, den gewünschten Effekt bringen kann. Die Zusammenarbeit der weiterhin heterogenen Kräfte leitete 1980 die ›Solidarność‹ in die Wege. Diese Organisation, die das gesamte Spektrum der sozialen

B14 Die Delegiertenkonferenz der Solidarność in Danzig vom 5.–10.9.1981 wird mit einem Gottesdienst eröffnet (4. von links der Vorsitzende Lech Wałęsa).

Schichten vertrat und eine Massenorganisation mit zuletzt etwa 10 Millionen Mitgliedern gewesen ist, war durchaus berechtigt, sich als Vertretung der polnischen Gesellschaft verstanden zu wissen. Dieses Gefühl war auch nach sieben Jahren des Verbots bzw. der Untergrundtätigkeit der ›Solidarność‹ nicht verschwunden. Als Beweis hierfür gilt die Ansprache des ›Solidarność‹-Vorsitzenden Lech Wałęsa im Jahr 1990 vor dem amerikanischen Kongress, die mit den Worten begann: ›Wir, das Volk‹, was unter den Zuhörern Jubel ausgelöst hat.

Die gesellschaftliche Bewegung ›Solidarność‹ hat in den 16 Monaten ihrer legalen Tätigkeit so viele freiheitliche und demokratische Gefühle in der polnischen Nation geweckt, dass die Massenstreiks im Sommer 1988, durch die sich der ›Anfang vom Ende‹ des Kommunismus in Polen abzeichnete, unter dem Motto standen: ›Es gibt keine Freiheit ohne die Solidarność‹. Infolgedessen wurde 1988 nicht nur die ›Solidarność‹ wieder zugelassen, sondern es kam auch zu ersten Gesprächen an einem so genannten Runden Tisch in Ostmitteleuropa zwischen Vertretern einer legalisierten Opposition und einer Regierung. Durch diese Gespräche wurde der Übergang von einem undemokratischen zu einem demokratischen System mit der ›friedlichen Revolution‹ eingeleitet.

Aus: Beata Włoch-Ortwein: Die ›Solidarność‹ in Breslau. Die Entstehung einer oppositionellen gesellschaftlichen Bewegung in der Systemkrise 1980/81 und ihre Bedeutung für den Systemwechsel in Polen 1989. Berlin: Logos 2000, S. 11 f.

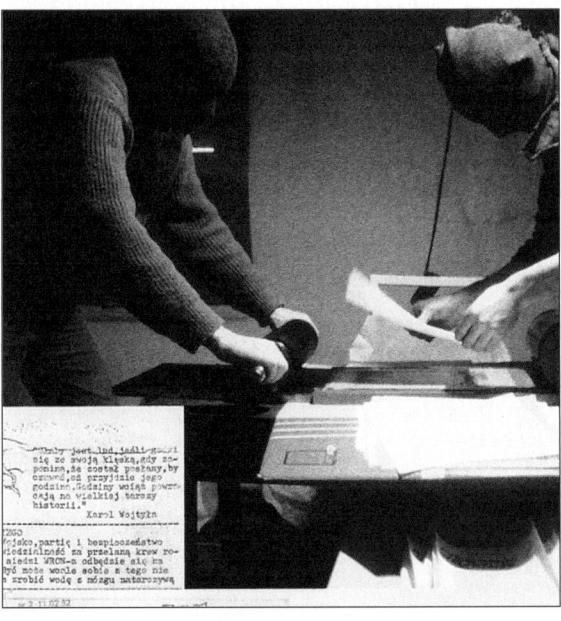

B15 Untergrunddruckerei während des Kriegsrechts 1982

B16 Lech Wałęsa und Papst Johannes Paul II. in Polen (1987)

M6 Aus Reden von Papst Johannes Paul II. auf seiner Polenreise 1987

Danzig, 12. Juni 1987

Menschliche Arbeit muss entlohnt werden, aber der Lohn kann nicht die einzige Antwort auf die Arbeit sein. Der Mensch ist ja nicht nur der ›Ausführende‹, sondern auch der Mitschöpfer des Werkes, das in seiner Werkstatt entsteht. Er hat also auch das Recht, über seine Werkstatt zu bestimmen. Er hat das Recht auf Selbstverwaltung bei der Arbeit. Ausdruck dessen sind unter anderem Gewerkschaften – ›unabhängige und sich selbst verwaltende‹, wie das gerade hier in Danzig unterstrichen wurde.

Warschau, 14. Juni 1987

Ein Volk lebt nur dann authentisch sein Leben, wenn es in der ganzen Organisation des staatlichen Lebens sich als Subjekt erlebt. Wenn es feststellt, dass es Herr im eigenen Hause ist, dass es durch seine Arbeit und seinen Beitrag mitentscheidet. Es ist sehr wesentlich für das Leben einer Gesellschaft, dass der Mensch das Vertrauen in seine Arbeit nicht verliert, dass er Befriedigung in seiner Arbeit findet. [...] Das ist von grundlegender Bedeutung für die gesamte Volkswirtschaft. Die Wirtschaft – wie auch die Arbeit – sind für den Menschen und nicht der Mensch für die Wirtschaft. Nur dann, wenn der Mensch sich als Subjekt empfindet, wenn die Arbeit und die Wirtschaft für ihn sind, ist auch er für die Arbeit und die Wirtschaft. Nur so kann auch wirtschaftlicher Fortschritt erreicht werden. Der Mensch muss immer im Vordergrund stehen. [...]

Aus: Rainer W. Fuhrmann: Polen. Handbuch Geschichte, Politik, Wirtschaft. Hannover: Fackelträger 1991, S. 158

M7 Offener Brief des Historikers Jerzy (gesprochen: *jeschi*) Holzer an den Staatsratsvorsitzenden Wojciech Jaruzelski und an den Vorsitzenden der Gewerkschaft Solidarność Lech Wałęsa (1988)

Auf dem Land lastet ein Gefühl der Hoffnungslosigkeit, der Enttäuschung und der Apathie, über dem Land hängt die vergiftende Wolke des Alkoholismus, dem immer mehr Menschen auf ihrer Flucht vor der Wirklichkeit verfallen. Trotz aller Bemühungen der Machthaber ist es ihnen seit der Ausrufung des Kriegszustandes nicht gelungen, die aktive Unterstützung der Mehrheit zu erlangen. Die Solidarität, welche sich in den Jahren 1980/81 großer Sympathien erfreuen konnte, hat heute ebenfalls eine begrenzte Zahl von aktiven Anhängern. Die ungeheure Mehrheit der Gesellschaft wartet mit abnehmender Hoffnung darauf, dass ihr die Machthaber oder die Solidarność vor Augen führt, wie die Krise überwunden werden könnte. Aber es kommen keine überzeugenden Antworten, der Kampf der Machthaber mit der Solidarność zerstört die Autorität beider Seiten und hinterlässt ein Vakuum. Es ist an der Zeit, einen letzten Versuch zu machen und sich ohne Vorbedingungen, aber mit gutem Willen zu treffen. Es hat sich gezeigt, dass der Staat genauso wenig in der Lage ist, die Gesellschaft zu unterwerfen, wie die Gesellschaft außerstande ist, ihre Probleme zu lösen, wenn der Staat nicht funktioniert. Herr Vorsitzender des Staatsrats, Herr Vorsitzender der Solidarność! Die Zukunft Polens liegt in unser aller Hände, aber auf Sie blicken Ihre Mitbürger, von Ihnen erwarten sie eine Initiative. Sie haben noch eine reelle Chance, das Rad der Geschichte durch gemeinsame Anstrengungen und mit moralischer Unterstützung der Kirche in letzter Minute anzuhalten und auf eine neue Bahn zu lenken.

Frankfurter Allgemeine Zeitung vom 16. Februar 1988

M8 Das Zeichen der ›Solidarność‹

In einem auf der Werft gedruckten Streikbulletin heißt es: ›Wir sind vor allem deshalb anders, weil wir gemeinsam nicht mehr schwach sind.‹

Begleitet wurden die Streikenden die ganze Zeit über von einer Menschenmenge um die Werft. Beim Streikkomitee meldeten sich Intellektuelle, Journalisten, Künstler. Der bildende Künstler Jerzy Janiszewski entwarf das Logo der ›Solidarność‹, das bald auf der ganzen Welt bekannt war.

Jerzy Janiszewski erklärte dazu: ›Ich suchte eine grafische Form, die den Streikenden Kraft gab. […] Der Entwurf ging von folgender Entsprechung aus: Wie Menschen in einer geschlossenen Menge einander solidarisch stützen […], so sollten auch die Buchstaben des Worts einander stützen. Die Flagge fügte ich hinzu, weil mir bewusst war, dass es nicht mehr nur um einen kleinen Kreis ging, sondern um die Allgemeinheit.‹

Katarzyna Madoń-Mitzner. Zitiert nach einer Texttafel der Ausstellung ›Das Phänomen der Solidarność‹. Warschau 2005

B17

B18

B19

B20

B21

B17–B21 Der Solidarność-Schriftzug auf Plakaten, Ansteckern und Briefmarken

Arbeitsanregungen

1 Welche Rückschlüsse lassen die Forderungen der Solidarność (M 2) auf die Situation der Arbeiter in Polen Anfang der 1980er-Jahre zu? Inwieweit spiegeln sich in den Forderungen Erfahrungen aus früheren Aufständen? Inwieweit gehen die Forderungen über klassische Gewerkschaftsforderungen hinaus?

2 Der polnische Arbeiterführer Lech Wałęsa sagte einmal über das Denkmal für die ermordeten Werftarbeiter vom Dezember 1970 (B 3, B 12, B 13), es sei ›eine Harpune, die auf einen Wal abgeschossen wurde. So sehr er auch um sich schlägt, er kann sie nicht mehr loswerden.‹ Interpretieren Sie dieses Zitat und berücksichtigen Sie dabei den Zeitpunkt, als das Denkmal aufgestellt wurde, sowie den weiteren Verlauf der polnischen Geschichte in den 1990er-Jahren. Lesen Sie das auf dem Denkmal eingravierte Gedicht des polnischen Schriftstellers Czesław Miłosz (M 3). Setzen Sie den Text in Bezug zur polnischen Nachkriegsgeschichte. Welche Rolle wird den Schriftstellern in diesem Text zugeschrieben?

3 Versuchen Sie, die politischen Witze aus der Zeit des Kommunismus durch einen selbstverfassten, kurzen Hintergrundtext zu erklären (M 4).

4 Versuchen Sie, anhand des von einem Grafiker im Jahr 1980 angefertigten Schriftzugs der Solidarność (M 8), anhand der Zeittafel (M 1) und anhand der Abbildungen, in denen dieser Schriftzug in abgewandelter Form auftaucht (B 17–B 21), die Geschichte des Widerstands in Polen zu erzählen.

5 Der polnische Papst Johannes Paul II. war für die meisten Polen die wichtigste Autorität ihres Landes. Seine Wahl 1978 sowie sein Besuch in Polen im Jahr 1979 waren nicht nur ein religiöses, sondern vor allem auch ein politisches Ereignis. Informieren Sie sich über die Rolle der katholischen Kirche in Polen und erklären Sie die politische Bedeutung der Papstwahl für die Polen.

6 Stellen Sie die Aussagen des Papstes während seiner Polenreise 1987 (M 6) in einen Bezug zum historischen Umfeld und zur Solidarność.

7 Welchen Eindruck macht das Foto von der Tagung der Solidarność im September 1981 (B 14) auf Sie? Suchen Sie Erklärungen für die enge Bindung zwischen den Solidarność-Vertretern und der katholischen Kirche in Polen. Warum, glauben Sie, haben die Arbeiter ihren Protest nicht in der Symbolik der herkömmlichen Arbeiterproteste zum Ausdruck gebracht?

8 Wie charakterisiert der Historiker Jerzy Holzer in seinem Brief an den Staatsratsvorsitzenden Wojciech Jaruzelski und an den Vorsitzenden der Gewerkschaft Solidarność Lech Wałęsa (M 7) die Situation in Polen im Jahre 1988, welche Bedingungen für einen Ausweg spricht er an?

9 Arbeiten Sie anhand des Textes zum ›Systemwechsel in Osteuropa‹ (M 5) heraus, wodurch sich der polnische Widerstand von dem in anderen Ländern unterschied. Welche Rolle spielten die polnischen Erfahrungen für die Entwicklung in den anderen Ländern?

Vorschläge für Referate und Facharbeiten

1 Widerstand gegen den Kommunismus nach 1945 (17. Juni 1953 in der DDR, Aufstände in Ungarn und Polen 1956, Prager Frühling 1968, Solidarność 1980). Ein Vergleich von Zielen, Widerstandsformen, Repressionen und internationalem Kontext.

2 Polnische Nachkriegsgeschichte im Film: Andrzej Wajdas ›Mann aus Marmor‹ und ›Mann aus Eisen‹. Literaturhinweis: Meyer, Stefan: Asche oder Diamant? Polnische Geschichte in den Filmen Andrzej Wajdas. Berlin: Rejs 2000.

Literaturhinweise

Ash, Timothy Garton: The Polish revolution. Solidarity 1980–82. London: Jonathan Cape 1983.

Büscher, Barbara; Henning, Ruth-Ursel (Hrsg.): ›Solidarność‹. Die polnische Gewerkschaft ›Solidarität‹ in Dokumenten, Diskussionen und Beiträgen 1980 bis 1982 (= Politik und Zeitgeschichte). Köln: Bund-Verlag 1983.

Dross, Armin Th. (Hrsg.): Polen – freie Gewerkschaften im Kommunismus? (= rororo aktuell 4738). Reinbek: Rowohlt 1980.

Hirsch, Helga: Bewegungen für Demokratie und Unabhängigkeit in Polen 1976–1980 (= Entwicklung und Frieden. Wissenschaftliche Reihe. Bd. 34). Mainz: Grünewald/Kaiser 1985.

Holzer, Jerzy: ›Solidarität‹. Die Geschichte einer freien Gewerkschaft in Polen. Hrsg. v. Hans Henning Hahn. München: Beck 1985.

Kühn, Hartmut: Das Jahrzehnt der Solidarność. Die politische Geschichte Polens 1980–1990. Mit einem historischen Anhang bis 1997. Berlin: Basis Druck 1999.

Kuroń, Jacek: Glaube und Schuld. Einmal Kommunismus und zurück. Berlin: Aufbau 1991.

Leszczyński, Grzegorz: Solidarność. Eine Gewerkschaft wird zum politischen Machtfaktor. In: Annäherungen. Deutsche und Polen 1945–1995. Düsseldorf 1996, S. 141–150.

Michnik, Adam: Polnischer Frieden. Aufsätze zur Konzeption des Widerstands. Hrsg. von Helga Hirsch. Berlin: Rotbuch 1985.

Olschowsky, Burkhard: Einvernehmen und Konflikt. Das Verhältnis zwischen der DDR und der Volksrepublik Polen 1980–1989 (= Veröffentlichungen der Deutsch-Polnischen Gesellschaft Bundesverband e.V. Bd. 7). Osnabrück: fibre 2005.

Internethinweis:
Das Phänomen der Solidarność: http://www.solidarnosc.gov.pl/
Sehr informative Internetseite zur Geschichte der Solidarność.

B1 Willy Brandt und Józef Cyrankiewicz nach der Unterzeichnung des Warschauer Vertrags am 7. Dezember 1970

Annäherung durch Anerkennung
Deutschland und Polen nach 1945

B2 Karikatur zur Entwicklung der deutsch-polnischen Beziehungen. Links der polnische Außenminister Stefan Jędrychowski, rechts der bundesdeutsche Außenminister Walter Scheel. Karikatur: Paul Leger (um 1970)

Interpretieren Sie die Karikatur vor dem Hintergrund der deutsch-polnischen Beziehungen seit 1945.

Einführung

Die Nachkriegsordnung in Europa war bestimmt vom Konflikt der beiden Supermächte USA und Sowjetunion und der damit verbundenen Teilung des Kontinents. Ideologisch, militärisch und wirtschaftlich verlief nach 1945 eine Grenze durch Europa, die in der 1961 gebauten Berliner Mauer ein sichtbares Symbol fand.

Nach dem Beitritt der Bundesrepublik Deutschland zur NATO wurde 1955 der Warschauer Pakt gegründet, dem auch Polen angehörte. Die Beziehungen zwischen Westdeutschland und Polen bzw. der DDR und Polen waren geprägt von der Abhängigkeit zur jeweiligen Großmacht. Die Niederschlagung des Volksaufstandes in der DDR 1953 und der Aufstände in Polen und Ungarn 1956 wurden im Westen zwar moralisch und politisch verurteilt, aber man enthielt sich gemäß den Spielregeln des Kalten Kriegs jeder Gegenmaßnahme und Einmischung. Die Respektierung des Status quo wurde zum Garanten des Friedens zwischen den Supermächten.

Die Beziehungen zwischen Bonn und Warschau waren während des Kalten Kriegs vor allem geprägt von der Nichtanerkennung der polnischen Westgrenze durch die Bonner Regierung einerseits sowie von der Mobilisierung der polnischen Bevölkerung durch die politische Führung gegen eine angebliche revisionistische Bedrohung aus Westdeutschland andererseits. Daran konnte auch die offizielle Anerkennung der Oder-Neiße-Linie als polnische Westgrenze durch die DDR nichts ändern, die bereits 1950 auf Bestreben der Sowjetunion im so genannten Görlitzer Vertrag erfolgt war.

Wegen fehlender offizieller Beziehungen wurden die Kontakte zwischen der Bundesrepublik und Polen seit Mitte der 1960er-Jahre vor allem von gesellschaftlichen Organisationen und Verbänden getragen. Den Anfang bildeten die Versöhnungsinitiativen der Kirchen: die 1965 publizierte Denkschrift der Evangelischen Kirche in Deutschland über ›die Lage der Vertriebenen und das Verhältnis des deutschen Volkes zu seinen östlichen Nachbarn‹ (M1) und der im gleichen Jahr geführte Briefwechsel zwischen den katholischen Bischöfen Polens und Deutschlands (M2). Auch Laieninitiativen wie der Bensberger Kreis und die Aktion Sühnezeichen (Ost und West) gaben wichtige Impulse für eine Änderung des Verhältnisses zu Polen. Sie stellten überlieferte Feindbilder infrage, entwickelten neue Perspektiven auf die deutsch-polnische Beziehungsgeschichte und legten das Fundament für einen offenen deutsch-polnischen Dialog.

Die zunehmende Entspannung zwischen den USA und der UdSSR veranlasste auch die Regierung der Bundesrepublik Deutschland Ende der 1960er-, Anfang der 1970er-Jahre, ihr Verhältnis zu den kommunistisch regierten Ländern neu zu gestalten. Bereits als Außenminister der Großen Koalition hatte Willy Brandt versucht, neue Wege in der Deutschland- und Ostpolitik zu gehen. Ein entscheidender Durchbruch gelang aber erst, als seine 1969 gebildete sozialliberale Regierung bereit war, die Oder-Neiße-Linie als unverletzliche Westgrenze Polens sowie die DDR als Staat anzuerkennen. Die Regierung versuchte nun, neue Rahmenbedingungen zu schaffen, die das schwierige Verhältnis zur DDR erleichtern sowie eine Verständigungspolitik mit der Sowjetunion ermöglichen sollten. Den so genannten Ostverträgen kam dabei eine besondere Bedeutung zu. In den Verträgen von Moskau und Warschau (M3), im

B3 Die Unterschrift des Jahres. Für den Karikaturisten H. E. Köhler ist die Anerkennung der Oder-Neiße-Linie durch Bundeskanzler Willy Brandt die ›Unterschrift des Jahres‹ 1970.

Berlinabkommen, im Grundlagenvertrag mit der DDR und im Prager Vertrag wurden zwischen 1970 und 1973 die Beziehungen der Bundesrepublik Deutschland zu den osteuropäischen Nachbarn und zur DDR auf eine neue Grundlage gestellt. Inhalte waren unter anderem der Verzicht auf Gewalt oder Gewaltandrohung, die Förderung von Sicherheit und Entspannung, Anerkennung der Grenzen in Europa, aber auch die Offenhaltung der deutschen Frage, die Wahrung der Einheit der Nation, eine Klarstellung der Verantwortlichkeit der Vier Siegermächte des Zweiten Weltkriegs für Deutschland als Ganzes und für Berlin sowie zwischenstaatliche Vereinbarungen im Interesse der Menschen in Deutschland. Außerdem sollten die osteuropäischen Staaten nicht mehr auf einer völkerrechtlichen Anerkennung der DDR und der Festschreibung eines Sonderstatus für Berlin-West bestehen.

Dem Besuch von Willy Brandt in Warschau am 7. Dezember 1970 kam aufgrund der historischen Belastung des deutsch-polnischen Verhältnisses eine besondere Bedeutung zu. Die Anerkennung der Unverletzlichkeit der polnischen Westgrenze bildete das wichtigste Zugeständnis von deutscher Seite sowie eine entscheidende Neuerung im deutsch-polnischen Verhältnis, zumal von polnischer Seite die bislang herrschende Unsicherheit in der Grenzfrage häufig Anlass für antideutsche Propaganda geboten hatte. In einer Fernsehansprache zum Warschauer Vertrag bezeichnete Willy Brandt diesen Schritt als eine Politik der Vernunft, die er nicht gleichgesetzt wissen wollte mit einer Politik des Verzichts (M4).

Dennoch führten seine Deutschland- und Ostpolitik, insbesondere auch die Festlegungen des Warschauer Vertrags, zu erbitterten politischen Auseinandersetzungen. Neben der parlamentarischen Opposition aus CDU/CSU (M5) protestierten vor allem die Vertreter der Vertriebenenverbände, die mit der Grenzanerkennung zugleich den endgültigen Verlust ihrer Heimat beklagten. Das Bundesverfassungsgericht erklärte 1975 den Warschauer Vertrag zwar für verfassungsgemäß, stellte aber auch fest, dass die Gebiete östlich von Oder und Neiße nicht ›aus der rechtlichen Zugehörigkeit zu Deutschland entlassen‹ worden seien (›Friedensvertragsvorbehalt‹, M6).

Auch Willy Brandts berühmter Kniefall vor dem Warschauer Ghettodenkmal stieß in Deutschland auf ein geteiltes Echo. Während das Bild dieser Geste (B4) wie ein Lauffeuer um die Welt ging, wurde es in Polen am Tag danach nur in einer einzigen Zeitschrift, der jüdischen ›Folkssztyme‹, veröffentlicht. Bis 1989 verhinderte die Zensur alle weiteren Veröffentlichungen (M8). Zum einen passte diese Demutsgeste eines deutschen Bundeskanzlers nicht in das von der kommunistischen Regierung propagierte Deutschlandbild, zum anderen missfiel der polnischen Regierung, dass Willy Brandt am Mahnmal des jüdischen Ghettoaufstandes niederkniete und nicht am Grabmal des unbekannten Soldaten. Der ›Kniefall‹ ist längst zum Symbol der Brandt'schen Ostpolitik überhaupt geworden.

Seit der Unterzeichnung des Warschauer Vertrags und der Aufnahme diplomatischer Beziehungen (1972) begann sich das deutsch-polnische Verhältnis zu entspannen. Dazu trugen beachtliche wirtschaftliche und finanzielle Hilfen der nachfolgenden Bundesregierungen unter Helmut Schmidt und Helmut Kohl ebenso bei wie das fortgesetzte Bemühen der Kirchen in beiden Ländern um Versöhnung.

Doch erst die Gründung der polnischen Gewerkschaft Solidarność und die ›Polenhilfe‹ der deutschen Bevölkerung in den Jahren nach der Ausrufung des Kriegsrechts schufen die Voraussetzungen dafür, dass mit dem Fall des Kommunismus 1989 sich auch die deutsch-polnischen Beziehungen grundlegend veränderten. Die endgültige Anerkennung der deutsch-polnischen Grenze im Grenzbestätigungsvertrag vom 14. November 1990 bildete zugleich die Voraussetzung für die Unterzeichnung des deutsch-polnischen Nachbarschaftsvertrags am 17.6.1991. Das neue Verhältnis der beiden Supermächte USA und Sowjetunion hatte mit der deutschen Einheit auch die Möglichkeit geschaffen, die deutsch-polnischen Beziehungen weit über die Klärung politischer Streitfragen hinaus auf eine neue, zukunftsweisende Grundlage zu stellen.

M1 Aus der Denkschrift der Evangelischen Kirche Deutschlands: ›Die Lage der Vertriebenen und das Verhältnis des deutschen Volkes zu seinen östlichen Nachbarn‹ vom 1. Oktober 1965

Die leidvolle Geschichte deutscher Unterdrückungsmaßnahmen gegenüber dem immer wieder seiner politischen Selbstständigkeit beraubten polnischen Volk und die völkerrechtswidrige Behandlung, die dieses Volk während des Zweiten Weltkrieges auf Anordnung der nationalsozialistischen Staatsführung erfuhr, stellt uns heute unausweichlich vor die Frage, ob sich daraus nicht politische, vielleicht aber auch völkerrechtliche Einwendungen gegen einen deutschen Anspruch auf unverminderte Wiederherstellung seines früheren Staatsgebietes ergeben. [...] Die rechtlichen Positionen begrenzen sich gegenseitig; Recht steht gegen Recht oder – noch deutlicher – Unrecht gegen Unrecht. In solcher Lage wird das Beharren auf gegensätzlichen Rechtsbehauptungen, mit denen jede Partei nur ihre Interessen verfolgt, unfruchtbar, ja zu einer Gefahr für den Frieden zwischen beiden Völkern. Auf dieser Ebene ist der Konflikt nicht zu lösen. Daher gilt es, einen Ausgleich zu suchen, der eine neue Ordnung zwischen Deutschen und Polen herstellt. Damit wird nicht gerechtfertigt, was in der Vergangenheit geschehen ist, aber das friedliche Zusammenleben beider Völker für die Zukunft ermöglicht. [...]

In dieser abwartenden Haltung kommt zugleich der richtige Grundsatz zum Ausdruck, dass die im Zusammenhang mit den Kriegshandlungen geschehene Okkupation der Ostgebiete und die Übertragung ihrer Verwaltung an einen anderen Staat sich nicht ohne weiteres in eine völkerrechtlich und politisch gleichermaßen unvertretbare einseitige Annexion verwandeln kann und dass das Unrecht der Vertreibung nicht mit Stillschweigen übergangen werden darf. Die hier strittigen Fragen und alle territorialen Änderungen bedürfen gemeinsamer verträglicher Regelungen. Der Wert dieser Regelungen ist von der beiderseitigen Notwendigkeit und von der beiderseitigen Zustimmung zu dem damit angestrebten neuen Anfang abhängig. An dieser Stelle wird auch deutlich, dass der negative Begriff ›Verzicht‹ eine ganz und gar unzulängliche Bezeichnung für den deutschen Beitrag zu einer Friedensregelung ist, die eine neue Partnerschaft zwischen Völkern begründen soll. Wenn die künftige Regelung der Gebietsfragen das Verhältnis zwischen den beteiligten Völkern stabilisieren soll, dann muss sie das Ergebnis eines wirklichen Dialogs und Ausdruck des Willens zur Versöhnung sein.

Es ist nicht die Aufgabe einer kirchlichen Denkschrift, Vermutungen darüber anzustellen, wann der richtige Zeitpunkt gekommen ist, die abwartende Haltung gegenüber unseren östlichen Nachbarvölkern aufzugeben. Aber das formale Argument, dass nur eine künftige gesamtdeutsche Regierung zu so weit tragenden Entscheidungen befugt sei, kann es nicht länger rechtfertigen, auch die Klärung der hier auf dem Spiele stehenden Grundsatzfragen auf unbestimmte Zeit zu verschieben. Das deutsche Volk muss auf die notwendigen Schritte vorbereitet werden, damit eine Regierung sich ermächtigt fühlen kann zu handeln, wenn es nottut.

Aus: Bonn – Warschau: 1945–1991. Die deutsch-polnischen Beziehungen. Analyse und Dokumentation. Hrsg. von Hans-Adolf Jacobsen, Mieczysław Tomala. Köln: Verlag Wissenschaft und Politik 1992, S. 125–135

M2 Aus der Botschaft der polnischen Bischöfe ›an ihre deutschen Brüder in Christi Hirtenamt‹ vom 18. November 1965

Nach alledem, was in der Vergangenheit geschehen ist – leider erst in der allerneuesten Vergangenheit –, ist es nicht zu verwundern, dass das ganze polnische Volk unter dem schweren Druck eines elementaren Sicherheitsbedürfnisses steht und seinen nächsten Nachbarn im Westen immer noch mit Misstrauen betrachtet.

Diese geistige Haltung ist sozusagen unser Generationsproblem, das, Gott gebe es, bei gutem Willen schwinden wird und schwinden muss.

[...]

Die Belastung der beiderseitigen Verhältnisse ist immer noch groß und wird vermehrt durch das so genannte ›heiße Eisen‹ dieser Nachbarschaft; die polnische Westgrenze an Oder und Neiße ist, wie wir wohl verstehen, für Deutschland eine äußerst bittere Frucht des letzten Massenvernichtungskrieges – zusammen mit dem Leid der Millionen von Flüchtlingen und vertriebenen Deutschen (auf interalliierten Befehl der Siegermächte – Potsdam 1945! – geschehen).

Ein großer Teil der Bevölkerung hatte diese Gebiete aus Furcht vor der russischen Front verlassen und war nach dem Westen geflüchtet. Für unser Vaterland, das aus dem Massenmorden nicht als Siegerstaat, sondern bis zum Äußersten geschwächt hervorging, ist es eine Existenzfrage (keine Frage ›größeren Lebensraumes‹!); es sei denn, dass man ein über 30-Millionen-Volk in den engen Korridor eines ›Generalgouvernements‹ von 1939 bis 1945 hineinpressen wollte – ohne Westgebiete; aber auch ohne Ostgebiete, aus denen seit 1945 Millionen von polnischen Menschen in die ›Potsdamer Westgebiete‹ hinüberströmen mussten. […]

Seid uns wegen dieser Aufzählung dessen, was […] geschehen ist, liebe deutsche Brüder, nicht gram. Es soll weniger eine Anklage als vielmehr eine eigene Rechtfertigung sein! […]

Und trotz alledem, trotz dieser fast hoffnungslos mit Vergangenheit belasteten Lage, gerade aus dieser Lage heraus, Hochwürdige Brüder, rufen wir Ihnen zu: versuchen wir zu vergessen! Keine Polemik, kein weiterer kalter Krieg, aber den Anfang eines Dialogs. […] Wenn echter guter Wille beiderseits besteht – und das ist wohl nicht zu bezweifeln –, dann muss ja ein ernster Dialog gelingen und mit der Zeit gute Früchte bringen – trotz allem, trotz heißer Eisen. […] In diesem allerchristlichsten und zugleich sehr menschlichen Geist strecken wir unsere Hände zu Ihnen hin in den Bänken des zu Ende gehenden Konzils, gewähren Vergebung und Bitten um Vergebung. Und wenn Sie, deutsche Bischöfe und Konzilsväter, unsere ausgestreckten Hände brüderlich erfassen, dann erst können wir wohl mit ruhigem Gewissen in Polen auf ganz christliche Art das Millennium feiern.

Aus: Bonn – Warschau. 1945–1991. Die deutsch-polnischen Beziehungen. Analyse und Dokumentation. Hrsg. von Hans-Adolf Jacobsen, Mieczysław Tomala. Köln: Verlag Wissenschaft und Politik 1992, S. 135–142

M3 Aus dem Vertrag zwischen der Bundesrepublik Deutschland und der Volksrepublik Polen über die Grundlagen der Normalisierung ihrer gegenseitigen Beziehungen (›Warschauer Vertrag‹) vom 7. Dezember 1970

Artikel I

(1) Die Bundesrepublik Deutschland und die Volksrepublik Polen stellen übereinstimmend fest, dass die bestehende Grenzlinie, deren Verlauf im Kapitel IX der Beschlüsse der Potsdamer Konferenz vom 2. August 1945 […] festgelegt worden ist, die westliche Staatsgrenze der Volksrepublik Polen bildet.

(2) Sie bekräftigen die Unverletzlichkeit ihrer bestehenden Grenzen jetzt und in der Zukunft und verpflichten sich gegenseitig zur uneingeschränkten Achtung ihrer territorialen Integrität.

(3) Sie erklären, dass sie gegeneinander keinerlei Gebietsansprüche haben und solche auch in Zukunft nicht erheben werden.

Aus: Bulletin des Presse- und Informationsamtes der Bundesregierung vom 8. Dezember 1970, Nr. 171, S. 1815. Internet: http://www.auswaertiges-amt.de/Europa/DeutschlandInEuropa/BilateraleBeziehungen/Polen/Vertraege/WarschauerVertrag.pdf (10.4.2007)

M4 Aus der Fernsehansprache von Bundeskanzler Willy Brandt zum Warschauer Vertrag am 7. Dezember 1970

Ich bin mir bewusst: Dies ist eine schwere Reise. Für eine friedliche Zukunft wird sie von Bedeutung sein. Der Vertrag von Warschau soll einen Schlussstrich setzen unter Leiden und Opfer einer bösen Vergangenheit. Er soll eine Brücke schlagen zwischen den beiden Staaten und den beiden Völkern. Er soll den Weg dafür öffnen, dass getrennte Familien wieder zusammenfinden können.

Und dass Grenzen weniger trennen als bisher. Und trotzdem: Dieser Vertrag konnte nur nach ernster Gewissenserforschung unterschrieben werden. Wir haben uns nicht leichten Herzens hierzu entschieden. Zu sehr sind wir geprägt von Erinnerungen und gezeichnet von zerstörten Hoffnungen. Aber guten Gewissens, denn wir sind überzeugt, dass Spannungen abgebaut, Verträge über Gewaltverzicht befolgt, die Beziehungen verbessert und die geeigneten Formen der Zusammenarbeit gefunden werden müssen, um zu einer europäischen Friedensordnung zu gelangen. […]

Was ich im August Ihnen aus Moskau gesagt habe, liebe Mitbürgerinnen und Mitbürger, gilt auch für den Vertrag mit Polen: Er gibt nichts preis, was nicht längst verspielt worden ist. Ver-
25 spielt nicht von uns, die wir in der Bundesrepublik Deutschland politische Verantwortung tragen und getragen haben. Sondern verspielt von einem verbrecherischen Regime, vom Nationalsozialismus.

Wir dürfen nicht vergessen, dass dem polnischen
30 Volk nach 1939 das Schlimmste zugefügt wurde, was es in seiner Geschichte hat durchmachen müssen. Dieses Unrecht ist nicht ohne Folgen geblieben. Großes Leid traf auch unser Volk, vor allem unsere ostdeutschen Landsleute. Wir müssen ge-
35 recht sein: Das schwerste Opfer haben jene gebracht, deren Väter, Söhne oder Brüder ihr Leben verloren haben. Aber nach ihnen hat am bittersten für den Krieg bezahlt, wer seine Heimat verlassen musste. Ich lehne Legenden ab, deutsche wie pol-
40 nische: Die Geschichte des deutschen Ostens lässt sich nicht willkürlich umschreiben.

Unsere polnischen Gesprächspartner wissen, was ich Ihnen zu Hause auch noch einmal in aller Klarheit sagen möchte: Dieser Vertrag bedeutet
45 nicht, dass wir Unrecht anerkennen oder Gewalttaten rechtfertigen. Er bedeutet nicht, dass wir Vertreibungen nachträglich legitimieren.

Ressentiments verletzen den Respekt vor der Trauer um das Verlorene [...]. Niemand kann sich
50 dieser Trauer entziehen, uns schmerzt das Verlorene. Und das leidgeprüfte Volk wird unseren Schmerz respektieren.

Namen wie Auschwitz werden beide Völker noch lange begleiten und uns daran erinnern, dass
55 die Hölle auf Erden möglich ist; wir haben sie erlebt. Aber gerade diese Erfahrung zwingt uns, die Aufgaben der Zukunft entschlossen anzupacken. Die Flucht vor der Wirklichkeit schafft gefährliche Illusionen. Ich sage: Das Ja zu diesem Vertrag, zur
60 Aussöhnung, zum Frieden, ist ein Bekenntnis zur deutschen Gesamtgeschichte. [...]

Wir müssen unseren Blick in die Zukunft richten und die Moral als politische Kraft erkennen. Wir müssen die Kette des Unrechts durchbrechen.
65 Indem wir dies tun, betreiben wir keine Politik des Verzichts, sondern eine Politik der Vernunft. Der Vertrag zwischen Polen und uns – ein Vertrag, wie er amtlich heißt, über die ›Grundlagen der Normalisierung der gegenseitigen Beziehungen‹ – ersetzt keinen formellen Friedensvertrag. Er berührt
70 nicht die Rechte und Verantwortlichkeiten der Vier Mächte für Deutschland als Ganzes. Er setzt frühere vertragliche Verpflichtungen weder der einen noch der anderen Seite außer Kraft.

http://www1.dasan.de/j/medien/Ton/oton02.htm (11.4.2007)

M5 Stimmen aus Bundestagsreden der Opposition

a) Rainer Barzel (CDU) am 25.2.1972
Hält man nun unseren Vorstellungen und unseren Prinzipien das gegenüber, was hier in Vertragsform vorliegt, so ist unser Urteil wohl begründet. Das Vertragswerk gibt den Sowjetrussen, den Po-
5 len und der DDR das meiste oder beinahe fast alles von dem, was sie wollen. Es bringt den Europäern und den Deutschen keinen Fortschritt – falls man, wie wir es tun, Fortschritt als reale Verbesserung für die Menschen, für ihre Rechte und deren
10 soziale Basis im Alltag betrachtet.

b) Franz Josef Strauß (CSU) am 24.1.1973
Es ist auch unser ehrlicher Wunsch und unser ernstes Bestreben, Spannungen abzubauen und zu einem geregelten Nebeneinander zu kommen, aber wir können uns nichts unter dem von Ihnen, Herr
15 Bundeskanzler, empfohlenen Miteinander mit einem kommunistischen Zwangsstaat vorstellen. Wir schätzen menschliche Erleichterungen und menschliche Begegnungen, auch wenn sie ein kanalisiertes und kontrolliertes Rinnsal darstellen,
20 sehr hoch ein, sind aber nicht bereit, den Preis zu unterschätzen, den wir dafür bezahlen, den Ernst der Lage zu verkennen.

Dokumentation zur Deutschlandfrage. Hrsg. von H. v. Siegler. Bonn: Siegler 1970, Bd. VII, S. 466 und Bd. VIII, S. 167

M6 Aus einem Beschluss des Bundesverfassungsgerichts zu den Ostverträgen im Juli 1975 ergab sich folgende rechtliche Substanz:

Den Verträgen kann nicht die Wirkung beigemessen werden, dass die Gebiete östlich der Oder und Neiße mit dem Inkrafttreten der Ostverträge aus der rechtlichen Zugehörigkeit zu Deutschland ent-

5 lassen und der Souveränität, also sowohl der territorialen als auch der personalen Hoheitsgewalt der Sowjetunion und Polen endgültig unterstellt worden seien.

Nach: Bundesverfassungsgerichtsentscheidungen. Bd. 40, S. 141 ff.

M7 Warschauer Vertrag und Kniefall in den ›Erinnerungen‹ Willy Brandts

Es war eine ungewöhnliche Last, die ich auf meinen Weg nach Warschau mitnahm. Nirgends hatte das Volk, hatten die Menschen so gelitten wie in Polen. Die maschinelle Vernichtung der polnischen
5 Judenheit stellte eine Steigerung der Mordlust dar, die niemand für möglich gehalten hatte. Wer nennt die Juden, auch aus anderen Teilen Europas, die allein in Auschwitz vernichtet worden sind? Auf dem Weg nach Warschau lag die Erinnerung an
10 sechs Millionen Todesopfer. Lag die Erinnerung an den Todeskampf des Warschauer Ghettos, den ich von meiner Stockholmer Warte verfolgt hatte und von dem die gegen Hitler kriegführenden Regierungen kaum mehr Notiz nahmen als vom
15 heroischen Aufstand der polnischen Hauptstadt einige Monate danach.

Das Warschauer Programm sah am Morgen nach meiner Ankunft zwei Kranzniederlegungen vor, zunächst am Grabmal des unbekannten Sol-
20 daten. Dort gedachte ich der Opfer von Gewalt und Verrat. Auf die Bildschirme und in die Zeitungen der Welt gelangte das Bild, das mich kniend zeigte – vor jenem Denkmal, das dem jüdischen Stadtteil und seinen Toten gewidmet ist. Immer wieder bin ich gefragt worden, was es mit 25 dieser Geste auf sich gehabt habe. Ob sie etwa geplant gewesen sei? Nein, das war sie nicht. Meine engen Mitarbeiter waren nicht weniger überrascht als jene Reporter und Fotografen, die neben mir standen, und als jene, die der Szene ferngeblieben 30 waren, weil sie ›Neues‹ nicht erwarteten.

Ich hatte nichts geplant, aber Schloss Wilanow, wo ich untergebracht war, in dem Gefühl verlassen, die Besonderheit des Gedenkens am Ghetto-Monument zum Ausdruck bringen zu müssen. Am 35 Abgrund der deutschen Geschichte und unter der Last der Millionen Ermordeten tat ich, was Menschen tun, wenn die Sprache versagt. Ich weiß es auch nach zwanzig Jahren nicht besser als jener Berichterstatter, der festhielt: ›Dann kniet er, der 40 das nicht nötig hat, für alle, die es nötig haben, aber nicht knien – weil sie es nicht wagen oder nicht können oder nicht wagen können.‹ Zu Hause in der Bundesrepublik fehlte es weder an hämischen noch an dümmlichen Fragen, ob die Ges- 45 te nicht ›überzogen‹ gewesen sei. Auf polnischer Seite registrierte ich Befangenheit. Am Tage des Geschehens sprach mich keiner meiner Gastgeber hierauf an. Ich schloss daraus, dass auch andere diesen Teil der Geschichte noch nicht verarbeitet 50 hatten.

Aus: Willy Brandt: Erinnerungen. Frankfurt am Main u.a.: Propyläen 1989, S. 213–215

B4 Willy Brandt kniet am Warschauer Ghettodenkmal (7.12.1970)

M8 Włodzimierz Borodziej: Der Kniefall in der polnischen Öffentlichkeit

Wir haben über den Kniefall Willy Brandts völlig widersprüchliche Quellenüberlieferungen. Es war ja so, dass dieser Kniefall in der Abendnachrichtensendung gezeigt wurde. In dieser Sendung um 19:30, die sich ganz Polen angeschaut hat in real- 5 sozialistischen Zeiten, da es nur ein Fernsehprogramm gegeben hat. Und da ist dieser Kniefall ausführlich gezeigt worden. In der Presse am nächsten Tag durfte darüber nicht berichtet werden. Nur in der jiddischen ›Folkssztyme‹, die in 10 Warschau erscheint, wurde das Bild veröffentlicht.

Weder in der großen Parteizeitung noch in den anderen Tageszeitungen gab es dieses Bild. Wenn man sich die sehr langen Kommuniques über den Verlauf des Besuches anschaut, dann finden Sie irgendwo klein gedruckt drei Zeilen darüber, dass Willy Brandt auch das ehemalige Ghettogelände besucht und dort gekniet hat. Mehr nicht.

Und dann gibt es widersprüchliche Erinnerungen an diesen Tag. Es gibt Personen, die sagen, sie waren tief beeindruckt von dem, was sie im Fernsehen gesehen haben, und es gibt solche, die an diesem Tag kein Fernsehen gesehen haben, keine Nachrichten und die wussten von alldem noch jahrelang nichts. Denn dieses Bild vom Kniefall ist dann außer dieser einen Ausnahme in der ›Folkssztyme‹ in Volkspolen so gut wie nicht gezeigt worden. Aus Gründen, die ich ehrlich gesagt nicht ganz verstehe. Wahrscheinlich ging es darum, dass Willy Brandt vor dem Denkmal der Juden gekniet hat und nicht vor dem der Polen und dass sich polnische Sozialisten in der Partei und in der Zensur durch dieses Bild irgendwie beleidigt gefühlt haben. Also ein völlig gegensätzlicher Eindruck, ja völlig gegensätzliche Wahrnehmung als in Deutschland, wo ja immer wieder verwechselt wird, wo eigentlich Willy Brandt gekniet hat, wo immer wieder gesagt wird, das galt den Juden, das galt nicht den Polen.

Nach: http://www.deutsche-und-polen.de/_/zeitzeugen/zeitzeuge_jsp/key=wlodzimierz_borodziej.html (März 2007, bearbeitet)

M9 Aus Willy Brandts ›Erinnerungen‹ zur Grenzfrage

In der Grenzfrage hatte es einigen Nachdenkens bedurft, um rechtlich-politische Gegebenheiten und die politisch-psychologischen Notwendigkeiten auf einen Nenner zu bringen. […] In Polen war die Oder-Neiße-Grenze zur nationalen Frage schlechthin geworden. Dass die Russen schon 1950 die DDR zur Anerkennung veranlasst hatten, reichte nicht aus. Das Wort der Bundesrepublik wog für die Polen schwerer, obwohl es eine gemeinsame Grenze nicht gab. Und sie hätten es gern gesehen und als hilfreich empfunden, wenn die Bundesrepublik – für den Fall eines Friedensvertrages – schon vorweg die Verpflichtung eingegangen wäre, dass es bei der Oder-Neiße-Grenze bleibe. […] In Potsdam war festgestellt worden, die deutsch-polnische Grenzziehung solle endgültig erst ›in den Friedensverträgen‹ geregelt werden. Doch die Aussiedlung der Deutschen hatten der amerikanische Präsident und der britische Regierungschef 1945 sanktioniert, und sie hatten nicht widersprochen, als die neue Grenze festgeschrieben wurde […].

Das Heimatrecht von Millionen Deutschen wurde abgelöst durch ein solches der nach Westen umgesiedelten und der dort nachgeborenen Polen. In der ganzen Welt gab es keine Regierung, die bereit gewesen wäre, sich für deutsche Grenzansprüche zu engagieren. Es dauerte einige Zeit, bis führende Repräsentanten der westlichen Welt die Deutschen öffentlich und deutlich darauf hinwiesen, dass sie sich mit der neuen Grenzziehung abzufinden hätten. Adenauer und seine Vertrauten wussten, wie die Dinge standen. Aber da waren die vielen Stimmen der Flüchtlinge und Vertriebenen und die lauten Stimmen derer, die sich hauptberuflich um sie kümmerten. Die Sozialdemokraten entschlossen sich erst spät, gegen den Strom zu schwimmen. Mir hatte immer Ernst

B5 Spiegel-Cover vom 14. Dezember 1970: ›Durfte Brandt knien?‹

B6 Horst Haitzinger (1972): ›Einmal müssen sie es ja erfahren. Wir werden es ihnen schonend beibringen, dass wir 1945 den Krieg verloren haben.‹

Reuters Wort, gesprochen in seinem Todesjahr, in den Ohren geklungen: Wir sollten den Polen entgegenkommen, man dürfe ihnen nicht noch einmal einen Staat auf Rädern zumuten. Und doch fand ich meinen Namen unter einem Text wieder, der mit ›Verzicht ist Verrat‹ endete. Entscheidend war für mich, jenseits der Frage des Vokabulars, dass Ostpolitik ›nicht hinter dem Rücken der Vertriebenen‹ gemacht werde. Das hieß: Sie müssten ins Vertrauen gezogen werden und selbst abwägen können, was ging und was nicht. Dazu verpflichtete auch der großartige Beitrag, den heimatvertriebene wie geflüchtete Ost- und Sudetendeutsche zum Wiederaufbau geleistet hatten.

Aus: Willy Brandt: Erinnerungen. Frankfurt am Main u.a.: Propyläen 1989, S. 215–217

M10 Der Publizist Peter Bender zum Verhältnis Bundesrepublik Deutschland – DDR – Polen

Der wichtigste Umstand war der Kalte Krieg. Polen befand sich im Lager des Ostens, der größere und stärkere Teil Deutschlands, die Bundesrepublik, stand im Lager des Westens. [...] Warschau und Bonn waren zur Blockdisziplin genötigt und hatten nur begrenzte Aktionsmöglichkeiten über die Ost-West-Grenze hinweg.

Außerdem engte die Zweistaatlichkeit Deutschlands den Manövrierraum aller Beteiligten ein. Warschau stand unter ständiger, misstrauischer Beobachtung der DDR, die Polen wegen Westneigungen in Moskau denunzierte; jeder polnische Schritt in Richtung Bonn verlangte einen Schritt in Richtung Ost-Berlin. Bonn und Ost-Berlin wiederum konkurrierten in ihrer Polen-Politik, das hieß, sie behinderten einander. Die DDR-Führung fürchtete die wirtschaftliche Attraktivität der Bundesrepublik und störte, wo sie konnte; die Bundesrepublik nutzte ihre ökonomische Überlegenheit. Zwanzig Jahre lang, bis zu Brandts Ostpolitik, fesselte sie sich selbst, weil sie die Oder-Neiße-Grenze und die DDR nicht anerkannte, was die DDR nutzte und Warschau zu einem politischen Zweckbündnis mit Ost-Berlin gegen Bonn zwang.
[...]

In der Bundesrepublik war man fest davon überzeugt, sachlich und unvoreingenommen zu denken, während die Polen von ideologisch verformten Vorstellungen ausgingen – aber es war gerade umgekehrt. Die Polen dachten historisch und die Westdeutschen ideologisch. Beide irrten sich dabei gründlich. Die Polen glaubten, einen ewigen deutschen Drang nach Osten zu erkennen, von den Kreuzrittern über die preußischen Könige bis zu Hitler und dann zu Adenauer. Sie meinten, in der Bundesrepublik wiederholen sich Weimar und der Nazismus: zuerst der Anspruch auf polnisches Land, dann der Angriff auf Polen. In Warschau verkannte man, dass Bonn auf den Westen fixiert war und für den Osten kaum mehr als Worte hatte. Man mochte nicht glauben, dass die Oder-Neiße-Grenze weit mehr eine Frage der Innen- als der Ostpolitik war. Jahrzehnte mussten vergehen, bis man in Polen, von Ausnahmen abgesehen, die Bonner Demokratie ernst nahm und zu glauben begann, dass dies nicht mehr das alte, gefährliche Deutschland war.

Ebenso lange dauerte es, bis man in der Bundesrepublik, von Ausnahmen abgesehen, begriff, dass auch die polnischen Kommunisten, jedenfalls seit 1956, zuerst Polen und dann Kommunisten waren [...]. Fast die gesamte Bundesrepublik lebte jahrzehntelang in der Vorstellung, der Osten sei ein monolithischer Block ohne Bewegungsmöglichkeiten für die einzelnen Staaten [...]. Auflockerungen wurden zwar bemerkt, aber meist bezweifelt. [...] Da man bis in die Siebzigerjahre hinein wenig miteinander in Berührung kam, hielten sich auf beiden Seiten die Vorurteile.

Aus: Peter Bender: Normalisierung wäre schon viel. In: Aus Politik und Zeitgeschichte. Nr. 5–6/2005 vom 31.1.2005, S. 3–9

Arbeitsanregungen

1 Fassen Sie die zentralen Thesen der EKD-Denkschrift (M1) von 1965 stichwortartig zusammen.
2 Welche historischen Belastungen des deutsch-polnischen Verhältnisses führen die polnischen Bischöfe in ihrem Hirtenbrief an? Welche Vorschläge zur Überwindung des angespannten Verhältnisses machen sie? (M2)
3 Welche Argumente führt Willy Brandt in seiner Fernsehansprache (M4) an, um der deutschen Bevölkerung den Abschluss des Warschauer Vertrags plausibel zu machen? Welche rhetorischen Mittel verwendet er, um seiner Überzeugung Ausdruck zu verleihen?
4 Willy Brandt schrieb in seinen Erinnerungen: ›Es galt, den weit verbreiteten Hang zur Selbsttäuschung zu überwinden und quasi-juristische Formeln nicht mit der Wirklichkeit zu verwechseln.‹ Was meinte er mit dieser Begründung für seine neue Ostpolitik? Beziehen Sie in Ihre Antwort auch die Karikatur von Horst Haitzinger (B6) mit ein.
5 Stellen Sie mithilfe der Aussagen oppositioneller Abgeordneter (M5) die Einwände gegen die Ostverträge zusammen und erörtern Sie deren Berechtigung.
6 Erklären Sie die Bedeutung des Urteils des Bundesverfassungsgerichts (M6).
7 Die Meinungen über den Kniefall von Willy Brandt am Mahnmal für die Kämpfer im Warschauer Ghettoaufstand waren geteilt. Erstellen Sie in Gruppenarbeit Argumente für das Für und Wider, beziehen Sie dabei die Überlegungen Willy Brandts aus seiner Autobiografie mit ein (M7). Führen Sie in der Klasse eine kleine Podiumsdiskussion zu dieser Frage durch.
8 Wie erklärt der Historiker Włodzimierz Borodziej (M8) die widersprüchliche Wahrnehmung des Kniefalls von Willy Brandt in Polen? Welche Gründe vermutet er für das Verschweigen des Kniefalls in Polen?
9 Stellen Sie anhand von Willy Brandts Äußerungen zur Grenzfrage (M9) die unterschiedlichen Interessen Deutschlands und Polens – sowohl in rechtlicher als auch politischer Hinsicht – in dieser Frage gegenüber. Recherchieren Sie, wann und wie die deutsch-polnische Grenzfrage schließlich gelöst wurde.
10 Versuchen Sie auf der Grundlage des Textes von Peter Bender (M10) das Beziehungsgeflecht zwischen Bonn, Ost-Berlin, Warschau und Moskau grafisch darzustellen.

Literaturhinweise

Bender, Peter: Polen und Deutsche – Eine historische Bilanz. In: Albrecht Riechers, Christian Schröter, Basil Kerski (Hrsg.): Dialog der Bürger. Die gesellschaftliche Ebene der deutsch-polnischen Nachbarschaft. Osnabrück: fibre 2005, S. 39–50.

Bingen, Dieter: Die Polenpolitik der Bonner Republik von Adenauer bis Kohl 1949–1991 (= Schriftenreihe des Bundesinstituts für ostwissenschaftliche und internationale Studien. Bd. 33). Baden-Baden: Nomos 1998.
Im Schlusskapitel (S. 307–322) präzise Zusammenfassung der Grundprobleme der deutsch-polnischen Beziehungen.

Jacobsen, Hans-Adolf; Tomala, Mieczysław (Hrsg.): Bonn – Warschau 1945–1991. Die deutsch-polnischen Beziehungen. Analyse und Dokumentation. Köln: Wissenschaft und Politik 1992.

Kerski, Basil: Die Rolle nichtstaatlicher Akteure in den deutsch-polnischen Beziehungen vor 1990. In: Albrecht Riechers, Christian Schröter, Basil Kerski (Hrsg.): Dialog der Bürger. Die gesellschaftliche Ebene der deutsch-polnischen Nachbarschaft. Osnabrück: fibre 2005, S. 59–98.

Ruchniewicz, Krzysztof: Geste mit politischer Langzeitwirkung. Willy Brandts Kniefall vor dem Ghetto-Denkmal in Warschau. In: Geschichte lernen. Heft 102/2004, S. 63–66.
Didaktisch aufbereitete Darstellung mit zahlreichen Arbeitsmaterialien.

Ruchniewicz, Krzysztof: Zögernde Annäherung. Studien zur Geschichte der deutsch-polnischen Beziehungen im 20. Jahrhundert (= Mitteleuropa-Studien. Bd. 7). Dresden: Thelem 2005.

Internethinweis:
http://www.deutsche-und-polen.de/_/ereignisse/frames/content_lang_jsp/key=ein_versoehnungszeichen_1965.html
Hintergrundinformationen zum Brief der polnischen Bischöfe an ihre deutschen Amtsbrüder von 1965.

Deutsche und Polen nach 1989
Vom Nachbarschaftsvertrag zur Nachbarschaft

B1–B4 Titelbilder des deutsch-polnischen Magazins DIALOG aus den Jahren 1989 bis 2005

Verfassen Sie zu den vier Titelbildern der Zeitschrift DIALOG kurze Interpretationen mit dem Titel ›Die deutsch-polnischen Beziehungen‹.

Einführung

Der Untergang des kommunistischen Systems in Polen, der Zusammenbruch der DDR und die deutsche Wiedervereinigung im Jahr 1990 waren die Voraussetzungen für die Entwicklung einer grundsätzlich neuen Qualität der deutsch-polnischen Beziehungen.

Bereits im Artikel 1(2) des am 12. September 1990 abgeschlossenen ›2+4-Vertrages‹ wurde die völkerrechtlich verbindliche Regelung der deutsch-polnischen Grenze gefordert, weshalb kurze Zeit später, am 14. November 1990, der deutsch-polnische Grenzbestätigungsvertrag zwischen beiden Ländern abgeschlossen wurde. Am 17. Juni 1991 folgte die Unterzeichnung des ›Vertrages über gute Nachbarschaft und freundschaftliche Zusammenarbeit zwischen der Bundesrepublik Deutschland und der Republik Polen‹ (M1), der unter anderem die Zusammenarbeit in den Bereichen der Politik, der Wirtschaft, der Kultur und des Bildungswesens auf eine neue Grundlage stellen sollte. Als Vorbild betrachtete man dabei die Gestaltung der Beziehungen zu Frankreich. Außerdem wurde in dem Vertrag die Existenz einer deutschen Minderheit in Polen bestätigt, die bis zum Jahr 1989 von offizieller polnischer Seite geleugnet worden war. Die damit verbundenen Regelungen der politischen und kulturellen Minderheitenrechte waren insofern von Bedeutung, als in Oberschlesien, wo seit 1945 der Großteil der verbliebenen deutschstämmigen bzw. sich zur deutschen Sprache und Kultur bekennenden Bevölkerung lebte, ein deutsches Kulturleben untersagt war. Im Gegenzug wurden auch die Rechte von deutschen Staatsbürgern, ›die polnischer Abstammung sind oder die sich zur polnischen Sprache, Kultur oder Tradition bekennen‹, geregelt. Sie wurden allerdings nicht als Minderheit anerkannt, weil sie nach deutscher Rechtsauffassung keine historisch gewachsene Minderheit darstellen (wie Dänen und Sorben), sondern sich seit der Industrialisierung am Ende des 19. Jahrhunderts bis in die jüngste Zeit in Deutschland ansiedelten.

Infolge des Nachbarschaftsvertrages wurden verschiedene politische und kulturelle Einrichtungen ins Leben gerufen, um der neuen Qualität der Beziehung Ausdruck zu verleihen. In Anlehnung an das bereits seit 1963 bestehende Deutsch-Französische Jugendwerk wurde das Deutsch-Polnische Jugendwerk mit Sitz in Potsdam und Warschau gegründet, um den Jugend- und Schüleraustausch zu fördern sowie andere Initiativen zur Begegnung zu entwickeln. Bereits 2004 hatte über eine Million Jugendliche aus Deutschland und Polen am Jugendaustausch teilgenommen. Erfreulicherweise stieg auch die Zahl der Städtepartnerschaften von 54 im Jahr 1989 auf 466 im Jahr 2006. Ebenso wurde die Stiftung für Deutsch-Polnische Zusammenarbeit eingerichtet, die seit 1991 Projekte zur deutsch-polnischen Verständigung finanziert.

Die neu geschaffenen politischen Verhältnisse hatten auch einen verstärkten Ausbau der Wirtschaftskontakte zur Folge. 2004 gingen 30 Prozent der polnischen Exporte nach Deutschland,

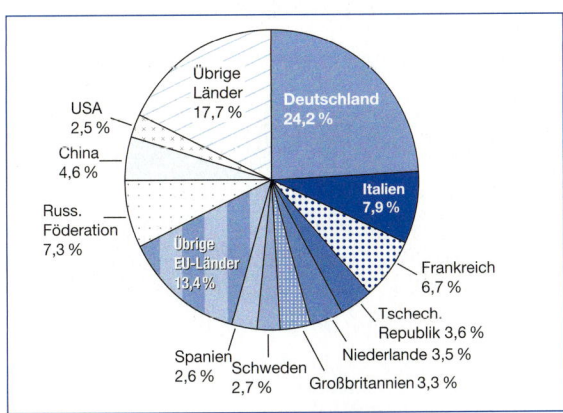

B5 Polnische Importe nach Lieferländern.
Daten: Statistisches Bundesamt (2004)

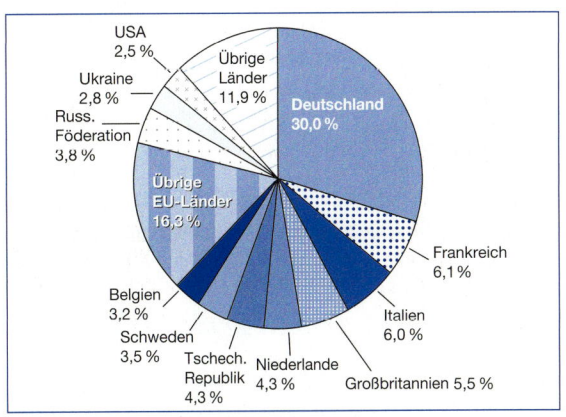

B6 Polnische Exporte nach Abnehmerländern.
Daten: Statistisches Bundesamt (2004)

B7 Eine Tankstelle des polnischen Energiekonzerns ›ORLEN‹ in Deutschland

der Anteil der Importe aus Deutschland betrug 24,2 Prozent (B 5, 6). Mit dem Beitritt Polens zur Europäischen Union eröffneten sich auch für polnische Unternehmen neue Chancen auf dem deutschen Markt (B 7).

Trotz aller Regelungen in den Verträgen und dem Engagement beider Regierungen für den Aufbau einer guten Nachbarschaft in den 1990er-Jahren war das deutsch-polnische Verhältnis auf der politischen Ebene nicht vor Rückschlägen gefeit. Dabei spielten der Umgang mit der Geschichte und aktuelle europäische Fragen eine wichtige Rolle. Obwohl eine offene und selbstkritische Aufarbeitung der historischen Beziehungen weiter vorangetrieben wurde, führten verschiedene Diskussionen die Schwierigkeit der Aufarbeitung der Vergangenheit beider Länder immer wieder vor Augen. So war das Verhältnis in den letzten Jahren unter anderem geprägt von den Debatten um die Entschädigung von polnischen Zwangsarbeitern, um die Errichtung eines ›Zentrums gegen Vertreibungen‹ oder um die Gründung der ›Preußischen Treuhand‹, die Entschädigungsansprüche für deutsche Vertriebene vor Gericht einklagen will. In Polen wurde – für deutsche Freunde Polens schwer verständlich – die Zuverlässigkeit des Verbündeten Deutschland infrage gestellt.

Weitgehend unberührt von den historischen und politischen Fragen entwickelt sich die Zusammenarbeit auf wirtschaftlicher, kultureller und zwischenmenschlicher Ebene sehr positiv, wobei der Ausgangspunkt in Deutschland und in Polen auffallend unterschiedlich ist. Die Deutschen gelten in Polen zwar nicht als die beliebtesten, aber als die zuverlässigsten und vertrauenswürdigsten Nachbarn. Während das Interesse an Deutschland in Polen groß ist, sind Kenntnisse über Polen und Neugier auf den östlichen Nachbarn in Deutschland gering geblieben. Die Wahrnehmung Polens ist in weiten Kreisen der deutschen Gesellschaft noch immer geprägt von Stereotypen oder Gleichgültigkeit (M 4). Ungeachtet der zahlreichen Fortschritte und einer zunehmenden Normalität und Freundschaftlichkeit im Verhältnis zwischen Frau Schmidt und Herrn Kowalski bleibt noch viel zu tun, um in den Beziehungen noch mehr über die Zukunft als über die Vergangenheit zu sprechen und Deutschland und Polen wirklich zu einer ›Interessengemeinschaft in Europa‹ zu entwickeln, wie es der polnische Außenminister Skubiszewski 1990 formulierte.

B8 Werbeprospekt des deutschen Discounters ›Plus‹

B9 Werbeprospekt des deutschen Discounters ›LIDL‹

Materialien

M1 Vertrag über gute Nachbarschaft und freundschaftliche Zusammenarbeit vom 17. Juni 1991 (ausgewählte Artikel)

Die Bundesrepublik Deutschland und die Republik Polen –
IN DEM BESTREBEN, die leidvollen Kapitel der Vergangenheit abzuschließen und entschlossen, an die guten Traditionen und das freundschaftliche Zusammenleben in der jahrhundertelangen Geschichte Deutschlands und Polens anzuknüpfen,
ANGESICHTS der historischen Veränderungen in Europa, insbesondere der Herstellung der Einheit Deutschlands und des tiefgreifenden politischen, wirtschaftlichen und sozialen Wandels in Polen,
ÜBERZEUGT von der Notwendigkeit, die Trennung Europas endgültig zu überwinden und eine gerechte und dauerhafte europäische Friedensordnung zu schaffen, [...]
IM BEWUSSTSEIN der Bedeutung, welche die Mitgliedschaft der Bundesrepublik Deutschland in der Europäischen Gemeinschaft und die politische und wirtschaftliche Heranführung der Republik Polen an die Europäische Gemeinschaft für die künftigen Beziehungen der beiden Staaten haben,
EINGEDENK des unverwechselbaren Beitrags des deutschen und des polnischen Volkes zum gemeinsamen kulturellen Erbe Europas und der jahrhundertelangen gegenseitigen Bereicherung der Kulturen beider Völker sowie der Bedeutung des Kulturaustauschs für das gegenseitige Verständnis und für die Aussöhnung der Völker, [...]
SIND wie folgt ÜBEREINGEKOMMEN:

Artikel 2
[...]
Sie betrachten Minderheiten und gleichgestellte Gruppen als natürliche Brücken zwischen dem deutschen und dem polnischen Volk und sind zuversichtlich, dass diese Minderheiten und Gruppen einen wertvollen Beitrag zum Leben ihrer Gesellschaften leisten. [...]

Artikel 8
[...]
(2) Mit dem Abschluss eines Assoziierungsabkommens zwischen den Europäischen Gemeinschaften und der Republik Polen legen die Europäischen Gemeinschaften, ihre Mitgliedstaaten und die Republik Polen die Grundlage für eine politische und wirtschaftliche Heranführung der Republik Polen an die Europäische Gemeinschaft. Die Heranführung wird von der Bundesrepublik Deutschland im Rahmen ihrer Möglichkeiten nach Kräften gefördert. [...]

Artikel 20
(1) Die Angehörigen der deutschen Minderheit in der Republik Polen, das heißt Personen polnischer Staatsangehörigkeit, die deutscher Abstammung sind oder die sich zur deutschen Sprache, Kultur oder Tradition bekennen, sowie Personen deutscher Staatsangehörigkeit in der Bundesrepublik Deutschland, die polnischer Abstammung sind oder die sich zur polnischen Sprache, Kultur oder Tradition bekennen, haben das Recht, einzeln oder in Gemeinschaft mit anderen Mitgliedern ihrer Gruppe ihre ethnische, kulturelle, sprachliche und religiöse Identität frei zum Ausdruck zu brin-

B10 Meilenstein: Der polnische Ministerpräsident Jan Krzysztof Bielecki und Bundeskanzler Helmut Kohl bei der Unterzeichnung des Nachbarschaftsvertrages am 17. Juni 1991 in Bonn

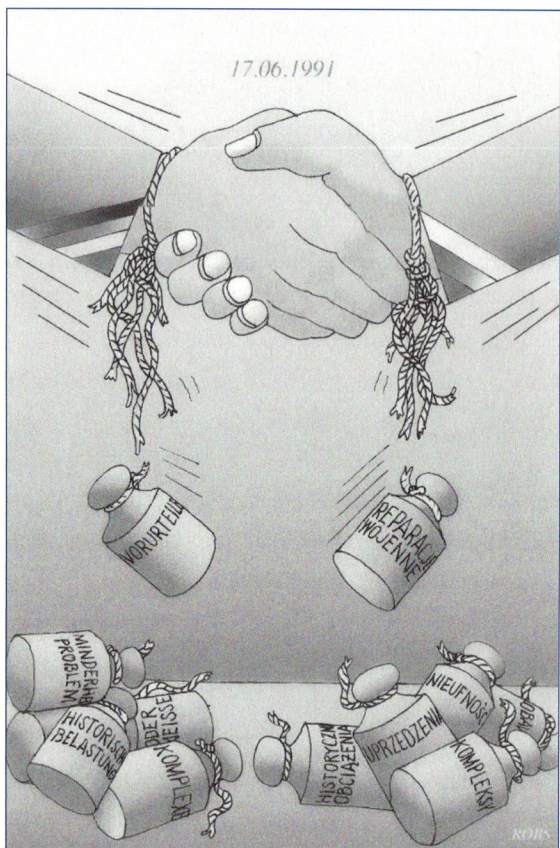

B11 Zeichnung von Robert Szecówka zum Abschluss des deutsch-polnischen Vertrags vom 17. Juni 1991 mit dem Titel ›Altlasten‹

gen, zu bewahren und weiterzuentwickeln; frei von jeglichen Versuchen, gegen ihren Willen assimiliert zu werden. [...]

Artikel 25

(1) Die Vertragsparteien bekräftigen ihre Bereitschaft, allen interessierten Personen umfassenden Zugang zur Sprache und Kultur des anderen Landes zu ermöglichen, und sie unterstützen entsprechende staatliche und private Initiativen und Institutionen. [...]

Artikel 26

(1) Die Vertragsparteien unterstreichen die Notwendigkeit einer erheblichen Erweiterung der wissenschaftlichen und schulischen Zusammenarbeit. Sie werden insbesondere die direkte Zusammenarbeit und den Austausch zwischen Schulen, Hochschulen und wissenschaftlichen Forschungseinrichtungen fördern und weiter ausbauen, und zwar sowohl durch den Austausch von Schülern, Studenten, Lehrern und wissenschaftlichen Lehrkräften als auch durch gemeinsame Vorhaben. [...]

Artikel 30

(1) Die Vertragsparteien sind davon überzeugt, dass das gegenseitige Kennenlernen und das gegenseitige Verstehen der jungen Generation von grundlegender Bedeutung ist, um der Verständigung und der Versöhnung zwischen dem deutschen und polnischen Volk einen dauerhaften Charakter zu verleihen. Sie legen deshalb besonders großes Gewicht auf möglichst umfassende Kontakte und ein enges Zusammenwirken der deutschen und der polnischen Jugend. Die Vertragsparteien werden deshalb im Rahmen ihrer finanziellen Möglichkeiten die Begegnung und den Austausch von Jugendlichen in jeder Weise fördern. [...]

(2) Die Vertragsparteien errichten ein Deutsch-Polnisches Jugendwerk.

Aus: Quellen zu den deutsch-polnischen Beziehungen 1815–1991. Hrsg. von Reiner Pommerin und Manuela Uhlmann. Wissenschaftliche Buchgesellschaft: Darmstadt 2001, S. 227 ff.

M2 Der Politologe Dieter Bingen über die innenpolitische Instrumentalisierung der ›Polenfrage‹ nach 1945

Von allen außenpolitischen Themen der Bonner Republik eigneten sich die Beziehungen zu Polen am ehesten für eine innenpolitische Instrumentalisierung und Profilierung: historische Stereotypen und Vorurteile gegenüber Polen, die politische Interessenlage im Ost-West-Konflikt, [...] die Erfahrungen von Flucht und Vertreibung und der Verlust von alten deutschen Provinzen an Polen, ein uneingestandenes Schuldgefühl derer, die sich von ›diesen Polen‹ eben nicht an den Pranger stellen lassen wollten. [...]

Lässt man die historisch besonders stark belasteten Verhältnisse Revue passieren, dann wird einiges klar: Eine innenpolitische Instrumentalisierung des Verhältnisses zum jüdischen Volk und zum Staat Israel verbot sich von selbst. Mit Frankreich war die Bundesrepublik nunmehr verbündet. Die Überwindung der so genannten ›Erbfeindschaft‹ versprach beschleunigte Integration in die Gemeinschaft der westlichen Demokratien. Der französischen Geschichte, ihren kulturellen und zivilisatorischen Leistungen wurde immer Ebenbürtigkeit, ja teilweise sogar Überlegenheit gegenüber vergleichbaren deutschen Errungenschaften zugestanden. [...] Mit Russland und der Sowjetunion verband man in Deutschland nach dem Zweiten Weltkrieg die Vorstellung von Grausamkeit, Verbrechen und Rückständigkeit sowie die Erfahrung mit der Besatzungsmacht auf einem Drittel des deutschen Territoriums in den Grenzen von 1945. Zugleich gab es aber auch die sonderbare Affinität zur ›russischen Seele‹, [...] und den Respekt vor der schieren Größe des Landes [...].

Dies alles galt mit Blick auf Polen nicht – sieht man von dem erst später größer werdenden Kreis der ›Polenfreunde‹ ab: keine Bewunderung für die polnische Geschichte und Kultur, keine Anerkennung Polens als eines den westlichen Mächten ebenbürtigen Staatsgebildes, keine Größe, keine Seele. Zugleich gab es aber ein Paradox, das die deutschen Beziehungen zu Polen aus allen Beziehungen heraushob und sie zugleich so verletzlich, so disponibel für innenpolitische Instrumentalisierung machte: Es war und ist das Paradox der Nähe und Intensität.

Aus: Dieter Bingen: Die Polenpolitik der Bonner Republik von Adenauer bis Kohl 1949–1991. Baden-Baden: Nomos 1998, S. 319 ff.

B12 ›Auf ein Neues‹. Bundeskanzler Helmut Kohl und Ministerpräsident Tadeusz Mazowiecki und die deutsch-polnische Versöhnungsbrücke. Karikatur von Walter Hanel (1990)

M3 Polnische Ängste

Der Journalist Gerhard Gnauck über Differenzen zwischen Warschau und Berlin

Offenbar ist es nicht gelungen, die deutsch-polnische Aussöhnung nach dem Vorbild der deutsch-französischen zu gestalten. Nachdem wichtige gemeinsame Ziele – vor allem Nato- und EU-Erweiterung – erreicht waren, ergaben sich zwischen Berlin und Warschau Differenzen über die künftige Rolle des Westens im Irak und die Entwicklung der EU. Doch diese Fragen haben Medien und Bürger in Polen nie so stark bewegt wie die aus der Geschichte herrührenden Lasten.

Es ist nun einmal eine Tatsache, dass die polnische Hauptstadt durch fünf Jahre deutscher Besatzung und durch den Holocaust etwa so viele Menschen verloren hat wie ganz Frankreich. Jetzt erinnert das polnische Parlament daran, dass die Zerstörungen des Krieges nie wieder gutgemacht worden seien, und fordert von der Regierung in Warschau, ›in dieser Sache angemessene Schritte‹ gegenüber Deutschland zu unternehmen. Zugleich gründet eine Politikerin, die vor einem Jahr noch eine Gedenkfeier für die Opfer der ›Wilhelm Gustloff‹ organisiert hatte, eine ›Polnische Treuhand‹ [im Gegensatz zur ›Preußischen Treuhand‹ in Deutschland, Anm. d. Red.]. Offenbar hat die Befürchtung von Millionen Polen, wegen 60 Jahre alter Ansprüche ihr Wohnrecht in den eigenen Häusern zu verlieren, den Stimmungsumschwung bewirkt. Es bleibt zu hoffen, dass die polnische Regierung daran festhält, die Ansprüche beider Seiten für gegenstandslos zu halten. Im zusammenwachsenden Europa dürfen die fordernden Stimmen nicht die Überhand gewinnen.

Aus: Gerhard Gauck: Polnische Ängste. In: Die Welt vom 11. September 2004

M4 Deutschland: direkter Nachbar Polens und dennoch so fern

Die polnische Journalistin Danuta Zagrodzka kommentiert die Ergebnisse einer Meinungsumfrage vom Mai 2004 in Deutschland und Polen.

Die Spannungen in den Beziehungen zu Deutschland wachsen seit zwei Jahren ständig. Haben die Polen und die Deutschen den Emotionen nachgegeben, die von Politikern hervorgehoben wurden?

Die nervöse Atmosphäre in den polnisch-deutschen Beziehungen (um sie nicht als Krise zu bezeichnen) trägt dazu bei, dass wir alles, was zwischen unseren Regierungen, zwischen Institutionen

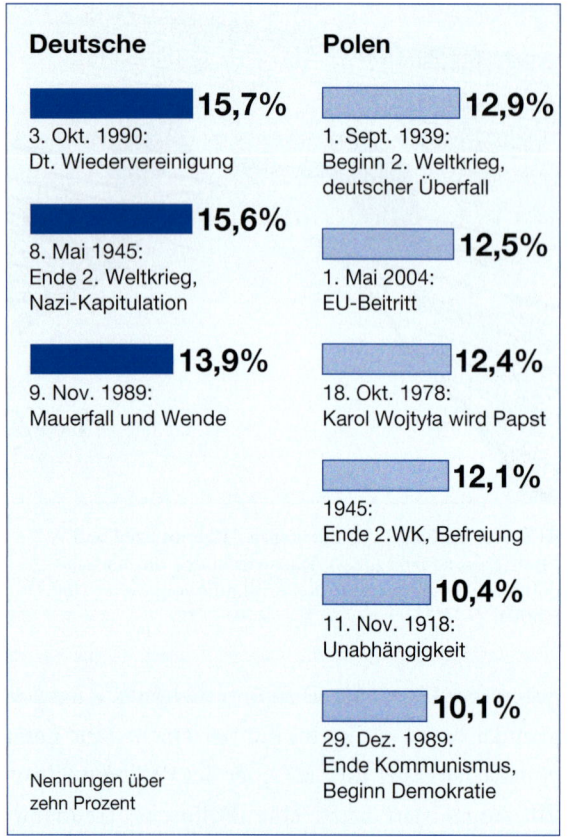

B13 Welches historische Ereignis der letzten hundert Jahre halten Sie für das wichtigste? (2004)

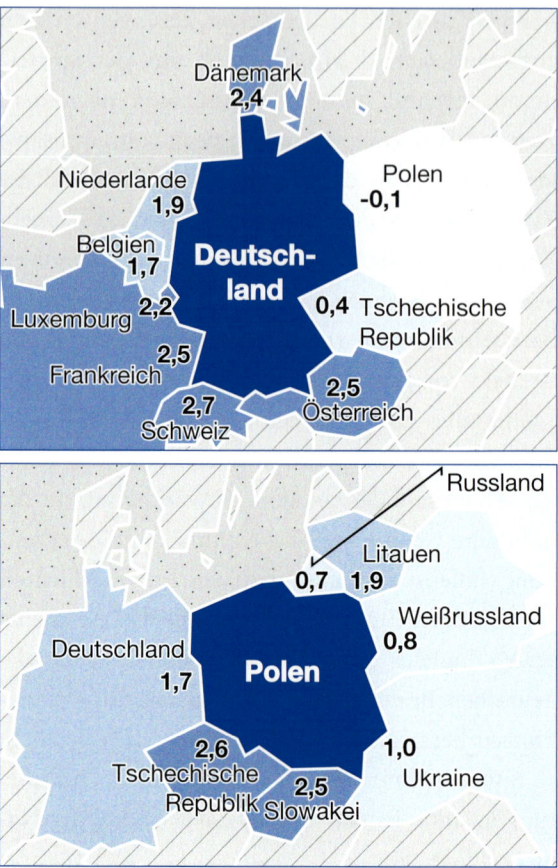

B14 Wie sympathisch sind Ihnen die Nachbarländer? (2004)

und zwischen unseren beiden Völkern passiert, mit erhöhter Aufmerksamkeit verfolgen.

Wie sehen wir uns heute? Haben sich die beiden Völker durch die Emotionen leiten lassen, die von Politikern hervorgerufen wurden? Es erweist sich, dass in längerer Sicht beide Völker sehr überlegt ihre Meinung bilden und dass sie sich nicht vom Hass, sondern von gesunder Vernunft leiten lassen.[...]

Was interessant ist – die heikle Diskussion um die Entstehung des Zentrums gegen Vertreibungen verbindet eher die beiden Völker, anstatt sie zu trennen: Über die Hälfte sowohl der Polen als auch der Deutschen sprechen sich gegen diese Initiative aus. Auch die Zahl der Befürworter ist in den beiden Ländern ähnlich, obwohl der Prozentsatz in Polen überraschend höher liegt als der in Deutschland. [...]

Nicht erst seit heute schätzen wir die Deutschen höher als sie uns: Das ist zwar traurig und kann unseren Nationalstolz verletzen, aber dies kann auch rational erklärt werden: Deutschland ist ein reiches und gut organisiertes Land, das als Muster in Bezug auf wirtschaftliche und soziale Politik dienen kann. Die Polen wissen ziemlich viel über Deutschland und lernen die Sprache. Für die Deutschen hingegen ist Polen ein Land, das sie erst jetzt entdecken, und zwar mit den alten Vorurteilen über Armut, Unordnung und wirtschaftlichen Rückstand.

Sie sehen auf uns von oben herab, wir betrachten sie mit Bewunderung. Das ist keine gute Grundlage für die Schließung einer Freundschaft, trotzdem beweisen die polnischen Untersuchungen, dass im Jahr 2002 drei Viertel der Polen eine bessere Meinung über die Deutschen hatten als noch zehn Jahre zuvor. Unter den Deutschen kann man zwar eine ähnliche Entwicklung beobachten, die jedoch viel langsamer fortschreitet. Jenseits der Oder wird Polen immer noch als der unsympathischste von allen Nachbarn betrachtet. Die Polen lieben die Deutschen auch nicht besonders, aber wir haben sie lieber als sämtliche östliche Nachbarn Polens, nur mit Ausnahme Litauens.

Die Vorurteile beruhen vor allem auf Unkenntnis. Leider hat bisher nur ein Drittel der Einwohner Deutschlands Polen besucht. In Deutschland hingegen waren schon über 50 Prozent der Polen.

Auf der polnischen Seite zeigen Sympathie für die Deutschen vor allem junge, gut ausgebildete und reiche Menschen. In Deutschland ist es umgekehrt: Die größte Gruppe, die Sympathie gegenüber Polen empfindet, bilden vor allem ältere Menschen (22 Prozent) und der Rekord an Antipathie wird unter Schülern aufgestellt sowie unter jungen Menschen, die das 30. Lebensjahr noch nicht erreicht haben.

Diese beunruhigende Erscheinung belastet vor allem das deutsche Schulsystem. Trotz der langjährigen Tätigkeit der polnisch-deutschen Schulbuchkommission und den beharrlichen Versicherungen aus Berlin, dass das wahre Bild des Nachbarn in den deutschen Schulen vermittelt wird, sieht man fast keinen Fortschritt. [...]

Was die gegenseitigen Beziehungen anbelangt, werden wir vor allem durch allgemeine Klischees geleitet. Aber was die Beziehung zur Geschichte anbetrifft, so unterscheiden wir uns voneinander vor allem durch die Weltanschauung und durch die eigenen Erfahrungen. Das wichtigste Ereignis für die Deutschen im vorigen Jahrhundert stellte die Wiedervereinigung Deutschlands und der Mauerfall dar. Für die Polen hingegen war der Ausbruch des Zweiten Weltkriegs am wichtigsten. [...] Aus diesen ganzen Untersuchungen kann man einen generellen Schluss ziehen: Polen und Deutsche sollten sich besser kennen lernen.

Wir Polen öffnen uns, obwohl wir etwas Misstrauen gegenüber den Deutschen empfinden. Wenn die jungen Deutschen wirklich solche Vorurteile gegenüber Polen hegen, dann muss man – und zwar vor allem auf der deutschen, aber auch auf unserer Seite – sehr viel Kraft investieren, um diese Vorurteile abzubauen. Das ist eine Aufgabe, die viele Jahre dauern wird, aber es gibt auch keine andere Lösung. Wir müssen die Geschehnisse der Vergangenheit in Erinnerung behalten, und zwar in beiden Ländern. Sie sollten aber nur als eine Warnung und nicht als Grundlage für die Zukunft dienen.

Aus: Gazeta Wyborcza vom 13. Dezember 2004. Übersetzung © Deutsche Welle (www.dw-world.de)

M5 **Als Schülerin in Polen**
Silke Schleiff über einen Aufenthalt in Polen 1995/1996

Polen liegt in den Köpfen vieler Deutscher sehr weit entfernt. Dabei ist es unser Nachbarland – und seine Nachbarn sollte man doch eigentlich kennen!

Ich hatte mich jedenfalls entschlossen, mein Austauschjahr in Polen zu verbringen, und konnte danach alle Vorurteile und Zweifel meiner Freunde zerstreuen.

Polen ist nicht unattraktiv – ganz im Gegenteil! In Polen gibt es viele wunderschöne Städte mit einem vielseitigen und interessanten kulturellen Angebot. Es gibt nicht nur graue Wohnblocks, sondern auch liebevoll restaurierte Altstädte, die man in Deutschland nur selten findet. Auch landschaftlich hat Polen eine Menge zu bieten: im Süden die Gebirge, im Norden die Ostsee, im Osten die Masurische Seenplatte und überall Wälder, Wiesen und Wasser.

Polnisch ist praktisch

Mit Polnisch kann man viel anfangen! Polnisch ist zwar nicht ganz leicht, aber der Sprachkurs von YFU (Youth for Understanding) zu Beginn des Austauschjahres hilft dabei, schnell Fortschritte zu machen. Nach drei bis vier Monaten in Polen können sich Austauschschüler oft schon fließend verständigen und bis dahin kann man sich mit Englisch oder Deutsch weiterhelfen.

Wenn man erst einmal eine slawische Sprache beherrscht, versteht man auch fast alle anderen – das ist sehr praktisch! Außerdem gibt es nur wenige Deutsche, die gut Polnisch sprechen. Polen ist aber einer der wichtigsten Wirtschaftspartner Deutschlands, sodass man seine Sprachkenntnisse später auch beruflich nutzen kann.

Gastfreundschaft und Herzlichkeit

Die Menschen in Polen freuen sich, Deutsche kennen zu lernen! Zwischen Polen und Deutschland liegt viel problematische Geschichte – und Geschichte ist für Polen sehr wichtig, vor allem weil das Land so oft von fremden Mächten besetzt war und um seine Unabhängigkeit kämpfen musste. Der Nationalsozialismus ist nicht vergessen, aber trotzdem wird man als Deutscher in Polen sehr freundlich aufgenommen.

Wer einmal in Polen war, wird die Gastfreundschaft und Herzlichkeit der Menschen nicht vergessen! Da es noch nicht so viele Austauschschüler in Polen gibt, ist man an der Schule immer etwas Besonderes. Lehrer und Mitschüler sind sehr an Austauschschülern interessiert, gehen auf sie zu und helfen beim Zurechtfinden. So findet man schnell neue Freunde.

Pierogi, Bigos und Barszcz

In Polen gibt es viel zu entdecken! Die Menschen verdienen zwar im Schnitt weniger Geld, dafür sind die Lebenshaltungskosten aber auch niedriger. [...] Auch wenn man mit Freunden etwas unternimmt, muss man nicht immer viel Geld ausgeben, um sehr viel Spaß zu haben.

Und ganz bestimmt nicht gespart wird beim Essen. Die polnische Küche ist ausgesprochen lecker – wer schon mal Pierogi, Bigos oder Barszcz (gesprochen: *barschtsch*) probiert hat, weiß, wovon ich rede! Und mit Sicherheit wird man nicht vom Tisch aufstehen dürfen, bevor man mehr als satt ist.

Von der Solidarność in die EU

Was ich in Polen ganz besonders schätzen gelernt habe, ist die Aufgeschlossenheit, die Spontaneität und die Kreativität der Menschen. Außerdem ist Polen – mit seiner Entwicklung von der Solidarność (gesprochen: *solidarnoschtsch*) zum EU-Mitgliedsland – eine Gesellschaft, in der gerade sehr viele Veränderungen vor sich gehen. Das finde ich sehr spannend.

Wer eine andere Kultur erleben möchte, muss nicht immer weit weggehen. Ich denke, es ist nicht nur wichtig, gute Beziehungen zu seinen Nachbarn aufzubauen – es ist auch viel praktischer, benachbarte als weit entfernte Freunde zu haben, denn man kann sie später viel öfter besuchen!

Aus: http://www.yfu.de/auslandsjahr/berichte/polen-freunde/ (19. Januar 2007)

M6 Deutschland und Polen auf gleicher Augenhöhe?

Die ehemalige Bundestagspräsidentin Rita Süssmuth über den Dialog mit Polen

Wichtig ist, Politik so zu gestalten, dass wir nicht den Eindruck vermitteln, wir hätten auf alles eine Antwort, obwohl wir selbst Suchende sind. Ein Satz von Adam Michnik aus dem Jahre 1990 ist mir nachdrücklich in Erinnerung geblieben. Damals sagte er mit Blick auf das deutsch-polnische Verhältnis: ›Ihr könnt alles machen, aber begegnet uns bitte nicht karitativ, sondern auf gleicher Augenhöhe. Wenn das nicht geschieht, kann es mit uns nichts werden.‹ Die Tiefe dieser Forderung haben wir noch immer nicht begriffen. Polens Weg in die EU ist keineswegs auf gleicher Augenhöhe geschehen, sondern unter der Maßgabe, wir sind schon seit Jahren in der EU, lernt ihr erst einmal. Und wenn ihr kräftig gelernt habt, dann gehört ihr auch dazu. Wenn ihr den größten Teil der Normen erfüllt habt, könnt ihr integriert werden. Normen, die die Altmitglieder aufgrund der Beitrittsbemühungen zum Teil erst gesetzt haben, aber selbst nicht immer einhalten können.

Aus: Albrecht Riechers, Christian Schröter, Basil Kerski (Hrsg.): Dialog der Bürger. Die gesellschaftliche Ebene der deutsch-polnischen Nachbarschaft (= Veröffentlichungen der Deutsch-Polnischen Gesellschaft Bundesverband. Bd. 6) Osnabrück: Fibre 2005, S. 136

M7 Der Politologe Piotr Buras über die Hintergründe der deutsch-polnischen Probleme im Jahr 2006

Die aktuelle polnische Deutschlandpolitik resultiert weniger aus einem antideutschen Reflex als vielmehr aus politischen und gesellschaftlichen Veränderungen auf polnischer wie auf deutscher Seite. Tatsächlich war die Partnerschaft mit Deutschland für die Regierungen nach 1989 prioritär. Durch die Integration in NATO und EU ist für Polen jedoch eine neue außenpolitische Situation entstanden. Ziel ist es nun, Polen selbstständig in der EU zu etablieren und je nach Interessenlage Partner für eigene politische Positionen zu suchen. Deutschland wird in diesem Kontext vorgeworfen, dass es Polen nicht als Subjekt behandele und sein Bekenntnis zur Partnerschaft mit Polen nur den Charakter politischer Deklarationen habe. Zu der daraus entstandenen Enttäuschung gegenüber Deutschland kommt die Sorge über Veränderungen im deutschen kollektiven Gedächtnis. Die in Polen wahrgenommene zunehmende Diskussion über die deutschen Opfer des Zweiten Weltkriegs weckt Befürchtungen, dass in Deutschland die Tendenz besteht, das Geschichts-

B15 Titelseite der in Opole/Oppeln erscheinenden zweisprachigen Zeitung ›Schlesisches Wochenblatt. Zeitung der Deutschen in der Republik Polen‹ zum 15. Jahrestag des deutsch-polnischen Nachbarschaftsvertrags (Mai/Juni 2006)

bild zu revidieren. Darin scheint der Kern der heutigen deutsch-polnischen historisch-politischen Missverständnisse zu liegen. Während der ›Geschichtsrevisionismus‹ in Deutschland einer von vielen Beiträgen im pluralistischen historisch-politischen Diskurs ist, überwiegt in Polen die Einschätzung, dass es sich um eine dominierende Strömung handelt, die sich im ›offiziellen‹ Gedächtnis etabliert hat.

Aus: Polen-Analysen Nr. 3/2006, S. 2–5
(www.polen-analysen.de/pdf/PolenAnalysen03.pdf)

M8 Deutsche bei uns ... es gibt sie!

Im Juni 1989 erschien in der polnischen Wochenzeitung Polityka erstmals ein Bericht über die deutsche Minderheit in Oberschlesien.

Es ist […] Zeit, sich an die Tatsache zu gewöhnen, dass wir in Oberschlesien eine ziemlich große Gruppe von Bürgern haben, die sich zur deutschen Nationalität bekennen. Man kann das bedauern und behaupten, ohne die Fehler in der Wirtschafts-, Bildungs-, Kultur-, Pass- und Religionspolitik usw. usf., die der autochthonen Bevölkerung die vergangenen Jahrzehnte unvergesslich gemacht haben, wären die schlesischen Deutschen schlesische Polen. Vielleicht stimmt das auch, doch jetzt ist es zu spät, um das Rad der Geschichte zurückzudrehen. Ein Prozess ist in Gang gesetzt, der unabhängig von unseren Befürchtungen und Anschauungen fortschreitet.

[…] Es sieht danach aus, dass wir im Hinblick auf das Kriterium für die nationale Zugehörigkeit der Bürger Volkspolens unsere Ansichten revidieren müssen. Allzu formalisiert, genügen sie nicht den Anforderungen der Wirklichkeit. Eine bewusste, schriftliche Erklärung wird immer mehr wiegen als alle amtlichen, sprachlichen, religiösen, ökonomischen, ja selbst rassischen Kriterien, wollte irgendjemand sogar damit argumentieren. Denn was ist es für ein Trost, dass die Schlesier ethnisch gesehen Slawen sind, wenn einige von ihnen eine Zugehörigkeit zu den ›germanischen‹ Deutschen empfinden? Die Anerkennung der deutschen Minderheit gerade dort, wo man sie bisher nicht bemerkt hat, wird darüber hinaus zahlreiche Konsequenzen moralischer und bewusstseinsmäßiger Natur haben. Wie aus einer geöffneten ›Büchse der Pandora‹ gelangen völlig unbekannte Meinungen und unpopuläre Einschätzungen und Ansichten in unseren Umlauf, z.B. über die schlesischen Aufstände, den deutschen Militarismus, das deutsche Kulturerbe und sogar über die verächtliche ›polnische Wirtschaft‹. Vorläufig sind wir wohl auf eine solche Konfrontation nicht vorbereitet.‹

Deutsche Übersetzung in: Dialog Nr. 3–4 1989, S. 38 ff.

Arbeitsanregungen

1 Versuchen Sie, die in der Präambel des deutsch-polnischen Vertrages (M1) allgemein festgestellten Vertragsgrundlagen zu präzisieren, insbesondere was die historischen Erfahrungen beider Länder angeht. Welche Rolle kommt einer Präambel in politischen Verträgen zu? Wodurch unterscheidet sie sich von den einzelnen Artikeln? (Form, Sprachstil, Rechtsverbindlichkeit)

2 Für welche Zielsetzungen, die der deutsch-polnische Nachbarschaftsvertrag festschreibt, sind Ihnen konkrete Projekte bekannt?

3 Wie begründet der Politologe Dieter Bingen (M2), dass sich das Thema Polen besonders für innenpolitische Instrumentalisierung eignete? Was unterscheidet den Umgang mit Polen vom Umgang mit Israel, Frankreich und der Sowjetunion?

4 Warum meint der Journalist Gerhard Gnauck (M3), dass die deutsch-polnische Aussöhnung sich schwieriger gestalten wird als die deutsch-französische? Versuchen Sie unter Einbeziehung der Karikatur von Hanel (B12) zusätzliche Argumente für diese These zu finden.

5 Lesen Sie den Text von Dorota Zagrodzka (M4). Überlegen Sie, auf welche Gründe die unterschiedlichen Prioritäten der Ereignisse in beiden Ländern zurückzuführen sind. Diskutieren Sie mögliche Ursachen für das unterschiedliche Interesse am Nachbarland in Deutschland und Polen. Wie würden Sie selbst die im Text gestellten Fragen beantworten?

6 Die deutsche Austauschschülerin Silke Schleiff schreibt, dass sie nach ihrem Aufenthalt in Polen ›alle Vorurteile und Zweifel meiner Freunde zerstreuen‹ konnte (M5). Vergleichen Sie Ihre eigenen Vorurteile über Polen mit den Aussagen von Silke Schleiff.

7 Der polnische Bürgerrechtler und Journalist Adam Michnik sagte mit Blick auf das deutsch-polnische Verhältnis: ›Ihr könnt alles machen, aber begegnet uns bitte nicht karitativ, sondern auf gleicher Augenhöhe.‹ (M6) Was ist damit gemeint? Halten Sie diese Forderung für berechtigt? Was kritisiert die ehemalige Bundestagspräsidentin Rita Süssmuth am Verhalten der westlichen Länder?

8 Worin sieht der Politologe Piotr Buras die Ursache für die aktuellen deutsch-polnischen Missverständnisse (M7)? Was meint er mit der in Polen befürchteten Gefahr eines Geschichtsrevisionismus in Deutschland? Halten Sie diese Befürchtungen für berechtigt?

9 Suchen Sie im Internet oder anderen Ihnen zugänglichen Quellen nach möglichen Definitionen für eine nationale Minderheit und überlegen Sie, warum in Artikel 20 des deutsch-polnischen Nachbarschaftsvertrages zwar die Deutschen in Polen als Minderheit ausdrücklich benannt sind, nicht aber die Polen in Deutschland. Welches – nach deutschem Rechtsverständnis – entscheidende Kriterium für eine Minderheit trifft auf die in Deutschland lebenden Polen nicht zu?

10 Im Jahr 1989 erschien in einer renommierten polnischen Wochenzeitung ein Artikel unter der Überschrift ›Deutsche bei uns… es gibt sie!‹. Lesen Sie die Auszüge (M8) und klären Sie mittels Internet die Ihnen unbekannten Begriffe und Personennamen. Überlegen Sie, aus welchen Gründen der polnische Staat bis 1989 das Vorhandensein einer deutschen Minderheit in Polen geleugnet haben könnte. Welche Voraussetzungen wären nach Meinung des Autors notwendig gewesen, damit sich die heute zur deutschen Nationalität bekennenden Schlesier als ›polnische Schlesier‹ gefühlt hätten?

Vorschläge für Referate und Facharbeiten

1 Die Entwicklung der deutsch-polnischen Beziehungen nach 1945 im Spiegel bilateraler Verträge (1950, 1970, 1990, 1991).

2 Von der ›Interessengemeinschaft‹ zur ›Konfliktgemeinschaft‹. Die Entwicklung der deutsch-polnischen Beziehungen seit 1989.

3 Deutsche in Polen – Polen in Deutschland. Unterschiede und Gemeinsamkeiten.

Literaturhinweise

BEHNISCH, REINHARD; LAHMANN, HORST (HRSG.): Wechselwirkungen. Die deutsch-polnischen Beziehungen im zukünftigen Europa (= Loccumer Protokolle; 72/02). Loccum: Evang. Akademie 2004.

BINGEN, DIETER: Die Polenpolitik der Bonner Republik von Adenauer bis Kohl 1949–1991. Baden-Baden: Nomos 1998.

BINGEN, DIETER; WOLFF-POWĘSKA, ANNA (HRSG.): Nachbarn auf Distanz: Polen und Deutsche 1998–2004 (= Veröffentlichungen des Deutschen Polen-Instituts. Bd. 19). Wiesbaden: Harrassowitz 2005.

EBERWEIN, WOLF-DIETER; KERSKI, BASIL (HRSG.): Die deutsch-polnischen Beziehungen zehn Jahre nach der Unterzeichnung des Nachbarschaftsvertrages: eine Werte- und Interessengemeinschaft? Berlin: Wissenschaftszentrum Berlin für Sozialforschung 2001.

FREUDENSTEIN, ROLAND: Deutschland und Polen am Beginn des 21. Jahrhunderts: Szenen einer Nachbarschaft. In: Die politische Meinung. Monatsschrift zu Fragen der Zeit. 47 (2002), S. 29–37.

GEO SPECIAL: Die Welt entdecken. Nr. 4. August/September 2004. Themenheft Polen.

GOLL, THOMAS; LEUERER, THOMAS (HRSG.): Polen und Deutschland nach der EU-Osterweiterung: Eine schwierige Nachbarschaft (= Würzburger Universitätsschriften zu Geschichte und Politik. Bd. 7). Würzburg: Nomos 2005.
Enthält eine kommentierte Auswahlbibliografie zur Behandlung des Themas im Unterricht.

LANG, KAI-OLAF: Zeit für einen neuen Realismus: Perspektiven der deutsch-polnischen Beziehungen in der EU. In: Dialog: deutsch-polnisches Magazin 18 (2005), 69/70, S. 15–18.

RIECHERS, ALBRECHT; KERSKI, BASIL (HRSG.): Dialog der Bürger. Die gesellschaftliche Ebene der deutsch-polnischen Nachbarschaft (= Veröffentlichungen der Deutsch-Polnischen Gesellschaft Bundesverband. Bd. 6). Osnabrück: Fibre 2005.

RUCHNIEWICZ, KRZYSZTOF: Versöhnung – Normalisierung – Gute Nachbarschaft. In: Deutsche und Polen. Geschichte – Kultur – Politik. Hrsg. von Andreas Lawaty und Hubert Orłowski. München: Beck 2003, S. 95–107.

URBAN, THOMAS: Deutsche in Polen. Geschichte und Gegenwart einer Minderheit. München: Beck ⁴2000.

Stop and go nach Brüssel
Antiwestliche Feindbilder und die Enttäuschungen durch die Eurokratie machen es den EU-Befürworten in Warschau immer schwerer

(Die Zeit, Nr. 6, 2002)

PERSONA NON GRATA
Ein polnischer Pater wettert mit Radio Maryja gegen den EU-Beitritt – zum Ärger des Papstes

(Süddeutsche Zeitung, 10.12.2002)

Der Weg in die EU erfreut nicht alle Polen
Schon heute ist die EU wichtiger Handelspartner. Schlechte Infrastruktur behindert Wirtschaftswachstum. Bauern sind unzufrieden

(Die Welt, 2.9.2002)

EU-Beitritt verursacht im Osten Schocks
Bevölkerung und Unternehmen werden erst nach fünf bis zehn Jahren positive Resultate spüren. Eine Teuerungswelle ist in Sicht

(Die Presse, 3.7.2002)

Kwasniewski sieht Jahr nach EU-Beitritt als eines der besten Polens
›Schwarze Szenarien der Integrationsgegner erfüllten sich nicht‹

(Der Standard, 1.5.2005)

Polen und Europa

Um jeden Zloty
Vor dem Gipfel in Kopenhagen stellt Beitrittskandidat neue Forderungen. Doch die EU will hart bleiben

(Der Tagesspiegel, 11.12.2002)

Polen beendet alte Freundschaften
Grenzabschottungen Richtung Osten als Preis für EU-Beitritt

(Junge Welt, 1.8.2002)

Polens Mühen mit der Europäischen Union
Diffuse Ängste vor einem Ausverkauf des Agrarlandes

(Neue Zürcher Zeitung, 20.9.2001)

Eine Allianz mit der polnischen Kirche
Polens Regierung will den Bürgern im Verein mit den Katholiken die EU näher bringen

(Frankfurter Rundschau, 20.3.2002)

EU-Träume in Polen verblassen
Osteuropäisches Musterland kämpft mit der Krise. Beiderseits von Oder und Neiße herrscht in der Wirtschaft weiter einige Skepsis gegenüber der EU-Osterweiterung. Doch nicht wenige Unternehmer sehen in diesem Schritt eine Chance.

(Ostsee-Zeitung, 2./3.2.2002)

Fremdbestimmung aus Brüssel statt aus Moskau
Die polnischen Bauern wollen keinen EU-Beitritt »auf Knien« Forderung nach Gleichberechtigung

(Frankfurter Allgemeine Zeitung, 15.2.2002)

Ohne Polen wäre Ikea längst verloren
Waschmaschinen aus Slowenien, Bier aus Tschechien, Autos aus Ungarn: Die Produkte der Neuen sind schon lange hier. Und wir leben sehr gut mit ihnen

(Die Welt, 30.4.2004)

Die Ängste drohen die Hoffnungen zu überwiegen
StZ-Serie zu den Kandidatenländern der EU-Erweiterung (VI): der größte EU-Anwärter Polen ist der jahrelangen Entbehrungen durch Reformen müde

(Stuttgarter Zeitung, 26.11.2002)

Ordnen Sie die Presse-Schlagzeilen aus den Jahren vor dem EU-Beitritt übergreifenden Themen zu. Welche Tendenzen lassen sich erkennen?

Einführung

Die Auseinandersetzung mit der Frage, welche Rolle Polen für Europa bzw. Europa für Polen spielt, prägte die polnische Geschichte von Beginn an. Mit der Taufe des ersten Piastenherrschers Mieszko I. im Jahr 966 bekannte sich das Land zum christlich-lateinischen Abendland und zum westlichen Kulturkreis. Als Mitglied der mittelalterlichen Staaten- und Wertegemeinschaft war Polen in vielfältiger Weise mit dem westlichen Europa verflochten. Zu Zeiten der Renaissance wäre es niemandem in den Sinn gekommen, Polens Platz in der Mitte Europas in Zweifel zu ziehen. Die Toleranz der liberalen Adelsrepublik machte sie zu einem Anziehungspunkt für religiöse und ethnische Minderheiten. Dies änderte sich erst seit der Mitte des 17. Jahrhunderts. Im Gefolge der Gegenreformation erstarrte das politisch-gesellschaftliche System.

Die zu spät eingeleiteten Reformbemühungen in Polen, die am 3. Mai 1791 in der ersten schriftlichen Verfassung Europas mündeten, konnten das Versäumte jedoch nicht mehr rückgängig machen. Mit den drei Teilungen 1772, 1793 und 1795 verschwand das Land schließlich für 123 Jahre von der politischen Landkarte Europas. Die kulturellen Kontakte allerdings wurden auch in dieser Zeit aufrechterhalten. Erst im Jahr 1918 kehrte Polen als neu entstandene Republik in die europäische Staatengemeinschaft zurück, die den jungen Staat aber weder vor dem Überfall der deutschen Wehrmacht 1939 noch vor der späteren Eingliederung in den sowjetischen Machtbereich schützen konnte. Dennoch haben die Polen ihr Selbstverständnis als Teil der europäischen Staatengemeinschaft niemals aufgegeben.

Gemeinsames Ziel aller Regierungen Polens nach dem politischen Umbruch im Jahr 1989 war die schnelle Integration des Landes in das politische und wirtschaftliche Gefüge der Europäischen Union. Bereits in den 1970er- und 1980er-Jahren hatte der Handel mit den westeuropäischen Staaten immer größere Bedeutung für die polnische Wirtschaft gewonnen. Nach der Auflösung des RGW, der Wirtschaftsgemeinschaft des kommunistischen Ostblocks, im Jahr 1991 unterschrieb Polen noch im gleichen Jahr – gemeinsam mit der Tschechoslowakei und Ungarn – ein Assoziierungsabkommen, drei Jahre später stellte das Land offiziell den Antrag auf EU-Mitgliedschaft.

Seit 1999 liefen, unterstützt von den wichtigsten Parteien des Landes, die intensiven Vorbereitungen, die mit einem Referendum im Jahr 2003 (77 % Zustimmung) und dem Beitritt des Landes zur Europäische Union am 1. Mai 2004 ihren Abschluss fanden. Die Verhandlungen in Brüssel wurden begleitet von der Umsetzung struktureller Reformen in zentralen Bereichen des gesellschaftlichen und politischen Lebens, so unter anderem im Gesundheitswesen, im Rechtssystem und in der Landwirtschaft.

›Polens Traum: Europa. Polens Zweifel: Europa. Polens Realität: Europa‹ (Peter Oliver Loew) – in diese einfache Formel lässt sich das ganze Spektrum der polnischen Diskussion um die Rolle Polens in Europa fassen. Im Zentrum der Überlegungen stand dabei in den 1990er-Jahren sowohl die Frage nach der Bedeutung Europas für Polen als auch die Frage nach der Bedeutung Polens für Europa: Die Diskussion um christliche Werte spielte bei der Debatte um die europäische Verfassung eine besondere Rolle. Die Notwendigkeit, mit dem Beitritt zur EU Souveränitätsrechte abzutreten, die man durch das Ende der Abhängigkeit von der Sowjetunion gerade erst erlangt hatte, wurde ebenfalls sehr intensiv diskutiert. Darüber hinaus galt es einen Weg zu finden, den politischen Platz in Europa mit dem historisch gewachsenen guten Verhältnis zu den USA und dem historisch belasteten Verhältnis zu Russland als dem größten Nachbarland im Osten in Einklang zu bringen.

Mit der im Jahr 1999 als historisches Ereignis gefeierten Aufnahme Polens in die NATO wurde das Anliegen einer sicherheitspolitischen Integration in die westliche Verteidigungsallianz verwirklicht. Der NATO war es schon vorher gelungen, Russland durch Konsultations- und Mitspracherechte in diesen Prozess einzubinden.

Mit dem Konzept der EU für die Ost-Erweiterung unter der Bezeichnung ›Agenda 2000: Eine stärkere und erweiterte Union‹ wurden unter an-

B1 An der Grenze in Frankfurt/Oder am Tag des polnischen EU-Beitritts (1. Mai 2004): die Außenminister Włodzimierz Cimoszewicz und Joschka Fischer

derem die Regelungen zum Aufnahmeverfahren und ein Plan für die Finanzierung des Beitritts festgelegt. Doch auch die Beitrittsländer machten deutlich, welche erheblichen Kostenbelastungen durch die Erfüllung der wirtschaftlichen Beitrittsbedingungen nun auf sie zukamen. So waren unter anderem Investitionen notwendig für Umweltschutzmaßnahmen, wie z.B. den Bau von Kläranlagen, den Straßenbau. Die Modernisierung der nicht konkurrenzfähigen Kohle- und Stahlindustrie musste ebenso bewältigt werden wie die Umgestaltung der Landwirtschaft, in der in Polen immer noch fast 20 % der Bevölkerung tätig waren. Viele Unternehmen, die nicht in der Lage waren, sich dem neuen Wettbewerb anzupassen, mussten schließen.

Der Zwiespalt zwischen der Hoffnung auf sich neu ergebende Chancen sowie der Angst vor möglichen sozialen Härten prägte sowohl in Deutschland als auch in Polen die Stimmung in der Bevölkerung. So befürchtete man in Deutschland, dass nach der Öffnung der Grenzen eine Masseneinwanderung billiger Arbeitskräfte einsetzen könnte oder dass Unternehmen in den bisherigen EU-Ländern aus Kostengründen verstärkt ihre Produktion – und damit Arbeitsplätze – in die Beitrittsländer verlegen könnten. In Polen dagegen regte sich Widerstand gegen den befürchteten ›Ausverkauf‹ von landwirtschaftlichen Flächen und Immobilien an zahlungskräftige Westeuropäer und Spekulanten. Aus diesem Grund hat die EU, um die Bedenken beider Seiten zu verringern, mehrjährige ›Übergangsregelungen‹ beschlossen, innerhalb derer sowohl die Freizügigkeit für Arbeitnehmer als auch der Erwerb von Grundstücken nicht oder nur in beschränktem Maße zugelassen wurde.

Der Weg von der Planwirtschaft zur Marktwirtschaft erwies sich als außerordentlich hürdenreich und mit hohen sozialen Kosten verbunden. Der Anstieg der Arbeitslosigkeit in Polen auf zwischenzeitlich 19 % (2004, EU-Durchschnitt: 5,2 %) war nur eine Folge von vielen, mit denen das Land bis heute zu kämpfen hat. Andererseits stellten sich in einigen Sektoren der Wirtschaft bald schon Erfolge ein, und auch außenpolitisch gewann Polen als Bündnispartner der USA im Irakkrieg, aber auch als wichtigstes und größtes Beitrittsland in der EU erhebliches Gewicht.

Die mit den Reformen im Zusammenhang mit dem EU-Beitritt einhergehende Verschlechterung der sozialen und wirtschaftlichen Lebensumstände eines beträchtlichen Teils der Gesellschaft führte dazu, dass sich in der Öffentlichkeit vermehrt europaskeptische Stimmen zu Wort meldeten. Von einer großen Mehrheit der Bevölkerung wurde aber die Mitgliedschaft in der EU nie ernsthaft infrage gestellt. Nach dem EU-Beitritt wuchs die Anzahl der Befürworter sogar kontinuierlich an, von 64 Prozent zur Zeit des Beitritts auf 88 Prozent im November 2006. Besonders bei Bewohnern ländlicher Gebiete, wo die Skepsis am größten war, hat sich nach dem Beitritt ein deutlicher Stimmungsumschwung vollzogen.

B2 ›Die Abmachung gilt also. Wir geben euch die Moral, ihr gebt uns die Knete.‹ Karikatur von Andrzej Mleczko (2003)

Materialien

M1 Polens Verbundenheit mit Europa – aus einer Rede des polnischen Ministerpräsidenten Tadeusz Mazowiecki am 30. Januar 1990 in Straßburg

Europa erlebt eine ungewöhnliche Zeit. Diejenige Hälfte des Kontinents, die vor fast einem halben Jahrhundert ihrer Wurzeln beraubt wurde, will nun wieder dorthin zurückkehren. [...] Die Polen sind ein Volk, das sich seiner Zugehörigkeit zu Europa, seiner europäischen Identität bewusst ist. [...] Der Bezugspunkt für die Beantwortung der Frage nach unserer Identität war immer Europa. Das Europa, als dessen Verteidiger sich die Polen fühlten und das sie liebten. 300 Jahre lang war in Polen die Ideologie vom ›Bollwerk des Christentums‹ – also vom Bollwerk Europas – lebendig. Europa ist mithin im polnischen Bewusstsein gegenwärtig als ein Wert, für den es sich zu leben lohnt, für den man aber manchmal auch sterben muss. [...] Nach wie vor sehen wir in Europa einen Wert, das Vaterland der Freiheit und des Rechts – und nach wie vor identifizieren wir uns stark mit Europa. Nach wie vor hegen wir jedoch auch Groll gegenüber Europa – wegen seiner Zustimmung zu Jalta, zur Teilung Europas, dazu, dass wir jenseits des Eisernen Vorhangs bleiben sollten. [...] Wenn es uns gelungen ist, als Gemeinschaft zu überleben, dann haben wir das unter anderem unserer tiefen Bindung an bestimmte, zur europäischen Norm gehörende Institutionen und Werte zu verdanken. Wir verdanken es der Religion und der Kirche, der Verbundenheit mit Demokratie und Pluralismus, den Menschenrechten, den bürgerlichen Freiheiten und der Idee der Solidarität. [...] Heute stellen wir den Antrag zur Aufnahme in den Europarat. [...]

Die in Mittel- und Osteuropa einsetzenden Prozesse stellen, wenn sie auch reich an Bedrohungen sind, doch in erster Linie eine außergewöhnliche historische Herausforderung dar. Richtet sich diese auch selbstverständlich vor allem an uns Mitteleuropäer, so bildet sie doch auch eine Aufgabe für ganz Europa. [...] Die Mauer zwischen dem freien und dem unfreien Europa wurde bereits niedergerissen. Jetzt muss der Graben zwischen dem armen und dem reichen Europa zugeschüttet werden. Wenn Europa ein ›gemeinsames Haus‹ sein soll, in dem die einen nicht den anderen die Tür zuschlagen werden, dürfen solche immensen Unterschiede nicht fortbestehen. [...] Es ist an der Zeit, Institutionen zu bilden, die wirklich ganz Europa erfassen.

Aus: Tadeusz Mazowiecki: Rückkehr nach Europa. In: Polen denkt Europa. Politische Texte aus zwei Jahrhunderten. Hrsg. von Peter Oliver Loew. Übersetzt von Anne Altmayer. Frankfurt/Main: Suhrkamp 2004, S. 302–311

M2 Bundeskanzler Helmut Kohl über neue europäische Perspektiven am 19. Juni 1992

Nur eine starke Europäische Union kann mit den neuen Risiken und Unwägbarkeiten fertig werden, mit denen die Auflösung staatlicher und gesellschaftlicher Systeme im östlichen und südlichen Teil unseres Kontinentes behaftet ist. Dies ist keine Absage an ein größeres Europa, aber wir werden dieses Europa nur schaffen können, wenn wir das heutige Kerneuropa unwiderruflich voranbringen. Darüber hinaus stellt sich auch auf dem Felde der Wirtschaft die Frage nach institutioneller Einbindung Mittel-, Ost- und Südeuropas. Die Assoziierung Polens, der ČSFR und Ungarns sind substantielle Schritte, aber auch politische Zeichen zur Einbeziehung dieser Länder in die künftige Europäische Union. Die volle Mitgliedschaft in der Union wird erst erfolgen können, wenn die politischen und ökonomischen Voraussetzungen geschaffen sind.

Aus: Otto Schmuck, Maximilian Schröder: Auf dem Weg zur Europäischen Union (= Kontrovers). Bonn: Bundeszentrale für politische Bildung 1993, S. 114

M3 Aus einer Rede des polnischen Außenministers Władysław Bartoszewski vor dem Deutschen Bundestag am 28. April 1995

Der Begriff Europa lässt sich meiner Meinung nach nicht auf den rein geografischen Terminus verengen. In der Geschichte der Völker und Staaten dieses Kontinents hat dieser Begriff eine zivilisatorische Bedeutung angenommen. Er wurde zu einem kollektiven Symbol von fundamentalen Werten und Prinzipien. Europa, das bedeutet vor allem die Freiheit der Person, die Menschenrechte

B3 ›Brüsseler Verhandlungen‹. Karikatur: Klaus Stuttmann

– politische und ökonomische. Das ist eine demokratische und von Bürgern getragene Ordnung. Das ist der Rechtsstaat. Das ist die effektive Wirtschaft, die sich auf individuelles Unternehmertum und Initiative stützt. Gleichzeitig ist es die Reflexion über das Schicksal der Menschen und die moralische Ordnung, die den jüdisch-christlichen Traditionen und der unvergänglichen Schönheit der Kultur entspringt.

Ein so verstandenes Europa war mit dem geografischen Europa nicht immer deckungsgleich. Zu Anbeginn der europäischen Geschichte war das Athen des Perikles Europa. Heute gehören zu den Erben der europäischen Zivilisation auch weit entfernt liegende Länder auf anderen Kontinenten wie die Vereinigten Staaten, Kanada und Australien.

Europa betrachten wir demnach als Zivilisationskreis. Die Zugehörigkeit zu Europa, das ist eine im Laufe der Geschichte bewusst vollzogene Wahl und Fixierung der obigen Werte. Die Tatsache, dass diese Werte zum Lebensfundament von Völkern auf anderen Kontinenten wurden, zeugt von ihrer Offenheit, vom Geist der Toleranz und des Dialogs. Die europäische Gesellschaft ist eine ›offene Gesellschaft‹. Europa relegiert keine Völker aus seiner Gemeinschaft und isoliert sie nicht. Völker, die zum geografischen Europa gehören, können sich höchstens selbst aus der europäischen Zivilisationsgemeinschaft isolieren, so wie dies vor einigen Jahrzehnten die totalitären Staaten Sowjetrussland und das Deutschland Hitlers taten.

Aus: http://www.bundestag.de/geschichte/gastredner/bartoszewski/rede_bartoszewski.html (März 2007)

M4 Der Journalist Thomas Urban zum Ergebnis des polnischen EU-Referendums vom 7./8. Juni 2003

In vielen Städten feierten Bürger auf den Rathausplätzen bis tief in die Nacht hinein das Ergebnis des Referendums. Eine erste Auswertung ergab, dass die Städter stärker für den Beitritt stimmten als die ländliche Bevölkerung und die Jüngeren häufiger als die Älteren. Zudem entschieden sich Polen mit Hochschulbildung öfter für ein Ja als Absolventen von Hauptschulen. Überraschend für die unversöhnlichen EU-Gegner waren die überzeugenden Ergebnisse in den sieben Woiwodschaften, deren Gebiet früher zum Deutschen Reich gehört hatte. Dort hatten die Partei ›Selbstverteidigung‹ des radikalen Bauernführers Andrzej Lepper sowie die nationalkatholische Liga der Polnischen Familien (LPR) eine massive Kampagne betrieben, in der sie vor den früheren deutschen Immobilienbesitzern warnten. Es waren Befürchtungen geschürt worden, dass die angeblich ›von Berlin kontrollierte‹ Europäische Union nun helfen werde, deren Ansprüche geltend zu machen. Doch lag in diesem Gebiet die Zustimmung zum EU-Beitritt jeweils bei rund 85 Prozent, also höher als im Landesdurchschnitt. […] In den meisten katholischen Kirchen des Landes war am Pfingstsonntag noch einmal der Appell von Papst Johannes Paul II. verlesen worden, an dem Referendum teilzunehmen. Der Papst hatte am 18. Mai in einer Ansprache vor polnischen Pilgern erklärt: ›Der Platz Polens ist in Europa.‹

Aus: Süddeutsche Zeitung vom 10. Juni 2003

M5 Europäische Zweckehe
Der polnische Journalist Janusz Tycner (gesprochen: janusch tützner) über die Einstellungen der Polen zum EU-Beitritt

Europa wird vereinigt, doch große Worte haben keine Konjunktur mehr in Polen. Was kommt nach dem 1. Mai? Gut vierzehn Jahre lang dauerte das EU-Ost-Erweiterungsspektakel, ein schier endloser Hader um das Ob und Wie. Dabei hatte die Alt-EU eine Hand voller Trümpfe: Geld, Technologie, Erfahrung, Institutionen, und doch war sie hysterisch vor Angst, klagend, stets darauf erpicht, dem Osten seinen einzigen Vorteil zu entrei-

10 ßen – die niedrigeren Lohnkosten. Die EU-Erweiterung schien als Bedrohung, Belastung, als entsagungsvoller Gnadenakt des Westens. Hätten die Polen bloß nicht mit ihrer Solidarność angefangen, am Kommunismus zu rütteln, wie viel
15 wäre dem geplagten Westen erspart geblieben!

Es gab Zeiten, da war Polen gespalten: Für die einen war die EU der Quell allen Heils, für die anderen die Wurzel allen Übels. Doch der Verstand des polnischen Normalbürgers kapituliert irgend-
20 wann vor den Verworrenheiten der EU-Bananenverordnung oder der Agrar-Direktzahlungen. Zu kompliziert die Verhandlungsmaterie, zu widersprüchlich die Politikeraussagen. Das ständige Trommelfeuer, das Land sei zum EU-Beitritt nicht
25 vorbereitet, wurde zunehmend ausgeblendet. Alarmismus, EU-Propaganda, sagen die Leute. Hoffnungen und Neugier ebbten ab, was aufkam, waren Gleichgültigkeit, Scham, Wut und Ängste – weil gerade Polen, das Land und seine Menschen, als
30 der Inbegriff der Bedrohung dargestellt werden. Zu groß, zu arm, zu ländlich, zu katholisch, zu amerikafreundlich, zu nationalbewusst, zu graswurzelkapitalistisch, zu billig bei der Bezahlung der Arbeit. Wenn sie denn doch wenigstens den
35 Mund hielten und einfach abnickten, diese Polen, was aus Brüssel, Berlin und Paris kommt! [...]

Die polnische Motivation, der EU beizutreten, klingt und ist im Grunde britisch. Ob Schengen, Stahlzölle oder Himbeerquoten, Brüssel entschei-
40 det über existentielle polnische Belange. Das Nichtmitglied Polen, das bereits zwei Drittel seines Außenhandels mit der EU abwickelt, hätte auf Dauer das Nachsehen, weil es nicht mitreden dürfte. Dabeisein bedeutet nicht Gegenstand, sondern
45 Mitgestalter der EU-Politik zu sein, in Brüssel die eigene Souveränität wahrzunehmen, auch wenn man dafür gewisse Teile der Selbstständigkeit aufgeben muss. Polen, so hat es den Anschein, geht mit der EU eine reine Zweckehe ein. Es gibt an
50 der Weichsel kaum Euroföderalisten, dafür umso mehr Verfechter eines ›Europas der Vaterländer‹.

Aus: Janusz Tycner, Europäische Zweckehe. Die Polen haben ihre Illusionen längst verloren. Sie jubeln nicht über den Beitritt zur EU. Aber das ist wenigstens ehrlich. In: Frankfurter Allgemeine Sonntagszeitung vom 25. April 2004.

M6 Pro- und Kontra-Argumente zur EU-Osterweiterung

A. Erwartungen der Mittelosteuropa (MOE)-Länder an den EU-Beitritt:
– EU als Retterin aus materieller Not
– Hoffnung auf bessere Vermarktung eigener Produkte, besonders Agrarprodukte
– Stabilisierung der jungen Marktwirtschaft
– Hilfe mit Know-how und Fachkräften bei der Angleichung wirtschaftlicher und technischer Standards
– ausländische Investitionen wegen der niedrigeren Lohn- und Lohnnebenkosten
– Stabilisierung der jungen Demokratien
– in absehbarer Zeit Verminderung der Arbeitslosigkeit durch Arbeitsmigration

B. Befürchtungen der heutigen EU-Bevölkerung bezüglich der MOE-Länder:
– EU hat heute schon finanzielle Probleme, die neuen Länder sind aber alle ärmer als die heutigen Mitgliedsstaaten
– die heute schon ausufernde Agrarproduktion wird durch die agrarisch strukturierten Neustaaten noch verstärkt
– Billigarbeiter aus dem Osten verschärfen die Arbeitsproblematik im eigenen Land

C. Interesse Deutschlands an der EU-Osterweiterung:
– Vergrößerung des Absatzmarktes durch wirtschaftliche Stabilisierung und Hebung des Lebensstandards der Völker
– D hat heute schon die besten Handelsbeziehungen aus der EU zu den MOE-Ländern
– wirtschaftliche Stabilität im Osten verhindert Flüchtlings- und Arbeitsmigrations-Ströme zu uns
– neben der moralischen Verpflichtung zur Stützung der jungen Demokratien gewinnen wir durchaus an Sicherheit durch eine Stabilisierung des Ostens
– je größer die EU, desto mehr Bedeutung gewinnt sie politisch gegenüber den USA und Ostasien

Aus: radioWissen Nr. 8, April 2004 (leicht bearbeitet)

B4 In der polnischen Karikatur von Robert Wierzbicki von 1993 stehen Wolf (Deutschland) und Schaf (Polen) einträchtig vor der EU-Fahne – Zeichen für das Bestreben, im vereinten Europa zusammenzuarbeiten. © Robert Wierzbicki

M7 Umfrage aus dem Eurobarometer

Dem Eurobarometer zufolge sind die wichtigsten Gründe unter den deutschen Befragten für die Befürchtung einer Verschlechterung der politisch-sozialen Rahmenbedingungen nach der EU-Erweiterung die Erwartung einer höheren Arbeitslosigkeit (72 %), eines Ansturms von Arbeitssuchenden aus den neuen EU-Mitgliedsstaaten (64 %) sowie zu hohe Finanzierungskosten der neuen EU-Länder (60 %).

Zwei Drittel (67 %) der Deutschen meinen, dass infolge der Integration reichere Länder für die ärmeren werden mitbezahlen müssen, 66 % verbinden dagegen mit der EU-Erweiterung den Wegfall von Sozialleistungen, die Hälfte (51 %) eine Wirtschaftskrise und fast drei Viertel (72 %) die Erhöhung der Arbeitslosenquote. In Polen dagegen sind die Ängste vor dem EU-Beitritt vor allem mit dem Preisanstieg, der Arbeitslosigkeit, dem Ausverkauf des polnischen Bodens an Ausländer sowie der Dominanz von Auslandskapital in der polnischen Wirtschaft verbunden. Laut Eurobarometer befürchten über 70 % der Polen eine immer geringere Verwendung der eigenen Sprache sowie den Verlust der nationalen Identität und Kultur. Mehr als die Hälfte der polnischen Befragten ist zudem der Meinung, dass Polen in den nächsten Jahren weniger aus der EU-Kasse bekommen als einzahlen wird.

Aus: Daria Dylla, Thomas Jäger: Deutsch-polnische Europavisionen. In: Aus Politik und Zeitgeschichte. H. 5–6/31. Januar 2005, S. 40f.

M8 Polnischer Käse erobert Europas Märkte

Warschau – Die polnische Landwirtschaft hat die Marktöffnung nach dem Beitritt zur Europäischen Union im Mai 2004 sehr gut verkraftet. In einem Gespräch mit der WELT lobte der polnische Landwirtschaftsminister Wojciech Olejniczak (31) vor allem die Exporterfolge der polnischen Bauern. Diese hätten vom Beitritt bis November 2004 in die alten EU-Länder Agrarprodukte und Lebensmittel für fast 2,5 Mrd. Euro verkauft. Das ist ein Zuwachs von 49 Prozent gegenüber dem Vorjahreszeitraum. In die neuen EU-Länder gab es einen Zuwachs von 41 (Gesamt-EU: 47 Prozent), in die GUS-Staaten von 22 Prozent. Die Einfuhren gingen im gleichen Zeitraum zurück.

Basis für diesen Erfolg sind laut Olejniczak die hohen Investitionen von Lebensmittelerzeugern und -verarbeitern in den vergangenen zwei Jahren. ›Dadurch sind wir konkurrenzfähiger geworden. Jetzt sind es die polnischen Molkereien und fleischverarbeitenden Betriebe, die in Europa die modernste Technik haben.‹ Milch werde fast zu 100 Prozent in der höchsten Qualitätsklasse produziert – ›damit liegen wir vor vielen anderen EU-Staaten‹. Polen danke der EU, ›dass sie uns damals so unter Druck gesetzt habe‹. […]

Aus: Gerhard Gnauck: Polnischer Käse erobert Europas Märkte. In: Die Welt vom 25. Januar 2005

B5 Karikatur: Gerhard Mester (2003)

B6 Europa und Polen. Karikatur: Rainer Ehrt

M9 Polen und Amerika

[Polen] hatte Washington im Irakkrieg unterstützt und obligatorisch 200 Elitesoldaten zur Verfügung gestellt. Dafür wurde Polen anschließend mit einer Besatzungszone belohnt. Diese Aufwertung Polens auf der Bühne der internationalen Politik wurde dort enthusiastisch aufgenommen, hatte man doch für seine Haltung an der Seite der USA harsche Kritik besonders aus Frankreich erhalten.

Die enge Beziehung zwischen den USA und Polen ist aber älter als der Irakkrieg. Schon im 18. Jahrhundert waren polnische Freiheitskämpfer im Generalstab George Washingtons zu finden. Sie waren aus ihrer Heimat, die von Preußen, Österreichern und Russen von der Landkarte radiert wurde, in die Neue Welt ausgewandert (heute leben ca. 10 Millionen polnischstämmige Menschen in den USA).

Nach dem Ersten Weltkrieg war es dann besonders US-Präsident Wilson, der sich für ein Wiedererstehen Polens stark machte. Und die erste Bush-Administration ermöglichte schließlich den Weg zur deutschen Einheit und somit auch den Weg Polens in den Westen. [...]

Aber weit schwerer als die historische Verbundenheit wiegen die ähnlichen Wertvorstellungen beider Staaten. Für die Polen sind die USA das Sinnbild der Freiheit. Ein Symbol für einen Wert, für den die Polen Jahrhunderte kämpften und den sie erst spät verwirklichen konnten. [...]

Auf der anderen Seite aber streben die Polen in die EU. Sie sehen hier einen weiteren wichtigen Stützpfeiler der polnischen Politik im 21. Jahrhundert. Die brisante Lage, die sich daraus für die Polen ergibt, ist klar: Sie könnten zwischen den USA und der EU zerrieben werden. Doch dazu wollen sie es nicht kommen lassen. Staatspräsident Kwaśniewski machte in seiner Rede vor dem Europäischen Parlament klar, dass die zukünftige Politik Polens die Interessen der EU mit denen des transatlantischen Partners verknüpfen wolle. Dabei könnte Polen eine exklusive Rolle zukommen. Gegenüber dem bisherigen Vermittler zwischen den USA und Europa, Großbritannien, hat Polen nämlich den Vorteil, dass es hervorragende Beziehungen zu seinen östlichen Nachbarn, sowie zu den Beitrittsländern zur EU und zur NATO hat.

Aus: Matthias Koch: Weltmacht von Amerikas Gnaden? In: Newsletter des Schüler-Planspiels United Nations (SPUN) vom 6. Juni 2003. http://www.spun.de/spunited/newsletters/nl_2003/nl1603.html (10.4.2007)

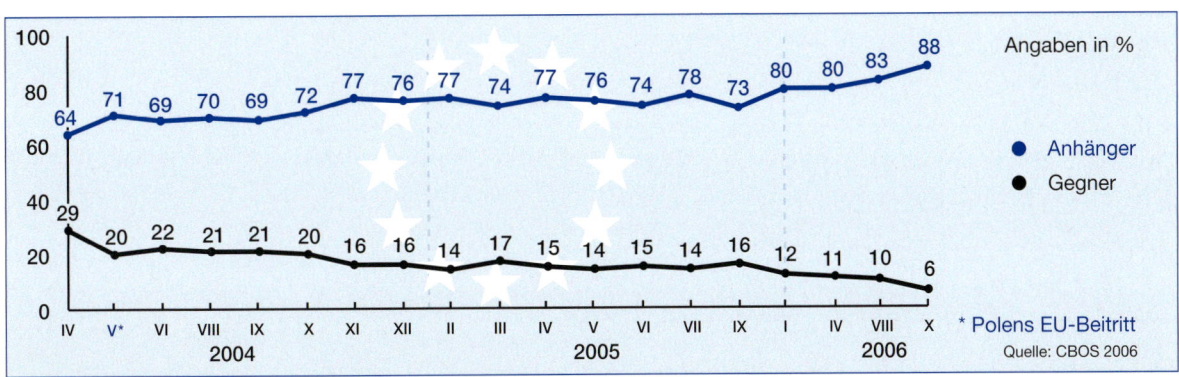

B7 Anhänger und Gegner der EU-Mitgliedschaft in Polen

Arbeitsanregungen

1 Welche Werte verbindet der ehemalige polnische Ministerpräsident Tadeusz Mazowiecki (M1) mit Europa? Diskutieren Sie, welche Bedeutung diesen Werten in Europa Ihrer Meinung nach tatsächlich zukommt.

2 Konkretisieren Sie die historischen Ereignisse, die Mazowiecki in seiner Rede als Beispiele dafür anführt, weshalb viele Polen auch ›Groll gegenüber Europa‹ hegen. Welche Konsequenzen hatten sie für Polen?

3 Vergleichen Sie die Auffassungen von Tadeusz Mazowiecki (M1), Helmut Kohl (M2) und Władysław Bartoszewski (M3) bezüglich ihrer Definitionen von Europa. Erarbeiten Sie Gemeinsamkeiten und Unterschiede und stellen Sie die jeweiligen Erwartungen an das erweiterte Europa dar.

4 Diskutieren Sie die Karikatur des polnischen Karikaturisten Andrzej Mleczko (B2) vor dem Hintergrund der Aussagen von Mazowiecki und Kohl.

5 Lesen Sie den Text von Thomas Urban (M4) und versuchen Sie, Gründe zusammenzustellen für das jeweilige Abstimmungsverhalten der genannten Bevölkerungsgruppen.

6 In der Karikatur ›Brüsseler Verhandlungen‹ (B3) streiten neue und alte EU-Länder über die Kosten der EU-Erweiterung. Bilden Sie zwei Gruppen und konkretisieren Sie in Form einer Tabelle die jeweiligen Geldforderungen. Tauschen Sie Ihre Argumente in einer Diskussion aus.

7 Stellen Sie auf dem Hintergrund des Berichtes von Janusz Tycner (M5) Hoffnungen und Ängste zusammen, die Deutsche und Polen mit dem EU-Beitritt verbinden. Diskutieren Sie anschließend den Artikel von Gerhard Gnauck (M8) und vergleichen Sie den Inhalt mit Ihren Einträgen.

8 In der polnischen Karikatur aus dem Jahr 1993 (B4) stehen sich Deutschland und Polen als Wolf und Schaf vor den Sternen der EU gegenüber. Tycner bezeichnete diese Verbindung in seinem Bericht als ›Zweckehe‹. Interpretieren Sie die Wahl des Motivs vor dem historischen Hintergrund der Beziehungen beider Länder im 20. Jahrhundert. Welche Rolle kommt der EU in diesem Bild zu?

9 Suchen Sie nach Gründen für die einzelnen Ergebnisse der repräsentativen Umfrage in Polen vom Mai 2005 (M6). Wie würde eine ähnliche Umfrage in Deutschland aussehen im Hinblick auf die Mitgliedschaft Polens in der EU?

10 Wie erklärt sich der Erfolg polnischer Milchprodukte auf dem EU-Markt (M8)?

11 In Deutschland stieß die enge Zusammenarbeit zwischen Polen und den USA im Zusammenhang mit dem Irakkrieg auf deutliche Ablehnung. Im Newsletter des ›Schüler-Planspiels United Nations‹ (M9) wird versucht, die Bindungen zwischen Polen und den USA historisch zu erklären. Arbeiten Sie die Gründe heraus und diskutieren Sie, welche Chancen und Risiken in dem engen Verhältnis Polens zu den USA im Zusammenhang mit einer tragenden Rolle des Landes innerhalb der EU-Strukturen liegen könnten.

Vorschläge für Referate und Facharbeiten

1 Deutschland und Polen in der EU. Eine Bilanz der Ängste und Hoffnungen in den Jahren nach der EU-Osterweiterung.
2 Polen im Spannungsfeld zwischen Europa, USA und Russland.
3 ›Polens Traum: Europa. Polens Zweifel: Europa. Polens Realität: Europa‹ (Loew). Erörtern Sie polnische Haltungen gegenüber Europa. Führen Sie, wo möglich, auch konkrete Beispiele aus Politik und Wirtschaft an.

Literaturhinweise

Bachmann, Klaus: Polens Uhren gehen anders. Warschau vor der Osterweiterung der Europäischen Union. Stuttgart/Leipzig: Hohenheim Verlag 2001.

Bachnak, Katja; Grumbach, Gernot (Hrsg.): Zukunft Europa. Bd. 2. Die Erweiterung der EU und Polen. Wiesbaden: Hessische Landeszentrale für politische Bildung 2003.

Bender, Peter: Polen und Deutsche – Eine historische Bilanz. In: Albrecht Riechers, Christian Schröter, Basil Kerski (Hrsg): Dialog der Bürger. Die gesellschaftliche Ebene der deutsch-polnischen Nachbarschaft. Osnabrück: Fibre 2005, S. 39–50.

Bielecki, Czesław: Polen auf dem Weg in die Europäische Union. Frankfurt/Main: A. Herrhausen Gesellschaft 2001.

Bundeszentrale für politische Bildung (Hrsg.): Osterweiterung der europäischen Union. Themenblätter im Unterricht. Frühjahr 2002, Nr. 15.
Umfassende Darstellung mit ausführlichen Hinweisen auf weitere Literatur und Unterrichtsmaterialien.

Buras, Piotr; Tewes, Henning: Polens Weg. Von der Wende bis zum EU-Beitritt. Stuttgart/Leipzig: Hohenheim Verlag 2005.

Dylla, Daria; Jäger, Thomas: Deutsch-polnische Europavisionen. In: Aus Politik und Zeitgeschichte. 5–6/2005, S. 40–46.

Goll, Thomas; Leuerer, Thomas (Hrsg.): Polen und Deutschland nach der EU-Osterweiterung. Eine schwierige Nachbarschaft (= Würzburger Universitätsschriften zu Geschichte und Politik. Band 7). Baden-Baden: Nomos 2005.

Koszel, Bogdan: Deutschland – Polen – Europäische Union: Gemeinsame Interessen und Widersprüche. Polnische Erwartungen und deutsche Aktivitäten (1989–1998). In: Nachbarn auf Distanz: Polen und Deutsche 1998–2004. Hrsg. v. Anna Wolff-Powęska und Dieter Bingen (= Veröffentlichungen des Deutschen Polen-Instituts. Bd. 19). Wiesbaden: Harrassowitz 2005, S. 21–58.

Kraft, Claudia; Steffen, Katrin (Hrsg.): Europas Platz in Polen. Polnische Europa-Konzeptionen vom Mittelalter bis zum EU-Beitritt (= Einzelveröffentlichungen des Deutschen Historischen Instituts Warschau. Bd. 11). Osnabrück: Fibre 2006.

Loew, Peter Oliver: Polen denkt Europa. In: Polen denkt Europa. Politische Texte aus zwei Jahrhunderten. Hrsg. von Peter Oliver Loew. Frankfurt/Main: Suhrkamp 2004, S. 11–56.

Müller, Olaf; Sicking, Manfred (Hrsg.): Polen und Deutschland in Europa. Bronisław Geremek, Außenminister der Republik Polen – Internationaler Karlspreis 1998. Aachen: Shaker Verlag 1999.

Normann, Christine: Polens Rolle in der EU-Verfassungsdebatte (= Region – Nation – Europa. Bd. 28). Münster: Lit 2005.

Sepiot, Janusz: Wiedervereinigung Europas: Polen war immer schon Europa. In: Die politische Meinung: Monatsschrift zu Fragen der Zeit. 48. Jg. H. 404/2003, S. 15–18. Internet: http://www.kas.de/publikationen/2003/2024_dokument.html

Internethinweise:

http://www.gesis.org/Information/sowiNet/sowiPlus/osterweiterung/
Kommentierte Linksammlung zur Osterweiterung der EU, zahlreiche Literaturhinweise zu Polen und EU.

http://www.europa-digital.de/laender/pol/
Länderbericht Polen mit kommentierter Link-Liste zum Thema Polen und Europa.

B1 Die Schalker Ernst Kuzorra, Fritz Szepan und Hans Tibulski spielten 1931 zusammen in der deutschen Nationalmannschaft.

Polen in Deutschland
Leben zwischen den Kulturen

Ausschaltung der Polen aus dem Straßenverkehr
Besuch kultureller Veranstaltungen verboten / Freihaltung von Hauptstraßen und städtischen Anlagen

B2 Bericht über die Behandlung polnischer Zwangsarbeiter aus der Hildesheimer Zeitung vom 6. November 1941

B3 Anzeige eines polnischen Restaurants

B4 Auszug aus einer Telefonbuchseite von Berlin mit Namen polnischer Herkunft

In Deutschland leben etwa 2 Millionen Menschen, die aus dem historischen oder gegenwärtigen polnischen Staatsgebiet stammen. Welche Gründe von Migration aus Polen nach Deutschland, in der Vergangenheit oder der Gegenwart, sind Ihnen bekannt?

Einführung

In der Zeit zwischen 1801 und 1900 hatte sich die Bevölkerungszahl im Gebiet des späteren Deutschen Reiches mehr als verdoppelt. Gründe dafür waren unter anderem die Aufhebung der Heiratsbeschränkungen, die Abnahme der Kindersterblichkeit durch Pockenimpfung sowie eine erhöhte Lebenserwartung. Dadurch kam es auf dem Land zu immer größerer Arbeitslosigkeit und zu zunehmender Landflucht in neu entstandene Industriestädte. So verwandelte sich beispielsweise im Ruhrgebiet nach 1850 eine grüne Hügellandschaft in eine riesige städtische Region mit Bergwerken und Fabriken, Hochöfen und Walzwerken, die schon bald zu den größten Industriegebieten Europas gehörte. Vor allem nach der Reichsgründung 1871 strömten Arbeitssuchende aus ganz Deutschland dorthin, da mehr Arbeitskräfte benötigt wurden, als in der Umgebung der Bergwerke vorhanden waren. Aus diesem Grund wurden seit etwa 1870 auch Berufswerber in die östlichen Provinzen Preußens (Ost- und Westpreußen, Posen, Schlesien) geschickt, um Arbeitskräfte für die Kohlenzechen im Ruhrgebiet anzuwerben (M1). Deutsche, Masuren und insbesondere polnische Landarbeiter mit preußischer Staatsbürgerschaft, deren soziale Situation sich später auch infolge der diskriminierenden Polenpolitik Bismarcks (›Kulturkampf‹, ›Schulgesetze‹, ›Ansiedlungsgesetz‹) in den 1870er- und 1880er-Jahren verschärfte, folgten diesen Aufrufen und zogen in die Westprovinzen Westfalen und Rheinland, wo sie als ›Ruhrpolen‹ bekannt wurden.

Im Verlauf dieser Binnenwanderung kamen allein in den Jahren zwischen 1880 und 1910 ca. 1,5 Millionen aus den Ostprovinzen des Deutschen Reiches ins Ruhrgebiet, weshalb sich schon um die Jahrhundertwende eine lebhafte ›Ausländerdiskussion‹ einstellte. Von den Einheimischen wurden diese Zuwanderer oft als ›Polacken‹ beschimpft. Umso mehr versuchten sie ihre Identität in der fremden Umgebung zu erhalten, indem sie eigene Vereine und Organisationen gründeten (Chöre, Sportvereine, polnische Sparkassen u. Ä.). Auf diese Weise entstanden im Ruhrbiet Siedlungen mit einem ausgeprägten polnischen Kulturleben. Als ca. ein Drittel der Ruhrpolen nach 1918 in den wieder entstandenen polnischen Staat zurückkehrte, wurden sie dort als ›Westfalczyk‹ (gesprochen: *westfaltschük*) beschimpft.

Die meisten der in Deutschland lebenden ›Ruhrpolen‹ hatten sich schnell assimiliert, doch blieb die polnische Schreibweise vieler Familiennamen lange Zeit ein charakteristisches Merkmal dieser Region. So waren noch im Jahr 1934 die polnischen Einflüsse im Ruhrgebiet in den Namen der Mannschaftsaufstellung des FC Schalke 04 erkennbar, was zur Zeit des Nationalsozialismus zu Problemen führte (M2, M3).

Heute wird die Zahl der ›Polnischsprachigen‹ in der Bundesrepublik auf über 2 Millionen geschätzt, damit stellt diese Gruppe ca. 2,5 % der Gesamtbevölkerung. Die Bezeichnung ›Polnischsprachige‹ bezieht sich dabei auf die Kenntnis und den Gebrauch der polnischen Sprache, die gewissermaßen den kleinsten gemeinsamen Nenner der verschiedenen heute in Deutschland lebenden Ein-

B5 Riege des polnischen Turnerbundes ›Sokół‹ (gesprochen: *sokul*, dt: Falke). Verein der Ruhrpolen (1925)

B6 Plakat zur Wahl der Miss Polonia in Deutschland 2006

B7 Miroslav Klose und Lukas Podolski – der deutsche WM-Sturm 2006 stammt aus Polen.

wanderungsgruppen aus Polen darstellt. Dabei gibt es so gut wie keine Verbindung mehr zwischen ihnen und den in der Regel längst assimilierten Ruhrpolen aus dem 19. Jahrhundert.

Die heute verstreut in Deutschland lebenden Menschen aus Polen gehen auf verschiedene Migrationswellen im 20. Jahrhundert zurück, deren Anlässe und Ursachen ganz unterschiedlich waren. Dazu gehören die polnischen Zwangsarbeiter und KZ-Insassen, die nach 1945 in Deutschland geblieben waren. Die größte Gruppe bilden allerdings die Aussiedler bzw. Spätaussiedler, die vor allem in den Jahren 1956/1957, aber auch später, auf eigenes Verlangen, teils mit legalen Ausreisedokumenten, teils mit Touristenvisa, ihr Land verlassen haben. Viele von ihnen stammten aus Gebieten, in denen sich die Menschen weder mit Polen noch mit Deutschland eindeutig identifizieren konnten. Sie hatten vielmehr ein ausgeprägtes Regionalbewusstsein und verstanden sich in erster Linie als Ermländer, Masuren oder Oberschlesier. Als Anfang der 1970er-Jahre Polens Regierung Auslandsreisen für Privatpersonen erleichterte, folgte eine weitere Welle polnischer Einwanderer. So ließ sich, nicht zuletzt auch infolge der deutsch-polnischen Abkommen aus den Jahren 1970 und 1975 über die ›Familienzusammenführung‹, allein in den Jahren zwischen 1980 und 1990 in Westdeutschland ca. 1 Million Zuwanderer aus Polen nieder.

Seit der politischen Öffnung Polens hat die Zahl der sich auf Dauer in Deutschland niederlassenden Polen erheblich abgenommen, zumal auch eine große Anzahl der in Deutschland lebenden Zuwanderer aus Polen aufgrund neuer beruflicher Perspektiven in ihre Heimat zurückgekehrt ist. Da sie zu unterschiedlichen Zeiten und aus unterschiedlichen Motiven ausgewandert waren, leben die ›Polnischsprachigen‹ in Deutschland relativ verstreut und bilden keine einheitliche Gemeinschaft. Während Sorben, Friesen und Dänen als historische territoriale Minderheiten einen offiziellen Minderheitenstatus in Deutschland genießen, der ihnen insbesondere von den jeweiligen Länderverfassungen garantiert wird, blieb den ›Polnischsprachigen‹ diese Bezeichnung im deutsch-polnischen Vertrag von 1991 (M 7) vorenthalten.

Materialien

M1 Aus einem Aufruf zur Anwerbung von Arbeitskräften um 1908

Masuren! In rheinländischer Gegend, umgeben von Feldern, den Vorbedingungen guter Luft, liegt, ganz wie ein masurisches Dorf, abseits vom großen Getriebe des westfälischen Industriebezirks, eine reizende, ganz neu erbaute Kolonie der Zeche ›Viktor‹ bei Rauxel. […] Zu jeder Wohnung gehört ein sehr guter trockener Keller, sodass sich die eingelagerten Früchte, Kartoffeln usw. dort sehr gut erhalten werden. Ferner gehört dazu ein geräumiger Stall, wo sich jeder sein Schwein, seine Ziege oder seine Hühner halten kann. […] Endlich gehört zu jeder Wohnung ein Garten. […] Man sieht also, dass jeder Arbeiter gut auskommen kann. Wer sparsam ist, kann noch Geld auf die Sparkasse bringen. […] Jede Familie erhält vollständig frei Umzug, ebenso jeder Ledige freie Fahrt. […]

Die in diesem Text angesprochenen Adressaten, die Masuren, d.h. eine im südlichen Ostpreußen wohnende evangelische preußisch-monarchisch gesonnene Volksgruppe mit einem eigenen polnischen Dialekt, gibt zugleich einen Hinweis auf die diffizilen statistischen und politischen Probleme der genauen zahlenmäßigen Erfassung der Einwanderer, die als Polen gelten können. Polnische Historiker rechnen sie durchweg zu den Polen. Das ist jedoch nur gerechtfertigt, wenn man das Sprachenkriterium oder auch die Reaktion der eingesessenen deutschen Bevölkerung zugrunde legt, die kaum innerhalb der Osteinwanderer insgesamt differenzierte. Ohne auf die statistischen Probleme im Einzelnen einzugehen, lässt sich feststellen, dass sich am Vorabend des Ersten Weltkrieges etwa eine halbe Million Polen und Masuren im Ruhrgebiet befand (einschließlich der zweiten Generation), wobei sich die Zahl der Polen im eigentlichen Sinne, die auch nur für eine entsprechende nationale Organisationsbildung infrage kam, zwischen 300 000 und 350 000 bewegte.

Aus: Christoph Kleßmann: Der Anteil der Polen an der Entwicklung des Ruhrgebiets. In: Paul Leidinger (Hrsg.): Deutsche und Polen im Kaiserreich und in der Industrialisierung (= Geschichte, Politik und ihre Didaktik. Bd. 2). Schöningh: Paderborn 1982, S. 65 u. 67

M2 Schalke 04 im Nationalsozialismus

Das Wunder von Schalke begann zwischen Zeche und Glückauf-Kampfbahn in Gelsenkirchen. […] Im Mai 1927 standen sie erstmals in der Endrunde um die deutsche Meisterschaft, konnten den Titel damals allerdings noch nicht erringen. Erst ein Jahr nach der Machtergreifung der Nationalsozialisten, im Juni 1934, wurden die Schalker […] erstmals Deutscher Meister. Von der Ehrenloge aus verfolgte Reichssportführer Hans von Tschammer und Osten das Spiel. Die Reichspropagandaleitung inszenierte anschließend einen Triumphzug für die siegreichen Helden. Doch es gab ein Problem: Viele Schalker Spieler trugen polnische Namen: Tibulski, Kalwitzki, Szepan (gesprochen: *schepan*), Kuzorra. Wie Zehntausende im Ruhrgebiet waren sie Nachkommen Arbeit suchender Bergleute aus polnischen Provinzen Preußens. Kurzerhand wurden die Spieler zu ›Masuren‹ erklärt und damit zu ›Ariern‹. Jetzt konnte der Reichssportführer die Mannschaft guten Gewissens nach oben empfehlen.

Aus: http://www.wdr.de/tv/west-art/sendungsarchiv220404/do220404_1.phtml Autor: Axel Fuhrmann (April 2007)

B8 Die Mannschaftsaufstellung von Schalke 04 für das Endspiel um die deutsche Fußballmeisterschaft 1934

M3 Der ›Schalker Kreisel‹ (1933–1942)

Die beste deutsche Fußballmannschaft der Jahre vor dem Zweiten Weltkrieg kam aus Gelsenkirchens Stadtteil Schalke. Der 1904 gegründete Verein nahm etwa gleichzeitig mit dem ›Dritten Reich‹ seinen Aufschwung und errang 1934 zum ersten Mal den deutschen Meistertitel, dem bis 1942 noch fünf weitere folgten. Legendär war dabei das offensive Kurzpassspiel, dessen Geschwindigkeit die meisten Gegenspieler in Verwirrung stürzte, sodass bald vom ›Schalker Kreisel‹ die Rede war.

In jenen Jahren nannte man Schalke 04 bei seinen Gegnern – und davon gab es im Ruhrgebiet nicht wenige – respektlos den ›Polackenverein‹. [...]

Im nationalsozialistischen System war das keine positiv besetzte Bezeichnung und 13 Spieler wehrten sich dagegen in einer offiziellen Erklärung im Fußballfachblatt ›Kicker‹ vom 7. August 1934 energisch. Sie wiesen darauf hin, dass ihre Eltern alle im ›heutigen oder früheren Deutschland geboren seien‹ und sie selber auch keine Immigranten seien. Dies entsprach auch der Wahrheit, doch stammten 10 der Fußballer aus dem Osten, die meisten von ihnen aus Masuren, andere aus Schlesien und Großpolen. Das bedeutete freilich keine propolnische Einstellung, im Gegenteil, einige engagierten sich frühzeitig für Hitler und sein System, änderten teilweise sogar ihre Namen: aus Czerwiński wurde Rothardt, aus Przytulla Valentin. Auch finanziell profitierten einige von ihrer NS-Einstellung.

Die bedeutendsten Vertreter des Teams blieben ihren Namen allerdings treu und stehen auch heute noch für jene Blütezeit des deutschen Fußballs und für ein Kapitel europäischer Migrationsgeschichte: Fritz Szepan (1907–1974), Ernst Kuzorra (1905–1990), aber auch Ernst Kalwitzki, Otto ›Ötte‹ Tibulski (1912–1991), Herbert Burdenski (1922–2001).

Aus: http://www.markuskrzoska.de/schalke.htm (August 2006)

M4 Zur Definition des Begriffes ›Minderheit‹

Der Begriff der Minderheit ist völkerrechtlich nicht eindeutig definiert. In den einschlägigen Konventionen wie etwa dem UNO-Pakt über bürgerliche und politische Rechte oder dem Rahmenübereinkommen zum Schutz nationaler Minderheiten des Europarats wird der Begriff einfach vorausgesetzt. Die Tatsache einer fehlenden Legaldefinition spiegelt die Haltung der Staatengemeinschaft gegenüber Minderheiten wider. Bei den meisten Staaten überwiegt die Furcht vor Souveränitätseinschränkungen und Sezessionsforderungen, die sie zögern lässt, Verpflichtungen gegenüber klar definierten Minderheiten einzugehen. Weitgehende Anerkennung hat die Definition gefunden, die von Francesco Capotorti 1979 als UNO-Sonderberichterstatter der Minderheiten-Unterkommission vorgelegt und 1985 von Jules Deschênes auf Ersuchen der Unterkommission geringfügig modifiziert worden ist. Gemäß den Definitionen von Capotorti und Deschênes zeichnet sich eine Minderheit in objektiver Hinsicht durch vier Elemente aus:
- numerische Unterlegenheit im Vergleich zur Gesamtbevölkerung;
- nicht-dominante Stellung im Staat;
- ethnische, religiöse oder sprachliche Gemeinsamkeiten;
- Staatsangehörigkeit des Aufenthaltstaates.

In subjektiver Hinsicht zeichnet sich eine Minderheit durch ein gewisses Solidaritäts- oder Identitätsgefühl aus. Die Wichtigkeit der objektiven und subjektiven Elemente wird in der Literatur unterschiedlich beurteilt. Aus menschenrechtlicher Sicht ist der Meinung zuzustimmen, wonach die Zugehörigkeit einer Person zu einer Minderheit in erster Linie von ihrem entsprechenden Willen abhängt, dem objektive Faktoren allenfalls als Korrektiv entgegengesetzt werden können. Umstritten ist, ob die Staatsangehörigkeit ein konstitutives Element des Minderheitenbegriffs ist. Wenn man diese Frage bejaht, bedeutet dies, dass Ausländer, Wanderarbeiter und Immigranten nicht vom Minderheitenbegriff erfasst wären.

Aus: http://www.humanrights.ch (April 2007)

M5 Polen in Deutschland (1)

Man sollte vielleicht die polnischen Pässe zählen, um die Polen in Deutschland ausfindig zu machen. Aber das erweist sich als hoffnungsloses Unterfangen. Die Anormalität der deutsch-polnischen Beziehungen drückt sich besonders in der Mannigfaltigkeit der Ausweise aus. Viele mutmaßlichen Polen haben zwei Pässe, einen polnischen und einen deutschen, viele haben gar keinen, nur ein Ersatzdokument, in dem ein Stempel die Aufschiebung der Abschiebung garantiert, viele weisen sich nur mit einem deutschen Personalausweis aus. Die einen haben rote Konsularpässe, die anderen die häufig schon ungültigen blauen touristischen. Bei den ersten, am runden Tisch vereinbarten freien Wahlen kamen viele deutsche Staatsbürger zum Wahllokal in der polnischen Botschaft in Köln und wiesen durch ihre Sprache, mit teilweise ungültigen polnischen Dokumenten, mithilfe von Familienangehörigen ihr Polentum nach. Ein alter Mann fügte seinem deutschen Pass einen Einweisungsschein zur Zwangsarbeit in Deutschland bei, um seine polnische Herkunft zu beweisen, denn einen Deutschen hätten die Nazis nicht zur Zwangsarbeit verschleppt.

Aus: Marek Zmiejewski: Polen in Deutschland. Wächst nun ein neues Selbstbewußtsein? Über eine offiziell nicht existente Minderheit. In: Dialog. Nr. 3–4, Dezember 1991

M6 Polen in Deutschland (2)

Die in Deutschland lebenden Polen sind das Gegenbild zu der größten Gruppe unter den Ausländern [den Türken; Anm. d. Red.]. Die Polen tragen keine Kopftücher und sind auch an der Hautfarbe nicht zu erkennen. Sie bauen keine eigenen Gotteshäuser. Sie demonstrieren nicht, sie organisieren sich auch nicht, jedenfalls nicht in sichtbarer Form. Sie wohnen auch nicht geballt in bestimmten Stadtvierteln. Die kommunalen Ausländervertretungen überlassen sie den Türken, Serben und Griechen. Fast könnte man meinen, es gebe sie gar nicht, so wenig fallen sie auf. Sie wollen auch gar nicht auffallen. Kaum eine Ausländergruppe hat sich so geräuschlos integriert wie die Polen. Wenn beide Elternteile in einer Familie Polen sind, sprechen die in Deutschland aufgewachsenen Kinder in der Regel noch polnisch; bei nur einem polnischen Elternteil geht die Sprache häufig verloren.

[…] Die Bundesregierung muss gewusst haben, dass sich dieser Personenkreis, der möglichst wenig auffallen will, nur schwer abgrenzen lässt. Als sie mit der polnischen Regierung 1991 den Nachbarschaftsvertrag schloss, wollte sie das gewichtige Wort ›Minderheit‹ nur auf die in Polen lebenden Deutschen angewandt wissen; die seien dort schließlich Autochthone, Alteingesessene, hieß es. Da jedoch in Deutschland eine vergleichbare Bevölkerungsgruppe lebt, suchte und fand man eine Kompromissformel: ›Personen deutscher Staatsangehörigkeit, die polnischer Abstammung sind oder die sich zur polnischen Sprache, Kultur und Tradition bekennen‹. Im Grunde eine zukunftweisende Formulierung, erhebt sie doch das Bekenntnis des einzelnen zum Kriterium der Zugehörigkeit, nicht den Pass des Passhalters. Zwar gibt es in Deutschland auch Polen mit polnischem Pass und dauerhaftem Aufenthaltsrecht; das Statistische Bundesamt hat knapp 300 000 gezählt. Zusammen mit den ›Bekenntnispolen‹ umfassen sie, so schätzt die polnische Botschaft, ein- bis anderthalb Millionen Menschen – nach den Türken die größte Ausländergruppe. Sie leben vor allem in den Städten Westdeutschlands und in Berlin. […]

Natürlich haben auch die Polen eine Meinung von den Deutschen: Die ›Helmuty‹ erscheinen ihnen als förmlich, kalt, ungesellig und wenig gastfreundlich. Die Deutschen gelten ihnen im Beruflichen als gute Spezialisten. Doch das hat auch eine Kehrseite: ›Sie brauchen für alles schriftliche Regeln und Anweisungen, sie können nicht improvisieren‹, beschreibt ein polnischer Ingenieur seine Erfahrungen mit deutschen Kollegen.

Aus: Gerhard Gnauck: Da es an der Weichsel aufwärts geht. In: Frankfurter Allgemeine Zeitung vom 6. Mai 1998

M7 Aus dem ›Vertrag über gute Nachbarschaft und freundschaftliche Zusammenarbeit‹ zwischen der Bundesrepublik Deutschland und der Republik Polen vom 17. Juni 1991

Artikel 20

(1) Die Angehörigen der deutschen Minderheit in der Republik Polen, das heißt Personen polnischer Staatsangehörigkeit, die deutscher Abstammung

sind oder die sich zur deutschen Sprache, Kultur oder Tradition bekennen, sowie Personen deutscher Staatsangehörigkeit in der Bundesrepublik Deutschland, die polnischer Abstammung sind oder die sich zur polnischen Sprache, Kultur oder Tradition bekennen, haben das Recht, einzeln oder in Gemeinschaft mit anderen Mitgliedern ihrer Gruppe ihre ethnische, kulturelle, sprachliche und religiöse Identität frei zum Ausdruck zu bringen, zu bewahren und weiterzuentwickeln; frei von jeglichen Versuchen, gegen ihren Willen assimiliert zu werden. Sie haben das Recht, ihre Menschenrechte und Grundfreiheiten ohne jegliche Diskriminierung und in voller Gleichheit vor dem Gesetz voll und wirksam auszuüben.

Aus: Reiner Pommerin, Manuela Uhlmann (Hrsg.): Quellen zu den deutsch-polnischen Beziehungen 1815–1991. Darmstadt: Wissenschaftliche Buchgesellschaft 2001, S. 227 ff.

Zeitung in polnischer Sprache
samo życie
Tele Życie na 2 tygodnie
Nr 24 (184) Rok X 27.11.– 10.12.2004 Cena 1,40 €
Nad Renem
■ Wojna o kasę
■ Z jamnikiem do Europy
Nad Wisłą
■ Prokuratorski skandal
■ Studenckie amory
Zbliżenia
■ Wzięty mnie na język
■ Barbórka, Barbórka
Rady i porady
■ Renty w Unii
■ Pytacie – odpowiadamy

pod włos
■ Nie chodziło o reformę zdrowia, lecz o to, kto gra pierwsze skrzypce w chrześcijańskiej opozycji. Roman Polsakiewicz komentuje str. 5
■ Grupa Golden Life – 10 lat po tragicznym pożarze w gdańskiej hali. str. 6-7
■ Hartz IV – Arbeitslosengeld – jak to jest? str. 22-23
Kursy walut NBP
Waluta	kupno
USD	3,2351
GBP	5,9952
CHF	2,7748
EUR	4,2105

KURSY W KANTORACH (dolar, euro)
Gdańsk: 3,22 / 3,34; 4,17 / 4,33

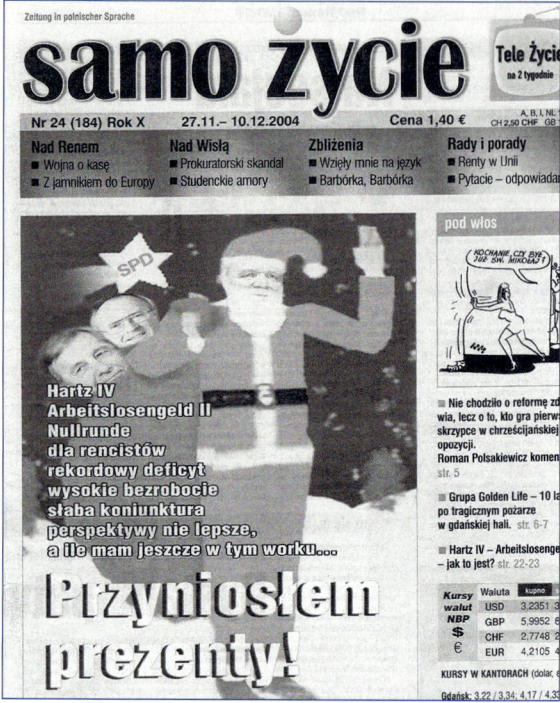

B9 Titelblatt einer polnischsprachigen Zeitung in Deutschland

B10 Übersicht zu den Polen in Deutschland (2003)

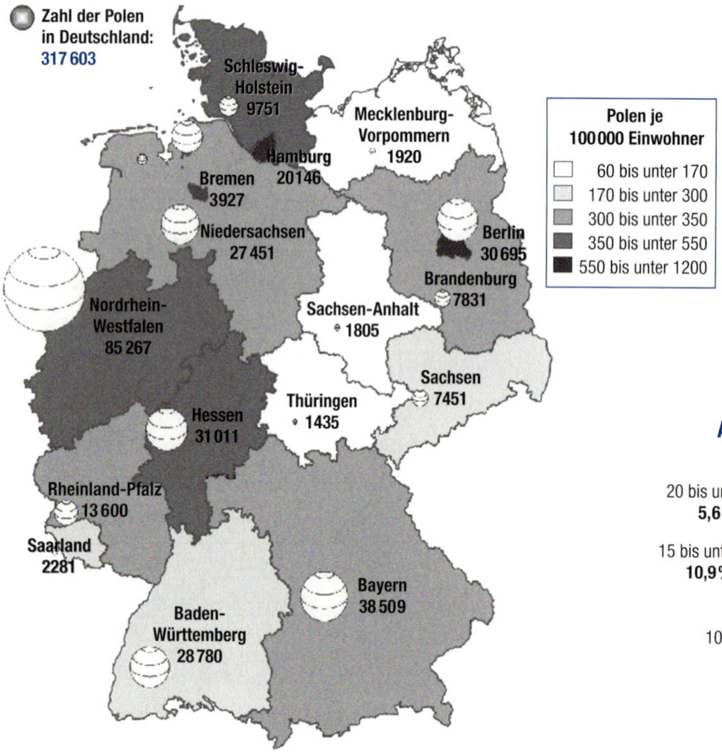

In den größten Städten

	absolut	in % aller Ausländer
Berlin	30695	6,9%
Hamburg	20146	7,6%
München	7462	2,6%
Köln	5529	3,1%
Frankfurt/M.	4762	2,8%
Bremen	4671	6,8%
Dortmund	4004	5,0%
Hannover	3577	4,7%
Düsseldorf	3570	3,4%
Essen	2546	4,5%
Stuttgart	2270	1,7%
Duisburg	1933	2,5%

Aufenthaltsdauer am 31.12.2002 (in Jahren)

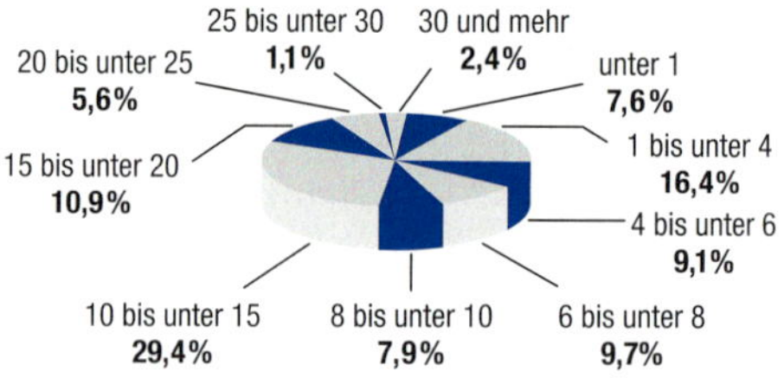

Altersstruktur am 31.12.2002 (in 1000)

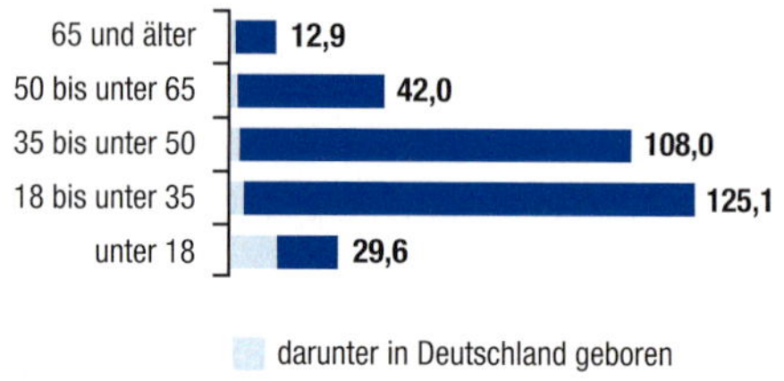

Die Polen sind die fünftgrößte Zuwanderergruppe in Deutschland. Die Geschichte ihrer Zuwanderung reicht über 100 Jahre zurück. Mit Ausnahme der Jahre zwischen 1945 und 1989, als manche Flüchtlinge nach Deutschland kamen, war ihre Zuwanderung vor allem ökonomisch motiviert. 20 % der polnischen Staatsangehörigen leben seit über 15 Jahren in Deutschland, gut 50 % seit über 10 Jahren. Die geringe Einbürgerungsquote und der geringe Anteil der hier Geborenen zeigt, dass sie sich mehrheitlich noch nicht dauerhaft niedergelassen haben. Auffällig ist – neben NRW und Hessen – die deutliche Präferenz für Berlin, Hamburg und Bremen als Wohnorte sowie relativ hohe Anteile in Brandenburg und Schleswig-Holstein.

Aus: http://www.isoplan.de/aid/2003-4/zuwanderer.htm

M8 Der Politologe Andrzej Kaluza über die unterschiedlichen Gruppen der ›Polnischsprachigen‹ in Deutschland seit den 1980er-Jahren

In den Achtzigerjahren konnte sich trotz einer zahlenmäßig bedeutenden Zuwanderung eine polnischsprachige Gemeinschaft in Deutschland nicht etablieren: Alles sprach dagegen. Die Aussiedler aus Schlesien wurden von den anderen aufgrund der Ablehnung ihrer polnischen Biografie geringgeschätzt und belächelt. Die ›echten‹ Aussiedler wiederum hielten die Aussiedler aus anderen Teilen Polens, die aufgrund der ›Volksliste‹ einen deutschen Pass erhielten, schlichtweg für ›Betrüger‹. Von den ›Geduldeten‹, die sich auf kein deutschstämmiges Familienmitglied berufen konnten, wurden alle anderen Gruppen mit dem Vorwurf des ›nationalen Verrats‹ konfrontiert. Der politische Kampf der Solidarność-Emigranten blieb den meisten anderen fremd […]. Hinzu kamen Versuche der kommunistischen Regierung in Warschau, die politischen Zentren der Emigration zu isolieren, und die Bonner Regierung hatte weder ein Konzept für eine Politik gegenüber Polen im Allgemeinen noch gegenüber der Gruppe der ›Polnischsprachigen‹ im Besonderen.

Erst nach dem Zusammenbruch des kommunistischen Systems und den deutsch-polnischen Verträgen von 1990/91 änderte sich die Situation grundlegend: […] im deutsch-polnischen Freundschaftsvertrag von 1991 […] ist allerdings nicht von einer polnischen Minderheit in Deutschland die Rede, sondern von einer Gruppe von »Personen deutscher Staatsangehörigkeit in der Bundesrepublik Deutschland, die polnischer Abstammung sind oder die sich zur polnischen Sprache, Kultur und Tradition bekennen«; ihr werden kulturelle Rechte zugebilligt. […] der Umfang der Rechte (entspricht) faktisch dem Diskriminierungsverbot des Minderheitenstatus. […] Gerade in den Neunzigerjahren ist es zur Gründung einer großen Zahl von Polonia-Organisationen gekommen. […] Bei einem großen Konfliktpotenzial politischer, weltanschaulicher, generationsbedingter und personeller Natur dominieren bei den heutigen Polonia-Organisationen in Deutschland zwei Hauptströmungen. Etwas vereinfachend kann man heute von ›nationalbetonten Patrioten‹ und ›europäischen Pragmatikern‹ sprechen. Die ›Patrioten‹ nehmen in der Regel eine Anspruchshaltung gegenüber den deutschen Behörden und der polnischen Regierung ein. Sie betonen die Notwendigkeit der Schaffung eines eigenen Bildungssystems mit national-polnischem Inhalt, fordern Zugang zu den Medien und finanzielle Unterstützung für kulturelle und institutionelle Arbeit. Hinzu kommen ein Hang zu nationaler Symbolik und eine starke katholisch-religiöse Traditionsverbundenheit.

Die ›Pragmatiker‹ dagegen sind der Meinung, Voraussetzung für die Wahrung der polnischen Identität sei eine gelungene Integration – keine Assimilation wohlgemerkt – in die deutsche Gesellschaft, die volle Anerkennung der deutschen Rechtsordnung und deren Nutzung für die eigenen Interessen. Die Positionen und Forderungen der Nationalpatrioten finden sie anachronistisch und realitätsfremd. Die Überbetonung polnischer Nationalsymbole sei sinnlos. […] Im Gegensatz zum polnischen Ghetto wollen die ›Pragmatiker‹ eine aufgeschlossene Position als seriöse Partner für deutsche Behörden. […]

Die Wahrnehmung der ›Polnischsprachigen‹ als Minderheit täuscht darüber hinweg, dass offenbar die Bedürfnislage der allermeisten Migranten aus Polen nicht in Richtung der Etablierung von politischen Strukturen einer organisierten polnischen Minderheit zielt. Sie sehen ihre Situation nicht als problematisch an […]. Niemand wird heute daran gehindert, einen Verein zur Pflege seiner kulturellen oder nationalen Identität zu gründen oder ein Netzwerk aufzubauen. Das Problem ist eher, dass es sehr viele solcher Vereine mit nur wenigen Mitgliedern gibt. Anders als bei den ›Ruhr-Polen‹ im 19. Jahrhundert, gegen die sich staatliche Repressionen des Deutschen Reiches im Zuge des Kulturkampfes richteten und die als Reaktion darauf schlagkräftige Verbände und Netzwerke bildeten, kann man das heute fehlende Minderheitenbewusstsein auch darauf zurückführen, dass es keine bewusste, gegen sie gerichtete Diskriminierung seitens der Bundesrepublik gibt.

Aus: Andrzej Kaluza: Zuwanderer aus Polen. In: Deutschland UTOPIE kreativ, H. 141/142 (2002), S. 699–709.
Internet: http://www.rosalux.de/cms/fileadmin/rls_uploads/pdfs/Utopie_kreativ/141-2/141_142_kaluza.pdf (März 2007)

Arbeitsanregungen

1 Schreiben Sie aus der Schalker Mannschaftsaufstellung von 1934 (B 8) alle Namen heraus, die für Sie polnisch klingen. Aus welchen Gründen trugen wohl gerade auf Schalke so viele Spieler polnische Namen? Handelte es sich bei diesen Spielern um Polen? Sammeln Sie Argumente dafür und dagegen. Beziehen Sie auch Informationen aus dem Einleitungstext und M1 mit ein.

2 Welche Probleme ergaben sich während des Nationalsozialismus für die Schalker Spieler mit polnischen Namen? Wie gingen die Spieler und wie die offiziellen Vertreter der NSDAP damit um (M2, M3)?

3 An welche Bevölkerungsgruppe richtet sich der ›Aufruf zur Anwerbung von Arbeitskräften‹ (M1) Anfang des 20. Jahrhunderts? Mit welchen Argumenten wird geworben? Vergleichen Sie diese Werbung mit den Ihnen bekannten Erscheinungen der Industrialisierung Mitte des 19. Jahrhunderts und prüfen Sie, ob die Versprechen des Aufrufs den tatsächlichen Lebensbedingungen im Ruhrgebiet entsprachen.

4 Entwerfen Sie skizzenartig mögliche Biografien, die zu den unterschiedlich vorhandenen, im Text von Marek Zmiejewski (M5) skizzierten Passvarianten führen konnten. Wie lässt sich historisch erklären, dass Polen mit deutschen Pässen in Deutschland leben?

5 Inwieweit unterschieden sich die polnischen Migranten im 20. Jahrhundert von den ›Ruhrpolen‹ aus dem 19. Jahrhundert?

6 Fertigen Sie eine Liste an mit Ihnen bekannten Fußballspielern aus der Bundesliga, deren Namen polnisch klingen. Versuchen Sie mithilfe des Internets die Biografien der Spieler zu ermitteln. Welche Verbindung haben sie zu Polen?

7 Diskutieren Sie anhand der Definition von Francesco Capotorti aus dem Jahr 1979 (M4) die objektiven und subjektiven Zugehörigkeitskriterien zu einer Minderheit und stellen Sie eine eigene, für Sie gültige Hierarchie dieser Kriterien auf.

8 ›Fast könnte man meinen, es gebe sie gar nicht, so wenig fallen sie auf. Sie wollen auch gar nicht auffallen. Kaum eine Ausländergruppe hat sich so geräuschlos integriert wie die Polen.‹ Gerhard Gnauck beschreibt in seinem Text (M6), wie sich die polnischen Migranten von anderen Zuwanderergruppen in Deutschland unterscheiden und weshalb sie weit weniger auffallen.
a) Stellen Sie mögliche Gründe für dieses Verhalten zusammen.
b) Können Sie diese Erfahrung von Gerhard Gnauck teilen? Stellen Sie in Form einer zweispaltigen Tabelle Gründe zusammen, die für eine Assimilierung sprechen, und Gründe, die dagegen sprechen.

9 Lesen Sie Artikel 20 des ›Vertrags über gute Nachbarschaft und freundschaftliche Zusammenarbeit‹ vom 17. Juni 1991 (M7). Welchen formalen Unterschied zwischen den Deutschen in Polen und den Polen in Deutschland stellen Sie fest? In welchem der möglichen Kriterien der Zugehörigkeit zu einer Minderheit unterscheiden sich die beiden Volksgruppen voneinander?

10 Welche in Deutschland existierenden polnischen Verbände und Vereine finden Sie im Internet? Stellen Sie deren Ziele und Aktivitäten dar.

11 Der Politologe Andrzej Kaluza unterscheidet in seinem Text (M8) zwischen ›nationalbetonten Patrioten‹ und ›europäischen Pragmatikern‹. Stellen Sie die Merkmale der beiden Gruppen in einer Tabelle zusammen und überlegen Sie, welcher Gruppe Sie sich als Deutscher im Ausland zuordnen würden. Begründen Sie Ihre Entscheidung.

Vorschläge für Referate und Facharbeiten

1 Polnischsprachige in Deutschland. Auf verschiedenen Wegen in den Westen. Ein Überblick.
2 Der FC Schalke 04 und die Ruhrpolen. Die Geschichte einer langen Tradition.
3 Polen im Ruhrgebiet. Das Zeitalter der Industrialisierung und seine Folgen.

Literaturhinweise

1) POLEN IM RUHRGEBIET:

DAHLMANN, DITTMAR; KOTOWSKI, ALBERT S.; KARPUS, ZBIGNIEW (Hrsg.): Schimanski, Kuzorra und andere. Polnische Einwanderer im Ruhrgebiet zwischen der Reichsgründung und dem Zweiten Weltkrieg. Essen: Klartext 2005. *Sammlung von wissenschaftlichen, aber gut verständlichen Aufsätzen, u.a. zur allgemeinen Situation der damals in Deutschland lebenden Polen, aber auch zur Rolle der polnischen Fußballer in den Vereinen des Ruhrgebiets, insbesondere Schalke 04.*

HERMANS, BALDUR (Hrsg.): Zuwanderer – Mitbürger – Verfolgte. Beiträge zur Geschichte der Ruhrpolen im 19. Jahrhundert und in der Weimarer Republik und der Zigeuner in der NS-Zeit (= Berichte und Beiträge. Bistum Essen, Dezernat für Gesellschaftliche und Weltkirchliche Aufgaben. Heft Nr. 23). Essen: Dezernat für Ges. und Weltkirchliche Aufgaben/Bischöfliches Generalvikariat Essen (Verleger) 1996.

KLESSMANN, CHRISTOPH: Polnische Bergarbeiter im Ruhrgebiet 1870–1945. Soziale Integration und nationale Subkultur einer Minderheit in der deutschen Industriegesellschaft (= Kritische Studien zur Geschichtswissenschaft. Bd. 30). Göttingen: Vandenhoeck & Ruprecht 1978.

KLESSMANN, CHRISTOPH: Einwanderungsprobleme im Auswanderungsland: Das Beispiel der ›Ruhrpolen‹. In: Bade, Klaus Jürgen: Deutsche im Ausland – Fremde in Deutschland. Migration in Geschichte und Gegenwart. München: Beck 1992, S. 303–310.

OENNING, RALF KARL: ›Du da mitti polnischen Farben…‹. Sozialisationserfahrungen von Polen im Ruhrgebiet 1918 bis 1939. Münster/New York: Waxmann 1991.

WANCERZ-GLUZA, ALICJA (Hrsg.): Die ›Westfalczyks‹. Auf den Spuren polnischer Industriearbeiter in Herne. Von Schülern der Klasse 10 des Gymnasiums Eickel in Herne. In: Grenzerfahrungen: Jugendliche erforschen deutsch-polnische Geschichte. Eingeleitet v. Władysław Bartoszewski u. Richard von Weizsäcker. Hamburg: Ed. Körber Stiftung 2003, S. 41–53.

INTERNETHINWEIS: http://www.polenimpott.de (Juni 2006)

2) POLEN IN DEUTSCHLAND (ALLGEMEIN UND ANDERE REGIONEN):

EUROPA-HAUS LEIPZIG e.V. (Hrsg.): Polen in Leipzig. Damals und heute (= Europäer in Leipzig damals und heute. Bd. 2). Leipzig: Europa-Haus 1998.

HARTMANN, GOTTFRIED: Polen in Berlin. In: Von Zuwanderern zu Einheimischen. Hugenotten, Juden, Böhmen, Polen in Berlin. Hrsg. v. Stefi Jersch-Wenzel und Barbara John. Berlin: Nicolai 1990, S. 593–800.

HAUSCHILDT, ELKE: Polnische Arbeitsmigranten in Wilhelmsburg bei Hamburg während des Kaiserreichs und der Weimarer Republik (= Veröffentlichungen der Forschungsstelle Ostmitteleuropa an der Universität Dortmund. Reihe A, Bd. 47). Dortmund: Forschungsstelle Ostmitteleuropa 1986.

KALUZA, ANDRZEJ: Zuwanderer aus Polen in Deutschland. In: Utopie kreativ. Heft 141–142/2002. S. 699–709.

KERSKI, BASIL: Chancen der Multikulturalität. Die polnischsprachige Gruppe in Deutschland. In: Nachbarn auf Distanz: Polen und Deutsche 1998–2004. Hrsg. v. Anna Wolff-Powęska und Dieter Bingen (= Veröffentlichungen des Deutschen Polen-Instituts. Bd. 19). Wiesbaden: Harrassowitz 2005, S. 267–277.

KRASNODĘBSKI, ZDZISŁAW; KRAMPEN, NELE (Hrsg.): Polen in Bremen. Eine unsichtbare Minderheit? Bremen: Universitätsverlag 2001.

PALLASKE, CHRISTOPH: Die Migration von Polen nach Deutschland. Zu Geschichte und Gegenwart eines europäischen Migrationssystems (= Schriftenreihe des Instituts für Europäische Regionalforschungen. Bd. 7). Baden-Baden: Nomos 2001.

RUCHNIEWICZ, KRZYSZTOF: Die polnische politische Emigration nach Deutschland in den Jahren 1945 bis 1980. In: Ders: Zögernde Annäherung. Studien zur Geschichte der deutsch-polnischen Beziehungen im 20. Jahrhundert (= Mitteleuropa-Studien. Bd. 7). Dresden: Thelem 2005, S. 159–173.

STACH, ANDRZEJ: Das polnische Berlin. Berlin: Verwaltungsdruckerei 2002.

WOLFF-POWĘSKA, ANNA; SCHULZ, EBERHARD (Hrsg.): Polen in Deutschland. Integration oder Separation? Düsseldorf: Droste 2000.

INTERNETHINWEIS:
www.exilclub.de
Eine kostenfreie Lern- und Arbeitsplattform für den handlungs- und projektorientierten Unterricht. Ein Kapitel ›Polen in Deutschland‹ bietet einen Überblick über die Zuwanderung aus Polen nach Deutschland. Zum Thema gibt es Quellentexte, weiterführende Informationen und Links sowie Arbeitsblätter, Aufgabenstellungen und Projektvorschläge.

B1 Karikatur von Thomas Plassmann (2000)

Der Deutsche – Der Pole
Nichts als Stereotypen?

Wenn ich Polen hör', ja mei, an was denk' i da? Vielleicht an die gefrorenen Gänse, die sind gut und da ist viel Fleisch dran. Der Papst, der jetzt gewählt worden ist, der ist ein Pole. Ich hab' in meinem Leben noch keine Polen gesehen, i weiß gar net, wie einer ausschaut. Und dem Papst sieht man's ja auf den Bildern auch net an.
(Marianne Schmid, Hausfrau)

Aus: Was wissen Sie von Polen? Augsburger Allgemeine vom 21. Oktober 1978, S. 48

> Der kürzeste Polenwitz: Ehrlicher Pole fährt auf eigenem Fahrrad zur Arbeit.

> Warum arbeiten Polen auf deutschen Baustellen? Wenn dort nur Deutsche arbeiten, kommen immer nur Bunker dabei heraus.

Polak potrafi oder Polens Handwerker bringens!
(www.mdr.de/viaeuropa, 8.12.2004)

Kaum gestohlen, schon in Polen
(Bild, 1995)

Polens Kampf gegen Diebe soll deutsche Touristen beruhigen
(www.freenet.de, 27.2.2005)

Deutsche gelten im Ausland als ernst, fleißig und reich
(Berliner Morgenpost, 7.11.2004)

Zigarettenschmuggel an deutsch-polnischer Grenze bleibt Problem
(Frankfurter Rundschau, online, 28.4.2005)

Polen: schöne Frau, brummiger Mann
(Die Tageszeitung, 30.4.2004)

Was fällt Ihnen zu Polen ein? Was fällt Ihnen zu Frankreich ein?
Nennen Sie jeweils drei historische Persönlichkeiten; drei lebende Persönlichkeiten; drei Städte; drei Sehenswürdigkeiten, drei Stereotype. Vergleichen und diskutieren Sie die Ergebnisse.

Einführung

Schön griffig, eingängig wie die ›polnische Wirtschaft‹ muss ein Stereotyp formuliert sein, so prägnant, dass es in den allgemeinen Sprachgebrauch übergeht und Sinnbild wird für chaotische Unordentlichkeit, gepaart mit Rückständigkeit, Unfähigkeit und Faulheit.

Denn das liegt im Wesen solcher Stereotype der langen Dauer, sie haben sich so sehr ins gesellschaftliche Bewusstsein und den Sprachalltag eingegraben, dass sie bei jeder sich bietenden Gelegenheit wieder hervorgekramt werden können, weil sie zu einem Teil des kulturellen Gedächtnisses geworden sind.

Woher kommt dieses Bild, das sich so zählebig in deutschen Hirnen hält und das so schwer zu revidieren ist? [...]

Die Bedeutung der Wendung entstammt den Wertvorstellungen der deutschen Aufklärung mit den bürgerlichen Tugenden Ordnung, Fleiß, Sparsamkeit und Sauberkeit. Die Modernisierungswelle im frühen 19. Jahrhundert brachte eine Differenzierung der Wirtschaft, Rationalisierung und besonders in Preußen auch Bürokratisierung. Pragmatische bürgerliche Tugenden wurden zunehmend als nationale Tugenden angesehen, denn langsam entstand nun ein nationales deutsches Selbstbild, in dem die Eigenschaften Ordnung und Fleiß eine große Rolle spielten.

Gerade in dieser Phase, als große Veränderungen und Modernisierungswellen über ganz Europa hinwegrauschten, wurde Polens staatliche Existenz 1795 nach der dritten Teilung vernichtet. Nach dem Scheitern der Adelsrepublik erstarrte Polen in Rückständigkeit und Verarmung, während sich rundherum alles änderte. So war die ›polnische Wirtschaft‹ immer sowohl Fremd- als auch Eigenspiegel, denn das Bild der zerfallenden, sich selbst paralysierenden Adelsrepublik ließ den effizienten preußischen Staatsapparat erst richtig glänzen.

In Deutschland hatte man von diesem Polenbild bereits zu Zeiten der polnischen Teilungen in Reiseberichten gehört, in der Mitte des 19. Jahrhunderts entwickelte sich die ›polnische Wirtschaft‹ zum breit angelegten, allgemein gebräuchlichen Synonym für Chaos, Unordnung, Unsauberkeit und Verschwendungssucht. Den Durchbruch ins alltägliche Sprachgut verschaffte der Redewendung Gustav Freytag mit seinem 1855 erschienenen Roman ›Soll und Haben‹, in dem er der ›polnischen genial-liederlichen Wirtschaft‹ die deutsche ›siegreich hervorbrechende Tüchtigkeit‹ entgegensetzte. Das Werk erlebte eine Millionenauflage.

Von nun an gab es hässliche Ausprägungen dieses Bildes, grundsätzlich wurde Polen dabei abwertend behandelt und auf die ›polnische Frage‹ reduziert. Man hielt die Polen für unfähig, sich selbst zu regieren – immer wenn sich die Polen politisch selbst verwaltet hatten, hätte am Ende das Chaos geherrscht.

›Wirtschaft‹ ist das Wort, das nicht nur während des Industrialisierungsschubs der Gründerzeit, sondern noch bis heute Modernität und Dynamik verheißt, es hob das Selbstwertgefühl der verspäteten Nation Deutschland und machte die

B2 Karikatur aus dem ›Kladderadatsch‹ Nr. 30/1919

B3 Karikatur aus dem ›Kladderadatsch‹ Nr. 30/1919

Polen sowie alle Slawen östlich der Reichsgrenzen zu auf allen Gebieten unfähigen Menschen.

Die Deutschen bedurften nicht nur eines Feindes, um sich selbst zu erhöhen, sondern hatten ihn sogar nötig, um ihr Reich 1871 zu einen. Der Gegner von außen ist ein konstitutives Element des deutschen Nationalbewusstseins. Fast alles, was an Negativem in Politik, Wirtschaft und Gesellschaft denkbar war, konnte so in Polen gesehen werden, und das Zerrbild der polnischen Unordnung und Rückständigkeit hob das deutsche Selbstwertgefühl ungemein.

Weil dieses Stereotyp in den Sprachgebrauch eingegangen und als Bild in deutschen Hirnen fest verankert war, konnte die Propaganda das Vorurteil nach Belieben hervorziehen, sei es in der Weimarer Republik oder ganz besonders in der Hitlerzeit, als die Perfidie kaum zu überbieten war. […] Selbst das ›slawische Untermenschentum‹, das man jetzt den Polen zuschrieb, konnte auf der Vielseitigkeit der ›polnischen Wirtschaft‹ aufbauen. Die Grundstruktur des Polenbildes war längst im deutschen Verständnis angelegt und wurde jetzt nur um die rassistische Komponente erweitert.

Der Ost-West-Konflikt brachte in der Bundesrepublik eine neuerliche Ablehnung aller östlich der alten Reichsgrenzen lebenden Völker mit sich, nur diesmal war er ideologisch-politisch untermauert. […] Folgerichtig wurde das alte Schlagwort ›polnische Wirtschaft‹ reaktiviert, als es mit der westdeutschen Wirtschaft steil bergauf ging. Wirtschaftswunder ist der Begriff, der die Nachkriegsära kennzeichnet, der zur integrativen Kraft der Bundesrepublik wurde mit ihrem Wirtschaftserfolg als Ideologieersatz. ›Made in Germany‹ wurde der Bereich deutscher Überlegenheit, auf den sich die Deutschen etwas einbilden konnten, denn er hatte scheinbar gar nichts mit der unseligen Vergangenheit zu tun.

Bei den ›roten Preußen‹ in der DDR gab es die gleiche Geringschätzung und Abneigung gegen Polen, denn nicht nur die Westdeutschen hielten ihr Wirtschaftswunder hoch, auch in der DDR hielt man sich für disziplinierter, ordentlicher und allgemein für die besseren Wirtschafter. Bis zur gern vertretenen Ansicht, Polen sei zivilisatorisch ein rückständiges Land, arm und mit einem Hang zu Unzuverlässigkeit und Anarchie, war es dann nicht mehr weit. Das Stereotyp von der ›polnischen Wirtschaft‹ konnte auch in der DDR jederzeit aktiviert werden, und das geschah immer, wenn die politische Lage Gefahr von östlich der Oder verhieß. Besonders galt das für die Zeit der Solidarność-Gründung und des Kriegsrechtes, als diese latent in der Gesellschaft vorhandenen Vorurteile zu Propagandazwecken neu genährt wurden. […]

Liebgewordene Klischees und altgewohnte Verhältnisse stehen Kopf. ›Wer hätte schon gedacht, dass sich die Heimat der polnischen Wirtschaft in weniger als zehn Jahren zum Land mit der höchsten Wachstumsrate entwickelt?‹

War im Zusammenhang mit Polens EU-Beitritt vor allem immer wieder Polens rückständige Landwirtschaft dargestellt worden, mit heruntergekommenen Höfen, windschiefen Katen und einem klapprigen Pferd, nimmt die Öffentlichkeit inzwischen auch das andere, neue Polen zur Kenntnis. Bilder vom boomenden Warschau, von modernen Unternehmen der Hightechbranche und Städten im Aufbruch wie Stettin lösten jene von verträumten Dörfern ab. Zunehmend wird die Bedeutung der ›polnischen Wirtschaft‹ umgekehrt, selbst die Formel vom ›Tigerstaat Polen‹ fußt auf dieser Wendung.

Aber nicht nur die polnische Wirtschaft macht das Stammtischwissen über Polen aus, Polenwitze kommen dort besonders gut an. Vor allem, seit Fernsehmoderator Harald Schmidt sie in seiner Late-Night-Show […] quasi hoffähig machte. Wären die Witze nicht auf offene Ohren gestoßen, hätte gerade dieser Sender sie nicht ausgestrahlt. Aus dem bis dahin mit einem Rest von Scham hinter vorgehaltener Hand erzählten diskriminierenden Witz war nun der Brüller der Nation geworden, den man überall lauthals zum Besten geben konnte. […] Und was fällt den Deutschen sonst noch ein, wenn sie an Polen denken?

›Kaum gestohlen, schon in Polen‹, schrieb die Bild-Zeitung 1995 und ebnete einem weiteren gängigen Polenbild den Weg in die Öffentlichkeit. Immer wieder in allen Medien kolportiert, musste man meinen, deutsche Autos würden fast aus-

schließlich von Polen oder in Polen gestohlen. Dieses Vorurteil lebt von der maßlosen Übersteigerung eines wahren Kerns.

[...] Tatsächlich wurden Mitte der 90er-Jahre jährlich 15 000 deutsche Autos in Polen entwendet, diese Zahl nahm seit Einführung der elektronischen Wegfahrsperren drastisch ab, zuletzt um etwa zwölf Prozent jährlich. Von den im Jahre 2001 gestohlenen 71 900 deutschen Autos wurden 9900 im Ausland entwendet, 4500 davon in Polen. In Relation zu den zehn Millionen Pkw-Grenzübertritten und zu der Tatsache, dass etwa nur zehn Prozent der in Polen begangenen Autodiebstähle deutsche Pkws betrafen, sieht das Bild schon etwas anders aus. Dazu kommt die Aussage der deutschen Autoversicherer, die schätzen, dass es sich in den Vorjahren bei jedem vierten in Polen als gestohlen gemeldeten Auto um einen Versicherungsbetrug handelte. Sind also die Polen ein Volk von Autodieben, stellen nach der gleichen Logik die Deutschen ein Volk von Versicherungsbetrügern dar. [...]

Aber das Bild, nach dem polnische Menschen faul und unfähig zu wirtschaften sind, dafür aber gern stehlen, ist genauso unverrückbar einzementiert in deutsche Gehirne wie das vom Polen als romantischem, freiheitsliebendem Hitzkopf mit übertriebenem Stolz und glühendem Patriotismus. Als deutlich positive Eigenschaften bleiben die aus dem Mangel geborene Improvisationskunst, die Herzlichkeit und vor allem die sprichwörtliche Gastfreundschaft.

Wie kommt es, dass sich so viele leicht widerlegbare Stereotype weiterhin halten und offenbar die wenigsten Deutschen die Veränderungen in Polen zur Kenntnis nehmen, auch wenn die Medien heute zunehmend positiv über Polen berichten?

Das Problem liegt nicht in der Menge der antipolnischen Bilder, es ist eher das Desinteresse an unserem östlichen Nachbarland, die anhaltende Gleichgültigkeit und die daraus resultierende Unkenntnis. 20 Prozent der Deutschen haben überhaupt keine Assoziationen zu Polen, sogar 75 Prozent wissen nicht einmal annähernd richtig zu sagen, wie viele Einwohner Polen hat. [...]

Immer noch gibt es zu wenige Kontakte, die wichtigste Informationsquelle über Polen ist in Deutschland das Fernsehen: Laut einer Umfrage waren weniger als ein Drittel der Deutschen schon einmal in Polen.

Doch ein Zusammenleben auf gleicher Augenhöhe kann nur gelingen, wenn jeder einzelne etwas Interesse für den Nachbarn aufbringt. Nur wer sich selbst ein Bild vom Leben hinter Oder und Neiße macht, kann zu unvoreingenommenen Urteilen gelangen.

Aus: Brigitte Jäger-Dabek: Polen. Eine Nachbarschaftskunde für Deutsche. Berlin: Ch. Links 2003, S. 130–136

B4 Karikatur von Lex Drewinski (1999/2000)

B5 Karikatur von Thomas Plassmann (2000)

Materialien

M1 Wie funktionieren Stereotype?

Ob Urteil oder Vorurteil: Wir reagieren immer auf den beobachteten Einzelfall, vergleichen ihn mit dem, was wir gehört oder gelernt haben, legen unsere Vorstellung von der Welt als Maßstab darüber und erheben das Gesehene auf dieser Schablone zum Normfall. Was herauskommt, kann stimmen oder auch nicht, in jedem Falle ist unsere Welt wieder in Ordnung, weil wir das Fremde in Relation zum Vertrauten gesetzt haben. [...]

Ganz egal, ob wir von Stereotypen oder Vorurteilen sprechen oder sie gar zum aggressiven Popanz erheben und Feindbilder nennen, im Grunde genommen handelt es sich in der Verkürzung, Verallgemeinerung und Vergröberung offensichtlich einfach um Falschbilder. Und Falschbilder sind so etwas wie Falschgeld.

Solange die gefälschte Banknote nur genussvoll in den eigenen vier Wänden bewundert und befingert wird, tut sie niemandem weh, erst wenn sie in den Geldumlauf einfließt, als echt ausgegeben wird, richtet sie Schaden an. [...]

Das deutsch-polnische Verhältnis ist deshalb häufig so irritierend, weil hier Menschen Wand an Wand wohnen und sich doch kaum wahrnehmen. Wir behandeln Polen häufig wie den Strich am Horizont. Das zeugt von Arroganz und Dummheit. Schlimmer noch: oft nehmen wir nicht einmal den Strich wahr. Und aus diesem Grunde wäre es mir manchmal lieber, es gäbe mehr und nicht weniger Stereotypen über Polen. Sind Stereotypen doch immerhin Ausdruck einer ersten Wahrnehmung.

Aus: Albrecht Lempp: Über das Wirken und das Überwinden gegenseitiger Stereotype im deutsch-polnischen Verhältnis. In: TRANSODRA 4–5/1993/94, S. 7 ff.

*

Durch die Schaffung von Stereotypen wird der kollektive Narzissmus gestützt. Das, womit sich der Mensch identifiziert, das Wesen der eigenen Gruppe, wird plötzlich gut; das andere, fremde [...] – schlecht.

Theodor W. Adorno. Zitiert nach: Mythen und Stereotypen auf beiden Seiten der Oder. Hrsg. v. Hans Dieter Zimmermann. Berlin: Dreieck Verlag 2000, S. 131

Stereotype entstehen durch bösen Willen, durch Angst und Ignoranz. Gegen bösen Willen, Angst und Ignoranz gibt es ein Rezept: umfassendes, aufrichtiges Wissen voneinander. Die Geschichte der deutsch-polnischen Beziehungen lehrt uns, dass es zwischen den kurzen Zeiten des gegenseitigen negativen oder positiven Interesses, das aus der Notwendigkeit des Augenblicks resultierte, lange Zeitabschnitte der gegenseitigen Ignoranz gab. Diese Zeitabschnitte förderten sowohl die explosionsartigen sentimentalen Sympathiekundgebungen wie auch die sinnlosen Aversionen. Die Ignoranz lieferte Schriftstellern, Rhetorikern und Demagogen ein Betätigungsfeld, auf dem sie Verallgemeinerungen je nach Bedarf produzierten.

Andrzej Kijowski: Deutsche, Polen und andere. In: Marek Klecel (Hrsg.): Polen zwischen Ost und West. Polnische Essays des 20. Jahrhunderts (= Polnische Bibliothek). Suhrkamp: Frankfurt/M. 1995, S. 281.

*

Das Heimatland existiert nur dann, wenn es auch ein Fremdland gibt; es gibt keine ›Eigenen‹, wo es keine ›Fremden‹ gibt. Vom Verhältnis zu den Fremden hängt die Art des Patriotismus ab. Es ist immer etwas Paradoxes daran, dass die Liebe zum Heimatland und eigenen Volk erst durch das Verhältnis zu anderen Ländern und Völkern bestimmt werden kann. [...] Wesentlich sind die Werte und Beurteilungen: halten wir uns für besser – oder nur für anders.

Jan Józef Lipski. Zitiert nach: Mythen und Stereotypen auf beiden Seiten der Oder. Hrsg. v. Hans Dieter Zimmermann. Berlin: Dreieck Verlag 2000, S. 132

*

Trotz zahlreicher ›Polnischer Kulturtage‹, Literaturübersetzungen in die jeweils andere Sprache, deutsch-polnischer Symposien sowie des ›Schwerpunkts Polen‹ auf der Buchmesse 2000 findet noch kein intensiver Dialog der benachbarten Kulturen statt. Verantwortlich dafür ist weniger ein Übermaß an antipolnischen bzw. antideutschen Bildern als vielmehr ein möglicherweise durch Gleichgültigkeit und Fremdheit bedingter Mangel an Bildern überhaupt.

Beate Kosmala: Polenbilder in Deutschland nach dem Zweiten Weltkrieg. In: Vorurteile – Stereotype – Fremdbilder. Informationen zur politischen Bildung. Heft 271. 2/2001, S. 29

B6, B7 Typisch polnisch?

M2 Polen über Deutsche im 19. Jahrhundert

Die Polen des preußischen Teilungsgebietes fühlten sich in ihrer nationalen Existenz bedroht, vor allem während der Zeit des Kulturkampfes, der Ausweisungen aus Preußen und des Schulstreiks.
5 Diese Ereignisse übten auch einen entscheidenden Einfluss auf die Gestaltung des polnischen Deutschenstereotyps in den beiden anderen Teilungsgebieten aus. Innerhalb der intellektuellen Elite der von Russland annektierten Gebiete war noch bis
10 zur Mitte des 19. Jahrhunderts ein Deutschenbild vorherrschend, das den Deutschen als gutmütigen, fleißigen und ruhigen Kaufmann zeigte. Erst nach der Verbreitung von Nachrichten über die antipolnische Politik deutscher Behörden in der Provinz
15 Posen und Westpreußen begann allmählich das Bild eines gefährlichen Repräsentanten des deutschen Kolonialismus zu dominieren. Dieses Bild des Deutschen als eines ewigen Feindes des Slaventums erfuhr vor allem durch die Annahme Un-
20 terstützung, dass es konsequente Pläne eines ›deutschen Dranges nach Osten‹ gebe.

Aus: Marek Chamot: Polnische Auto- und Heterostereotypen. In: Historische Stereotypenforschung. Methodische Überlegungen und empirische Befunde. Hrsg. von Hans Henning Hahn (= Oldenburger Schriften zur Geschichtswissenschaft. Bd. 2). Oldenburg: Bibl.- und Informationssystem der Universität Oldenburg 1995, S. 145 ff.

M3 Das polnische Deutschlandbild nach 1945

Das Deutschlandbild der Nachkriegszeit wurde vom ›deutschen Syndrom‹ geprägt, [...] dieser speziellen Sensibilisierung der Polen für die Deutschen und Deutschland als Summierung ihrer Er-
5 fahrungen aus den polnischen Teilungen und den Katastrophen des 20. Jahrhunderts. Dieser Komplex – denn es ist auch ein Furcht- und Minderwertigkeitskomplex – umfasst Erfahrungen von Unrecht und Leid sowie den Horror vor der politischen, ökonomischen und militärischen Potenz
10 des mächtigen Nachbarlandes. Die Angst vor dem ›Furor teutonicus‹ und die daraus abgeleitete Deutschfeindlichkeit funktionierte auch als Integrationsfaktor, der die Gesellschaft auf der Grundlage des gemeinsam erlittenen Leides einte.
15

Aus: Brigitte Jäger-Dabek: Polen. Eine Nachbarschaftskunde für Deutsche. Berlin: Ch. Links 2003, S. 126

M4 Die Kunst, Kitsch für sich zu nutzen ...

Es gibt da ein Land, das über viele Jahre hinweg in den deutschen Medien fast ausschließlich mit folgenden Attributen versehen wurde: hohe Kriminalitätsrate; noch höhere Korruption, selbst innerhalb der Regierungen, die wenig stabil sind
5 und ständig wechseln; grundsätzlich Chaos innerhalb der Gesellschaftsstrukturen, hohe Inflation, Mafia. Aber hier ging es keineswegs um Polen. Es ging um Italien.

Doch diese [...] hielt die Deutschen keineswegs
10 davon ab, [...] in diesem Land ihren Urlaub zu verbringen, [...] italienische Lieder zu hören, ja sie sogar zu singen, sich dort niederzulassen und italienischen Kitsch zu zelebrieren. [...] Im deutschen Werbefernsehen (gab es) einen kurzen Spot, in
15 dem ein sehr hübscher, aber auch geschwätziger Italiener auf sympathische, wenn auch arglistige Weise eine nicht minder hübsche und natürlich blonde Deutsche dazu nötigt, eine Tasse Cappuccino mit ihm zu trinken. Eigentlich sollte die Re-
20

klame die Vorzüge des Cappuccinos preisen, aber den Reaktionen nach hat sie dem Zuschauer vielmehr die Vorzüge des Italieners vor Augen geführt, der mit Namen Francesco hieß. Eine Boulevardzeitung – jene, die einst auch den Spruch ›kaum gestohlen, schon in Polen‹ prägte – schrieb damals auf der Titelseite: ›Alle deutschen Mädels wären gerne das Sahnehäubchen auf dem Cappuccino von Francesco.‹ Ich überlege, wie viel Wasser noch die Oder bzw. den Rhein runterfließen muss, bis ein Spruch wie ›Alle deutschen Mädels wären gerne die Rüben im Barschtsch von Andrzej‹ ähnlich Furore macht. Wir wissen alle, dass dies so gut wie ausgeschlossen ist. Aber warum?

Darum, weil die Italiener den Deutschen etwas ermöglichen, was ihnen die Polen immer verwehren werden: das Zelebrieren von Kitsch. Einerseits hatten wir die Fernsehreportagen über die italienische Mafia, andererseits gab es bei uns eine kleine gemütliche Kneipe um die Ecke. [...] Einerseits gab es die Meldungen von Überfällen auf deutsche Touristen in Venedig, andererseits wiederum jenes entzückende, schwarzhaarige und heißblütige Mädchen im Fernsehen, das von der untergehenden Sonne in Capri sang und von Liebe unter dem Sternenhimmel – und wer wusste schon, dass sie eigentlich aus Wanne-Eickel stammte, gefärbte Haare hatte und mit Vornamen Gretchen hieß?

Nur die Polen haben es uns nie ermöglicht, diese Form von Kitsch zu zelebrieren. Die Italiener haben Spaghetti, Lambrusco und ungezählte Restaurants auf dem ganzen Kontinent. Die Polen dagegen haben *Barschtsch*, *Żurek* und *Pierogi z kapustą*, was kaum jemand auch nur aussprechen kann. Selbst wenn wir Wodka trinken, denken wir an Gorbatschow. Polnische Restaurants kann man in Deutschland an den Fingern einer Hand abzählen. Die Italiener haben Ruinen, die wir mit der ewigen Bewunderung der einfachen Germanen für die romanische Kultur in Verbindung bringen. Die Polen haben, zugegebenermaßen, auch Ruinen, die wir aber eher mit der wenig rühmlichen Vergangenheit unserer Vorfahren vor einem halben Jahrhundert in Zusammenhang bringen. Dies begünstigt nicht gerade nostalgische Überlegungen.

Aus: Klaus Bachmann: Sztuka wykorzystywania kiczu (Die Kunst, Kitsch für sich zu nutzen). In: Rzeczpospolita vom 5. Januar 1999

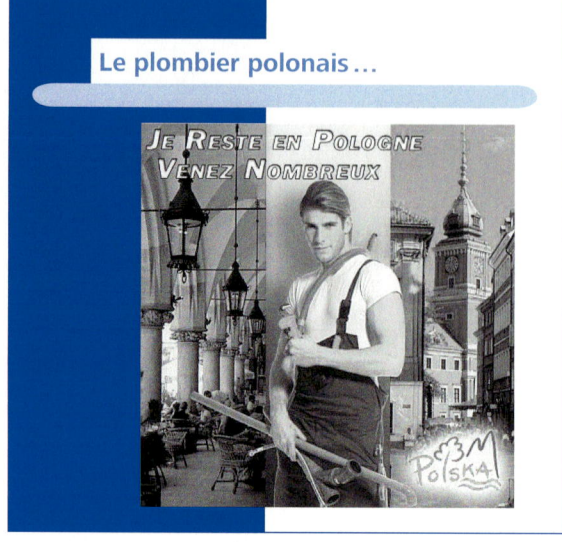

B8 Werbeplakat des polnischen Tourismusbüros. ›Ich bleibe in Polen. Kommt in Scharen.‹ (2005)

M5 Ein polnischer Klempner sorgt für Furore

Sex zieht immer. Gepaart mit einem Schuss Selbstironie wird daraus die beste Imagekampagne. Der sexy Klempner aus Polen ist daher ein Volltreffer. ›Je reste en Pologne. Ich bleibe in Polen‹, verspricht der attraktive Piotr Adamski (21) den Franzosen. Rohrzange und anderes Werkzeug hält der hochgewachsene Pole fest in den Händen. ›Ihr müsst keine Angst haben, dass ich euch die Arbeit wegnehme‹, scheint der Muskelmann in blauer Latzhose und knapp sitzendem T-Shirt zu sagen. Zugleich lockt sein Schlafzimmerblick: ›Venez nombreux! Kommt in Scharen!‹ Die Fotos neben ihm von einem Café in den Krakauer Tuchhallen und dem Warschauer Schloss dürften Kulturinteressierten gefallen. Aber es gibt Adamski auch zwischen einem wilden Wasserfall in den Pieniny-Schluchten Südpolens und den Bergen der Tatra. Die Aufnahmen lassen der Fantasie freien Lauf. Abenteuer locken. Die Französinnen sind begeistert. Das Tourismusbüro Polens ebenfalls. Der ›sexy Klempner‹ wurde innerhalb von Tagen zur erfolgreichsten Imagekampagne Polens. So sympathisch, sexy und humorvoll haben sich die Polen noch nie präsentiert. Zum ersten Mal haben sie die Ängste vor den Horden polnischer Billigarbeiter nicht einfach verärgert und plump zurückgewiesen, sondern sie spielerisch aufgegriffen und positiv gedreht. Wer schließlich würde nicht gerne so einem Klempner bei der Arbeit zusehen? Und

B9 Karikatur von Thomas Plassmann (2000)

B10 Karikatur von Barbara Henniger

nun will dieser Naturbursche, unverbildet, jung und sympathisch, in Polen bleiben? ›Nein, komm zu uns!‹, lautet eine von tausenden enthusiastischer E-Mails an das Tourismusbüro. In einer anderen heißt es mit einem Anflug von Eifersucht: ›Meine Frau hat Ihre Internet-Seiten gesehen und meint seitdem, dass der Wasserhahn tropft.‹

Mit einem solchen Erfolg hatte Krzysztof Turowski nicht gerechnet [...]. Doch das Erfolgsrezept scheint einfach und auf andere Länder leicht übertragbar: Man nehme das jeweilige Polen-Stereotyp und drehe es humorvoll ins sympathische Gegenteil. In Frankreich war es der polnische Klempner, der zum Symbol für Lohndumping aus dem Osten wurde und die Diskussion um die EU-Verfassung beherrschte. In Deutschland und Österreich sind es polnische Bauarbeiter, Fliesenleger und Fleischer, vor denen sich alle fürchten, in Großbritannien und Italien sind es die polnischen ›Billiglöhner‹ allgemein. Es könnte also durchaus sein, dass demnächst ein ansehenswerter Fliesenleger in deutschen Städten betörend für die masurischen Seen wirbt. Grafiker Krzysztof Turowski wollte aber noch nichts verraten.

Aus: Gabriele Lesser: Mit Rohrzange und Sexappeal Werbekampagne. Ein polnischer Klempner sorgt nicht nur in Frankreich für Furore. In: Sächsische Zeitung vom 1. August 2005

M6 Polen-Witz als Blutgrätsche

Die Aufregung zwischen Oder und Weichsel ist groß, denn nichts erbittert und empört die Polen mehr als die deutschen Polenwitze mit der platten Idee: ›Der Pole klaut‹. In dieser Art von Witzen, die ein ganzes Volk kriminalisiert, sehen Soziologen aus beiden Ländern durchaus einen Entlastungsmechanismus: Polen sollten diskreditiert werden, weil das Wissen um den deutschen Besatzungsterror, der auf die Auslöschung Polens als Kulturnation abzielte, verdrängt werden solle. Nach dem Motto, so hat es ein polnischer Soziologe formuliert: ›Wenn die Polen klauen, so kann es doch nicht so schlimm gewesen sein, dass unsere Großväter sie im Krieg ein wenig diszipliniert haben.‹

Das mag überspitzt klingen, aber die Erklärung für ihre Entstehung und Wirkung ist zweifellos auch in dieser Ecke zu suchen. Jedenfalls stellen die deutschen Polenwitze das polnische Selbstbild als ›Volk der Helden und Opfer‹ nicht nur in Frage, sie stellen es sogar auf den Kopf. Denn auch die Mehrheit der heutigen Polen identifiziert sich mit den Opfern der Besatzung und leitet daraus im Blick auf die Deutschen durchaus eine moralische Überlegenheit ab. Aber mit dem Generationswechsel in Deutschland, mit der Übernahme der Meinungsführerschaft in den deutschen Debatten durch die Enkel der Kriegsteilnehmer, funktioniert dieses Rollenbild nicht mehr – die deutschen Enkel identifizieren sich nicht mit den Tätern und sehen überdies die heutigen Polen auch nicht als Opfer.

Dieses Fallenlassen der Rücksichtnahme auf Befindlichkeiten der polnischen Nachbarn fand seinen Ausdruck eben auch in den Polenwitzen.

Aus: Thomas Urban: Polen – Witz als Blutgrätsche. In: Süddeutsche Zeitung vom 13. Juni 2006, S. 38

M7 Deutsche fleißig, Polen faul? Umfrage 1991

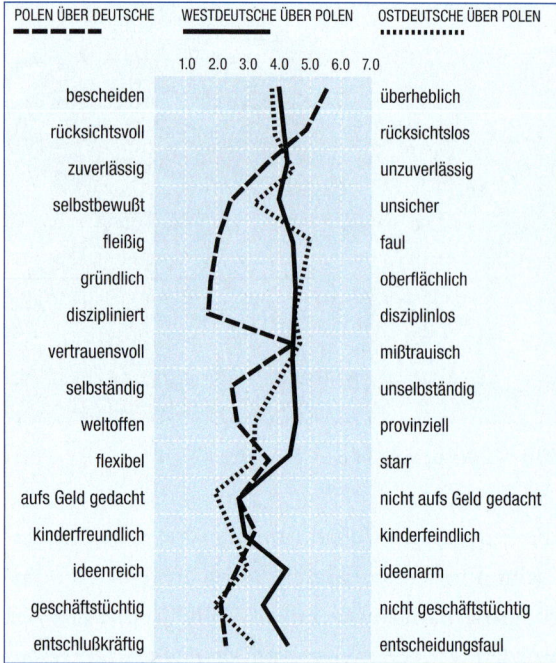

Aus: *Der Spiegel*, Nr. 36/1991

M8 Spiegel-Umfrage zum Lebensgefühl von jungen Deutschen aus dem Jahr 1994

Sind die Deutschen einem anderen Volk überlegen?	
Nein, keinem	52 %
Ja, einigen	45 %
Ja, allen	2 %
Wenn ja, welchem?	
Polen	87 %
Türken	74 %
Russen	63 %
Franzosen	20 %
US-Amerikanern	11 %

Aus: *Der Spiegel*, Nr. 38/1994

M9 Polenbild in Deutschland und Deutschlandbild in Polen

Die im November 2000 durchgeführten Umfragen zeigten, dass das Bild Deutschlands als Land und der Deutschen als Volk, wie es sich für die Polen darstellt, deutlich, in sich stimmig und im Allge-
5 meinen positiv ist. Diesen Umfragen zufolge assoziieren die Polen das Land der westlichen Nachbarn mit Ordnung, Sauberkeit und Wohlstand. Das Stereotyp des Deutschen weist positive Merkmale auf wie gute Arbeitsorganisation, Fleiß,
10 Wirtschaftlichkeit, Effizienz, Reinlichkeit, Verantwortlichkeit, Disziplin und Unternehmungsgeist.

Die deutsche Gesellschaft wird als sehr modern wahrgenommen. Man erkennt hier auf den ersten Blick jenes Bündel positiver Eigenschaften, die in Polen seit jeher mit dem deutschen National- 15 charakter in Verbindung gebracht werden. Würde man die Deutschen in den Kategorien ›guter bzw. schlechter Mensch‹ beschreiben sollen, verlöre ihr Bild an Klarheit gegenüber der Beschreibung unter dem Aspekt der Kompetenz. Wenn die Polen 20 an die Deutschen als ›gute Arbeiter‹ denken, ›entmenschlichen‹ sie sie in gewisser Weise, hat der Soziologe Mateusz Fałkowski festgestellt. Die Ambivalenz in der Wahrnehmung solcher Eigenschaften wie Ehrlichkeit, Freundlichkeit und Tole- 25 ranz kann ihm zufolge auch bedeuten, dass das alte Stereotyp sich in positiver Richtung verändert. Nur fünf Prozent der Befragten schrieben den Deutschen von heute Nationalismus und Fremdenfeindlichkeit zu, aber ein Drittel der Be- 30 fragten nahm sie als tolerant und freundlich wahr; das kann man auch als ein Anzeichen dafür deuten, dass die mit dem Krieg zusammenhängenden bösen Assoziationen nachlassen.

Wechseln wir nun die Blickrichtung. Das von 35 Deutschland aus gesehene Bild Polens wies die undeutlichen Konturen eines sehr fernen und kaum bekannten Landes auf. Das Phänomen subjektiver Ferne wird durch das Beispiel, von dem Thomas Urban erzählt, treffend illustriert. Bei seinen Semi- 40 naren für Studenten der Journalistik in Frankfurt am Main stellt er den verschiedenen Gruppen Jahr für Jahr dieselbe Aufgabe: Sie sollen auf der rund 2000 km langen Linie zwischen Berlin und Moskau die Lage Warschaus angeben. Das Ergebnis? 45 Die angehenden Journalisten lokalisieren die Hauptstadt Polens regelmäßig 800 km östlich von der Stelle, wo sie wirklich liegt, irgendwo in der Gegend von Smolensk. Die Soziologin Xymena Dolińska machte in ihrem Bericht über die Wahr- 50 nehmung Polens in Deutschland Ende des Jahres 2000 darauf aufmerksam, dass die größte Personengruppe (18 %) keinerlei Assoziationen mit unserem Land verband. Polen stellte sich für sie als sprichwörtliches ›schwarzes Loch‹ dar. Bei den 55 übrigen löste es präzisere Assoziationen aus, die sich über mehrere Bereiche verteilen, bei denen negative Assoziationen dominierten. [...] Bei den

Polen als Volk dachte man am häufigsten an solche Eigenschaften wie Schmutz und Verwahrlosung, Faulheit, Vorurteile. Als Merkmale des ›typischen Polen‹ wurden am häufigsten Religiosität (74 %) und Rückständigkeit (45 %) genannt. Die folgenden Plätze im Katalog der ihm zugeschriebenen Merkmale nahmen ein: Unehrlichkeit (37 %), Erfolglosigkeit (32 %), Selbstherrlichkeit (31 %). Freiheitsliebe erwähnten nur ein Prozent der Befragten. Dieses ›nicht allzu positive Bild‹, wie Dolińska es euphemistisch umschrieb, relativiert ihrer Meinung nach die Überzeugung, die Polen seien freundlich (39 %) und kreativ (36 %).

Aus: Edmund Dmitrów: Die Rolle von Mythen und Stereotypen in der gegenseitigen Wahrnehmung. In: Nachbarn auf Distanz. Polen und Deutsche 1998–2004. Hrsg. v. Anna Wolff-Powęska und Dieter Bingen. Wiesbaden: Harrassowitz 2005, S. 431 ff.

M10 Die gegenseitige Wahrnehmung von Deutschen und Polen nach der Erweiterung der EU

Der polnische Soziologe Mateusz Fałkowski referiert Umfrageergebnisse aus dem Jahr 2006

Die Deutschen nehmen Polen und seine Bewohner positiver wahr als vor sechs Jahren. Der EU-Beitritt Polens und die immer häufigeren Besuche jenseits der Oder haben zu einer Verbesserung des Bildes von Polen, das jetzt als weniger rückständiges Land wahrgenommen wird, sowie zu einem besseren Image der Polen beigetragen, denen die Deutschen immer häufiger Eigenschaften wie zum Beispiel Fleiß zuschreiben. Es scheint, dass hier zwei Faktoren entscheidend waren. Erstens die Rolle der persönlichen Erfahrungen und zweitens der direkten Kontakte mit Land und Leuten, die immer größeren Anteil an der Gestaltung des Polenbildes nehmen, und zwar auf Kosten der tief sitzenden Stereotype (ein ähnlicher Prozess findet beim polnischen Blick auf Deutschland statt). [...] Polen wird von den Deutschen als immer weniger rückständig wahrgenommen. Man muss jedoch unterstreichen, dass wir bei der Einstellung der Deutschen zur politischen Zusammenarbeit mit Polen nicht so positive Veränderungen beobachten. Weiterhin sieht die große Mehrheit der Polen in den Deutschen einen Partner [...] und ist sogar zu Kompromissen bereit. In Deutschland aber gibt es eine große Gruppe von Befragten (ungefähr ein Drittel der Stichprobe), die an die nähere Zusammenarbeit mit Polen sehr skeptisch herangehen. Das Polenbild in Deutschland ist weiterhin sehr indifferent. Ungefähr 25 Prozent der befragten Deutschen haben [...] keinen Kontakt zu Polen und auch keinerlei Assoziationen zu dem Land. Diejenigen aber, die bestimmte Vorstellungen haben, sehen Polen meist in negativem Licht. Eine besondere Rolle in der Verstärkung dieser negativen Assoziationen und Urteile spielen die Medien. Die Personen, für die die Medien die einzige oder wichtigste Informationsquelle über Polen sind, haben ein schlechteres Bild der östlichen Nachbarn. Ganz im Gegenteil zu denen, die persönlich Polen besucht haben. Diese Personen heben sehr viel häufiger positive Elemente ihres Polenbildes hervor. Es handelt sich meist um Personen mit höherer Bildung sowie Bewohner des deutsch-polnischen Grenzgebietes. [...] Selbst kurze und vermutlich meist konsumgerichtete, dafür aber zahlreiche Besuche in Polen bewirken, dass die Sachsen, Berliner, Brandenburger oder Mecklenburger die EU-Erweiterung positiver beurteilen als ihre Landsleute aus dem Landesinnern [...].

Aus dem Polnischen von Katrin Lechler. In: Dialog Nr. 76/2006, S. 57 ff.

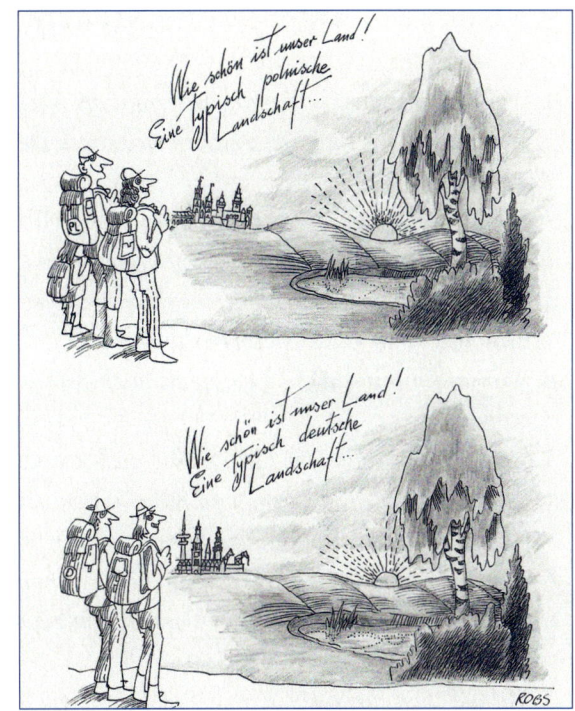

B11 Karikatur von Robert Szecówka (2000)

Arbeitsanregungen

1 Was versteht man unter einem Stereotyp? Suchen Sie nach Definitionen in geeigneten Nachschlagewerken und im Internet. Decken sich diese Definitionen mit Ihrem Verständnis des Begriffs Stereotyp?

2 Sammeln Sie Stereotype über europäische Völker. Zu welchen Völkern fallen Ihnen mehr, zu welchen weniger ein? Woran könnte das liegen?

3 Was meint Albrecht Lempp, wenn er in seinem Text (M 1) Stereotype mit Falschgeld vergleicht? Entwickeln Sie diese Metapher weiter.

4 Worauf führen sowohl Lempp als auch Kijowski und Kosmala (M 1) das Vorhandensein von Stereotypen zurück?

5 Stellen Sie mithilfe der Einführung die unterschiedlichen Gründe zusammen, welche historischen Umstände für die Bildung von Stereotypen verantwortlich sein können. Führen Sie Beispiele – auch aus der Gegenwart – an, wie Stereotype für politische Zwecke instrumentalisiert wurden.

6 Wie erklärt sich der Journalist Klaus Bachmann (M 4) die unterschiedliche Einstellung von Deutschen gegenüber Polen und Italien? Diskutieren Sie seine Argumentation und suchen Sie nach weiteren Gründen.

7 Mit welchen Vorurteilen über Polen ›spielen‹ der Text von Gabriele Lesser (M 5) und das Plakat des polnischen Klempners (B 8)? Entwerfen Sie zu anderen Stereotypen über Polen vergleichbare Plakate.

8 Lassen Sie von einem ausländischen Mitschüler eine Tabelle mit Stereotypen über Deutsche erstellen und diskutieren Sie darüber.

9 Der Witz als ›Entlastungsmechanismus‹ im deutsch-polnischen Verhältnis (M 6) – diskutieren Sie diese These des Journalisten Thomas Urban.

10 Versuchen Sie in einem Rollenspiel, die Position eines Polen einzunehmen, der Vorurteile der Deutschen gegenüber Polen ›berichtigt‹. Mit welchen Argumenten wird er arbeiten?

11 Wie erklären Sie sich die Ergebnisse der Umfrage ›Sind die Deutschen einem anderen Volk überlegen‹ (M 8)? Berücksichtigen Sie historische und aktuelle Aspekte.

12 Führen Sie eine Umfrage in der Klasse durch: Was meinen Sie, welche Merkmale von Polen Deutsche am häufigsten nennen, wenn sie in Umfragen zu ihrem Polenbild befragt werden. Führen Sie die Umfrage auch in umgekehrter Richtung durch, also welche Merkmale von Deutschen die Polen nennen. Vergleichen Sie Ihre Ergebnisse mit den Meinungsumfragen in M 7, M 9 und M 10. Diskutieren Sie den Realitätsgehalt solcher Umfrageergebnisse.

13 Interpretieren Sie das Umfrageergebnis aus dem Jahre 1991 (M 7). Berücksichtigen Sie dabei auch die jeweiligen Bilder von sich selbst (Autostereotyp) und vom anderen (Heterostereotyp). Bringen Sie die Ergebnisse in Zusammenhang mit historischen und aktuellen Ereignissen und Erfahrungen.

14 Skizzieren Sie, inwieweit sich die Umfrageergebnisse zu den Polenbildern und Deutschlandbildern von 1991, 2000, 2006 verändert haben. Welche Gründe für die Veränderungen werden in den Texten genannt? Lassen sich daraus Anregungen ableiten, wie Stereotype abgebaut werden könnten?

Vorschläge für Referate und Facharbeiten

1 Stereotype über Polen in der Presse. Bestandsaufnahme und Klassifizierung.
2 ›Fahren Sie nach Polen. Ihr Auto ist schon dort.‹ Vorurteile gegenüber Polen und ihre Folgen.
3 Das deutsch-polnische Verhältnis im Spiegel der Karikatur. Präsentation und Kommentierung anhand ausgewählter Beispiele aus dem Buch ›Nachbarn. Deutsche Karikaturisten sehen Polen. Polnische Karikaturisten sehen Deutschland.‹ Hrsg. von Walther Keim und Dieter Burkamp, Bielefeld: Kerber 2001.

4 Das Polenbild in der deutschen Literatur (z. B. Gustav Freytag: Soll und Haben; Johannes Bobrowski: Levins Mühle; Günter Grass: Blechtrommel, Unkenrufe; Siegfried Lenz: Heimatmuseum bzw. moderne Beispiele wie Artur Becker: Onkel Jimmy, die Indianer und ich; Janosch: Polski blues; Matthias Kneip: Grundsteine im Gepäck. Begegnungen mit Polen; Tina Stroheker: Polnisches Journal).

Literaturhinweise

DOLIŃSKA, XYMENA; FAŁKOWSKI, MATEUSZ: Polen und Deutschland. Gegenseitige Wahrnehmung vor der Osterweiterung der Europäischen Union. Warszawa: Instytut Spraw Publicznych 2000.
Internet: http://www.isp.org.pl/files/15987625330358796001118137050.pdf

FEINDT, HENDRIK (Hrsg.): Studien zur Kulturgeschichte des deutschen Polenbildes 1848–1939 (= Veröffentlichungen des Deutschen Polen-Instituts. Bd. 9). Wiesbaden: Harrassowitz 1995.

GEHT DOCH MAL NACH DRÜBEN! Repräsentative Umfrage. In: GEOSpecial. Nr. 4. August/September 2004, S. 94–97.

HAHN, HANS HENNING (Hrsg.): Historische Stereotypenforschung. Methodische Überlegungen und empirische Befunde (= Oldenburger Schriften zur Geschichtswissenschaft. Bd. 2). Oldenburg: BIS 1995.
Mit mehreren Beiträgen aus der deutsch-polnischen Geschichte.

HOFFMANN, JOHANNES: Stereotypen, Vorurteile, Völkerbilder in Ost und West – in Wissenschaft und Unterricht: eine Bibliographie (= Studien d. Forschungsstelle Ostmitteleuropa an der Universität Dortmund. Bd. 1). Harrassowitz: Wiesbaden 1986.

JAWORSKI, RUDOLF: Zwischen Polenliebe und Polenschelte. Zu den Wandlungen des deutschen Polenbildes im 19. und 20. Jahrhundert. In: Blick zurück ohne Zorn. Polen und Deutsche in Geschichte und Gegenwart. Hrsg. von Dietrich Beyrau. Tübingen: Attempto 1999, S. 55–70.

KOSMALA, BEATE: Polenbilder in Deutschland seit 1945. In: Informationen zur politischen Bildung (Heft 271) 2006, S. 36–42.
Internet: http://www.bpb.de/publikationen/8D8FDB,0,0,Polenbilder_in_Deutschland_seit_1945.html

LEUERER, THOMAS: ›…wird der Pole dem Deutschen nie Bruder sein? …‹. Stereotypen und Vorurteile als Konstanten der gegenseitigen deutsch-polnischen Wahrnehmung? In: Thomas Goll (Hrsg.): Polen und Deutschland nach der EU-Osterweiterung. Baden-Baden: Nomos 2005, S. 31–48.

MÖLLENBECK, THORSTEN: Das polnische Deutschlandbild: ›Gretchenfrage‹ im politischen Diskurs der neunziger Jahre. In: Herausforderung Osteuropa. Die Offenlegung stereotyper Bilder. Hrsg. von Thede Kahl u. a. Wien; München: Verlag für Geschichte und Politik: Oldenbourg 2004, S. 42–68.

MYTHEN UND STEREOTYPEN AUF BEIDEN SEITEN DER ODER. Hrsg. i. A. der Guardini Stiftung und der Hans Werner Richter-Stiftung v. Hans Dieter Zimmermann (= Schriftenreihe des Forum Guardini. Bd. 9). Berlin Dreieckverlag 2000.

ORŁOWSKI, HUBERT: Stereotype der ›langen Dauer‹ und Prozesse der Nationenbildung. In: Deutsche und Polen. Geschichte – Kultur – Politik. Hrsg. v. Andreas Lawaty und Hubert Orłowski. München: Beck 2003, S. 269–279.

PLEITNER, BERIT: So steht der Deutsche zum Polen. Zur Funktion von Stereotypen in Nationalbildungsprozessen am Beispiel des Polenbildes in den Grenzboten 1849–1862.
Internet: http://docserver.bis.uni-oldenburg.de/publikationen/bisverlag/unireden/2000/ur101/pdf/pleitn.pdf

RUDOLPH, ANDREA; SCHOLZ, UTE (Hrsg.): Ein weiter Mantel. Polenbilder in Gesellschaft, Politik und Dichtung (= Kulturwissenschaftliche Beiträge: Quellen und Forschungen. Bd. 1). Dettelbach: Röll 2002.

ZITZEWITZ, HASSO VON: Das deutsche Polenbild in der Geschichte: Entstehung – Einflüsse – Auswirkungen. Köln: Böhlau 1991.

ZWEI EUROPAS. Jugendliche in Polen und in Deutschland an der Jahrhundertwende. Bd. 1.: Der Stammesfeind und der globale Kumpel. Ein Porträt der jungen Polen. Hrsg. von Barbara Fatyga, Katarzyna Górniak. Warschau: Toret 2000. Bd. 2: Gleich oder gleichgültig? Jugendliche in Deutschland. Ergebnisse der qualitativen Phase einer vergleichenden deutsch-polnischen Jugendstudie. Hrsg. von Bernadette Jonda, Gudrun Bohlender, Ingrun Führlich. Mainz – Potsdam – Warschau: Deutsch-Polnisches Jugendwerk 2001.

ŻYLIŃSKI, LESZEK: Typisch deutsch? Zwischen Selbst- und Fremdbild. In: Deutsche und Polen. Geschichte – Kultur – Politik. Hrsg. v. Andreas Lawaty und Hubert Orłowski. München: Beck 2003, S. 288–304.

INTERNETHINWEIS:
http://www.dpg-brandenburg.de/transodra_main.htm
Homepage der Deutsch-Polnischen Gesellschaft Brandenburg und des Deutsch-Polnischen Journalistenclubs: ›Unter Stereotypen‹, u. a. mit Recherchemöglichkeiten in der Zeitschrift ›Transodra‹ mit zahlreichen Beiträgen zum Thema Stereotype.

ZEITTAFEL

966	Taufe des Piastenfürsten Mieszko I. und damit Beginn der Christianisierung und der Staatlichkeit Polens
1000	Gründung des Erzbistums Gnesen. Treffen von Bolesław I. Chrobry (der Tapfere) mit Kaiser Otto III. in Gnesen unter dem Leitgedanken einer Renovatio Imperii
1025	Nach der Eroberung von Pomerellen, Schlesien, Krakau und der Oberlausitz krönt sich Bolesław I. Chrobry mit dem Segen des Papstes zum ersten polnischen König.
1138–1305	Aufspaltung des Landes in Teilfürstentümer
13. Jahrhundert:	Beginn der Ostsiedlung in den polnischen Territorien
1226	Fürst Konrad von Masowien ruft für den Kampf gegen die heidnischen Prußen den Deutschen Orden zu Hilfe. Als Gegenleistung erhalten die Ritter das Kulmer Land.
1241	Ein deutsch-polnisches Heer stoppt die Mongolen bei Liegnitz.
1308	Der Deutsche Orden erweitert sein Machtgebiet an der östlichen Ostsee, auch Danzig gehört jetzt zu seinem Herrschaftsbereich. Beginn der kriegerischen Auseinandersetzungen zwischen Polen und dem Deutschen Orden
1333–1370	Kazimierz III. Wielki (der Große) konsolidiert das Königreich Polen, er gründet Städte und öffnet das Land für die in Westeuropa verfolgten Juden. Unter seiner Regierung wird 1364 die Universität Krakau gegründet; mit seinem Tod erlischt die Dynastie der Piasten.
1348	Kazimierz III. Wielki erkennt offiziell die böhmische Herrschaft über Schlesien an.
1386	Der litauische Großfürst Jogaila lässt sich und sein Volk taufen, um als Władysław Jagiełło die polnische Thronerbin Jadwiga heiraten zu können. Die Personalunion Polens und Litauens wird begründet.
1410	In der Schlacht bei Tannenberg/Grunwald wird der Deutsche Orden von einem polnisch-litauischen Heer geschlagen.
1466	Im Zweiten Frieden von Thorn muss der Deutsche Orden dem polnischen König Westpreußen und das Ermland abtreten (›Königliches Preußen‹). Danzig kommt, mit großen Privilegien versehen, unter die Herrschaft der polnischen Krone.
Mitte des 15. Jahrhunderts:	Das Reich der Jagiellonen reicht von der Ostsee bis zum Schwarzen Meer.
1505	Der Adel kann seine Rechte auf Kosten des Königs erheblich ausweiten. Begründung einer ›Adelsdemokratie‹ in Polen und Beginn des ›Goldenen Zeitalters‹ (1505–1572)
1525	Der Deutsche Orden in Preußen löst sich auf; sein Restgebiet wird als Herzogtum Preußen polnisches Lehen.

ZEITTAFEL

1569	Umwandlung der polnisch-litauischen Personal- in eine Realunion als Ergebnis des dreijährigen Sejms zu Lublin (Lubliner Union)
1572	Der Tod König Zygmunts II. August bedeutet das Ende des ›Goldenen Zeitalters‹ sowie das Erlöschen der Dynastie der Jagiellonen auf dem polnischen Thron. Das Wahlkönigtum wird eingeführt.
1572–1795	Ausländische und polnische Könige wechseln sich auf dem polnischen Thron ab. Die Geschicke des Landes werden zunehmend von polnischen Magnatenfamilien bestimmt, die oft nur ihre eigenen Interessen verfolgen.
1648	Kosakenaufstand gegen Polen unter Chmielnickij in der Ukraine
1655–1660	Kriege Polens gegen Schweden und Russland
1683	Unter Führung des polnischen Königs Jan III. Sobieski siegen Truppen Polens und deutscher Staaten gegen die Türken vor Wien.
1697–1763	Mit August II. dem Starken und August III. regieren in Polen zwei sächsische Könige.
1700–1721	Großer Nordischer Krieg. Russland hilft Polen gegen die Schweden und gewinnt entscheidenden Einfluss auf die Geschicke des Landes.
1772	Bei der Ersten Teilung Polens fällt ein Drittel des Landes an die drei Nachbarn Preußen, Russland und Österreich.
1791	Aufgeklärte Kreise um König Stanisław August Poniatowski versuchen das Land durch Reformen zu retten. Der Vierjährige Sejm beschließt die ›Verfassung vom 3. Mai‹, die erste geschriebene Verfassung Europas.
1793	Zweite Teilung Polens. Weitere Gebiete des Landes fallen an Preußen und Russland.
1794	Ein Aufstand im russischen Teilungsgebiet unter Führung des Freiheitskämpfers Tadeusz Kościuszko wird niedergeschlagen.
1795	Durch die Dritte Teilung wird das Land endgültig unter den drei Großmächten aufgeteilt und Polen verschwindet als eigenständiger Staat bis 1918 von der europäischen Landkarte.
1807	Gründung des halbsouveränen Herzogtums Warschau durch Napoleon
1815	Auf dem Wiener Kongress wird entschieden, das Herzogtum Warschau in ein ›Königreich Polen‹ (auch ›Kongresspolen‹ genannt) unter der Krone des russischen Zaren zu verwandeln, der zugleich König von Polen wird.
1830/31	Der ›Novemberaufstand‹ gegen die Zarenherrschaft wird niedergeschlagen. Beginn der ›Großen Emigration‹. Zeit der liberalen deutschen Polenbegeisterung

1846	Aufstand und Bauernunruhen in Galizien
1848	Unruhen im preußischen und österreichischen Teilungsgebiet (›Völkerfrühling‹)
1863/64	Der ›Januaraufstand‹ im russischen Teilungsgebiet wird niedergeschlagen.
1871	Nach der Reichsgründung zunehmende Germanisierung im preußischen Teilungsgebiet
1901–1906	Schulstreiks in Wreschen und an anderen Orten wegen des Verbots der polnischen Sprache im Schulunterricht
1916	Proklamation eines ›Königreiches Polen‹ durch die Mittelmächte (5. November)
1918	Nach der Niederlage aller ehemaligen Teilungsmächte im Ersten Weltkrieg ist der Weg zur Wiedererstehung eines unabhängigen polnischen Staates frei. Am 11. November übernimmt Józef Piłsudski in Warschau die Macht und wird am 22. November ›Vorläufiger Staatschef‹ (bis 1922). Staatsform und Grenzen sind noch nicht festgelegt.
1918/19	Siegreicher polnischer Aufstand in Posen. Kampf um den Verlauf der polnischen Westgrenze, die 1919 im Versailler Vertrag festgelegt wird: Ein Großteil der Provinzen Posen und Westpreußen kommt zu Polen.
1919–1921	Krieg zwischen Polen und Sowjetrussland. Polen besetzt Gebiete, die vor den Teilungen zur polnisch-litauischen Adelsrepublik gehörten (Teile der Ukraine, Weißrusslands und Litauens). Am 15. August 1920 schlägt Polen die Offensive der Roten Armee vor Warschau zurück (›Wunder an der Weichsel‹).
1919–1921	Drei polnische Aufstände in Oberschlesien und Volksabstimmung über die staatliche Zugehörigkeit (40,4 Prozent für Polen, 59,6 Prozent für das Deutsche Reich). Durch Entscheidung der Botschafterkonferenz der Alliierten wird Oberschlesien geteilt, ein Viertel des Abstimmungsgebietes mit 42,5 Prozent der Bevölkerung und den wichtigsten Bodenschätzen kommt zu Polen.
1921	Am 17. März wird die Verfassung der Zweiten Polnischen Republik verabschiedet, am 18. März im Friedensvertrag von Riga die polnisch-sowjetische Grenze festgelegt.
1926	Nach dem gewaltsamen Sturz der Regierung durch Anhänger von Marschall Piłsudski nimmt das demokratische System autoritäre Züge an.
1934	Abschluss eines deutsch-polnischen Nichtangriffspaktes, der 1939 von Hitler aufgekündigt wird
1939	23. August: Hitler-Stalin-Pakt über die restlose Aufteilung Polens. Am 1. September überfällt die deutsche Wehrmacht Polen; der Zweite Weltkrieg beginnt. Am 17. September marschiert die Rote Armee in Polen ein. Die westlichen Gebiete Polens werden an das Deutsche Reich angegliedert, die östlichen Landesteile in die Sowjetunion inkorporiert. Das restliche Gebiet wird zum ›Generalgouvernement‹ unter deutscher Besatzung. Bildung

einer Exilregierung unter General Władysław Sikorski und Entstehung einer Untergrundarmee (Armia Krajowa)

1943 Der Aufstand im Warschauer Ghetto (19. April–16. Mai) wird von den Deutschen niedergeschlagen.

1944 Am 22. Juli wird in Chełm ein in Moskau vorbereitetes ›Komitee zur nationalen Befreiung‹ als eine von Kommunisten dominierte Parallelregierung gebildet. Am 1. August beginnt der Warschauer Aufstand gegen die deutschen Besatzer; die Rote Armee schaut tatenlos zu. Nach der Kapitulation am 2. Oktober vertreiben die Deutschen die Bevölkerung und zerstören Warschau fast vollständig.

1945 Konferenzen in Jalta und Potsdam. Verschiebung Polens nach Westen. Deutschland verliert die Gebiete östlich von Oder und Lausitzer Neiße. Der östliche Teil Polens fällt an die Sowjetunion.

1945–48 Vertreibung und Zwangsumsiedlung von Millionen Deutschen, Polen und Ukrainern

1948 Ausschaltung jeglicher Opposition, politische Unterdrückung und Etablierung einer kommunistischen Herrschaft stalinistischer Prägung. Entmachtung der sog. Nationalkommunisten um Władysław Gomułka

1950 Görlitzer Vertrag zwischen der DDR und Polen (gegenseitige Anerkennung der Grenze)

1956 Arbeiteraufstand in Posen im Juni. Im Oktober wird Gomułka zum Ersten Sekretär der kommunistischen Partei (PVAP) gewählt, Propagierung eines ›polnischen Wegs zum Sozialismus‹. Größere Freiräume für Kultur, Literatur und katholische Kirche, die allerdings später wieder eingeengt werden

1963 Handelsabkommen zwischen Polen und der Bundesrepublik Deutschland, Errichtung von Handelsmissionen in Warschau und Köln

1965 Ostdenkschrift der Evangelischen Kirche Deutschlands (EKD) und Briefwechsel der katholischen Bischöfe Polens und Deutschlands

1968 Studentenproteste nach der Absetzung des polnischen Nationaldramas von Adam Mickiewicz (›Totenfeier‹) unter sowjetischem Druck vom Spielplan des Warschauer Nationaltheaters. Innere Machtkämpfe in der kommunistischen Partei lösen eine antisemitische Kampagne aus, die zur Emigration eines Großteils der in Polen verbliebenen Juden führt.

1970 Der ›Vertrag über die Grundlagen zur Normalisierung der gegenseitigen Beziehungen zwischen der Volksrepublik Polen und der Bundesrepublik Deutschland‹ (Warschauer Vertrag) wird unterzeichnet (7. Dezember). Wenige Tage nach Vertragsunterzeichnung kommt es in den Küstenstädten nach Preiserhöhungen zu gewaltsamen Arbeiterprotesten, die blutig niedergeschlagen werden. Edward Gierek löst Gomułka als Parteichef ab. Versuch, mit westlichen Krediten die Wirtschaft zu modernisieren

ZEITTAFEL

1976 Unruhen aufgrund von angekündigten Preiserhöhungen weiten sich zu Streiks in Radom, Ursus bei Warschau und anderen Städten aus. Gründung des oppositionellen ›Komitees zur Verteidigung der Arbeiter‹ (KOR)

1978 Am 16. Oktober wird der Erzbischof von Krakau, Karol Kardinal Wojtyła, als erster Pole zum Papst gewählt.

1980 Landesweite Streikbewegung, die Ende August zur Entstehung der ›Solidarność‹, der ersten unabhängigen Gewerkschaft in einem kommunistischen Land, führt. Parteichef Gierek tritt zurück.

1981 Verhängung des Kriegsrechts am 13. Dezember durch Partei- und Regierungschef Wojciech Jaruzelski. Die Gewerkschaft Solidarność wird verboten, Tausende von Gewerkschaftern und Oppositionellen werden verhaftet.

1989 Nach dramatischer Zuspitzung der wirtschaftlich-sozialen Lage und Streiks im ganzen Land (1988) kommt es zu Verhandlungen am ›Runden Tisch‹ (Februar bis April), als deren wichtigstes Ergebnis am 4. Juni die ersten ›halbfreien‹ Wahlen zu Sejm und Senat stattfinden. Am 19. Juli wird Wojciech Jaruzelski zum Staatspräsidenten und am 24. August Tadeusz Mazowiecki zum ersten nicht kommunistischen Regierungschef gewählt.

1990 Der ehemalige Arbeiterführer und Friedensnobelpreisträger (1983) Lech Wałęsa wird zum Staatspräsidenten gewählt. 14. November: endgültige Anerkennung von Oder und Neiße als polnische Westgrenze durch den deutsch-polnischen Grenzbestätigungsvertrag

1991 Der deutsch-polnische ›Vertrag über gute Nachbarschaft und freundschaftliche Zusammenarbeit‹ wird am 17. Juni unterzeichnet. Im Herbst finden die ersten völlig freien Parlamentswahlen statt.

1995 19. November: Der Post-Kommunist Aleksander Kwaśniewski gewinnt im zweiten Wahlgang die Präsidentschaftswahlen gegen Lech Wałęsa.

1998 Beginn der offiziellen Beitrittsverhandlungen Polens mit der Europäischen Union

1999 Aufnahme Polens in die NATO

2004 Beitritt Polens zur Europäischen Union am 1. Mai

2005 Am 23. Oktober gewinnt Lech Kaczyński als Kandidat der Partei ›Recht und Gerechtigkeit‹ die Präsidentschaftswahlen.

2006 Der Zwillingsbruder des Staatspräsidenten, Jarosław Kaczyński, wird am 7. Juli zum Ministerpräsidenten gewählt.

GLOSSAR

ADELSREPUBLIK (Rzeczpospolita szlachecka): A. ist seit dem 16. Jahrhundert die Bezeichnung für den polnisch-litauischen Staat. Der Begriff selber ist eine Übersetzung aus dem Lateinischen ›Res publica‹. Erstmalig verwendet wurde er schon zweihundert Jahre zuvor durch den Chronisten Wincenty Kadłubek.

ANDERS-ARMEE Als A.-A. bezeichnet man die polnischen Truppenteile unter dem Oberbefehl von General Władysław Anders (1892–1970), die nach dem deutschen Überfall auf die Sowjetunion infolge des polnisch-sowjetischen Militärabkommens im Juli 1941 aus polnischen Staatsbürgern, die sich in der UdSSR aufhielten, gebildet wurden. Im Laufe des Jahres 1942 wurden die meisten Soldaten und ihre Familienangehörigen über den Iran und den Nahen Osten an die Westfront gebracht, wo sie vor allem in Italien kämpften.

ANTEMURALE CHRISTIANITATIS Als ›Vormauer der Christenheit‹ verstand sich seit dem Mittelalter eine Reihe von Staaten Mittel- und Osteuropas, insbesondere aber Ungarn und Polen. Diese Ideologie der Abwehr der muslimischen Bedrohung durch Mongolen, Tataren oder Türken wurde bereits im 15. Jahrhundert erstmals verwendet. In Bezug auf Polen kam immer stärker der Mythos vom ›auserwählten Volk‹ hinzu. Im Zeitalter der Romantik verband sich vor dem Hintergrund der Teilungen Polens dieser Topos mit anderen wie dem vom ›Christus der Völker‹ zu einer – katholisch geprägten – Überhöhung der eigenen Bedeutung. Das ›Vormauer-Konzept‹ spielte aber auch noch im 20. Jahrhundert im Kampf gegen die von der Sowjetunion verbreitete kommunistische Ideologie eine gewisse Rolle.

AUTOCHTHONE (Alteingesessene): Nicht alle Bevölkerungsteile schlossen sich im 19. und frühen 20. Jahrhundert sogleich einer der aufstrebenden Nationalbewegungen an. Viele Menschen orientierten sich nach wie vor eher an religiösen und lokalen Strukturen oder entwickelten ein vornationales Bewusstsein, mit dem kein eigener Staat verbunden war wie in Masuren, Kaschubien oder Oberschlesien. Die ältere deutsche Wissenschaft hat diese Menschen früher als ›Schwebendes Volkstum‹ bezeichnet. Auf polnischer Seite herrschte dagegen, insbesondere im Zusammenhang mit den Polonisierungsbemühungen nach 1945, eher der Begriff ›A.‹ vor.

BARTOSZEWSKI, WŁADYSŁAW (*1922 in Warschau): B. kämpfte während des Zweiten Weltkriegs im Untergrund und war ein Jahr lang im KZ Auschwitz inhaftiert. Nach 1945 saß er mehrere Jahre in kommunistischen Gefängnissen. Später arbeitete er als Journalist und Historiker und war weiterhin für die Opposition tätig. Nach dem Systemwechsel von 1989 fungierte er mehrfach als Botschafter und polnischer Außenminister. Er gilt als einer der wichtigsten Vorkämpfer der polnisch-deutschen sowie der polnisch-jüdischen Aussöhnung.

BRIEFWECHSEL DER BISCHÖFE Im Zuge der Annäherung zwischen der westdeutschen und der polnischen Gesellschaft schickten die polnischen katholischen Bischöfe am 18. November 1965 einen Hirtenbrief an ihre deutschen Amtsbrüder, in dem sie angesichts der Erfahrungen der Vergangenheit unter anderem die Formulierung ›wir vergeben und bitten um Vergebung‹ gebrauchten. Die Reaktion der deutschen Bischöfe fiel zurückhaltend aus und die kommunistische Führung Polens verstärkte in der Folge ihre massive Kampagne gegen die katholische Kirche.

CHMELNICKIJ, BOHDAN (um 1595–1657): C. war der Anführer des Kosakenaufstandes von 1648/49 gegen die polnische Herrschaft, der nicht nur viele Adlige, sondern auch über 100 000 Juden ihr Leben kostete. Nach dem Sieg gegen die Polen suchte er die Annäherung an Moskau. Bis heute gilt er als Vorkämpfer der ukrainischen Nation.

DANZIGER ABKOMMEN Das D. A. zwischen den Staats- und Parteiorganen der Volksrepublik Polen und dem Überbetrieblichen Streikkomitee Danzig am 31. August 1980 begründete die

Tätigkeit der Unabhängigen Gewerkschaft ›Solidarität‹ in Polen. Als weitere Punkte wurden darin unter anderem die Wiedereinstellung der 1970 und 1976 entlassenen Arbeiter, eine Einschränkung der Zensur sowie wirtschaftliche Forderungen vereinbart. Einen Tag zuvor war ein ähnliches Abkommen in Stettin geschlossen worden.

Deutsch-polnische Städtepartnerschaften

Partnerschaften gibt es mittlerweile über 450. Die ersten schlossen 1972 die Städte Göttingen und Thorn (Toruń) sowie 1976 Bremen und Danzig (Gdańsk), mittlerweile gibt es auch eine Vielzahl von Partnerschaften zwischen kleineren Gemeinden, aber auch Kreis- und Länderpartnerschaften.

Deutsch-polnischer Grenzbestätigungsvertrag

Der G. vom 14. November 1990 besiegelte die im 2+4-Vertrag zwischen den beiden deutschen Staaten und den Alliierten am 12. August 1990 verabredeten Regelungen in Bezug auf die Gültigkeit der Oder-Neiße-Grenze als deutsch-polnische Staatsgrenze sowie den gegenseitigen Verzicht auf territoriale Ansprüche. Damit wurden die Verträge von 1950 und 1970 für Gesamtdeutschland bestätigt.

Deutsch-polnischer Nachbarschaftsvertrag

Der N. vom 17. Juni 1991 bildet die Grundlage des bilateralen Verhältnisses. Er regelt unter anderem die Rechte der deutschen Minderheit in Polen und der in Deutschland lebenden Polen.

Deutsch-polnischer Nichtangriffspakt

Der Vertrag vom 26. Januar 1934, der auf Initiative Hitlers zustande kam, sollte das Verhältnis beider Länder verbessern und auf deutscher Seite eine etwaige Zusammenarbeit mit Polen im Kampf gegen die Sowjetunion vorbereiten helfen. Beide Seiten verstanden den Vertrag eher als Atempause denn als echtes Schutzbündnis. Die militärischen Rüstungen wurden weiter vorangetrieben. Am 28. April 1939 wurde der Pakt von Deutschland aufgekündigt.

Deutsch-Polnisches Jugendwerk

Das DPJW wurde 1991 mit dem Ziel gegründet, den gegenseitigen Jugendaustausch zu verstärken und finanziell besser als zuvor zu begleiten. Zu den Aufgaben gehört auch die Vermittlung von Schulpartnerschaften. Seit der Gründung haben über 1,5 Million Menschen an den Austauschprogrammen teilgenommen.

Deutsche in Polen

Die deutsche Minderheit in Polen umfasst heute zwischen 200 000 und 300 000 Personen. Sie leben vor allem in den Wojwodschaften Oppeln und Schlesien. Ihre beiden größten Organisationen sind die ›Sozial-Kulturelle Gesellschaft der Deutschen im Oppelner Schlesien‹ und die ›Deutsche Gemeinschaft Versöhnung Zukunft‹. Regionale Organisationen existieren auch in anderen Landesteilen. Die Mitgliederschaft ist in der Regel überaltert. Viele Angehörige der Minderheit besitzen sowohl den polnischen wie den deutschen Pass und arbeiten zumindest zeitweise in Deutschland. Teilweise getrennt davon betrachtet werden muss die Schlesische Bewegung, die für eine eigene Nationalität und eigene Minderheitenrechte eintritt. Dank Sonderrechten in der Wahlverfassung ist die deutsche Minderheit auch im polnischen Parlament (Sejm) vertreten und stellt eine Reihe kommunaler Amtsträger.

Deutscher Orden

Der D. O. wurde Ende des 12. Jahrhunderts in Palästina gegründet. Nach dem Scheitern der Kreuzzüge fand er ein neues Betätigungsfeld in Ostmitteleuropa, wohin er 1226 durch Herzog Konrad von Masowien zur ›Heidenbekämpfung‹ gerufen wurde. Im Laufe der Zeit baute er jedoch eigene staatliche Strukturen auf und begann seine Nachbarn zu bekämpfen. 1525 wurde der Ordensstaat nach großen territorialen Verlusten in das weltliche Herzogtum Preußen umgewandelt. Als geistlichen Orden gibt es den Deutschen Orden jedoch bis zum heutigen Tage.

Deutsches Recht (ius teutonicum)

Das D. R. ist eine Sammelbezeichnung verschiedener Rechtsbücher und -systeme, die im Mittelalter entstanden. Dazu gehören neben Rechtsbüchern wie dem Sachsen- und dem Schwabenspiegel insbesondere einzelne Stadtrechte wie etwa die von Magdeburg, Lübeck oder Culm, die auf andere Städte übertragen werden konnten und dadurch im Prozess der Ostsiedlung bis nach Russland hinein eine große Bedeutung erlangten, die stellenweise bis in die Gegenwart anhält.

DISPLACED PERSONS Als D. P. bezeichnete man vor allem unmittelbar nach 1945 alle Zivilisten, die sich kriegsbedingt außerhalb der Grenzen ihres Heimatstaates befanden und die aus unterschiedlichen Gründen nicht in ihre Heimat zurückkehren konnten oder wollten. Besonders betroffen waren ehemalige polnische Staatsbürger, insbesondere jüdische Holocaust-Überlebende, von denen bis Anfang der 1950er-Jahre Hunderttausende in Lagern in Deutschland und Österreich lebten, bevor sie in andere Staaten ausreisen konnten.

DMOWSKI, ROMAN (*1864 bei Warschau, †1939 in Drozdowo bei Łomża): D. war ein polnischer Politiker und führender Vertreter der nationaldemokratischen Bewegung (›Endecja‹). Aufgewachsen im russischen Teilungsgebiet setzte er zeitweise auf eine enge Zusammenarbeit mit dem zaristischen Reich, in dessen Parlament er von 1907 bis 1909 saß. In seinem von der Zielvorstellung eines ethnisch und religiös einheitlichen polnischen Staates in sicheren Grenzen geprägten Weltbild betrachtete er Preußen bzw. Deutschland aufgrund dessen effektiver Entpolonisierungspolitik und höherer Kultur als den im Vergleich zu Russland gefährlicheren Gegner. Bei den Versailler Friedensverhandlungen 1919 wirkte er auf polnischer Seite an führender Stelle mit, konnte seine territorialen Vorstellungen jedoch nur teilweise durchsetzen. In der Zwischenkriegszeit blieb er der wichtigste Gegenspieler → Józef Piłsudskis, ohne dass er größeren Einfluss auf die staatlichen Belange nehmen konnte.

DRZYMAŁA, MICHAŁ (*1856 in Grätz, †1937 in Grabówka): D. war ein großpolnischer Bauer, der nach der Verweigerung eines Hausbaus durch die preußischen Behörden in den Jahren 1906 bis 1909 aus Protest in einem Zirkuswagen lebte. Er wurde dadurch zum Symbol des Kampfes gegen die Germanisierungspolitik, später lebte er in Galizien.

EXILREGIERUNG IM ZWEITEN WELTKRIEG Nach dem deutschen Überfall auf Polen und dem anschließenden Einmarsch der Roten Armee in den Osten des Landes floh eine Reihe polnischer Spitzenpolitiker über Rumänien und Ungarn nach Frankreich. In Paris bildete sich daraufhin eine überparteiliche Regierung, an deren Spitze seit dem 30.9.1939 General Władysław Sikorski (1881–1943) stand, der in der Zwischenkriegszeit zur demokratischen Opposition gegen → Piłsudski gehört hatte. Sikorski, der auf ein enges Bündnis mit Frankreich setzte, hatte viele Widersacher innerhalb der politischen Emigration, die sich dem Erbe Piłsudskis weiterhin verpflichtet fühlten. Nach der raschen Besetzung Frankreichs 1940 floh die Regierung nach London, wo ihr Einfluss auf die internationale Politik in den folgenden Jahren immer mehr zurückging. Sikorski selbst kam bei einem bis heute nicht aufgeklärten Flugzeugunglück vor Gibraltar am 4. Juli 1943 ums Leben. Maßgebliche Figur bis Kriegsende wurde nun der Bauernpolitiker Stanisław Mikołajczyk (1901–1966), der jedoch nicht verhindern konnte, dass die von Moskau gesteuerte neue Führung des Landes die Fäden immer mehr in die Hand bekam.

FRANK, HANS (*1900 in Karlsruhe †1946 in Nürnberg): F. schloss sich bereits unmittelbar nach dem Ersten Weltkrieg der nationalsozialistischen Bewegung an. In vielerlei Funktionen fungierte er ab 1933 als einer der Vorzeigejuristen des Dritten Reiches sowie bis 1939 als Reichsjustizminister. Im Oktober 1939 wurde er zum Chef des Generalgouvernements ernannt und nahm seinen Sitz auf der Krakauer Königsburg Wawel. Als einer der Hauptverantwortlichen für NS-

Terror und Judenmord wurde er im Nürnberger Kriegsverbrecherprozess 1946 zum Tode verurteilt und hingerichtet.

GIEREK, EDWARD (*1913 bei Sosnowiec, †2001 in Teschen): G. war ein polnischer kommunistischer Politiker. Er wuchs in Frankreich auf und arbeitete von 1937 bis 1948 in Belgien, bevor er nach Polen zurückkehrte. Rasch machte er Karriere in der Polnischen Vereinigten Arbeiterpartei (PVAP), deren Zentralkomitee er bereits seit 1954 und deren Politbüro er seit 1959 angehörte. Als Wojewodschaftssekretär in Kattowitz baute er sich ein regionales Machtzentrum auf, das ihn 1970 dazu prädestinierte, Nachfolger →Władysław Gomułkas als Parteichef zu werden. Während seiner Amtszeit versuchte Gierek die polnische Wirtschaft zu modernisieren und den Lebensstandard der Bevölkerung zu verbessern, ohne den politischen Druck zu lockern. Das Scheitern dieser Politik und die hohe Verschuldung Polens bereiteten den Weg für die Gewerkschaft →›Solidarność‹, nach deren Entstehen 1980 er gestürzt und nach Verhängung des Kriegszustandes am 13. Dezember 1981 sogar kurzzeitig interniert wurde. Dennoch blieb die Gierek-Ära bis heute bei vielen Polen wegen des relativen Wohlstandes in positiver Erinnerung.

GNESENER TREFFEN Das G. T. fand am 7. März des Jahres 1000 in der damaligen Hauptstadt des Polanenstaates statt. Kaiser Otto III. hatte sich zu einer Wallfahrt zum Grab seines kurz zuvor von den Heiden ermordeten Freundes Adalbert aufgemacht und traf sich dort mit dem Polanen-Herzog Bolesław Chrobry (der Tapfere, 966–1025). Diesem setzte er bei diesem Anlass ein Diadem auf den Kopf und bezog ihn in sein Herrschaftskonzept (renovatio imperii) mit ein. Zugleich entstand das unabhängige Erzbistum Gnesen mit drei Suffraganbistümern. Heute wird die Begegnung oft als erstes deutsch-polnisches Bündnis interpretiert, was den historischen Realitäten nur bedingt entspricht.

GÖRLITZER ABKOMMEN Im G. A. vom 6. Juli 1950 erkannte die DDR die Oder-Neiße-Grenze an. Kleinere Grenzstreitigkeiten wurden dabei ausgeklammert. Der Vertrag beendete eine Phase interner Debatten innerhalb der SED über die Grenzfrage.

GOMUŁKA, WŁADYSŁAW (*1905 in Krosno, †1982 in Warschau): G. kämpfte als aktiver Kommunist im Zweiten Weltkrieg im Untergrund gegen die deutschen Besatzer und stieg dabei zum Generalsekretär der kommunistischen Partei auf. Nach 1945 war er bis zu seinem Sturz Ende 1948 der maßgebliche Politiker Polens. In der Zeit des Stalinismus unter Hausarrest gestellt, kehrte er im Oktober 1956 im Triumph an die Macht zurück. Als Vertreter einer Art Nationalkommunismus blieb er bis 1970 im Amt. Als Folge der Arbeiterunruhen an der Ostseeküste im Dezember 1970 wurde er zum Rücktritt gezwungen.

HEIMATARMEE Die H. war der Zusammenschluss verschiedener militärischer Gruppierungen in Polen seit dem Februar 1942. Insgesamt kämpften bis zu 400 000 Soldaten in ihren Reihen. Die angestrebte enge Verbindung zur Exilregierung kam nicht immer zustande. Kommunistische und nationalistische Organisationen schlossen sich ihr nicht an. Im Januar 1945 wurde sie von ihrem Befehlshaber aufgelöst, ein Teil der Einheiten kämpfte jedoch im Untergrund gegen die Rote Armee weiter.

JAGIELLONEN Die J. waren die auf den Litauerfürsten Władysław Jagiełło (ca. 1351–1434) und seine polnische Frau Jadwiga zurückgehende regierende Dynastie Polens zwischen 1386 und 1572, die zeitweise auch in Böhmen und Ungarn herrschte. In diesen zwei Jahrhunderten erlebte das neu entstandene Reich eine große territoriale Ausbreitung insbesondere in Richtung Osten und Süden. Nach dem Tode des letzten Königs Zygmunt II. August (1520–1572) vollzog sich der Übergang zu einer Wahlmonarchie.

JAN III. SOBIESKI (1629–1696): Nach einer rasanten militärischen Karriere, während der er in den 1660er- und frühen 1670er-Jahren erfolgreich gegen Tataren und Türken kämpfte, wurde er 1674 zum König gewählt. Sein Name ist eng mit der Abwehr der Türken vor Wien durch die siegreiche Schlacht am Kahlen Berg 1683 verbunden, als das polnische Entsatzheer entscheidende Hilfestellung leistete. Im Inneren gelang ihm eine vorübergehende Stärkung der königlichen Macht, wohingegen alle Versuche scheiterten, eine Erblichkeit der Krone zu erreichen.

Januaraufstand Ohne größere militärische Vorbereitung brach am 22. Januar 1863 ein Aufstand gegen die Russen aus. Auch wenn sich an ihm etwa 200 000 Freiwillige beteiligten, war die russische Herrschaft nicht wirklich gefährdet. Die Repressionen nach der Niederschlagung waren noch massiver als 1831, etwa 40 000 Menschen wurden nach dem endgültigen Scheitern im Frühjahr 1864 nach Sibirien deportiert, der Adel endgültig seiner prägenden Rolle beraubt, die Reste der Autonomie des Königreichs Polen wurden aufgehoben.

Jaruzelski, Wojciech (*1923 in Kurów bei Puławy): J. stammte aus einer Familie adliger Herkunft, die 1940 nach Sibirien deportiert wurde, wo sein Vater starb. Er absolvierte eine Offiziersausbildung und kämpfte in der kommunistischen polnischen Armee auf ihrem Weg bis nach Berlin. Nach 1945 kam zur Militär- die Parteikarriere hinzu. 1956 wurde er zum General ernannt, seit 1964 gehörte er dem Zentralkomitee der kommunistischen Partei an. Zwischen 1968 und 1983 war er Verteidigungsminister, 1981 wurde er Ministerpräsident und Parteichef. Am 13. Dezember dieses Jahres rief er den Kriegszustand aus und unterdrückte die Opposition. 1989 plädierte er für die Gespräche am Runden Tisch. Von Juli 1989 bis Januar 1990 war er Staatspräsident.

Jedwabne J. ist eine Kleinstadt im Nordosten Polens. Nach dem Einmarsch deutscher Truppen wurden dort am 10. Juli 1941 die dort lebenden Juden unter tätiger Mitwirkung der lokalen Bevölkerung auf dem Marktplatz zusammengetrieben. Ein Teil von ihnen – neuere Untersuchungen gehen von 300–400 aus – wurde anschließend entweder erschossen oder in eine Scheune am Stadtrand gebracht, die man anzündete. Nachdem der polnisch-amerikanische Historiker Jan T. Gross diese Ereignisse im Jahre 2000 wieder entdeckte, entwickelte sich die bisher heftigste geschichtspolitische Debatte in Polen zur Frage des Verhaltens der Polen gegenüber den Juden im Zweiten Weltkrieg.

Katyń K. ist eine Ortschaft in der Nähe von Smolensk in Russland. In den Wäldern der Umgebung wurden im April und Mai 1940 ungefähr 4400 gefangen gehaltene polnische Offiziere auf Befehl des Politbüros der KPdSU ermordet. Nach der Entdeckung des Verbrechens durch die vorrückende deutsche Wehrmacht im Jahre 1941 entbrannte ein Propagandakrieg um die Täterschaft. Erst im Jahre 1990 bekannte sich Russland offiziell zur Schuld. Ähnliche Massenhinrichtungen gab es auch an anderen Orten. Katyń wurde zum Symbol der sowjetischen Verbrechen an Polen im Zweiten Weltkrieg.

Kniefall von Warschau Damit wird die spontane Geste Bundeskanzler Willy Brandts bei seinem Polenbesuch im Dezember 1970 bezeichnet, als dieser vor dem Denkmal für die Kämpfer des Aufstandes im Warschauer Ghetto niederkniete. Besonders gewürdigt wurde die Tatsache, dass der Antifaschist Brandt diesen Schritt stellvertretend für das deutsche Volk vollzog.

Königreich Galizien und Lodomerien Dieser Name war die offizielle Bezeichnung für das österreichische Teilungsgebiet seit dem Ende des 18. Jahrhunderts. Er geht auf die mittelalterlichen Fürstentümer Halyč und Volodymyr zurück. Hauptstadt war Lemberg. Seit der Mitte des 19. Jahrhunderts entwickelte sich Galizien infolge einer weitgehenden politischen Autonomie zum Zentrum der polnischen (und später auch der ukrainischen) Nationalbewegung.

Komitee zur Verteidigung der Arbeiter (KOR) Nach den Streiks und Protesten im Juni 1976 wurde eine Reihe der daran Beteiligten verhaftet, angeklagt und verurteilt. Als Reaktion darauf beschlossen führende Intellektuelle, die bestehende Kluft zur Arbeiterschaft überbrücken zu helfen, indem sie eine Organisation gründeten, die den Verurteilten juristische und materielle Hilfe zukommen lassen sollte. Es handelte sich dabei um die erste offene oppositionelle Organisation in der Volksrepublik, der sich in der Folgezeit einige weitere kleinere Vereinigungen anschlossen. Viele sehen im KOR die Keimzelle der späteren Gewerkschaft ›Solidarność‹. Zu den Gründern gehörten unter anderem Jerzy Andrzejewski, Stanisław Barańczak, Jacek Kuroń, Jan Józef Lipski und Adam Michnik.

KONGRESSPOLEN K. ist die umgangssprachliche Bezeichnung für das russisch besetzte ›Königreich Polen‹, das auf dem Wiener Kongress 1815 aus Teilen des früheren Herzogtums Warschau geschaffen wurde und das in Personalunion mit Russland verbunden wurde. Nach dem →Januaraufstand von 1863/64 führte die verstärkte Russifizierung zur allmählichen offiziellen Verwendung der Bezeichnung ›Weichselland‹ für das Gebiet.

KORFANTY, WOJCIECH (Albert) (*1873 bei Siemianowitz, †1939 in Warschau): K. war ein oberschlesischer Politiker und Freischärler. Vor 1918 dem Preußischen Landtag bzw. dem Deutschen Reichstag angehörend, wurde er nach dem Ersten Weltkrieg zum Anführer der polnisch-oberschlesischen Bewegung, die er in die Schlesischen Aufstände führte, welche mit einem Teilerfolg endeten. 1923 war er kurzzeitig stellvertretender Ministerpräsident, wurde als Christdemokrat ein entschiedener Gegner →Piłsudskis und verbrachte einige Jahre im Exil.

KOŚCIUSZKO, TADEUSZ (*1746 im heutigen Weißrussland, †1817 in Solothurn): K. war ein polnischer Feldherr und Politiker. Zwischen 1776 und 1783 zeichnete er sich als Feldherr im amerikanischen Unabhängigkeitskrieg aus. Im Krieg von 1791/92 kämpfte er auf polnischer Seite gegen die Russen. Nach der Zweiten Teilung Polens führte er den nach ihm benannten Aufstand 1794 an, in dessen Verlauf er gefangen genommen und nach Russland gebracht wurde. Seit 1796 lebte er im Exil und lehnte politische Vereinnahmungen von Frankreich oder Russland ab, die letzten Lebensjahre verbrachte er in der Schweiz.

KRIEGSRECHT Am 13. Dezember 1981 verhängte Staats- und Parteichef →Wojciech Jaruzelski in einer landesweit übertragenen Fernsehansprache das K. über Polen. Mit dieser Maßnahme wurden die Bürgerrechte eingeschränkt, zahlreiche gesellschaftliche Organisationen und Gewerkschaften aufgelöst, die ›Solidarność‹ verboten und etwa 10 000 Menschen verhaftet und interniert. Der neu geschaffene Militärrat zur Nationalen Rettung sollte die Lage im Lande zugunsten der herrschenden kommunistischen Diktatur in den Griff bekommen und die starke Oppositionsbewegung zerschlagen. Der Kriegszustand wurde am 31.12.1982 ausgesetzt und am 22.7.1983 aufgehoben. Die Maßnahme, die General Jaruzelski im Nachhinein mit einer drohenden Intervention des Warschauer Paktes rechtfertigte, war seit Ende 1980 insgeheim vorbereitet worden.

LIBERUM VETO Als L. V. bezeichnet man einen polnischen Verfassungsgrundsatz der Frühen Neuzeit, nach dem es einem einzigen Sejmabgeordneten erlaubt war, nicht nur einen Beschluss des Reichstags zu kippen, sondern alle während des laufenden Reichstags gefassten Beschlüsse. Dieses Prinzip, das für die ›goldene Freiheit‹ des Adels stand, in der Praxis jedoch häufig missbräuchlich eingesetzt wurde, war zwischen 1652 und 1791 gültig und trug zum Bedeutungsverfall Polen-Litauens bei.

MÄRZ 1968 Als Israel im Sechstagekrieg 1967 seine arabischen Nachbarn besiegte, diente dies der Sowjetunion und ihren Verbündeten als Anlass für eine ›antizionistische‹ Propagandaoffensive. Auf besonders fruchtbaren Boden fiel diese Propaganda in Polen, wo nationalistische Kräfte innerhalb der kommunistischen Partei um Innenminister Moczar sie im Kampf um die Macht einsetzten. Die um sich greifende Hysterie, die durch Studentenproteste sowie die Entwicklung in der benachbarten ČSSR (Prager Frühling) noch verstärkt wurde, nutzte ein Teil der Parteiführung und Funktionärselite, um den traditionellen Antisemitismus zu schüren. Zahlreiche Intellektuelle, Wissenschaftler und Politiker jüdischer Herkunft wurden ihrer Posten enthoben und mehr oder weniger offen zur Emigration gedrängt. Etwa 25 000 von ihnen verließen bis 1970 tatsächlich das Land.

MAGNATEN Die M. waren der Teil des polnischen Adels, der aufgrund seiner Vermögensverhältnisse und seines Landbesitzes besonderen Einfluss auf die Geschicke Polens in der Frühen Neuzeit nehmen konnte. Sie besaßen oftmals nicht nur eigene Städte und Armeen, sondern bestimmten vor allem im 17. und 18. Jahrhundert die Innen- und Außenpolitik Polens maßgeblich mit. Zu den wichtigsten Magnatenfamilien zählten die Czartoryskis, Potockis, Branickis oder Koniecpolskis.

MAIVERFASSUNG Die vom Vierjährigen Sejm am 3. Mai 1791 beschlossene M. ist die erste schriftliche Verfassung in Europa. Sie entstand aus dem Geiste der Aufklärung heraus und unter maßgeblichem Einfluss der Ideen Rousseaus infolge der Bemühungen zur Reformierung und Rettung des 1772 erstmals von seinen Nachbarn geteilten Königreichs Polen-Litauen. Die Verfassung hob einige Regelungen der Vergangenheit auf wie das →›Liberum Veto‹ und das Widerstandsrecht des Adels und führte eine Reihe moderner politischer Elemente ein wie das Mehrheitsprinzip. Die Exekutive wurde ebenso gestärkt wie die Rolle der Regierung, der Einfluss von Senat und Landtagen dagegen geschwächt. Eine Erbmonarchie sollte auch den König mächtiger machen. Die bewaffnete Intervention Russlands und des von diesem geförderten reformfeindlichen Lagers der Konföderation von Targowica sowie die beiden folgenden Teilungen des Landes 1793 und 1795 verhinderten die Einführung der Verfassung.

MARIENBURG Die an der Nogat südlich von Danzig gelegene M. ist eines der größten Denkmäler der europäischen Backsteingotik und war seit 1309 Sitz des →Deutschen Ordens. Nach der Niederlage bei Tannenberg konnte sie zwar verteidigt, musste jedoch 1454 verpfändet werden und fiel später an die polnische Krone. Ende des 18. Jahrhunderts begann man unter preußischer Herrschaft mit der Restaurierung, im Zweiten Weltkrieg wurde die Burg zu 60 % zerstört und anschließend teilweise wieder aufgebaut.

MATEJKO, JAN (*1838 in Krakau, †1893 ebenda): M. war der bedeutendste polnische Maler des 19. Jahrhunderts. Aus einer väterlicherseits ursprünglich tschechischen Familie stammend blieb er sein ganzes Leben mit dem damals österreichischen Krakau und seinen Kunsteinrichtungen verbunden. Bis zum heutigen Tage ist er jedem Polen als Historienmaler bekannt, der es dabei ganz im Geiste seiner Zeit mit der historischen Wahrheit nicht allzu genau nahm. Als sein Meisterwerk gilt das 1878 entstandene Gemälde der →Schlacht bei Tannenberg/Grunwald.

MAZOWIECKI, TADEUSZ (*1927 in Płock): M. studierte Jura an der Warschauer Universität und ist seit Mitte der 1950er-Jahre mit verschiedenen Gruppierungen und Zeitschriften der katholischen Laienbewegung verbunden gewesen. Von 1961 bis 1972 gehörte er dem polnischen Parlament an. Seit 1976 bekannte er sich offen zur Opposition und gehörte 1980/81 zu den wichtigsten Beratern der Solidarność. 1989 wurde er erster nicht kommunistischer Ministerpräsident Polens nach dem Zweiten Weltkrieg (bis 1990).

MESSIANISMUS Mit M. bezeichnet man ein geschichtsphilosophisches Modell. In Polen bedeutete es, dass man der eigenen Nation die Rolle einer Erlöserin der Menschheit zuschrieb. Das eng mit dem Geiste der Romantik verbundene Konzept wurde durch die Werke Adam Mickiewiczs, Juliusz Słowackis und Zygmunt Krasińskis populär, hatte seine Anhänger aber auch noch im 20. Jahrhundert.

MICKIEWICZ, ADAM (*1798 bei Nowogródek, †1855 in Konstantinopel): M. ist der polnische Nationaldichter. Neben seiner überragenden Bedeutung für die Literatur der Romantik durch seine Gedichte und Dramen wie ›Dziady‹ (Totenfeier) und ›Pan Tadeusz‹ fungierte er als Idol und Ideengeber vieler Generationen von Polen, u. a. auch durch seine Rolle im Kampf um die Wiederherstellung einer polnischen Staatlichkeit.

NOVEMBERAUFSTAND Aus Unzufriedenheit über die russische Besatzungspolitik brach am 29.11.1830 ein Aufstand in Warschau aus, der bald große Teile Kongresspolens umfasste. Die offizielle Absetzung des Zaren im Januar 1831 löste einen offenen Krieg aus, den die Aufständischen im Oktober 1831 endgültig verloren. Als Konsequenz nahmen die russischen Repressionen weiter zu und große Teile der politischen Eliten gingen ins Exil.

ODER-NEISSE-GRENZE Sie wurde auf der Konferenz von Potsdam am 2. August 1945 von den Alliierten als Grenze zwischen Deutschland und Polen bis zum Abschluss eines Friedensvertrages festgelegt. Für die beiden deutschen Staaten erfolgte die Anerkennung 1950 (→ Görlitzer Vertrag) bzw. 1970 (→ Warschauer Vertrag), für das vereinte Deutschland 1990.

ORGANISCHE ARBEIT Nach dem Scheitern der Aufstände der Jahre 1830/31, 1846, 1848 und 1863/64 begann sich in den polnischen Eliten die Überzeugung durchzusetzen, dass man einen anderen Weg zur Unabhängigkeit und zur ›Rettung der Nation‹ gehen müsse. Vor allem im preußischen, aber auch im österreichischen Teilungsgebiet wollte man nun den legalen, aber mühsamen Prozess einer Modernisierung von Wirtschaft und Gesellschaft einleiten und zugleich das Nationalbewusstsein stärken. Diesen Zielen sollte auch die Gründung verschiedener kultureller und sozialer Einrichtungen dienen.

OSTDENKSCHRIFT DER EVANGELISCHEN KIRCHE DEUTSCHLANDS Die O. vom 1. Oktober 1965, die in den eigenen Reihen heftig umstritten war, öffnete vonseiten der Kirche den Weg für die Aussöhnung mit Polen. Sie forderte zu einem Verzicht auf die Grenzen von 1937 auf und plädierte – unter Erwähnung der Leiden der deutschen Vertriebenen – für die Anerkennung des Heimatrechts der polnischen Bevölkerung in den ehemaligen deutschen Ostgebieten.

OSTSIEDLUNG/OSTKOLONISATION Als O. bezeichnet man einen gesamteuropäischen Migrations- und Kulturtransferprozess, der vom 11. bis 14. Jahrhundert weite Teile Europas erfasste. Im engeren Sinne wird unter ›deutscher Ostsiedlung‹ die Besiedlung, wirtschaftliche und kulturelle Erschließung der Gebiete östlich von Elbe und Saale verstanden, die mit einer rechtlichen Privilegierung der Siedler einherging.

PIASTEN Die P. waren das erste polnische Herrschergeschlecht. Ursprünglich beschränkt auf das heutige Großpolen liegen ihre dynastischen Wurzeln im Dunkel der Geschichte. Der erste historisch belegte Herrscher Mieszko I. (ca. 922–992) schuf Mitte des 10. Jahrhunderts die Grundlagen für den Aufstieg der Familie aus dem Stammesgebiet der Polanen. Sein Sohn Bolesław I. Chrobry (der Tapfere; 966–1025) war der erste König. Die Dynastie starb in der Hauptlinie mit Kazimierz dem Großen (1310–1370) aus, existierte in Nebenlinien in Masowien und Schlesien jedoch bis 1526 bzw. 1675 weiter.

PIASTISCHE UND JAGIELLONISCHE IDEE Bezeichnungen für die beiden Grundkonzepte der geografisch-politischen Entwicklung des polnischen Staates in der Vergangenheit. Die piastische Idee stützt sich auf die gedachten oder realen mittelalterlichen Grenzen Polens, die sich auf westliche Gebiete an Oder, Warthe und Weichsel konzentrierten. Sie wurde Ende des 19. Jahrhunderts von den Nationaldemokraten wieder aufgegriffen und von den Kommunisten nach 1945 übernommen. Die jagiellonische Idee dagegen orientierte sich, maßgeblich propagiert unter anderem von → Józef Piłsudski, an den Grenzen des polnisch-litauischen Staates, der weite Teile der heutigen Staaten Litauen, Weißrussland und Ukraine umfasste.

PIŁSUDSKI, JÓZEF (*1867 bei Wilna, †1935 in Warschau): P. war der wichtigste polnische Politiker der ersten Hälfte des 20. Jahrhunderts. Ursprünglich ein Sozialist, der bewaffnete Anschläge gegen die russischen Besatzer durchführte, stellte er seit 1908 im österreichischen Galizien Kampfeinheiten (›Legionen‹) zusammen, die für die nationale Unabhängigkeit kämpften. Im Ersten Weltkrieg kämpfte er zunächst auf Seiten der Mittelmächte, sagte sich dann aber von ihnen los. 1918 bis 1922 war er Staatsoberhaupt und führte 1920 den erfolgreichen Krieg gegen Sowjetrussland. Aus Ärger über die demokratischen Verhältnisse zog er sich 1923 aus dem öffentlichen Leben zurück, um 1926 gegen die gewählten Organe erfolgreich zu putschen.

POLE-KATHOLIK (poln.: Polak-Katolik): Im Verständnis der polnischen Rechten seit dem Ende des 19. Jahrhunderts wird das Polentum im Allgemeinen mit dem Katholizismus gleichgesetzt. Diese Ideologie entstand als Abgrenzung von den orthodoxen Russen sowie den evangelischen Preußen zur Stärkung der eigenen nationalen Identität, geht von seinen Wurzeln her aber bereits auf die Gegenreformation des 17. Jahrhunderts zurück. Alle nichtkatholischen Polen werden dadurch ebenso ausgegrenzt wie z. B. Angehörige von Minderheiten wie Deutsche, Ukrainer oder Juden.

POLENLIEDER Als nach dem gescheiterten Novemberaufstand 1830/1831 Tausende von Flüchtlingen im Zuge der so genannten ›Großen Emigration‹ aus Polen nach Frankreich zogen, wurden sie auf deutschem Boden größtenteils begeistert begrüßt, sah man in ihnen doch die Vorboten für eigenes nationales Erwachen. Ihnen zu Ehren entstanden vor allem in Südwestdeutschland über 1000 Polenlieder und -gedichte, die die Taten der Emigranten rühmten und Polen hochleben ließen. Zu den bekanntesten Autoren gehörten Ludwig Uhland, August von Platen und Justinus Kerner.

›POLNISCHER KORRIDOR‹ Der P. K. war ein zwischen 30 und 90 Kilometer breites Gebiet, das zwischen dem Ersten und dem Zweiten Weltkrieg zu Polen gehörte und dadurch Ostpreußen von den übrigen Teilen des Deutschen Reichs trennte. Dadurch sollte Polen der Zugang zur Ostsee ermöglicht werden. Der Korridor hatte große wirtschaftliche Bedeutung, weil durch ihn die wichtigsten Süd-Nord-Verbindungen verliefen, an deren Ende in den 1930er-Jahren der Hafen Gdynia (Gdingen) errichtet wurde.

POLNISCHE NATIONALHYMNE Die P. N. seit 1926 ist die so genannte Dąbrowski-Mazurka, ein 1797 im Verlauf der Napoleonischen Kriege von Józef Wybicki verfasstes Kriegslied der polnischen Legionen in Italien und ihres Anführers General Henryk Dąbrowski. Es beginnt mit den sprichwörtlich gewordenen Zeilen ›Noch ist Polen nicht verloren‹.

›POLNISCHE WIRTSCHAFT‹ P. W. ist eines der häufigsten in Deutschland verwendeten Stereotype über Polen. In seiner Entstehungsgeschichte geht es auf das 18. Jahrhundert zurück, als sich der polnisch-litauische Staat im Niedergang befand. Die Urheberschaft wird dem deutschen Völkerkundler und späterem Revolutionär Georg Forster zugeschrieben. Die vermeintliche Unfähigkeit der Polen, ihre eigenen Belange zu verwalten, wurde bis weit ins 20. Jahrhundert hinein zur Rechtfertigung deutscher Besitzansprüche eingesetzt.

POSENER AUFSTAND 1956 Die Unzufriedenheit über die wirtschaftliche und politische Lage in Polen nach Stalins Tod entlud sich ausgehend von der Arbeiterschaft der Cegielski-Werke am 28. Juni 1956 in Massendemonstrationen und daraus resultierend in blutigen Unruhen, die unter Einsatz der Armee niedergeschlagen wurden. Dabei wurden mindestens 73 Personen getötet, Hunderte verhaftet.

PRUSSEN/PRUZZEN Die P. waren ein westbaltischer Volksstamm, der im Gebiet des heutigen Nordpolen und Litauen siedelte. Erstmals erwähnt im 9. Jahrhundert existierten wohl insgesamt 12 Teilstämme. Verschiedene Christianisierungs- und Unterwerfungsversuche scheiterten und erst nach längeren Bemühungen gelang es dem zu diesem Zweck in die Region berufenen →Deutschen Orden, im 13. Jahrhundert die Prußen zu besiegen. Reste der prußischen Kultur und Sprache hielten sich bis ins 18. Jahrhundert.

RAPALLO-KOMPLEX Am 16. April 1922 schlossen das Deutsche Reich und das kommunistische Sowjetrussland in dem italienischen Badeort Rapallo an der Riviera einen Vertrag, der es beiden Ländern ermöglichen sollte, die diplomatische Isolation nach dem Ersten Weltkrieg zu durchbrechen. In Polen wurde der Abschluss mit großer Sorge aufgenommen, fürchtete man doch um die Sicherheit der eigenen Grenzen, die man auf Kosten beider Staaten ausgedehnt hatte. Diese Sorge sollte sich infolge des Ribbentrop-Molotow-Paktes 1939 bestätigen. Die Befürchtung, die beiden großen Nachbarn würden sich auf Kosten Polens arrangieren, hat sich bis zum heutigen Tage gehalten und prägt weite Teile des polnischen politischen Diskurses, zuletzt im Streit um eine deutsch-russische Erdgas-Pipeline.

REPATRIANTEN Unter Repatriierung versteht man die Rückführung von Flüchtlingen, evakuierten und deportierten Personen in ihre Heimat. Auf diese Weise kehrten nach dem Zweiten Weltkrieg etwa 2,4 Millionen Menschen nach Polen zurück, darunter 1,6 Millionen aus Deutschland. Häufig dazu gezählt werden auch diejenigen Polen, die aufgrund von Verträgen zwischen der neuen kommunistischen Führung und den drei Sowjetrepubliken Ukraine, Weißrussland und Litauen die ehemals polnischen Ostgebiete verlassen mussten. Für jene etwa 1,2 Millionen Menschen galt zwar offiziell das Prinzip der Freiwilligkeit, de facto wurden sie jedoch zum Verlassen ihrer Heimat gedrängt oder gezwungen. Die Mehrzahl von ihnen wurde in den ehemaligen deutschen Gebieten angesiedelt. Weitere, kleinere Repatriierungswellen aus der UdSSR folgten in den Jahren 1957 und 1990.

RUHRPOLEN Als R. bezeichnet man gemeinhin diejenigen Industriearbeiter und ihre Familien, die in der zweiten Hälfte des 19. Jahrhunderts im Zuge der Binnenmigration innerhalb des Deutschen Reiches ihre Heimat, meistens das damalige Ostpreußen, verließen, um im boomenden Ruhrgebiet Arbeit zu finden. Vor Ort bildeten sie dann in Städten wie Bochum, Herne oder Gelsenkirchen große Gemeinschaften mit eigenem kulturellem und religiösem Leben. Die meisten von ihnen assimilierten sich im Laufe des 20. Jahrhunderts freiwillig oder unter Zwang an die deutsche Bevölkerung.

RUNDER TISCH Am R. T. verhandelten von Februar bis April 1989 die regierende Polnische Vereinigte Arbeiterpartei mit der ›Solidarność‹ und dem Bürgerkomitee über die politische Zukunft Polens. Als Ergebnis der Gespräche wurde die Solidarność wieder legalisiert, die bürgerlichen Freiheiten erweitert und der Weg für den legalen Übergang des Landes zur Demokratie frei gemacht, der zugleich das Ende der Volksrepublik Polen bedeutete.

SACHSENZEIT Unter S. versteht man die Jahre der Herrschaft der beiden Könige aus dem Hause der Wettiner, Augusts II., des Starken (1670–1733), und Augusts III. (1696–1763), zwischen 1697 und 1763. Im allgemeinen Verständnis wird diese von vielen Kriegen geprägte Epoche für den Niedergang des polnisch-litauischen Reiches verantwortlich gemacht und mit dem angeblichen moralischen Verfall in Verbindung gebracht. Neuere Arbeiten weisen allerdings auch auf die kulturelle Blüte und einige wichtige Reformansätze hin.

SANACJA (›Sanierung‹): S. war der Name des politischen Lagers, das →Józef Piłsudski nach seinem Putsch des Jahres 1926 um sich gruppierte. Ziel war eine ›Gesundung‹ des öffentlichen Lebens unter autoritären Vorzeichen. Nach Piłsudskis Tod 1935 zerfiel das Lager bzw.

näherte sich den Konzepten der Nationaldemokraten (›Endecja‹) an.

SCHULSTREIKS Die preußische Germanisierungspolitik in den besetzten polnischen Gebieten nahm Ende des 19. Jahrhunderts an Schärfe zu und betraf nun vor allem den Kampf gegen die polnische Sprache. Selbst im Religionsunterricht sollte nun Deutsch gesprochen werden. Als Protest dagegen boykottierten Schüler und ihre Eltern in verschiedenen Orten den Unterricht. Am bekanntesten wurde der Schulstreik von Wreschen im Jahre 1901, der zudem ein gerichtliches Nachspiel hatte. Schulstreiks als Mittel im Kampf um eine (Re-)Polonisierung begleiteten auch die Revolution des Jahres 1905 im russischen Teilungsgebiet.

SEJM Der S. ist das polnische Parlament. Es entstand Ende des 15. Jahrhunderts aus regionalen Versammlungen und besteht aus zwei Kammern, dem Abgeordnetenhaus und dem Senat, und trat zunächst alle zwei Jahre für eine gewisse Zeit zusammen. Daneben waren auch außerplanmäßige Reichstage möglich. Der letzte im alten polnisch-litauischen Staat fand 1793 statt. 1919 knüpfte man an die alte Tradition an.

SIENKIEWICZ, HENRYK (*1846 in Wola Okrzejska, †1916 in Vevey/Schweiz): S. war ein polnischer Schriftsteller, 1905 erhielt er den Nobelpreis für Literatur. Neben dem Roman ›Quo Vadis‹, durch den er weltberühmt wurde, schuf er mit seiner bis heute äußerst populären Folge historischer Romane (u. a. ›Mit Feuer und Schwert‹, ›Die Kreuzritter‹ sowie ›Die Sintflut‹) die Grundlage für das in der polnischen Gesellschaft verbreitete Bild vor allem von Preußen und Ukrainern.

STANISŁAW AUGUST PONIATOWSKI (*1732 in Wołczyn heute Weißrussland, †1798 in Sankt Petersburg): S. A. P. war der letzte polnische König. Ursprünglich als Vertrauter seiner ehemaligen Geliebten Katharina II. gewählt, entwickelte er sich bald zum Anhänger weitreichender politischer Reformen, die eine Stärkung Polens zum Ziel hatten. Gleichzeitig wirkte er als bedeutender Förderer von Kunst und Kultur. Nachdem er die →Maiverfassung zunächst unterstützt hatte, schloss er sich 1792 der moskautreuen Konföderation von Targowica an. Nach der Dritten Teilung Polens 1795 musste er dennoch abdanken.

SZLACHTA S. ist die Sammelbezeichnung für den polnischen Adel, der sich im 14./15. Jahrhundert als fest gefügter Stand aus der Ritterschaft herausgebildet hatte. Im Laufe der Zeit entwickelte sich die Gruppe von etwa 10 Prozent der Gesamtbevölkerung immer weiter auseinander. Die meisten Kleinadligen besaßen außer ihren Rechten zur Zeit der Teilungen kaum mehr als gewöhnliche Bauern. Nachdem die Teilungsmächte noch weiter regulierend eingegriffen hatten, hob die Verfassung von 1921 den Adelsstand endgültig auf.

TANNENBERG (poln.: Grunwald): Die Schlacht bei T. ereignete sich am 15. Juli 1410 zwischen einem Heer des →Deutschen Ordens und einer polnisch-litauischen Armee, die von den Vettern Władysław Jagiełło und Witold (litauisch: Vytautas) angeführt wurde. Diese größte Ritterschlacht des Mittelalters endete mit einer verheerenden Niederlage der ›Kreuzritter‹, deren Machtverfall trotz des Versuchs politischer Schadensbegrenzung damit einsetzte. Um diese ›Schmach‹ zu tilgen, bezeichnete die deutsche Militärführung die siegreiche Schlacht im August 1914 in Ostpreußen gegen die Russen mit demselben Namen.

TSCHENSTOCHAU (poln.: Częstochowa): T. ist eine Stadt in Mittelpolen, zwischen Warschau und Oberschlesien gelegen. In ihr befindet sich auf dem ›Hellen Berg‹ das Paulinerkloster, das als der wichtigste Wallfahrtsort Polens gilt. Seine Bedeutung geht zurück auf das mittelalterliche Ikonenbild der ›schwarzen Madonna‹ sowie die militärische Verteidigung des Klosterkomplexes gegen die Schweden im Jahre 1655. Vor allem während der Teilungszeit, aber auch in der Volksrepublik Polen bildete Tschenstochau einen Ort des symbolischen Widerstandes und der besonderen Bewahrung der nationalen Traditionen.

VOLKSABSTIMMUNGEN Der Versailler Vertrag sah vor, dass in einigen Grenzregionen des Deutschen Reiches Plebiszite über deren weitere staatliche Zugehörigkeit durchgeführt werden sollten, wohingegen andere Regionen direkt vom Reich abgetrennt wurden. Neben der deutsch-dänischen Grenzregion waren Oberschlesien und Ostpreußen betroffen. Während Masuren und die Region Marienwerder 1920 zu über 90 % für Deutschland abstimmten, waren die Ergebnisse in Oberschlesien nicht ganz so eindeutig. Es stimmten jedoch auch hier 1921 etwa 60 % für den Verbleib im Reich. Nach drei polnischen Aufständen entschieden die Alliierten jedoch zugunsten einer Aufteilung.

WAŁĘSA, LECH (*1943 in Popowo): W. arbeitete ab 1967 als Elektriker auf der Danziger Lenin-Werft. Beim Arbeiteraufstand im Dezember 1970 gehörte er dem dortigen Streikkomitee an. Als Streikführer des Jahres 1980 wurde er im April 1981 zum Vorsitzenden der Gewerkschaft Solidarność gewählt. Nach Ausrufung des Kriegszustandes wurde er verhaftet und ein Jahr lang interniert. 1982 kehrte er als Arbeiter in die Werft zurück und erhielt 1983 den Friedensnobelpreis. Als De-Facto-Anführer der Opposition nahm er 1989 an den Gesprächen am Runden Tisch teil. Zwischen 1990 und 1995 amtierte er als Staatspräsident Polens.

WARSCHAUER AUFSTAND Am 1. August 1944 um 17 Uhr begann die polnische Untergrundbewegung den Aufstand gegen die deutschen Besatzer in der Hauptstadt. Die Erhebung, die sich militärisch gegen die Deutschen, politisch aber vor allem gegen die vorrückenden Sowjets richtete, war innerhalb der Führung umstritten und sollte lediglich einige Tage dauern, weil man mit dem Rückzug der deutschen Einheiten rechnete. Da Hilfe von außen beinahe vollständig ausblieb und die Deutschen ihre Truppen verstärkten, hatten die etwa 50 000 Kämpfer keine realistische Chance. Dennoch hielten sich die Aufständischen in Teilen Warschaus bis Anfang Oktober. Nach der Kapitulation wurde die überlebende Bevölkerung vertrieben und große Teile der Stadt planmäßig zerstört. Insgesamt kamen beim Aufstand etwa 200 000 Menschen ums Leben, überwiegend Zivilisten.

WARSCHAUER GHETTO Zwischen 1939 und 1941 wurden in verschiedenen besetzten Ländern, vor allem aber in Polen, von der deutschen Militärverwaltung separate Stadtviertel errichtet, in denen die Juden der Umgebung zusammengetrieben wurden. Das neben Lodz größte Ghetto entstand in Warschau. Im Laufe seiner Existenz lebten dort etwa 500 000 Menschen unter menschenunwürdigen Bedingungen. Seit dem Sommer 1942 wurden die Bewohner über den ›Umschlagplatz‹ in die Vernichtungslager deportiert. Angesichts der endgültigen Auflösung begann im April 1943 der bewaffnete Aufstand des jüdischen Widerstandes, der knapp vier Wochen dauerte.

WARSCHAUER VERTRAG Im W. V. vom 7. Dezember 1970 erkannte die Bundesrepublik Deutschland die Oder-Neiße-Grenze an. Gemeinsam mit den Verträgen mit der Sowjetunion, der Tschechoslowakei und der DDR bildete er das Kernstück der ›neuen Ostpolitik‹ der Regierung Brandt/Scheel.

WESTERPLATTE Die W. ist eine Halbinsel in der Danziger Bucht, die in der Zwischenkriegszeit zum Territorium der Freien Stadt Danzig gehörte, zugleich aber Munitionsdepot der polnischen Armee war. Ihre Beschießung durch das deutsche Schulschiff ›Schleswig-Holstein‹ am Morgen des 1. September 1939 gilt gemeinhin als Beginn des Zweiten Weltkriegs. Die militärische Eroberung des Terrains war aber erst etwa eine Woche später abgeschlossen.

WIEDERGEWONNENE GEBIETE Als W. G. bezeichneten die offiziellen polnischen Stellen in Anlehnung an die Herrschaft der Piasten im

Mittelalter die 1945 übernommenen ehemaligen deutschen Ostgebiete, also Pommern, Danzig, Ostpreußen, Ostbrandenburg und Schlesien.

WOJTYŁA, KAROL/PAPST JOHANNES PAUL II. (*1920 in Wadowice, †2005 in Rom): W. wuchs in Kleinpolen auf, 1946 empfing er die Priesterweihe, zuvor hatte er Theologie und Philosophie studiert. 1955 habilitierte er sich an der Katholischen Universität Lublin. 1964 zum Bischof von Krakau berufen, erwies er sich als strikter Gegner des kommunistischen Systems mit großem taktischem Geschick. 1978 wurde er völlig überraschend als erster Nicht-Italiener seit über 500 Jahren und erster Slawe überhaupt zum Papst gewählt. Sein langes Pontifikat war durch entschiedenen Einsatz für die Freiheit, eine Aussöhnung mit dem Judentum und konservative Auffassungen in der kirchlichen Lehre gekennzeichnet.

›WUNDER AN DER WEICHSEL‹ Damit bezeichnet man die überraschende Niederlage der weit nach Westen vorgestoßenen Roten Armee in der Schlacht bei Warschau im August 1920 gegen die polnischen Truppen unter →Piłsudski. Als Gründe hierfür werden im Allgemeinen überdehnte Versorgungswege sowie eine mangelhafte Koordination der sowjetischen Truppenteile genannt.

ZENTRUM GEGEN VERTREIBUNGEN
Die Stiftung wurde im Jahre 2000 auf Initiative des Bundes der Vertriebenen gegründet. Sie hat sich zum Ziel gesetzt, in Berlin einen Ort zu schaffen, an dem des Schicksals der deutschen Vertriebenen nach 1945 vor dem Hintergrund der europäischen Geschichte des 20. Jahrhunderts in musealer Form gedacht werden soll. Das Projekt wurde innerhalb Deutschlands kontrovers diskutiert und von polnischer Seite fast einhellig abgelehnt.

Bearbeitet von Markus Krzoska

Konsonanten, die anders geschrieben oder gesprochen werden als im Deutschen:

c	wie deutsches z oder tz, auch vor k!
cz	stimmlos, wie in Tschechien
ć oder ci	wie s mit einem t davor, weich und vorne gesprochenes tch
ł	mit beiden Lippen gebildet, wie in engl. window
ń oder ni	(j+) weiches n, wie in franz. compagnon, Boulogne
rz oder ż	stimmhaft, wie in franz. gendarme, jardin
s	stimmloses s, wie in dt. Los oder dass
ś oder si	stimmlos, weiter vorne gesprochen als das deutsche sch
sz	stimmlos, wie in Schule
z	stimmhaftes s, wie in dt. Saal, engl. zoo
ź oder zi	stimmhaft, weich und weiter vorne gesprochen als ż

Vokale:
Die polnischen Vokale sind offen und kurz, anders als im Deutschen gibt es im Polnischen keine langen oder geschlossenen Vokale.

a	wie in matt, nicht wie in abends
e	wie in Bett, nicht wie in See oder Tage
i	so hoch wie in nie, aber kürzer, nicht wie in bitte
o	wie in offen, nicht wie in Ton
u	wie in kurz, nicht wie in Uhr
ó	gleich u
y	Diesen Vokal gibt es im Deutschen nicht. Er wird ähnlich gesprochen wie das kurze i in bitte

Es gibt im Polnischen zwei Nasalvokale. Vor vielen Konsonanten werden sie gesprochen wie in franz. son und fin, vor manchen Konsonanten werden sie aber aufgelöst (in Verbindung von o und e mit m oder n) oder ganz entnasaliert.

ą und ę	am Wortende und vor den meisten Konsonanten wie in franz. salon bzw. intérieur
	vor b, p, m wie in Kompott bzw. Dezember
	vor c, ć, cz, d, t wie in Konzert bzw. Sand
	vor g und k wie in engl. monk bzw. dt. denken
	vor l oder ł entnasaliert, wie in offen oder Bett

Vokalverbindungen:
Im Polnischen werden zwei aufeinander folgende Vokale meist getrennt gesprochen. Nur in wenigen Fällen werden sie miteinander verschliffen.

au	a+u (manchmal auch getrennt gesprochen)
ei	e+i wie in engl. way
eu	e+u, nicht wie im Dt. als oi
ie	j+e, wie im Mädchennamen Swantje

Die Wortbetonung:
Im Polnischen wird die vorletzte Silbe betont.

BIBLIOGRAFIE

1. Bibliografien

Lawaty, Andreas; Mincer, Wiesław: Deutsch-polnische Beziehungen in Geschichte und Gegenwart. Bibliographie. 1900–1998. 4 Bde. (= Veröffentlichungen des Deutschen Polen-Instituts Darmstadt. Bd. 14). Wiesbaden: Harrassowitz 2000.

2. Quellensammlungen

Meyer, Enno (Hrsg.): Deutschland und Polen 1772–1970. 2 Bde. (= Quellen und Arbeitshefte zur Geschichte und Gemeinschaftskunde. Bd. 4263). Stuttgart: Klett 1971–1972.

Meyer, Enno: Deutschland und Polen. Eine europäische Nachbarschaft im Zeitalter des Nationalstaatsprinzips (= Tempora. Quellen zur Geschichte und Politik, Sekundarstufe II/Kollegstufe). Stuttgart: Klett Schulbuchverlag 1989.

Pommerin, Rainer; Uhlmann, Manuela (Hrsg.): Quellen zu den deutsch-polnischen Beziehungen. 1815–1991. Darmstadt: Wissenschaftliche Buchgesellschaft 2001.

3. Gesamtdarstellungen

Alexander, Manfred: Kleine Geschichte Polens. Stuttgart: Reclam 2003.

Bingen, Dieter; Loew, Peter Oliver: Polen. Kurze Geschichte einer langen Geschichte. Mit Illustrationen aus der Sammlung Tomasz Niewodniczański. Darmstadt: Justus-von-Liebig 2004.

Borodziej, Włodzimierz; Hahn, Hans-Henning; Kąkolewski, Igor (Hrsg.): Polen und Deutschland. Ein kurzer Leitfaden zur Geschichte ihrer Nachbarschaft. Warszawa: Föderation polnischer Begegnungsstätten 1999.

Davies, Norman: Im Herzen Europas. Geschichte Polens. München: Beck 2000.

Escher, Felix; Vietig, Jürgen: Deutsche und Polen. Eine Chronik. Berlin 2002.
Film: Deutsche und Polen. Eine Chronik (DVD 180 min). 2002. Internet: http://www.deutscheundpolen.de/

Heyde, Jürgen: Geschichte Polens. München: Beck 2005.

Hoensch, Jörg K.: Geschichte Polens. Stuttgart: Ulmer ³1998.

Jaworski, Rudolf; Lübke, Christian; Müller, Michael G.: Eine kleine Geschichte Polens. Frankfurt am Main: Suhrkamp 2000.

Meyer, Enno: Grundzüge der Geschichte Polens. Darmstadt: Wissenschaftliche Buchgesellschaft ³1990.

Polen. Informationen zur politischen Bildung. Hrsg. von der Bundeszentrale für politische Bildung. Nr. 273/2001. Internet: http://www.bpb.de/publikationen/03661851839144570468180428791527,,0,Polen.html

Schmidt-Rösler, Andrea: Polen. Vom Mittelalter bis zur Gegenwart. Regensburg, München: Pustet 1996.

Zernack, Klaus: Polen und Rußland. Zwei Wege in der europäischen Geschichte. Berlin: Propyläen 1994.

4. Einzelne Aspekte, Themen, Epochen

Barbian, Jan-Pieter; Zybura, Marek (Hrsg.): Erlebte Nachbarschaft. Aspekte der deutsch-polnischen Beziehungen im 20. Jahrhundert. Wiesbaden: Harrassowitz 1999.

Bartoszewski, Władysław: Und reiß uns den Hass aus der Seele. Die schwierige Aussöhnung von Polen und Deutschen. Warschau: Deutsch-Polnischer Verlag 2005.

Beyrau, Dietrich (Hrsg.): Blick zurück ohne Zorn. Polen und Deutsche in Geschichte und Gegenwart. Tübingen: Attempto 1999.

Bingen, Dieter: Die Polenpolitik der Bonner Republik von Adenauer bis Kohl 1949–1991. Köln: Nomos 1998.

Bingen, Dieter: Die Republik Polen. Eine kleine politische Landeskunde. München (u. a.): Olzog ²1999.

Borodziej, Włodzimierz: Der Warschauer Aufstand 1944. Frankfurt am Main: Fischer 2001.

Borodziej, Włodzimierz; Ziemer, Klaus (Hrsg.): Deutsch-polnische Beziehungen 1939–1945–1949. Eine Einführung. Osnabrück: Fibre 2000.

Broszat, Martin: Zweihundert Jahre deutsche Polenpolitik. Frankfurt am Main: Suhrkamp ²1972.

Buras, Piotr; Tewes, Henning: Polens Weg. Von der Wende bis zum EU-Beitritt. Stuttgart: Hohenheim 2006.

Deutsch-Polnisches Jugendwerk; Dethlefsen, Knut (Hrsg.): Erinnern und Gedenken. Zur Bedeutung der historisch-politischen Bildung im deutsch-polnischen Jugendaustausch. Potsdam, Warschau: Standruk 2002.

Duchhardt, Heinz; Wachowiak, Bogdan: Um die Souveränität des Herzogtums Preußen. Der Vertrag von Wehlau 1657. Hannover: Hahn 1998.

Feldmann, Eva: Polen: ›Für Eure und unsere Freiheit‹. Zum Verständnis der polnischen Gesellschaft, Kultur und Identität. Frankfurt am Main: IKO – Verlag für Interkulturelle Kommunikation 2000.

Gawin, Izabella; Schulze, Dieter: KulturSchock Polen. Bielefeld: Reise Know-How 2006.

Hahn, Hans-Henning; Müller, Michael G. (Hrsg.): Gesellschaft und Staat in Polen. Historische Aspekte der polnischen Krise. Berlin: Berlin Verlag 1988.

HAUS DER GESCHICHTE DER BUNDESREPUBLIK DEUTSCHLAND (Hrsg.:) Annäherungen. Deutsche und Polen 1945–1995. Begleitbuch zur Ausstellung im Haus der Geschichte, Bonn, 7. März bis 5. Mai 1996. Düsseldorf: Droste 1996.

HELLMANN, MANFRED: Daten der polnischen Geschichte. München: dtv 1985.

HOFFMANN, JOHANNES (Hrsg.): ›Nachbarn sind der Rede wert.‹ Bilder der Deutschen von Polen und der Polen von Deutschen in der Neuzeit. Dortmund: Forschungsstelle Ostmitteleuropa 1997.

HOLZER, JERZY: ›Solidarität‹. Geschichte einer freien Gewerkschaft in Polen. München: Beck 1985.

JÄGER-DABEK, BRIGITTE: Polen. Eine Nachbarschaftskunde für Deutsche und Polen. Berlin ²2006. Auch als Sonderausgabe der Bundeszentrale für politische Bildung: Bonn 2003.

KEIM, WOLFGANG (Hrsg.): Vom Erinnern zum Verstehen. Pädagogische Perspektiven deutsch-polnischer Verständigung. Frankfurt am Main u. a.: Lang 2003.

KEIM, WOLFGANG; MATUSSEK, KLAUS (Hrsg.): Polen – der unbekannte Nachbar. Dimensionen deutsch-polnischer Vergangenheit und Gegenwart. Eine Dokumentation zur Studien- und Gedenkstättenfahrt nach Nordostpolen und Warschau vom 17. bis 27. Oktober 2003. Paderborn: ES Schnelldruck 2005.

KLESSMANN, CHRISTOPH (Hrsg.): September 1939. Krieg, Besatzung, Widerstand in Polen. Göttingen: Vandenhoek und Ruprecht 1989.

KOBYLIŃSKA, EWA; LAWATY, ANDREAS; STEPHAN, RÜDIGER (Hrsg.): Deutsche und Polen. 100 Schlüsselbegriffe. München: Piper ³1992.

KRZEMIŃSKI, ADAM: Deutsch-polnische Verspiegelung: Essays. Wien: Holzhausen 2001.

KRZEMIŃSKI, ADAM: Polen im 20. Jahrhundert. Ein historischer Essay. München: Beck ²1998.

LAWATY, ANDREAS; ORŁOWSKI, HUBERT (Hrsg.): Deutsche und Polen. Geschichte–Kultur–Politik. München: Beck 2003.

LOEW, PETER OLIVER (Hrsg.): Polen denkt Europa. Politische Texte aus zwei Jahrhunderten. Frankfurt am Main: Suhrkamp 2004.

MADAJCZYK, CZESŁAW: Die Okkupationspolitik Nazideutschlands in Polen 1939–45. Berlin: Akademie 1985.

MAIER, ROBERT (Hrsg.): Die Präsenz des Nationalen im (ost)mitteleuropäischen Geschichtsdiskurs. Hannover: Hahn 2002.

MAIER, ROBERT (Hrsg.): Zwischen Zählebigkeit und Zerrinnen. Nationalgeschichte im Schulunterricht in Ostmitteleuropa. Hannover: Hahn 2004.

MAIER, ROBERT; STÖBER, GEORG (Hrsg.): Zwischen Abgrenzung und Assimilation – Deutsche, Polen und Juden. Schauplätze ihres Zusammenlebens von der Zeit der Aufklärung bis zum Beginn des Zweiten Weltkrieges. Hannover: Hahn 1996.

MAIER, ROBERT; STROBEL, THOMAS (Hrsg.): Zwangsmigrationen und die deutsch-polnischen Beziehungen als Forschungsproblem und Unterrichtsgegenstand. Hannover: Hahn 2007.

MARTIN; BERND; STEMPIN, ARKADIUSZ (Hrsg.): Deutschland und Polen in schweren Zeiten 1933–1990. Alte Konflikte – neue Sichtweisen. Freiburg im Breisgau: Rombach 2004.

MEYER, STEFAN: Asche oder Diamant? Polnische Geschichte in den Filmen Andrzej Wajdas. Berlin: Rejs 2000.

MÜLLER, MICHAEL G.: Die Teilungen Polens 1772–1793–1795. München: Beck 1984.

ROGALL, JOACHIM: Leben nach dem Weltuntergang. Die Deutschen im polnischen Staat 1945–1989. Münster: Haus Monsenstein und Vannerdat 2006.

RUCHNIEWICZ, KRZYSZTOF: Zögernde Annäherung. Studien zur Geschichte der deutsch-polnischen Beziehungen im 20. Jahrhundert. Dresden: Thelem 2005.

RUCHNIEWICZ, KRZYSZTOF; ZYBURA, MAREK (Hrsg.): Mein Polen. Deutsche Polenfreunde in Porträts. Dresden: Thelem 2005.

SAMSONWICZ, HENRYK: Polens Platz in Europa. Osnabrück: Fibre 1997.

SCHICH, WINFRIED; STRZELCZYK, JERZY: Slawen und Deutsche an Havel und Spree. Zu den Anfängen der Mark Brandenburg. Hannover: Hahn 1997.

SIELLAWA-KOLBOWSKA, EWA (Hrsg.): Junge Deutsche und junge Polen. Eine Chance für gute Nachbarschaft. Warszawa: Oficyna Naukowa 2006.

STÖBER, GEORG (Hrsg.): ›Polen und Deutschland‹. Internationale Schulbuchforschung 21 (1999) Heft 1.

STÖBER, GEORG (Hrsg.): Der Transformationsprozeß in (Ost-)Deutschland und in Polen. Hannover: Hahn 2003.

STÖBER, GEORG (Hrsg.): Polen, Deutschland und die Osterweiterung der EU aus geographischen Perspektiven. Hannover: Hahn 2002.

STÖBER, GEORG (Hrsg.): Deutschland und Polen als Ostseeanrainer. Hannover: Hahn 2006.

STÖBER, GEORG; MAIER, ROBERT (Hrsg.): Grenzen und Grenzräume in der deutschen und polnischen Geschichte. Scheidelinie oder Begegnungsraum? Hannover: Hahn 2000.

TAZBIR, JANUSZ: Geschichte der polnischen Toleranz. Warszawa: Interpress 1977.

URBAN, THOMAS: Von Krakau bis Danzig: Eine Reise durch die deutsch-polnische Geschichte. München: Beck 2000.

URBAN, THOMAS: Der Verlust. Die Vertreibung der Deutschen und Polen im 20. Jahrhundert. München: Beck 2004. Auch als Sonderausgabe der Bundeszentrale für Politische Bildung: Bonn 2005.

WANCERZ-GLUZA, ALICJA (HRSG.): Grenzerfahrungen. Jugendliche erforschen deutsch-polnische Geschichte. Hamburg: Edition Körber Stiftung 2003.

WEBER, NORBERT H. (HRSG.): Die Oder überqueren. Deutsch-polnische Begegnungen in Geschichte, Kultur und Lebensalltag. Frankfurt am Main: IKO – Verlag für Interkulturelle Kommunikation 1999.

5. DIDAKTISCHE MATERIALIEN

AKADEMIE FÜR LEHRERFORTBILDUNG DILLINGEN/HAUS DES DEUTSCHEN OSTENS MÜNCHEN (HRSG.): Die Deutschen und ihre östlichen Nachbarn. Bd. II.: Deutsche und Polen. Dillingen: Akademie für Lehrerfortbildung 1989.

BECHER, URSULA A.J.; BORODZIEJ, WŁODZIMIERZ; MAIER, ROBERT (HRSG.): Deutschland und Polen im zwanzigsten Jahrhundert. Analysen – Quellen – didaktische Hinweise. Hannover: Hahnsche Buchhandlung 2001. Auch als Ausgabe der Bundeszentrale für politische Bildung: Bonn 2004.

AKADEMIE FÜR LEHRERFORTBILDUNG DILLINGEN U. A. (HRSG.): Danzig – Gdańsk. Deutsch-polnische Geschichte, Politik und Literatur. Dillingen: Akademie für Lehrerfortbildung 1996.

GEORG-ECKERT-INSTITUT FÜR INTERNATIONALE SCHULBUCHFORSCHUNG (HRSG.): Polen. Deutsch-Polnische Beziehungen. Thematische Auswahllisten von Unterrichtsmaterialien. Nr. 23. Braunschweig: 2007. Internet: http://www.gei.de/fileadmin/bilder/pdf/Publikationen/GEI-Publikationen/AWV23_3.pdf
Dieses Auswahlverzeichnis enthält Unterrichtsmaterialien, die unabhängig von den Lehrbüchern als Zusatzliteratur im Unterricht oder für die Unterrichtsplanung verwendet werden können. Ergänzt wird das Verzeichnis durch didaktische Materialien, Hintergrundinformationen und Internethinweise. Aufgenommen wurden Materialien, die seit 1995 erschienen sind.

GESCHICHTE LERNEN. THEMENHEFT POLEN. Heft 102. 17 Jg. Seelze: Friedrich Verlag. 2004.

KNEIP, MATTHIAS; MACK, MANFRED: Polnische Literatur und deutsch-polnische Literaturbeziehungen. Materialien und Kopiervorlagen für den Deutschunterricht. 10.–13. Schuljahr. Berlin: Cornelsen 2003.

PIEL, ALEXANDRA: Menschen und Orte. Polen. Materialien und Unterrichtsprojekte. Mühlheim: Verlag an der Ruhr 2004.

STAATSINSTITUT FÜR SCHULPÄDAGOGIK UND BILDUNGSFORSCHUNG (HRSG.): Ein Jahrtausend Partnerschaft und Konflikt. Teilband I. Bausteine zur Geschichte der Deutschen und ihrer Nachbarn in den ehemals deutschen Siedlungsgebieten im östlichen Europa. Handreichung für den Geschichtsunterricht am Gymnasium. Donauwörth: Auer 2000.

STAATSINSTITUT FÜR SCHULPÄDAGOGIK UND BILDUNGSFORSCHUNG (HRSG.): Ein Jahrtausend Partnerschaft und Konflikt. Teilband II. Deutsche und Polen 1918–1945/46. Bausteine zur Geschichte der Deutschen und ihrer Nachbarn in den ehemals deutschen Siedlungsgebieten im östlichen Europa. Handreichung für den Geschichtsunterricht am Gymnasium. Donauwörth: Auer 2000.

VOLKSBUND DEUTSCHER KRIEGSGRÄBERFÜRSORGE E.V. LANDESVERBAND BAYERN (HRSG.): Deutsche und Polen. Wege zur Versöhnung. Pädagogische Handreichung von Dr. Christine Paschen. München 2005.

6. PERIODIKA, ZEITSCHRIFTEN

AKTUELLE OSTINFORMATIONEN. EREIGNISSE UND ENTWICKLUNGEN. Hrsg. vom Gesamteuropäischen Studienwerk e. V. Vlotho. Internet: http://www.gesw.de/ao.php

DIALOG. DEUTSCH-POLNISCHES MAGAZIN. Hrsg. von der Deutsch-polnischen Gesellschaft Bundesverband e.V. Berlin. Internet: http://www.dialogonline.org/

INTER FINITIMOS. JAHRBUCH ZUR DEUTSCH-POLNISCHEN BEZIEHUNGSGESCHICHTE. Hrsg. von Peter Fischer, Basil Kerski, Markus Krzoska u. a. Osnabrück: Fibre. Internet: http://www.interfinitimos.de/

JAHRBUCH POLEN. HRSG. VOM DEUTSCHEN POLEN-INSTITUT DARMSTADT. WIESBADEN: Harrassowitz. Früherer Titel: Ansichten. Jahrbuch des Deutschen Polen-Instituts. Internet: http://www.deutsches-polen-institut.de/Publikationen/Jahrbuch-Ansichten/index.php

OSTEUROPA. INTERDISZIPLINÄRE MONATSZEITSCHRIFT ZUR ANALYSE VON POLITIK, WIRTSCHAFT UND GESELLSCHAFT, KULTUR UND ZEITGESCHICHTE IN OSTEUROPA, OSTMITTELEUROPA UND SÜDOSTEUROPA. Berlin: Berliner Wissenschaftsverlag. Internet: http://osteuropa.dgo-online.org/frame.html

POLEN-ANALYSEN. Hrsg. vom Deutschen Polen-Institut Darmstadt, der Forschungsstelle Osteuropa der Universität Bremen und der Deutschen Gesellschaft für Osteuropakunde. 2006 f. Nur elektronische Ausgabe als kostenloses Online-Abo. Frühere Ausgaben als pdf-Datei unter www.polen-analysen.de

POLEN UND WIR. ZEITSCHRIFT FÜR DEUTSCH-POLNISCHE VERSTÄNDIGUNG. Hrsg. von der Deutsch-Polnischen Gesellschaft der Bundesrepublik Deutschland e.V. Essen.
Internet: http://www.polen-news.de/puw/puwindex.html

INTERNETRESSOURCEN

http://www.clio-online.de
Fachportal für die Geschichtswissenschaften

http://de.wikipedia.org/wiki/Geschichte_Polens
Darstellung der Geschichte Polens. In der Rubrik ›Diskussion‹ können die Debatten über verschiedene Interpretationen verfolgt werden

http://library.fes.de/library/netzquelle/deutsch-polnisch/index.html
Portal der Friedrich-Ebert-Stiftung zu deutsch-polnischen Beziehungen mit zahlreichen als download verfügbaren Materialien

http://www.auswaertiges-amt.de/diplo/de/Europa/DeutschlandInEuropa/BilateraleBeziehungen/Polen/DePlStart.html
Die deutsch-polnische Zusammenarbeit. Gemeinsame Website des Auswärtigen Amts und des Polnischen Außenministeriums

http://www.deutsche-und-polen.de
Hervorragendes Informationsportal zur deutsch-polnischen Geschichte mit zahlreichen Text- und Bilddokumenten

http://www.deutsches-polen-institut.de/Publikationen/Jahrbuch-Ansichten/index.php
Jährlich erscheinende Bibliografie deutschsprachiger Neuerscheinungen zu Polen

http://www.deutsches-polen-institut.de/Service/Bibliothek/index.php
Recherchemöglichkeit im Gesamtbestand der Bibliothek des Deutschen Polen-Instituts

http://www.dhm.de/lemo/
Virtuelles Museum zur deutschen Geschichte von 1871 bis 2004 mit zahlreichen Bezügen zur deutsch-polnischen Geschichte

http://www.eurotopics.net/de
Presseschau aus europäischen Zeitungen, mit Länder-Suchfunktion

http://www.ewz.euv-ffo.de/DPDMZ/html_d/l_bezieh_01.html
Deutsch-polnisches Dokumentations- und Medienzentrum des europäischen Wissenschaftszentrums der Universität Viadrina Frankfurt/Oder

http://www.herder-institut.de/historicum/polen/kulturinstitute.html
Verzeichnis von Einrichtungen in und außerhalb Polens, die sich der Vermittlung von Informationen über die Kultur Polens widmen mit Kurzcharakterisierung der jeweiligen Website

http://www.herder-institut.de/historicum/polen/themen.html
Thematische Zusammenstellung von Angeboten im Internet zur polnischen Geschichte. Die Seiten werden jeweils kurz beschrieben, und sind auf deutsch, englisch oder polnisch. Auch Bildmaterial und Karten stehen zur Verfügung

http://www.historicum.net/lehren-lernen/internet-im-geschichtsstudium/
Die Einführung stellt verschiedene Nutzungsmöglichkeiten und- angebote des Internets für Historiker(innen) vor und möchte damit Studierenden, Schülern ebenso wie Dozenten und Lehrern eine Hilfestellung bieten. Zur spielerischen Wissenskontrolle steht ein Quiz zur Verfügung

http://www.landesarchiv-bw.de/stal/polen/
Polen und Württemberg 1830 bis 1838. Eine virtuelle Ausstellung des Staatsarchivs Ludwigsburg

http://www.lehrer-online.de/dyn/9.asp?path=/zuwanderer
Exil-Club: Polen in Deutschland. Materialien zum Thema polnische Zuwanderer in Deutschland

http://www.markuskrzoska.de/polhist.htm
Archiv der Mailingliste ›polhist‹ und historische Galerie zu den deutsch-polnischen Beziehungen

http://www.planet-wissen.de/pw/Artikel,,,,,,,E522EA2BB1323D7FE0340003BA5E0905,,,,,,,,,,,,,.html
Portal öffentlich-rechtlicher Sendeanstalten ›Planet Wissen‹ mit Hintergrundinformationen zu Polen

http://www.poland.gov.pl
Informative Seite der polnischen Regierung zu Politik, Geschichte, Geografie, Gesellschaft, Kultur und Tourismus

http://www.the-unwanted.com/theunwanted.php
Im Mittelpunkt der Online-Dokumentation stehen fünf europäische Länder bzw. Regionen, die im 20. Jahrhundert Schauplatz von Flucht, Vertreibung und Umsiedlungen waren (Bosnien-Herzegowina, Deutschland, Polen, Griechenland und die Türkei)

http://www.transodra.de
Seite der Deutsch-polnischen Gesellschaft Brandenburg und des Journalistenclubs ›Unter Stereotypen‹. U. a. Online-Archiv der Zeitschrift ›Transodra‹ und ein aktueller Online-Pressedienst zu deutsch-polnischen Themen

http://www.vascoda.de
Internetportal für wissenschaftliche Information

http://www.vifaost.de
Virtuelle Fachbibliothek Osteuropa

http://www.vifapol.de
Virtuelle Fachbibliothek Politikwissenschaft

Deutsches Historisches Institut Warschau

Pałac Karnickich
Aleje Ujazdowskie 39
00-540 Warszawa
Tel.: 00 48-22-525 83-00, -02
Fax: 00 48-22-525 83-37
E-Mail: dhi@dhi.waw.pl
Internet: http://www.dhi.waw.pl

Deutsches Polen-Institut e.V.

Mathildenhöhweg 2 · 64287 Darmstadt
Tel.: 061 51-42 02-21 (Dr. Matthias Kneip)
Tel.: 061 51-49 85-12 (Manfred Mack)
E-Mail: kneip@dpi-da.de
E-Mail: mack@dpi-da.de
Internet: http://www.deutsches-polen-institut.de

Deutsch-Polnische Gesellschaft Bundesverband e.V.

Schillerstraße 59 · 10627 Berlin
Tel.: 030-26 55 16 30
Fax: 030-26 55 16 31
E-Mail: dpgbv@t-online.de
Internet: http://www.deutsch-polnische-gesellschaft.de/

Deutsch-Polnische Gesellschaft der Bundesrepublik Deutschland e.V.

Im Freihof 3 · 46569 Hünxe
Tel.: 02858-71 37
Fax: 02858-79 45
E-Mail: dpg-brd@polen-news.de
Internet: http://www.polen-news.de/

Deutsch-Polnisches Jugendwerk (DPJW)

Friedhofsgasse 2 · 14473 Potsdam
Tel.: 03 31-28 49-0
Fax: 03 31-29 75 27
E-Mail: buero@dpjw.org
Internet: http://www.dpjw.org

Georg-Eckert-Institut für internationale Schulbuchforschung

Celler Straße 3 · 38114 Braunschweig
Tel.: 05 31-59 09 90
Fax: 05 31-59 09 99 99
E-Mail: Info@gei.de
Internet: http://www.gei.de

HERDER-INSTITUT MARBURG E.V.

Gisonenweg 5–7 · 35037 Marburg
Tel.: 06421-184-0
Fax: 06421-184-139
E-Mail: herder@herder-institut.de
Internet: http://www.herder-institut.de

POLNISCHES INSTITUT BERLIN

Burgstraße 27 · 10178 Berlin
Tel.: 030-247581-0
Fax: 030-24581-30
E-Mail: info@polnischekultur.de
Internet: http://www.polnischekultur.de

POLNISCHES INSTITUT DÜSSELDORF

Citadellstraße 7 · 40213 Düsseldorf
Tel.: 0211-866960
Fax: 0211-8669620
E-Mail: info@polnisches-institut.de
Internet: http://www.polnisches-institut.de

POLNISCHES INSTITUT LEIPZIG

Markt 10 · 04109 Leipzig
Tel.: 0341-70261-0
Fax: 0341-2115727
E-Mail: info@polinst-l.de
Internet: http://www.polinst-l.de/

ZENTRUM FÜR HISTORISCHE FORSCHUNG BERLIN DER POLNISCHEN AKADEMIE DER WISSENSCHAFTEN

Majakowskiring 47 · 13156 Berlin
Tel.: 030-48628540
Fax: 030-868552 u. 48628556
E-Mail: wiss.zentrum@panberlin.de
Internet: http://www.panberlin.de

BILDQUELLENVERZEICHNIS

S. 6 (B1): Sammlung Tomasz Niewodniczański
S. 7 (B2): Sammlung Tomasz Niewodniczański
S. 8 (B3): Sammlung Tomasz Niewodniczański
S. 9 (B4): Presse und Informationsamt der Bundesregierung
S. 10 (B1): Buchumschläge: Hampe, Karl: Der Zug nach dem Osten. Die kolonisatorische Großtat des deutschen Volkes im Mittelalter. Leipzig; Berlin: Teubner. 1921; Higounet, Charles: Die deutsche Ostsiedlung im Mittelalter. Berlin: Siedler 1986; Wippermann, Wolfgang: Der ›deutsche Drang nach Osten‹: Ideologie und Wirklichkeit eines politischen Schlagwortes. Darmstadt: Wiss. Buchgesellschaft 1981; Gentzen, Felix-Heinrich: Deutschland und Polen: ein Überblick über die deutsch-polnischen Beziehungen. Leipzig/Jena: Urania-Verlag 1956; Erlen, Peter: Europäischer Landesausbau und mittelalterliche deutsche Ostsiedlung: ein struktureller Vergleich zwischen Südwestfrankreich, den Niederlanden und dem Ordensland Preussen. Marburg: Herder-Institut 1992; Wschodnia ekspansja Niemiec w Europie Środkowej: zbiór studiów nad tzw. niemieckim ›Drang nach Osten‹ / red. G. Labuda. Poznań: Instytut Zachodni 1963
S. 14 (B4): AKG images, Berlin
S. 15 (B5): AKG images, Berlin
S. 20 (B1): Muzeum Narodowe, Warszawa
S. 20 (B2): DOZA (Deutschordenszentralarchiv) Wien, Bildsammlung Nr. 22
S. 20 (B3): Archiwum Dokumentacji Mechanicznej w Warszawie (ADM)
S. 21 (B4): Matthias Kneip
S. 22 (B5): Muzeum Olsztyn
S. 23 (B6): Deutsches Historisches Museum, Berlin
S. 23 (B7): Muzeum Plakatu w Wilanowie
S. 23 (B8): Jarosław Klecha, http://jk.esi.com.pl/
S. 24 (B9): Buchumschlag: Henryk Sienkiewicz: Die Kreuzritter. Dt. Neuausgabe. Balve/Sauerland: Engelbert 1978
S. 25 (B10): Buchumschlag: Wilhelm Kotzde-Kottenrodt: Die Burg im Osten. Ausgabe von 1925
S. 28 (B12): Archiwum Akt Nowych w Warszawie
S. 28 (B13): Privatbild, Mark Aaron Keck-Szajbel
S. 28 (B14): Privatbesitz, Ernst Vogelsang
S. 29 (B15): Sammlung Zipper/Kneip
S. 29 (B16): http://commons.wikimedia.org/wiki/Image:Eisernes_Kreuz_Klasse2_WK1_Rueckseite.png (Stefan Kühn)
S. 29 (B17): http://commons.wikimedia.org/wiki/Image:RK_EK_mit_ol_sw_di.png (General Patton)
S. 30 (B18): Muzeum Plakatu w Wilanowie
S. 31 (B19): Sammlung W. Kaczorowski (Foto: M. Łanowiecki)
S. 35 (B2): Ullstein Bilderdienst
S. 36 (B3): Deutsche und Polen. Eine Chronik, S. 74
S. 36 (B4): Matthias Kneip
S. 38 (B5): AKG images, Berlin
S. 38 (B6): AKG images, Berlin
S. 39 (B7): Andrzej Mleczko
S. 41 (B8): Bildarchiv Preußischer Kulturbesitz (BPK), Berlin
S. 44 (B1): Buchumschlag von Roman Soltyk: Polen und seine Helden. Stuttgart 1834
S. 45 (B2): AKG images, Berlin
S. 46 (B3): Aus: Dokumente zur Geschichte der deutsch-polnischen Feundschaft. Hrsg. u. eingeleitet v. Helmut Bleiber und Jan Kosim. Berlin 1982. Anhang Nr. 48
S. 47 (B4): Aus: Dokumente zur Geschichte der deutsch-polnischen Feundschaft. Hrsg. u. eingeleitet v. Helmut Bleiber und Jan Kosim. Berlin 1982. Anhang Nr. 48

S. 47 (B5): BPK, Berlin
S. 48 (B6): Landesarchiv Baden-Württemberg
S. 50 (B8): Aus: 1832–1982. Das Hambacher Fest. Freiheit und Einheit. Deutschland und Europa. S. 80/81
S. 54 (B9): Aus: Banaś, Paweł: ORBIS PICTUS, Wrocław 2005, S. 247, Nr. 391
S. 55 (B10): Aus: Strajk dzieci wrzesińskich z perspektywy wieku. Poznań-Września 2001, S. 214
S. 58 (B1): Aus: Leonhard Smolka: Między ›zacofaniem‹ a ›modernizacją‹. Wrocław: Tart 1992. Anhang
S. 59 (B2): Sammlung Zipper/Kneip
S. 62 (B4, 5): Aus: Leonhard Smolka: Między ›zacofaniem‹ a ›modernizacją‹. Wrocław: Tart 1992. Anhang
S. 64 (B6): Archiwum Dokumentacji Mechanicznej w Warszawie (ADM)
S. 65 (M4): Matthias Kneip
S. 66 (M5): Aus: Ein Jahrtausend Partnerschaft und Konflikt. Teilband 2. Donauwörth: Auer 2000
S. 70 (B1): Aus: Warszawa. Zburzona i odbudowana. Warszawa: Festina 2003
S. 70 (B2): Aus: Warszawa. Zburzona i odbudowana. Warszawa: Festina 2003 (Foto: Jabłoński)
S. 71 (B3): Aus: ›Grösste Härte…‹ Verbrechen der Wehrmacht in Polen. Ausstellungskatalog 2005, S. 65
S. 74 (B5): Evening Standard vom 20.9.1939/David Low
S. 74 (B6): Aus: ›Grösste Härte…‹ Verbrechen der Wehrmacht in Polen. Ausstellungskatalog 2005, S. 63
S. 76 (B7): Sammlung Zipper/Kneip
S. 76 (B8): Bundesarchiv Koblenz
S. 77 (B9): PBK, Berlin
S. 78 (B10–12): Sammlung Zipper/Kneip
S. 84 (B1): Archiv Institut des nationalen Gedenkens. Warschau
S. 84 (B2): AKG images, Berlin
S. 84 (B3): CD Cover: Zeitzeugen berichten. Flucht und Vertreibung. Dokumentation Deutschlandfunk 2004
S. 84 (B4): Buchumschlag: Thomas Urban: Der Verlust. Die Vertreibung der Deutschen und Polen im 20. Jahrhundert. München: Beck 2004
S. 88 (B6): Zentralstelle Glatz / Schlesien e.V. Lüdenscheid
S. 89 (B7): Aus: Flucht und Vertreibung. Europa zwischen 1939 und 1948. Hamburg: Ellert & Richter, 2004, S. 202/03
S. 93 (B9): Sammlung Stefan Petriuk
S. 94 (B10): © Wolfgang Schekanski, Herder-Institut Marburg
S. 98 (B1): Bielecki'80
S. 98 (B2): Stanisław Konarz-Konarzewski: Solidarność in Kunst und Dokumentation
S. 98 (B3): Tomasz Kargol
S. 98 (B4): Leszek Pekalski
S. 99 (B5): PAP Warschau
S. 100 (B6): Erazm Ciołek
S. 100 (B7): Janusz Balanda-Rydzewski
S. 100 (B8): Aus: Annäherungen, Deutsche und Polen 1945–1995. Hrsg. v. Haus der Geschichte der Bundesrepublik Deutschland. Düsseldorf: Droste 1996, S. 149
S. 102 (B9): Erazm Ciołek
S. 102 (B10): http://de.wikipedia.org/wiki/Bild:W_samo_poludnie_4_6_89-Tomasz_Sarnecki.jpg
S. 102 (B11): http://en.wikipedia.org/wiki/Image:Tadeusz_Mazowiecki1.jpg
S. 103 (B12): Matthias Kneip
S. 103 (B13): Matthias Kneip
S. 105 (B14): Chris Niedenthal/Forum

BILDQUELLENVERZEICHNIS

S. 105 (B15): Chris Niedenthal/Forum
S. 106 (B16): Gianni Giansanti/Sygma/Corbis
S. 107 (B17): Aus: Solidarność XX lat Historii, Oficyna Wydawnicza Volumen, Warszawa 2000, S. 270
S. 107 (B18): Aus: ›Lachseiten‹ der Untergrundpresse. Hrsg.: Gesellschaft Solidarność e.V. Berlin: Pogląd 1984
S. 107 (B19): Fundacja Ośrodka Karta, Warszawa
S. 107 (B20): DGB Bundesvorstand 1982
S. 107 (B21): Sammlung Zipper/Kneip
S. 110 (B1): Aus: Deutsche & Polen. Eine Chronik S. 198
S. 110 (B2): Peter Leger, Haus der Geschichte
S. 111 (B3): H. E. Köhler 70 / Haus der Geschichte, Bonn
S. 116 (B4): AKG images, Berlin
S. 117 (B5): Spiegel-Verlag, Hamburg
S. 118 (B6): Haitzinger / CCC, www.c5.net
S. 120 (B1–4): Dialog. Deutsch-polnisches Magazin
S. 121 (B5, 6): Grafik Fabian Tschorn
S. 122 (B7): Tomasz Kargol
S. 122 (B8): Werbeprospekt Plus (Polen 2006)
S. 122 (B9): Werbeprospekt LIDL (Polen 2006)
S. 123 (B10): Presse und Informationsamt der Bundesregierung
S. 124 (B12): Walter Hanel
S. 126 (B13, 14): Grafik Fabian Tschorn nach GEO-special Polen, 2004
S. 129 (B15): Schlesisches Wochenblatt, Opole
S. 134 (B1): picture-alliance/dpa-Fotoreport
S. 134 (B2): Andrzej Mleczko
S. 136 (B3): Klaus Stuttmann / CCC, www.c5.net
S. 138 (B4): Robert Wierzbicki
S. 138 (B5): Gerhard Mester / CCC, www.c5.net
S. 139 (B6): Rainer Ehrt

S. 139 (B7) Grafik Irina Ort nach CBOS
S. 142 (B1): FC Schalke 04 – www.100schalkerjahre.de/foto_geschichte_19310927.htm
S. 142 (B2): Hildesheimer Zeitung vom 6. November 1941
S. 143 (B5): Dr. Valentina Maria Stefanski, Witten
S. 144 (B6): GS Agentur – Gregor Suchy
S. 144 (B7): picture-alliance/dpa
S. 148 (B9): Redaktion Samo Życie, Dortmund
S. 148 (B10): isoplan, Saarbrücken
S. 152 (B1): Plassmann / CCC, www.c5.net
S. 153 (B2, 3): Aus: Stereotyp und Geschichtsmythos in Kunst und Sprache : die Kultur Ostmitteleuropas in Beiträgen zur Potsdamer Tagung, 16.–18. Januar 2003 / hrsg. v. Katrin Berwanger und Peter Kosta. Frankfurt am Main: Lang Verlag 2005. Umschlag
S. 155 (B4): Lex Drewinski
S. 155 (B5): Plassmann / CCC, www.c5.net
S. 157 (B6): Hans-Joachim Kürtz, Heikendorf
S. 157 (B7): http://commons.wikimedia.org/wiki/Image:Warsaw3ge.jpg
S. 158 (B8): http://accel5.mettre-put-idata.over-blog.com/0/03/68/78/plombierpolonais.jpg
S. 159 (B9): Plassmann / CCC, www.c5.net
S. 159 (B10): Barbara Henninger
S. 161 (B11): Robert Szecówka

Karten: Peter Kast. Ing.-Büro für Kartografie, Schwerin

Nicht in allen Fällen war es möglich, die Rechteinhaber der Abbildungen ausfindig zu machen. Berechtigte Ansprüche werden im Rahmen der üblichen Vereinbarungen abgegolten.

LITERATURHINWEIS

Literaturhinweis zu Materialien für den fächerverbindenden Unterricht zum Thema:

Polnische Literatur und deutsch-polnische Literaturbeziehungen

Materialien und Kopiervorlagen für den Deutschunterricht in den Klassen 10–13 mit Hör-CD
Erarbeitet von Matthias Kneip und Manfred Mack vom Deutschen Polen-Institut in Darmstadt,
unter Mitarbeit von Krystyna Götz und Renate Schliephacke.
Berlin, Cornelsen 2003. 192 Seiten

INHALTSVERZEICHNIS

Vorwort 5
Überblick über die polnische Literatur 7

UNTERRICHTSEINHEITEN

Polnische Literatur

Stanisław Jerzy Lec: *Unfrisierte Gedanken.* Der polnische Aphorismus 10
Adam Mickiewicz: *Frau Twardowska.* Eine Ballade des polnischen Nationaldichters 18
Czesław Miłosz: Warschau, Ostern 1943 26
Wisława Szymborska: Lebensläufe. Was zählt? 34
Olga Tokarczuk: Grenzen überschreiten. Polnische Literatur nach 1990 42

Deutschsprachige Literatur

E.T.A. Hoffmann: Ein Künstler und preußischer Beamter in Warschau (1804–1807) 50
Uhland, Herwegh, Heine: Deutsche Polenlieder im Vormärz 60
Gottfried Keller: Das romantische Polenbild in Kellers realistischer Novelle *Kleider machen Leute* 68
Günter Grass: Polen in der *Blechtrommel* 76

Deutsch-polnische Literaturbeziehungen

Stanisław Przybyszewski: Der ›geniale Pole‹ in der Berliner Boheme 84
Bruno Schulz und Franz Kafka: Metamorphosen 94
Tadeusz Różewicz und Günter Eich: Nach dem Krieg. Eine andere Sprache? 104
Sławomir Mrożek und Bertolt Brecht: Doppelgänger 114
Wisława Szymborska und Günter Kunert: Jahrhundertwende. Ein Rückblick und ein Ausblick . . . 120

ANHANG

Zweisprachige Textanthologie zur CD 126
Polnische Literatur im 20. Jahrhundert (Textsammlung) 152
Die Geschichte Polens (Zeittafel) 174
Deutsche Autoren in Polen 178
Aussprachehilfen 183
Weiterführende Literatur 185
Adressen 187
Quellenverzeichnis 188